조선전기 수직여진인 연구

한성주

1975년 서울 출생
강원대학교 사학과 졸업
강원대학교 대학원 문학석사·박사
강원도사편찬실 연구원 역임
현재 강원대학교 인문과학연구소 전임연구원
  강원대학교 사학과 강사

저 서

『동아시아의 영토와 민족문제』, 『교과서 속 다문화』, 『한국의 역사와 문화』(이상 공저)

논 문

「조선초기 受職女眞人 연구」, 「朝鮮時代 受職女眞人에 대한 座次規定」, 「朝鮮初期 朝·明 二重受職女眞人의 兩屬問題」, 「두만강지역 여진인 동향보고서의 분석」, 「조선 세조대 毛憐衛 征伐과 여진인의 從軍에 대하여」, 「조선전기 '字小'에 대한 고찰」, 「조선전기 두만강유역 '女眞 藩籬·藩胡'의 형성과 성격」, 「조선전기 女眞 僞使의 발생과 處理問題에 대한 고찰」, 「조선전기 授職政策의 淵源과 變化」 外

조선전기 수직여진인 연구   값 25,000원

2011년 10월 1일 초판 인쇄
2011년 10월 10일 초판 발행

저 자 : 한 성 주
발 행 인 : 한 정 희
편 집 : 김 송 이
발 행 처 : 경인문화사
    서울특별시 마포구 마포동 324 - 3
    전화 : 718 - 4831~2, 팩스 : 703 - 9711
    이메일 : kyunginp@chol.com
    홈페이지 : 한국학서적.kr / www.kyunginp.co.kr
등록번호 : 제10 - 18호(1973. 11. 8)

ISBN : 978-89-499-0811-3   93910
ⓒ 2011, Kyung-in Publishing Co, Printed in Korea
* 파본 및 훼손된 책은 교환해 드립니다.

조선전기 수직여진인 연구

한 성 주

景仁文化社

책머리에

　이 글은 필자가 조선시대 여진관계사를 연구하면서 발표한 논문들을 수정·보완하여 '조선전기 여진에 대한 수직정책 연구'라는 제목으로 박사학위논문으로 엮었던 것이다. 이것을 다시 '조선전기 수직여진인 연구'라는 제목으로 바꾸어 책으로 출간하게 되었다. 박사학위논문을 준비하면서 그동안 공부한 것들이 새삼 부끄럽게 느껴졌었는데, 지도교수이신 손승철 교수님께서 많은 용기와 격려를 주셨고, 그에 힘입어 출간을 하게 된 것이다.

　돌이켜보면 필자가 조선시대 대외관계사 중 여진관계에 관심을 가지게 되었던 것은 학부과정 때부터였다. 학부과정 때부터 강원대학교의 '동아시아연구회'에 들어가 선학들의 대외관계사 관련 연구들을 접하면서 드는 생각은 조선시대 한중관계, 그 중에서도 여진관계사의 연구가 상대적으로 부족하다는 것이었다. 특히 필자에게 관심과 영향을 준 것은 전북대 한문종 교수님의 受職倭人에 관한 연구였다. 한문종 교수님의 연구를 탐독하면서 受職女眞人에 대한 상세한 연구도 필요하지 않을까 하는 생각을 가지게 되었던 것이다.

　또한 조선시대 대외관계의 한 축이라고 할 수 있는 교린관계를 생각해 보면 그 중 여진관계에 대해서는 최근 연구자의 수나 연구 성과 등이 많이 부족해 보였다. 물론 이러한 점은 여러 가지 요인이 있었을 것이다. 필자가 조선시대 여진관계를 전공하고자 했을 때, 많은 분들의 우려가 있었던 것도 사실이었다. 우선 중국이나 일본은 현재까지 국가를 이루고 있어 많은 정치·경제·사회 등 다양한 관계를 지속하고 있기 때문에 역사적으로도 이러한 부분을 고찰해 볼 소지가 많이 있다. 그러나 만주족 또는 여진족이 국가를 이루지 못한 채 점차 사라져가는 지금 조선시대 여진관계를 전공한다는 것은 현실적인 문제에 있어 우려가 될 수도 있는 문제였을 것이다. 그렇지만 여러 문제들을 떠나서 그 중요성을 인식해주고 끝까지 격려와 지도를 해 주신 분이 손승철 교수님이었다. 이 자리를 빌어 깊은 존경과 감사의 말씀을 드리고 싶다.

아무튼 필자는 조선전기의 교린관계를 보다 명확하게 이해하기 위해서는 여진관계도 함께 살펴보아야 한다는 생각을 가지고 있었다. 특히 조선전기의 여진과 일본에 대한 교린정책을 비교하고 검토해 보아야지만 조선의 교린관계를 더 잘 이해할 수 있을 것 같았다. 그래서 처음 전공으로 생각했던 것은 '倭野人에 대한 수직정책의 비교 연구'였다. 지금도 이러한 비교사적 연구를 해야 한다는 것에는 변함이 없고, 앞으로 이러한 비교사적 검토를 해 보고 싶다. 어쨌든 이를 위해 석사과정 때 손승철 교수님의 이름을 빌려 일본에 있는 케네스 로빈슨 교수님에게 편지를 써서 수직왜인과 수직여진인을 비교 검토해 보는 연구를 하고 싶으니까 자료를 좀 보내달라는 당돌한 부탁을 하였다. 로빈슨 교수님은 흔쾌히 자료를 보내주시면서 수직왜인은 이미 연구가 되어 있으니, 아직 연구가 되어 있지 않은 여진관계 분야를 먼저 하는 것이 좋지 않겠냐는 친절한 조언까지 해주셨다. 이에 필자가 우선 여진에 대한 수직정책과 수직여진인에 대해 연구를 진행하게 된 것이다.

어쩌면 이 책은 로빈슨 교수님의 조언처럼 비교사보다는 먼저 여진관계를 연구한 결과물을 1차적으로 모은 것이라고 할 수 있다. 비록 미진한 부분이 많지만 앞으로 조선을 중심으로 한 여진 및 일본에 대한 교린을 비교하기 위한 첫 시도일 수도 있다는 생각이 든다. 그러나 공부를 하면 할수록 더 이 분야가 어렵다고 느끼는 것은 필자의 역량과 노력이 부족하기 때문이라고 생각한다. 미진함과 부족함을 논하면서 더 앞을 보고 있는 어리석음을 많은 분들께서 질타를 해주시길 바랄뿐이다.

그동안 권오신·유재춘·남의현 교수님의 도움이 없었다면 공부를 할 수 없었을 것이다. 항상 온화하시면서 격려를 해주셨던 권오신 교수님께 감사의 말씀을 올린다. 특히 군사사 및 성곽사를 전공하시는 유재춘 교수님은 조선시대 북방사에 관한 남다른 관심으로 항상 조언을 아끼지 않으셨다. 또한 명청대 요동사를 전공하시는 남의현 교수님은 많은 자료를 제공해셨고, 명의 요동정책과 요동문제에 있어 많은 가르침을 주셨다. 그리고 항상 온화하시면서 격려를 아끼지 않으셨던 은사님도 빼놓을 수 없다. 이구용·박한설·원영환·송인서·최복규 교수님께 삼가 감사의 인사를 드린다. 박사학위논문을 꼼꼼히 지적하고 가르침을 주셨던 전북대 한문종 교수님과 명지대 한명기 교수님의 감사함도 빼놓을 수 없다. 하남 역사박물관 김세민 선생님, 서울시사편찬위원회의 이상배 선생님, 강원대학교 연구교수이신 엄찬호 선생님께도 인사를 올리고 싶다. 끝까지 조언을 해주시고 교정을 봐 주신 김대기·김용태·이동희·정병진 선생님들께도 감사하고, 출판을 허락해주신 경인문화사 한정희 사장님 이하 고생하신 실무진에게도 감사의 인사를 올린다.

마지막으로 늙으셨어도 항상 못난 자식 걱정을 하시는 부모님 한현동·정순덕님과 1년 전 돌아가신 할머니 박명례님께 이 책을 올린다. 그리고 11년 동안 함께 고생해준 사랑하는 아내 송수민님이 없었다면 필자의 박사학위논문도, 그리고 이 책도 없었을테니, 어쩌면 둘의 공동저작일지도 모르겠다. 감사와 존경과 무엇보다 사랑을 드린다. 또한 한 집에 살면서도 항상 아빠를 그리워하는, 그래서 미안하고 사랑하는 재희와 한나에게 고맙다.

2011년 10월
아름다운 호반 춘천에서 삼가 쓰다.

‹목 차›

결 론

서 론

조선시대 외교관계는 고대로부터 이어져온 동양 고유의 외교관계인 事大交隣을 규범으로 전개되어 왔다. 사대가 당시 明 중앙정부와의 일원적 관계였던 반면, 교린은 冊封을 전제로 한 對等交隣과 다원적이고 계층적인 羈縻交隣으로 나눌 수 있다.[1] 기미교린이 계층적이고 다원적인 형태를 갖게 된 것은 당시 동아시아 사회의 변화와 혼란에 기인하였다. 즉 중국대륙에서는 원명교체기의 혼란한 틈을 이용, 女眞族[2]이 남하하여 요동 및 두만강 일대에 각 부족별로 散在하는 상황이 발생하였다. 이

---

1) 손승철, 1994,『朝鮮時代 韓日關係史研究』, 지성의 샘, 63쪽 ; 2006,『조선시대 한일관계사 연구 - 교린관계의 허와 실』, 경인문화사, 50~51쪽.
2) '女眞'은 '女直'이라고도 표현되는데, 고대에는 肅愼·挹婁 등으로 불렸고, 中國의 南北朝時代에는 勿吉, 隋·唐시대에는 靺鞨 등으로 불리기도 하였다. 주로 지금의 滿洲 및 韓半島 北部 지역에 거주하였던 종족으로 한국에 있어서는 高句麗 및 渤海의 구성원으로 참여하였을 것이라 여겨진다. '民族'이란 용어는 근대 이후 쓰인 용어지만 전근대 동아시아사회에서도 일종의 민족적·종족적 구분은 있었다고 생각된다. 고대 한국사의 구성원으로 참여하였던 이들 종족은 이러한 구분이 생겨나면서 점차 한국사의 구성원에서 제외되었다고 생각되는데, 즉 고려에서는 豆滿江 유역 일대에 거주하던 종족을 黑水女眞·東女眞·生女眞 등으로 불렀고, 鴨綠江 유역 및 지금의 吉林省 일대에 거주하던 종족은 西女眞 또는 熟女眞이라 칭했다. 12세기에는 여진족이 통일하고 金(1115년~1234년)을 건국하여 중국의 宋을 위협하기도 하였는데, 元에 의해 멸망한 이후에는 만주 지역에 흩어져 거주하다가 1616년 後金을 세우고 1636년에는 국호를 淸(1636~1912)으로 바꾸었다. 그리고 明을 무너뜨리고 중국의 마지막 왕조가 되었음은 잘 알려진 사실이다. 본고에서는 이들이 '여진'이라 불렸던 고려말부터 조선전기에 해당하는 시기를 중심으로 서술하고자 한다. 당시 '여진'이 거주하는 곳은 遼東, 즉 지금의 滿洲 일대와 두만강·압록강 유역 및 한반도 북부 지역이었으므로 본 논문의 주 대상 지역 또한 이 지역이라 할 수 있다.

후 명이 중국대륙을 통일하였지만 완전하게 요동을 장악하지는 못하여 여진을 제어할 수 없었다.

또한 일본에서는 남북조시대의 혼란을 틈타 倭寇가 발생하여 중국 및 한반도에 큰 피해를 입히고 있었다. 일본 역시 室町幕府가 통일하였으나 아직 지방의 중소영주에게까지 중앙정부의 통솔력이 미치지 못하였다. 따라서 조선은 여진과 왜구의 침입을 막기 위하여 정벌과 회유를 중심으로 한 강온양면의 정책을 구사하였다.

특히 고려말 동북면은 고려유민과 여진인들이 함께 살고 있었으며, 이들 여진인들을 고려에서는 東女眞이라 불렀고, 조선 건국 이후『朝鮮王朝實錄』에서는 통상 女眞 또는 女直이라 표현하고 있다.3) 당시 동북면을 비롯한 豆滿江 일대의 여진은 元의 開元路·雙城摠管府의 관할하에 들어가 있었다.4) 元의 遼東 정책은 민족 이동을 가능한 억제하면서, 소위 衛所制度를 창안하여 滿洲 각지의 씨족이나 부족단위로 散居해 있던

---

3) 孫進己는 '여진'이란 단어는 광의와 협의의 구분이 요구되는데, 협의의 여진이란 金나라 때 여진의 후예로서 주로 지금의 吉林省 및 黑龍江省 남부에 분포되어 있던 이들이며, 광의의 女眞이란 兀良哈·兀狄哈 등 다양한 민족을 포함하는 개념이라고 설명하고, 明代 여진의 3구분법인 建州女眞·海西女眞·野人女眞은 민족공동체에 의한 구분이 아니라 지역적인 구분이므로 대단히 비과학적이라고 하였다. 그리고『조선왕조실록』에서는 통상적으로 여진 종족을 兀良哈·吾都里·兀狄哈·忽剌溫·女眞의 5종으로 나누었다고 하고, 여기에서의 여진은 바로 협의의 여진이라고 하였다(孫進己, 1992,『東北民族原流』, 東文選, 345~349쪽). 김구진 또한 중국 明의 기록에 의하면 건주여진·해서여진·야인여진은 지역에 따라 구분한 것으로, 조선의 사료에 의하면 토착여진·올량합·알타리·올적합으로 구분하고 있는데, 이것은 생활양식과 종족에 의한 구분으로 설명하고 있다(김구진, 1988,『13C~17C 女眞 社會의 硏究-金 滅亡 以前 淸 建國 以前까지 女眞社會의 組織을 中心으로-』, 고려대학교 박사학위논문, 27쪽). 실제『조선왕조실록』을 검토하여 보면 忽剌溫도 兀狄哈의 한 種族으로 여기고 있는 것을 볼 수 있으므로 본 논문에서도 토착여진·올량합·알타리·올적합의 4종으로 구분하여 서술하기로 하겠다. 즉 본고에서 사용하는 '여진'이란 명칭은 광의의 의미이고, '토착여진'이라 표현할 경우에는 종족을 구분하기 위한 협의의 의미라 할 수 있다.
4) 김구진, 1973,「麗末鮮初 豆滿江 流域의 女眞 分布」,『백산학보』15, 103쪽.

여진족을 統御하는 한편 각기 그 所在한 지역에 安集시키는 것이었다고 할 수 있다.5) 그러나 元·明교체기의 혼란한 상황에 이르러서 주로 만주 내륙의 三萬衛 지역, 즉 松花江과 牧丹江이 합류하는 지역에 거주하고 있던 斡朶里(吾都里), 兀良哈, 兀狄哈 등의 일부가 두만강·압록강 유역까지 남하하면서 이 일대에 산재하는 양상이 벌어졌다. 왜냐하면 당시 여진 諸勢力은 통일된 정치집단을 형성하지 못하였고, 이들의 이동 또한 각기 씨족 또는 부족단위로 이루어졌기 때문이다.

그런데 조선을 건국한 이성계의 세력은 동북면을 기반으로 하였고, 그는 고려 유민 및 여진인들로 구성된 私兵 집단을 거느리고 있었다. 이 이성계의 사병집단이 조선 건국에 큰 역할을 한 것은 주지의 사실이며, 이성계를 도왔던 여진인 李之蘭이 開國功臣에까지 책록된 것은 이를 잘 말해준다. 『조선왕조실록』 및 『龍飛御天歌』를 보면 이성계를 따라 東征·西伐한 여진인 추장은 비단 동북면에 거주한 토착여진뿐만 아니라 삼만위 지역에서 이주한 알타리(오도리), 올량합, 올적합 등이 從軍하였음을 보여주고 있다.

따라서 조선 건국 후 태조는 이들에 대한 포상을 하는 동시에 동북면을 조선의 행정구역화로 만드는데 노력하였다. 여진에 대한 포상은 그들의 경제적 욕구를 들어주는 來朝와 정치적 지위를 인정하여 주는 授職이었다고 할 수 있다. 여진인들에 대한 내조와 수직 연원은 고려시대부터 행해졌다고 볼 수 있지만, 조선 개국 후 여진인들에 대한 내조와 수직을 시작한 것은 바로 태조 이성계를 따라 종군한 여진인들에 대한 포상에서부터였다고 할 수 있다. 그리고 이것은 동북면에 대한 조선의 영역을 확고히 하고 여진에 대한 조선의 영향력을 유지하려 한 것으로도 해석할 수 있다.

그렇지만 조선에서 태종이 집권하고, 明에서는 成祖가 집권하면서 여

---

5) 김구진, 1973, 위의 논문, 106쪽.

진을 둘러싼 조선과 명의 외교적 갈등이 심화되자 조선과 여진과의 관계도 급변하기 시작했다. 명 성조는 여진세력에 대한 영향력을 증대시키고 조선과 몽골세력을 견제하는 방법으로써 요동 및 만주 일대에 女眞衛所를 설치하기 시작하였다. 명의 여진위소 설치는 두 가지 방향에서 전개되었는데, 하나는 압록강·두만강 유역의 여진을 초무하는 것이고, 다른 하나는 흑룡강 유역의 여진을 초무하는 것이었다.[6]

명 성조의 여진 초무로 여진 각 부족은 명의 羈縻衛所體制에 편입되어 갔는데, 조선과 명 사이에 동북면 여진에 대한 歸屬 문제 및 알타리의 大酋長 童猛哥帖木兒의 명 入朝 문제 등이 불거지기도 하였다. 이것은 결국 조선의 여진에 대한 무역소 폐지와 그에 대한 여진의 침입 격화, 그리고 조선의 征伐이라는 양상으로 나타나게 되었다. 또한 조선에서는 여진에 대해 내조와 수직이라는 회유책과 여진의 침입이 격화되면 정벌을 감행한다는 여진에 대한 정책 기조, 즉 강온양면의 羈縻政策을 만들어가는 과정이기도 하였다.

조선 세종대는 女眞·日本에 대한 기미정책이 완성되어 가는 과정이라 할 수 있는데, 여진에 대한 정책들은 4郡 6鎭의 설치와 이곳의 방어 문제와 긴밀한 관계가 있다. 특히 4군 6진을 설치하고 확정하는데 있어서 압록강·두만강에서의 여진 세력의 동향과 조선·여진 관계가 중요한 작용을 하였다고 볼 수 있다. 압록강 유역에서는 建州衛 李滿住 세력의 침입과 조선의 婆猪江 정벌, 그리고 평안도 지역의 방어라는 측면이 작용하였고, 두만강 유역에서는 회령에 거주하던 조선의 藩籬 동맹가첩목아의 패망, 이 지역에 대한 조선의 '祖宗舊地'라는 인식, 그리고 함경도 지역의 방어와 故土收復이라는 측면이 작용하였다.

따라서 압록강·두만강 유역에 대한 조선의 정책은 다른 방향성을 띠

---

6) 박원호, 1991, 「永樂年間 明과 朝鮮間의 女眞問題」, 『아세아연구』 85, 238쪽 ;
    박원호, 1995, 「15세기 동아시아 정세」, 『한국사』 22, 국사편찬위원회, 262쪽.

고 있다고도 할 수 있다. 압록강 유역은 明 및 여진의 건주위와 인접한 상황에서 江外의 여진 세력에까지 조선의 영향력을 확대하기에는 어려운 측면이 있었기 때문에 조선 변경의 울타리가 될 藩籬 구축이 쉽지 않았고, 변경 방어의 어려움을 가질 수밖에 없었다. 그 결과 세조대가 되면 4군이 행정적으로 撤廢되는 과정을 겪었다고 할 수 있다.

두만강 유역은 '祖宗舊地'라는 인식과 이 지역에 거주하는 여진인들에 대한 조선의 번리 인식, 그리고 명의 영향력 감소, 여진위소에 소속된 여진 부족들이 건주위 등에 비해 통일되어 있지 못한 점 등의 요인으로 인해 6진을 보다 견고하게 방어하는 방향으로 나아갔다고 할 수 있다.

조선의 對여진정책은 역시 여진인들을 '평화로운 통교자'로 만드는 것이었고, 이를 위해 회유책과 강경책을 적절히 구사하는 기미정책을 시행하였다. 그 결과 이것은 두만강 유역에 설치한 5진 지역의 방어를 위해 여진 번리를 구축하는 것으로 나타나게 되었다.

한편 지금까지 조선시대 여진관계 관련 연구 성과는 상당한 양에 이르렀다고 할 수 있다. 여진관계에 대한 연구는 일제강점기 滿洲 침략을 위해 일본 학자들이 만주 지역의 역사, 지리에 대한 연구를 진행하면서 시작되었다고 해도 과언이 아니지만,[7] 이 시기 韓人 학자의 연구가 전혀 없었던 것은 아니었다.[8]

해방 후에는 한국과 일본학계를 중심으로 조선의 여진정책 중 내조, 시위, 수직제도에 관한 연구들[9]이 진행되었으며, 여진 정벌[10]과 4군 6진

---

7) 일제강점기 일본 학자들의 대표적인 연구서들은 다음과 같다. 東京帝國大學文學部, 1915~1941, 『滿鮮地理歷史研究報告』 1~16 ; 津田左右吉, 1913, 『朝鮮歷史地理』, 南滿洲鐵道株式會社 ; 稻葉岩吉, 1926, 「滿鮮關係史」, 『朝鮮史講座分類史』, 朝鮮史學會 ; 池內宏, 1937, 『滿鮮史研究』, 岡書院 ; 稻葉博士還曆紀念會, 1938, 『稻葉博士還曆記念滿鮮史論叢』.

8) 이인영, 1937, 「선초여진무역고」, 『진단학보』 8 ; 이인영, 1939, 「申忠一의 建州紀程圖記에 對하야」, 『진단학보』 10 ; 이인영, 1940, 『建州紀程圖記解說』, 朝鮮印刷株式會社 ; 이인영, 1941, 「廢四郡問題管見」, 『진단학보』 13.

으로 대표되는 북방 개척과 방어,[11] 4군 6진 지역으로의 徙民과 그 정

---

9) 이현종, 1960, 「조선초기 서울에 온 왜야인에 대하여」, 『향토서울』 10 ; 이현희, 1963, 「선초 향화야인 습수-초기 대야인 교린책의 일반-」, 고려대학교 석사학위논문 ; 이현희, 1964, 「조선전기 향화야인의 수직성격고」, 『사감』 2 ; 이현희, 1964, 「朝鮮前期 來朝野人의 政治的 待遇에 對하여」, 『사학연구』 18 ; 이현희, 1964, 「조선전기 유경시위야인고-대야인기미책 일단-」, 『향토서울』 20 ; 이현희, 1966, 「조선전기 야인의 誘京綏懷第巧」, 『일산 김두종박사 희수기념논문집』, 편찬위원회 ; 이현희, 1967, 「조선시대 북방야인의 사회경제사적 교섭고-대야인 교섭정책의 배경-」, 『백산학보』 3 ; 이현희, 1971, 「조선왕조시대의 북평관 야인 -그 수무책 일반-」, 『백산학보』 11 ; 이현희, 1977, 「朝鮮王朝의 向化野人 交考-接待問題의 用例-」, 『연구논문집』 10, 성신여자대학교 인문과학연구소 ; 이현희, 1982, 「대여진무역-대야인 교섭정책의 배경」, 『한국사론』 11, 국사편찬위원회 ; 유봉영, 1973, 「王朝實錄에 나타난 李朝前期의 野人」, 『白山學報』 14.

10) 河內良弘, 1973, 「朝鮮의 建州左衛再征과 也先의 亂」, 『朝鮮學報』 67 ; 河內良弘, 1974, 「申叔舟의 女眞出兵」, 『朝鮮學報』 71 ; 강성문, 1986, 「世宗朝 婆猪野人의 征伐研究」, 『陸士論文集』 30 ; 姜性文, 1989, 「朝鮮時代 女眞征伐에 관한 연구」, 『軍史』 18 ; 임홍빈, 1990, 「『서정록』의 편저자에 관하여」, 『군사』 21 ; 이지경, 1996, 「세종의 공세적 국방안보 : 대마도 정벌과 파저강 토벌을 중심으로」, 『세종의 국가 경영』, 지식산업사 ; 국방군사연구소, 1996, 『韓民族戰爭通史Ⅲ-朝鮮時代 前篇-』 ; 이홍두, 2000, 「조선초기 야인정벌 기마전」, 『軍史』 41 ; 강성문, 2000, 『韓民族의 軍事的 傳統』, 봉명 ; 국방부 군사편찬연구소, 2002, 『한민족 역대 파병사』.

11) 송병기, 1964, 「세종조의 양계행성 축조에 대하여」, 『사학연구』 18 ; 송병기, 1973, 「동북, 서북계의 수복」, 『한국사』 9, 국사편찬위원회 ; 김구진, 1977, 「尹瓘 9城의 範圍와 朝鮮 6鎭의 開拓-女眞 勢力 關係를 中心으로-」, 『史叢』 21·22 ; 차용걸, 1981, 「朝鮮前期 關防施設 整備過程」, 『한국사론』 7, 국사편찬위원회 ; 정하명, 1987, 「조선초기의 체탐」, 『육사논문집』 32 ; 이경식, 1992, 「朝鮮初期의 北方開拓과 農業開發」, 『역사교육』 52 ; 이재철, 1995, 『세종시대의 국토방위』, 세종대왕기념사업회 ; 김병록, 1996, 「조선초기 金宗瑞의 六鎭開拓에 關한 考察」, 성균관대학교 석사학위논문 ; 유재춘, 1998, 「朝鮮前期 行城築造에 관하여」, 『강원사학』 13·14 ; 국방군사연구소, 1999, 『國土開拓史』, 정문사 ; 강성문, 2001, 「朝鮮初期 六鎭開拓의 國防史的 意義」, 『軍史』 42 ; 오종록, 2001, 「세종시대 북방영토개척」, 『세종문화사대계』 3, 세종기념사업회 ; 방동인, 1994, 「조선초기의 북방 영토개척-압록강 방면을 중심으로」, 『관동사학』 5·6 ; 방동인, 1995, 「4군 6진의 개척」, 『한국사』 22, 국사편찬위원회 ; 방동인, 1997, 『韓國의 國境劃定研究』, 일조각.

책12) 등에 연구가 집중되었다. 또한 여말선초 동북면에 관한 연구,13) 그리고 여진세력의 동향 및 분포14), 조선·여진·명과의 관계를 분석한 연구,15) 明·淸交替期 여진 문제16) 등을 다룬 연구가 진행되기도 하였다.

---

12) 송기중, 1963, 「세종조의 평안도 이민에 대하여」, 『사총』 8 ; 이수건, 1970, 「조선 성종조의 북방 이민정책(上)」, 『아세아학보』 7 ; 이수건, 1970, 「조선 성종조의 북방 이민정책(下)」, 『아세아학보』 8 ; 박상태, 1989, 「朝鮮初期의 北方徙民政策硏究 - 世宗朝의 北方徙民政策을 中心으로」, 동국대학교 석사학위논문 ; 차용걸, 1995, 「함길·평안도에의 사민입거」, 『한국사』 22, 국사편찬위원회 ; 이상협, 2001, 『朝鮮前期 北方徙民硏究』, 경인문화사.

13) 서병국, 1971, 「이지란 연구」, 『백산학보』 10 ; 유창규, 1984, 「李成桂의 軍事的 基盤 - 東北面을 중심으로 - 」, 『진단학보』 58 ; 허흥식, 1985, 「고려말 이성계의 세력기반」, 『역사와 인간의 대응, 고병익 회신기념 사학논집』 ; 김순자, 1987, 「고려말 동북면의 지방세력연구」, 연세대학교 석사학위논문 ; 심재석, 1992, 「용비어천가에 보이는 고려말 이성계가」, 『외대사학』 4-1 ; 최재진, 1993, 「고려말 동북면의 통치와 이성계 세력 - 쌍성총관부 수복이후를 중심으로」, 『사학지』 26 ; 송기중, 1994, 「朝鮮朝 建國을 後援한 勢力의 地域的 基盤」, 『진단학보』, 78 ; 김선호, 1996, 「14세기말 몽·려관계와 동북아 정세변화」, 『강원사학』 12 ; 박성규, 2001, 「고려말 한·중간의 유민」, 『경주사학』 20.

14) 김구진, 1972, 「오음회건주좌위여진 연구」, 고려대학교 석사학위논문 ; 김구진, 1973, 「오음회의 알타리여진에 대한 연구」, 『사총』 17·18 ; 김구진, 1973, 「여말선초 두만강 유역의 여진분포」, 『백산학보』 15 ; 김구진, 1974, 「초기 모린 올량합 연구」, 『백산학보』 17 ; 김구진, 1976, 「골간 올적합 여진 연구」, 『사총』 20 ; 김구진, 1982, 「명대여진사회의 경제생활양식과 그 변화」, 『동양사학연구』 17 ; 김구진, 1983, 「明代 女眞 社會와 姓氏의 變化」, 金俊燁敎授華甲記念 『중국학논총』 ; 김구진, 2001, 「조선 초기에 한민족으로 동화된 토착 여진」, 『백산학보』 58 ; 김구진, 2004, 「조선전기 여진족의 2대종족 - 오랑캐와 우디캐」, 『백산학보』 68 ; 서병국, 1971, 「동맹가첩목아의 건주좌위연구」, 『백산학보』 11 ; 서병국, 1972, 「범찰의 건주우위연구」, 『백산학보』 13 ; 서병국, 1972, 「여진풍속고」, 『논문집』 2, 광운대학교 ; 노기식, 2003, 「元明 교체기의 遼東과 女眞」, 『아시아문화』 19.

15) 이현종, 1973, 「여진관계」, 『한국사』 9, 국사편찬위원회 ; 이현종, 1981, 「조선초기의 대외관계」, 『한국사』 9, 국사편찬위원회 ; 전해종, 1976, 「대명, 대청, 대여진관계」, 『한국사론』 4, 국사편찬위원회 ; 김구진, 1984, 「朝鮮前期 對女眞關係와 女眞社會의 實態」, 『동양학』 14 ; 김구진, 1993, 「명대 여진사회의 조공과 서계」, 『송갑호교수 퇴임기념논문집』, 고려대학 사학회 ; 김구진, 1994, 「명대 여진의 중국에 대한 공무역과 사무역」, 『동양사학연구』 48 ; 김구진, 1994, 「대외관계편 -

그 외에도『조선왕조실록』등에 나타난 女眞語名에 관심을 가지고 여진
어 만주퉁구스명에 관한 연구17)가 진행되기도 하였다.

최근에는 여진과의 交隣·交涉의 동향,18) 조선의 여진 방어 대책,19)

11처 인민문제와 동북면 영유권 - 」,『한국학기초자료선집』, 한국정신문화연구원 ;
김구진, 1995,「여진과의 관계」,『한국사』22, 국사편찬위원회 ; 박원호, 1991,「영
락연간 명과 조선간의 여진문제」,『아세아연구』85 ; 박원호, 1992,「선덕연간
(1425~1435) 명과 조선간의 건주여진」,『아세아연구』88 ; 박원호, 1995,「15세
기 동아시아 정세」,『한국사』22, 국사편찬위원회 ; 박원호, 2002,『明初朝鮮關係
史研究』, 일조각 ; 서병국, 1990,「朝鮮前期 對女眞關係史」,『국사관논총』14.
16) 서병국, 1970,「선조 이십오년경의 건주여진」,『백산학보』9 ; 서병국, 1970,『宣
祖時代 女直交涉史研究』, 교문사 ; 이장희, 1972,「임난전의 서북변계 정책」,『백
산학보』12 ; 조영록, 1977,「입관전 명청시대의 만주여직사」,『백산학보』22 ;
서정흠, 1993,「명말청초 건주여진사회의 노예경제」,『안동대학교 논문집』15 ;
최호균, 1993,「선조 28년 건주여진의 조선피로인 쇄환고」,『오송 이공범교수 정
년기념 동양사논총』; 최호균, 1997,「16세기말 採蔘事件과 對女眞政策」,『대동
문화연구』32 ; 노기식, 2001,「만주의 흥기와 동아시아 질서의 변동」,『중국사연
구』16.
17) 김동소, 1997,「용비어천가의 여진어휘 연구」,『국어교육연구』9 ; 송기중, 1987,
「『經國大典』에 보이는 譯學書 書名에 대하여(二)」,『국어학』16 ; 송기중, 1988,
「太祖實錄에 등장하는 蒙古語名과 女眞語名(Ⅰ)」,『진단학보』66 ; 송기중, 1989,
「『龍飛御天歌』에 登場하는 北方民族語名」,『진단학보』67 ; 송기중, 1990,「『龍
飛御天歌』에 登場하는 北方民族語名」,『진단학보』69 ; 송기중, 1992,「태조실
록에 등장하는 몽고어명과 여진어명(Ⅱ)」,『진단학보』73 ; 김주원, 1990,「만주
어 모음체계의 변천에 대하여」,『알타이학보』2 ; 김주원, 2003,「조선왕조실록에
나타난 여진어 만주퉁그스어」,『알타이학보』14 ; 김주원, 2006,「조선왕조실록의
번역에 나타난 오류 - 야인(여진족)에 관한 기록을 중심으로」,『알타이학보』16 ;
김주원, 2008,『조선왕조실록의 여진족 족명과 인명』, 서울대학교출판부.
18) 한성주, 2007,「두만강지역 여진인 동향 보고서의 분석 - 단종실록 기사를 중심
으로」,『사학연구』86 ; 김순남, 2008,「조선초기 경차관의 대외교린 활동」,『군
사』66 ; 김순남, 2009,「조선 燕山君代 여진의 동향과 대책」,『한국사연구』144,
한국사연구회 ; 김순남, 2009,「조선 성종대 올적합에 대하여」,『조선시대사학보』
49 ; 김순남, 2009,「조선 성종대의 건주삼위」,『대동문화연구』68.
19) 이규철, 2007,「조선 초기 대외정보 수집활동과 보고경로」,『군사』65 ; 김순남,
2008,「조선초기의 비변대책의 수립과 시행 - 재상급 국방전문가의 활약을 중심으
로」,『조선시대사학보』45 ; 김순남, 2010,「조선전기의 만포진과 만포첨사」,『사학

여진 정벌,[20] 영토·영역 및 여진에 대한 인식 문제,[21] 조선의 수직정
책[22]과 조선·명·여진관계[23]에 이르기까지 다양한 연구가 새롭게 조명

연구』97 ; 김순남, 2010, 「조선 中宗代 북방 野人 驅逐」, 『조선시대사학보』54.
20) 장창하, 2006, 『世宗代의 女眞征伐에 관한 硏究』, 한국학중앙연구원 박사학위논
문 ; 노영구, 2007, 「『國朝征討錄』편찬의 특징과 자료적 가치」, 『장서각』18 ;
노영구, 2008, 「세종의 전쟁수행과 리더십」, 『오늘의 동양사상』, 예문동양사상연
구원 ; 국방부 군사편찬연구소, 2007, 『한중군사관계사 - 고조선~조선』; 박정민,
2008, 「태종대 제1차 여진정벌과 동북면 여진관계」, 『백산학보』80 ; 한성주,
2008, 「조선 세조대 모련위 정벌과 여진인의 종군에 대하여」, 『강원사학』22·23 ;
박현모, 2009, 「세종정부의 의사결정 구조구원과정에 대한 연구 : 제1·2차 여진
족 토벌 사례를 중심으로」, 『동양정치사상사』8-1, 한국동양정치사상사학회 ; 계
승범, 2009, 『조선시대 해외파병과 한중관계』, 푸른역사, 2009.
21) 박현모, 2007, 「세종의 변경관과 북방영토경영 연구」, 『정치사상연구』13, 한국정
치사상학회 ; 이강원, 2007, 「조선 초 기록 중 '豆滿' 및 '土門'의 개념과 국경인
식」, 『문화역사지리』19-2 ; 정다함, 2008, 「朝鮮初期 野人과 對馬島에 대한 藩
籬·藩屛認識의 형성과 敬差官의 파견」, 『동방학지』141 ; 한성주, 2009, 「조선전
기 '字小'에 대한 고찰 - 대마도 왜인 및 여진 세력을 중심으로 - 」, 『한일관계사
연구』33 ; 박정민, 2010, 「조선초기의 여진 관계와 여진인식의 고착화 - 태조~
세종대를 중심으로 - 」, 『한일관계사연구』35.
22) 한성주, 2006, 「조선초기 수직여진인 연구 - 세종대를 중심으로」, 『조선시대사학
보』36 ; 한성주, 2007, 「조선초기 조·명 이중수직여진인의 양속 문제」, 『조선시
대사학보』40.
23) 남의현, 1999, 「중국과 일본의 동북(만주)사 연구 - 만족사 연구를 중심으로 - 」,
『박물관지』6, 강원대학교 중앙박물관 ; 남의현, 2004, 「明 前期 遼東都司와 遼
東八站占據」, 『명청사연구』21 ; 남의현, 2006, 『明代 遼東都司 支配의 限界에
관한 硏究』, 강원대학교 박사학위논문 ; 남의현, 2006, 「明代 遼東邊牆의 形成과
性格」, 『중국학보』54 ; 남의현, 2006, 「15세기 明의 女眞地域 進出試圖와 女眞
의 成長 - 奴兒干都司와 建州女眞을 중심으로 - 」, 『강원사학』21 ; 남의현, 2006,
『明代 前期 遼東과 몽골·女眞의 動向」, 『명청사연구』25 ; 남의현, 2007, 「명과
여진의 관계」, 『고구려연구』29 ; 남의현, 2007, 「明代 遼東防禦戰略의 變化와 防
禦力의 衰退」, 『군사』62 ; 남의현, 2007, 「明 前期 奴兒干都司의 設置와 衰退」,
『동북아역사논총』16 ; 남의현, 2007, 「遼東都司 對外膨脹의 限界에 대한 考察
- 山東에 대한 依存性과 對外進出의 限界性을 중심으로 - 」, 『명청사연구』27 ;
남의현, 2008, 『明代遼東支配政策研究』, 강원대학교출판부 ; 남의현, 2008, 「명
대 요동정책의 성격」, 『동아시아 영토와 민족문제』, 경인문화사 ; 남의현, 2009,
「중국의 명대 동북강역 연구성과와 문제점 분석」, 『인문과학연구』22, 강원대학

되고 있기도 하다.

그러나 이들 연구들 중 조선의 대여진 기미정책과 관련된 성과들로 한정하여 보면 그와 관련된 연구 성과는 그리 많지 않은 것을 볼 수 있다. 연구가 어느 정도 이루어진 부분도 대부분 來朝를 중심으로 한 연구에 집중되어 있거나 여진관계의 전반적인 흐름을 개론적으로 다룬 것이 주를 이루고 있다.

조선전기의 대여진관계를 정확하게 파악하기 위해서는 조선의 회유정책에 대해 정확하고 구체적인 사례들을 살펴보아야만 한다. 특히 조선의 授職政策 및 受職女眞人에 대한 연구는 구체적인 사례연구라는 측면에서 매우 중요한 부분이나 아직 연구가 부족한 형편이다. 대부분 수직정책에 관해서는 단지 정치적 회유책 중 하나로서 개론적으로 설명하고 있기 때문에 수직정책의 淵源이나 變化 양상뿐만 아니라 관직을 받은 수직여진인의 현황, 그리고 그들을 조선에서 어떻게 이용하고 활용했는지, 또 어떤 대우를 해주었는지에 대해서 구체적인 모습을 살피는데 있어서는 부족하다.[24] 또 조선과 명 양측에 이중으로 관직을 받는 二重受職女眞人이 발생함으로써 여진인의 兩屬 문제가 발생하게 되고 조선과 명의 외교적 갈등이 일어나기도 하였으며, 두만강 유역의 5진 藩籬 구축 및 女眞僞使 발생과 조선의 수직정책이 갖는 상관관계 내지는 한계성

교 인문과학연구소.

24) 조선의 수직제도·수직여진인에 관해 언급하거나 연구한 논문은 다음과 같다. 이현희, 1963, 「鮮初 向化野人 拾穗－初期 對野人 交隣策의 一斑－」, 고려대학교 석사학위논문 ; 이현희, 1964, 「朝鮮前期 來朝野人의 政略的 待遇에 對하여」, 『史學硏究』 18 ; 이현희, 1964, 「朝鮮前期 留京侍衛野人攷－對野人 羈縻策 一端－」, 『향토서울』 20 ; 서병국, 1971, 「李之蘭 硏究」, 『白山學報』 10 ; 유봉영, 1973, 「王朝實錄에 나타난 李朝前期의 野人」, 『白山學報』 14 ; 하부영, 1998, 「이조초기 여진에 대한 정책」, 『中韓人文科學硏究』 3-1 ; 케네스·R·로빈슨, 1999, 「朝鮮王朝－受職女眞人의 關係와 '朝鮮'」, 『歷史評論』 592 ; 케네스R·로빈슨, 1997, 「一四五五年三月の人名記錄にみる朝鮮王朝の受職野人」, 『年報 朝鮮學』 6.

또한 규명되지 못한 측면이 있다. 즉 조선의 여진에 대한 수직정책의 사례적 측면과 함께 그 성격을 보다 면밀히 파악해 보아야 한다는 것이다.

따라서 본고에서는 이러한 문제의식을 가지고 조선의 대여진 기미정책 중 수직정책과 그로 인해 발생한 수직여진인에 관하여 살펴보고자 한다. 먼저 제1장에서는 조선시대 수직정책이 확립되고 전개되는 양상을 살펴볼 것이다. 조선시대 수직정책의 淵源과 변화뿐만 아니라 수직정책으로 인해 발생한 수직여진인의 현황을 살펴봄과 동시에 이들을 조선이 어떻게 이용·활용했는지, 또 어떤 대우들을 했는지 파악해 보고자 한다.

제2장에서는 두만강 유역 5진에 거주하는 800여 명의 女眞人 人名記錄이 나타나는『端宗實錄』의 여진인 동향보고서를 분석함으로써 인명기록의 작성 배경과 그 안에서 파악되는 수직여진인의 현황을 보고, 조선의 수직정책이 5진에 어떻게 투영되고 있는지 살펴볼 것이다.

제3장에서는 조선 官員이 수직여진인을 만나게 되어 서로 接見 내지는 接待할 때 어떤 좌석배치를 하였는지 사료를 토대로 재구성해 보고자 한다. 이러한 座次規定을 정비하게 된 배경, 조선 관원보다 품계가 높은 수직여진인과의 접견이 어떻게 이루어졌는지 살펴봄으로써 이들에 대한 조선의 인식을 살펴보는 계기가 될 것이다.

다음으로 제4장에서는 明官職을 가지고 있던 여진인들에게도 조선이 관직을 줌으로써 朝·明二重受職女眞人이 발생한 것, 그리고 이것으로 인해 여진 세력이 조선과 명 양측에 정치적으로 양속하게 되는 성격을 가진 점을 구체적 사례를 들어보고자 한다. 또 이로 인해 명과 외교적 갈등을 겪게 되었던 점, 그럼에도 불구하고 조선이 조·명이중수직여진인을 처벌함으로써 파생된 조선·명·여진 관계를 살펴볼 것이다.

제5장은 세조대 모련위 정벌의 배경을 조선·명·여진 관계에서 찾아보고, 여진인과 수직여진인을 종군시킴으로써 조선에서 활용한 측면과 함께 정벌 후 종군한 여진인들에 대한 포상으로서 수직정책을 활용한 내

용을 보고자 한다.

제6장은 두만강 유역의 藩籬·藩胡 형성과 수직정책의 상관성을 살펴보려고 한다. 조선이 이 지역에 대해서 번리 인식을 가지고 있었던 것을 실증적으로 밝혀 그것이 5진 설치의 배경이 되었음을 증명하고, 5진 설치 후 조선이 여진 번리를 구축하기 위해 여진에 대한 수직정책을 이용했음을 보게 될 것이다. 또 번리 구축의 영향으로 여진인들이 급격히 증가하여 藩胡로서 발전하게 되었던 점도 함께 기술하고자 한다.

마지막으로 제7장에서는 역시 여진 위사의 발생과 수직정책의 한계성을 살펴볼 것이다. 5진이 설치되면서 여진 위사가 발생하는 원인 및 배경을 살펴보는 것과 동시에 여진 위사의 유형을 파악해보고자 한다. 이와 함께 수직정책이 가지는 한계성을 살펴보고, 조선에서 여진 위사에 대해 어떤 대응을 했는지 살펴볼 것이다.

이를 통해 조선전기 대여진 수직정책의 전개와 그 성격을 규명함으로써 조선의 여진에 대한 기미교린정책의 실체를 밝히는데 一助하리라 생각된다. 더 나아가 이러한 문제들이 검토되어야지만 조선과 여진관계도 균형 잡힌 시각에서 바르게 이해될 수 있고 일본의 중소영주와 지방호족에 대한 수직정책 및 기미교린정책도 함께 비교·검토되어 조선의 남북방에 대한 교린정책을 보다 종합적으로 고찰할 수 있을 것이다.

제1장

授職政策의 전개와 확립

조선시대 授職政策의 淵源은 고려시대 여진인에 대하여 회유책을 실시한 것에서부터 찾을 수 있다. 고려는 여진인들의 내조에 따라 將軍 칭호와 鄕職을 수여한 것으로 되어 있다. 金 건국 이후 사라졌던 여진인들에 대한 授職은 元·明 교제기인 고려말에 다시 보이게 된다. 조선시대 여진에 대한 관직 수여는 고려말 李成桂를 따라 從軍하였던 女眞人 酋長들에 대한 褒賞에서 이루어진 것에서부터 찾을 수 있다. 이후 여진에 대한 수직은 여진의 유력추장의 조선 來朝와 함께 이루어졌으나 小數에 불과하였고, 주로 조선에 向化한 경우를 중심으로 시행되었다.

　世宗代가 되면서 수직정책은 여진과의 관계 및 여진 세력의 변화, 조선의 4郡 6鎭의 설치와 맞물려 보다 능동적으로 확대·전개되었다. 특히 조선에 향화한 여진인들을 중심으로 운영되던 수직정책이 두만강·압록강 유역 거주자들에게도 확대되고, 명에서 관직을 받았던 여진인들에게까지 이루어졌다. 따라서 조선의 수직정책은 바로 세종대에 확립되었다고 할 수 있으며, 이러한 정책 기조는 조선전기 내내 지속되었다. 이렇게 확립·전개된 수직정책으로 많은 受職女眞人이 발생하게 되었고, 조선에서는 이들을 여진과의 여러 문제에 적극적으로 활용하기도 하였다.

　조선시대 여진에 대한 수직정책의 변화를 밝히는 것은 수직정책의 성립이라는 측면을 살피는데 있어서도 매우 중요하다. 게다가 수직정책으로 파생된 수직여진인의 현황을 살펴보고 이들을 조선에서 어떻게 활용하였는지, 또 어떤 대우와 인식을 가지고 있었는지 살펴본다면 수직정책의 성격을 이해하는데 도움이 될 것이다.

따라서 본 장에서는 수직정책의 연원과 변화과정을 통해 수직정책이 성립되어가는 과정을 살펴보고자 한다. 아울러 太祖代부터 成宗代까지 수직여진인의 현황과 種族別 분석을 통한 수직정책의 운영 양상을 살펴봄으로써 조선과 여진과의 관계를 보다 면밀히 규명해보고, 이들에 대한 활용과 대우에 관한 문제까지 살펴봄으로써 수직정책의 전개 양상을 고찰해보고자 한다.

제1절 수직정책의 淵源과 變化

조선은 女眞人과 倭人에 대해 조선의 관직을 주는 授職政策을 실시하였다. 그런데 이것은 조선에 向化한 자들뿐만 아니라 지금의 만주 및 일본에 거주하는 사람들에게까지 확대 적용되었다.[1]

이러한 수직정책은 고려시대에 여진인에 대한 懷柔策으로 행하였던 제도였고, 그 연원은 중국의 外夷羈縻策에서 유래하였다는 것이 일반적이다.[2] 羈縻政策이란 중국이 주변민족이나 국가를 중국화하지도 않고, 적국화하지도 않는 정책이며, 만약 주변국이 스스로 稱臣해 와도, 중국에서 사양해 不臣하는 것이 그 기본개념이다.[3] 그러나 이러한 羈縻는 漢代 이후 중국과 이웃한 모든 나라가 중국과의 통상을 원할 경우, 주변국이 원하건 원치 않던 간에 중국의 대외정책인 册封과 朝貢제도로 가시화되었다.[4] 즉 중국에서는 중국 황제와 주변 제국가 군주들과의 관계에

---

1) 倭人에 대한 授職政策과 受職倭人에 대해서는 한문종, 1996, 『朝鮮前期 對日 外交政策 研究－對馬島와의 關係를 중심으로－』, 전북대학교 박사학위논문 및 2001, 『朝鮮前期 向化·受職倭人 研究』, 국학자료원 참고.
2) 中村榮孝, 1965, 「室町時代の日鮮關係」, 『日鮮關係史の研究』上, 吉川弘文館, 1644쪽.
3) 손승철, 2006, 『조선시대 한일관계사 연구－교린관계의 허와 실』, 경인문화사, 25쪽.

책봉조공제도를 적용하여, 주변국의 군주에게 각각 '王'의 작위를 주고, 이것에 의해 황제와 이들 군주간에 군신관계를 설정한 것이다.[5]

그런데 이러한 중국의 책봉조공제도의 형식을 빌려 고려에서 來朝하는 여진인들에 대해 고려의 관직을 주었던 것을 볼 수 있다. 실제로 『高麗史』 및 『高麗史節要』 등을 보면 내조하는 여진인에 대해 고려의 관직을 주었던 記事들을 쉽게 찾아볼 수 있다. 고려에서는 북방에 거주하던 여진인들을 '東女眞'·'西女眞'이라고 불렀고, 이들에게 주로 '將軍' 칭호와 鄕職을 제수한 것으로 되어 있다.[6] 고려시대 장군직은 세력이 큰 추장들에게, 향직은 추장의 부하들에게 수여한 것으로,[7] 顯宗 이후에는 來貢하는 모든 여진인들이 고려의 職牒을 띠고 있다고 언급하기도 하고 있으며,[8] 여진인들이 귀화해오면 지급한 것으로 파악하기도 하였다.[9] 고려전기에 여진인에게 수여된 장군직은 총 195명(동여진 163명, 서여진 32명), 향직은 46명이라 조사된 연구도 있다.[10]

고려에서 여진인들에게 장군 칭호와 향직을 수여한 목적은 여진인들

---

4) 위와 같음.
5) 위의 책, 27쪽.
6) 고려시대 여진에 대한 將軍職 및 鄕職 수여에 대해서는 다음과 같은 연구들이 있다. 김상기, 1956, 「여진관계의 시말과 윤관(尹瓘)의 북정」, 『국사상의 제문제』 4, 국사편찬위원회 ; 박현서, 1974, 「北方民族과의 抗爭」, 『한국사』 4, 국사편찬위원회 ; 김위현, 1982, 「高麗對宋遼金人投歸的收容策」, 『사학지』 16 ; 최규성, 1995, 「북방민족과의 관계」, 『한국사』 15, 국사편찬위원회 ; 김봉두, 1990, 「高麗前期 對女眞政策의 性格」, 「전통문화연구」 1 ; 박옥걸, 1996, 『高麗時代의 歸化人硏究』, 국학자료원 ; 임경희, 2003, 「高麗前期 女眞人에 대한 '將軍'과 鄕職 授與」, 고려대학교 석사학위논문.
7) 김상기, 1956, 「여진관계의 시말과 윤관(尹瓘)의 북정」, 『국사상의 제문제』 4, 국사편찬위원회, 73~75쪽.
8) 김위현, 1982, 「高麗對宋遼金人投歸的收容策」, 『사학지』 16, 518쪽.
9) 박옥걸, 1996, 『高麗時代의 歸化人硏究』, 국학자료원, 188~191쪽.
10) 임경희, 2003, 「高麗前期 女眞人에 대한 '將軍'과 鄕職 授與」, 고려대학교 석사학위논문, 15~18·26쪽.

이 고려에 來朝·來獻한 것에 대한 恩典으로서 지급한 것으로, 고려의 대여진회유책으로 보는 것이 일반적이다. 그런데 여진인들의 내조·내헌은 마치 조공체제에 있어서 諸侯國이 행하는 朝貢이었고, 고려의 장군과 향직 수여는 그에 대한 冊封 형식이었다는 연구가 있어서 주목된다.[11] 고려는 여진인들에 대해 관직을 주고 칭신하게 하여 회유함으로써 이들을 고려에 복속시켰으며,[12] 이들을 고려의 藩屏으로 인식하였다.[13]

고려의 여진에 대한 관직수여는 여진족에 의해 金이 건국되면서 중단되었다가, 고려말에 다시 이루어졌다. 몽고족이 세운 元은 여진족의 이동을 억제하였는데 元·明 교체기 혼란한 상황을 틈 타 여진족의 이동이 활발해졌다. 고려에서는 중국대륙의 혼란한 상황을 틈 타 이동해 온 여진인들이 고려에 복속해 올 경우 이들에게 고려의 관직을 수여해준 것으로 보인다.

조선에서도 북방 여진인에 대한 고려전기 및 고려말의 정책을 받아들여서 여진인들에게 관직을 준 것을 볼 수 있다. 그렇지만 조선의 수직정책은 고려의 것보다 훨씬 더 적극적으로 전개되어 온 양상이 있다. 특히 4군 6진으로 대표되는 조선의 영토 개척과정에서 수직정책이 더욱 폭넓게 확대되고, 변화되는 여진관계에 따라 운영의 틀도 변화되어 온 것이다. 조선의 수직정책은 고려시대에 비해 수직대상과 범위, 인원이 비약적으로 확대되었으며 광범위하게 전개된 측면이 있다. 이 과정에서 적극적으로 확대·변화된 수직정책이 조선의 성공적인 영토 개척을 가능하게 한 측면이 있는 것이다. 고려 睿宗代 尹瓘에 의해 이루어진 여진정벌과 동북 9성 개척은 여진인들의 抗拒와 請으로 좌절되었으나 조선 세종의

---

11) 임경희, 2003, 「高麗前期 女眞人에 대한 '將軍'과 鄕職 授與」, 고려대학교 석사학위논문, 33쪽.

12) 박현서, 1974, 「北方民族과의 抗爭 - 女眞族과의 關係」, 『한국사』 4, 국사편찬위원회, 290~303쪽.

13) 『高麗史』 및 『高麗史節要』를 보면 고려의 북방에 거주하면서 고려에 내조하던 여진인들에 대해 藩籬·藩屛이라 표현한 것을 찾아볼 수 있다(한성주, 2010, 「조선전기 두만강 유역 '女眞 藩籬·藩胡'의 형성과 성격」, 『한국사학보』 41, 168쪽).

4군 6진으로의 영토 개척은 대여진회유책이 병행되었기 때문에 성공적
으로 이루어질 수 있었다. 조선의 수직정책은 바로 대여진회유책에서 중
요한 부분을 차지한다고 할 수 있다.

조선을 건국한 이성계와 여진인들과의 관계는 상당히 밀접하였던 것
으로 평가되어지는데, 조선이 여진인들에게 단행한 최초의 수직도 이와
관련이 있다. 조선을 건국한 李成桂의 세력기반은 東北面이었고, 고려말
동북면은 여진인과 고려 流民이 혼재해 있었으며, 이성계의 私兵은 이들
을 기반으로 하였다.

이성계가 東征·西伐할 때 이들 여진족의 大小 추장들은 항상 활과 칼
을 차고 종군하였다.14) 이성계는 즉위한 뒤 자신에게 종군하였던 이들
여진의 대소 추장들에게 萬戶와 千戶의 벼슬을 주었다고 한다.15) 태조
이성계는 자신에게 종군하였던 여진인 추장들에 대해 포상의 차원에서
조선의 관직을 주었는데, 이것은 바로 고려시대 여진인들에 대해 실시한
수직정책을 계승하는 것과 동시에 조선의 여진에 대한 최초의 수직 사례
가 된다.

조선 건국 후 태조 이성계로부터 새로이 만호, 천호의 관직을 받은
여진의 대소 추장들은 다음 <표 1>과 같다. 이들의 種族은 女眞 21명,
兀良哈 1명, 兀狄哈 5명으로 표기되어 있으며, 총 27명이다.

〈표 1〉 조선 건국 후 女眞 從軍者들에 대한 포상 명단

종 족	지 역	지 위	성 명	성명 변화
女眞	斡朶里	豆漫16)	夾溫猛哥帖木兒	童猛哥帖木兒
	火兒阿	豆漫	古論阿哈出	於虛出
	托溫	豆漫	高卜兒閼	
	哈蘭	都達魯花赤	奚灘訶郎哈	
	參散	猛安	古論豆闌帖木兒	李之蘭

---

14) 『태조실록』 권8, 태조 4년 12월 계묘 ; 『용비어천가』 권7, 제53장.
15) 위와 같음.

종 족	지 역	지 위	성 명	성명 변화
	移闌豆漫	猛安	甫亦莫兀兒住	
	海洋	猛安	括兒牙火失帖木兒	金火失帖木
	阿都哥	猛安	奧屯完者	
	實眼春	猛安	奚灘塔斯	
	甲州	猛安	雲剛括	
	洪肯	猛安	括兒牙兀難	王兀難
	海通	猛安	朱胡貴洞	童貴洞
	禿魯兀	猛安	夾溫不花	
	斡合	猛安	奚灘薛列	劉薛列
	兀兒忽里	猛安	夾溫赤兀里	
	阿沙	猛安	朱胡引答忽	朱引忽
	紉出闊失	猛安	朱胡完者	
	吾籠所	猛安	暖禿古魯	
		?	奚灘孛牙	
	土門	猛安	古論孛里	
	阿木剌	唐括	奚灘古玉奴	
兀郎哈	土門		括兒牙八兒速	劉把兒遜
嫌眞兀狄哈	古州		括兒牙乞木那	金文乃
			答比那	
			可兒答哥	
南突兀狄哈	速平江		南突阿剌哈伯顏	
闊兒看 兀狄哈	眼春		括兒牙禿成改	金豆稱介

* 이 표는 『朝鮮王朝實錄』·『龍飛御天歌』를 참고로 만들었음.

이 중 夾溫猛哥帖木兒는 조선에서 上護軍, 慶源等處管軍萬戶 등의 관
직을 제수 받았다가 明 成祖의 여진 초무로 명에 入朝한 후 建州左衛를
개설받았던 童猛哥帖木兒이고, 阿哈出은 명의 建州衛를 개설 받은 於虛
出이다.[17) 『태조실록』에 나타난 여진인 종군자와 그에 대한 포상자 명
단에는 이들 두 명 모두 여진으로 표기되어 있지만 동맹가첩목아는 斡

16) 豆漫은 萬戶, 猛安은 千戶, 唐括은 百戶를 말한다(송기중, 1992, 「『太祖實錄』에
등장하는 蒙古語名과 女眞語名(Ⅱ)」, 『震檀學報』73, 131~132쪽 ; 김구진, 1973,
「麗末鮮初 豆滿江 流域의 女眞 分布」, 『白山學報』15, 116쪽).

17) 『태종실록』권7, 태종 4년 3월 갑인 ; 권8, 태종 4년 12월 경오 ; 권9, 태종 5년
2월 기축 ; 권10, 태종 5년 9월 을사 ; 권11, 태종 6년 3월 병신.

朶里族이며, 어허출은 兀良哈族이다. 조선 초기에 이 두 명의 大酋長이 각각 그 무리를 이끌고 조선과 밀접한 관계를 맺고 있었음은 잘 알려진 사실이다.

또 古論豆蘭帖木兒는 조선의 개국 1등 공신이자 태조의 配享功臣 중 하나인 李之蘭이며, 括兒牙八兒遜은 태종 10년(1410) 조선의 1차 여진 정벌 때 횡사한 劉把兒遜이고, 括兒牙乞木那와 括兒牙禿成改는 각각 金文乃, 金豆稱介이다.[18]

이지란은 고려말 태조 이성계와 함께 활동한 대표적 인물로, 조선 개국 후에는 개국 1등 공신이면서 태조의 영정에 함께 배향된 配享功臣에까지 올랐다. 이것은 그를 대표로 한 여진인들이 고려말에 이성계를 도왔던 사실을 단적으로 말해준다. 김문내와 김두칭개도 각각 嫌眞兀狄哈, 闊兒看兀狄哈으로 표기되어 있지만, 骨看兀狄哈의 대표적인 추장으로 조선과 밀접한 관계를 맺고 있었고, 조선의 관직을 이후에도 지속적으로 수여받았던 인물들이다.

특히 1438년(세종 20)에는 이들 10처 여진인 중 阿沙千戶 朱引忽, 斡合千戶 劉薛列 등이 이미 조선의 職品을 받은 것도 확인할 수 있다.[19] 그러므로 이러한 내용이 태조 이성계의 위력을 과시하려는 의도에서 과장되었다는 일부 주장은 재고되어야 할 것이다.

한편 두만강 내외에 살고 있는 여진 각 부족에 대한 授職은 여진의 來朝와 함께 이루어졌다. 여진은 태조 즉위 한 달 후부터 올량합, 알타리, 올적합 등이 내조하기 시작하였다.[20] 여진 각 부족의 대소 추장이 내조하여 국왕을 알현하고 방물을 바치면 조선은 그에 대한 回賜物과 賞賜物을 주었고, 그 세력의 강약에 따라 조선의 관직을 주었다. 태조대

---

18) 『태조실록』 권4, 태조 2년 7월 을축 ; 『태종실록』 권20, 태종 10년 7월 정축.
19) 『세종실록』 권80, 세종 20년 1월 경자.
20) 『태조실록』 권1, 태조 1년 8월 갑자.

에 내조한 여진인 중 관직을 받은 자는 올량합 宮富大, 多完人[21] 夫彦, 알타리 所吾, 童多老 등이 있었다.

<표 1>에서 보이는 조선 건국 후 女眞 從軍者들에 대한 포상 명단 이후 태조대의 수직여진인은 <표 2>와 같다.[22]

태조대 수직여진인은 <표 1>과 <표 2>에 보이는 것처럼 총 34명 인데(<별표 1> 참고), 그 대부분이 조선의 동북면인 두만강 부근에 거주하는 알타리·올량합의 대소 추장과 이지란 一家임을 알 수 있다.

이지란 일가라고 하는 것은 이지란과 그이 아들인 李和英, 李和尙, 이화영의 장인 童安老 등이 그들이다. 흥미로운 것은 이화상과 동안로의 경우 『李和尙開國原從功臣錄券』에 原從功臣으로 나타나고 있어 이들 또한 조선 개국에 있어서 그 공로를 인정받고 있는 점이다.[23]

태조, 정종을 이어 태종이 즉위하면서 조선과 여진의 관계는 복잡한 양상을 가지게 되었다. 1402년(태종 2) 安邊府使 趙思義의 난을 계기로 여진과의 관계가 악화되기 시작하였는데, 조사의 난에 동북면 일대 토호들의 家別抄 뿐만 아니라 알타리, 올량합 등도 가담한 것으로 보이기 때문이다.[24]

---

21) 송기중은 '多完'의 정확한 뜻은 알 수 없지만, '都宛塔爾噶(Duwan-i talga : 滿洲語로는 평아라는 뜻)' 지역의 이름 혹 그곳에 거주하였던 부족의 이름으로 추측하고, 그 지역은 斡朶里/吾都里 지역에서 黑龍江 하구를 따라 동북방에 위치한다고 하였다(송기중, 1992,「『太祖實錄』에 등장하는 蒙古語名과 女眞語名(Ⅱ)」,『震檀學報』73, 127쪽).

22)『조선왕조실록』등에서 여진인의 관직 수여 시기가 정확히 나타나는 경우는 많지 않다. 본고에서는 여진인의 관직과 성명, 족명이 정확히 보이는 경우에는 관직 수여 시기가 정확히 보이지 않더라도 조선으로부터 관직을 받은 것으로 통계화하였다. 예를 들면 '都萬戶 馬自和', '斡朶里 護軍 馬自和' 등 여진인이 조선의 관직명을 정확히 띠고 있는 경우이다. 그리고 이러한 관직명이 처음으로 나타난 왕대에 포함시켰음을 밝히며, 이하 왕대별 통계 및 '<별표 1> 태조~성종대 수직여진인 일람'도 같은 방법을 사용하였다.

23)『李和尙開國原從功臣錄券』.

24)『태종실록』권4, 太宗 2년 11월 갑진·12월 기사 ; 권5, 태종 3년 1월 임진 ; 국사

〈표 2〉『태조실록』에 나타난 수직여진인 일람

성 명	부 족	관 직	출 전
李之蘭		補祚功臣 參贊門下府事 義興親軍衛 節制使 靑海君	『태조실록』 권1, 1년 7월 정미
		開國一等功臣	『태조실록』 권4, 2년 7월 을축
		東北面都安撫使	『태조실록』 권4, 2년 8월 을해
		東北面 都兵馬使	『태조실록』 권12, 6년 12월 경자
		門下侍郞贊成事 判刑曹 義興三軍中軍節制使 靑海君	『태조실록』 권15, 7년 9월 계유
		定社二等功臣	『태조실록』 권15, 7년 10월 계묘
		佐命三等功臣	『태종실록』 권1, 1년 1월 을해
		太祖配享功臣	『태종실록』 권20, 10년 7월 정축
李和英		原從功臣	『태조실록』 권14, 7년 윤5월 갑진
		禮曹典書	『태종실록』 권2, 1년 11월 경자
		左軍同知摠制	『태종실록』 권4, 2년 11월 경인
		右軍都摠制	『태종실록』 권12, 6년 12월 계사
		知議政府事	『태종실록』 권18, 9년 10월 을축
		議政府參贊	『태종실록』 권30, 15년 12월 신묘
		判左軍都摠制府事	『태종실록』 권33, 17년 4월 정축
		判右軍府事	『세종실록』 권26, 6년 10월 무진
李和尙		原從功臣	『李和尙開國原從功臣錄券』
		工曹典書	『태조실록』 권13, 7년 1월 을묘
童安老		原從功臣	『李和尙開國原從功臣錄券』
童猛哥帖木兒	斡朶里	上萬戶	『태조실록』 권8, 4년 윤9월 기사
		鏡城等處萬戶	『세종실록』 권84, 21년 3월 갑인
		上護軍	『태종실록』 권7, 4년 3월 갑인
		慶源等處管軍萬戶	『태종실록』 권9, 5년 2월 기축
宮富大	兀良哈	同良等處 上萬戶	『태조실록』 권3, 2년 5월 신유
夫彦	多完人	萬戶	『태조실록』 권6, 3년 12월 기묘
所吾	斡朶里	萬戶	〃
童多老	斡朶里	宣略將軍→吾都里 上千戶	『태조실록』 권13, 7년 1월 임신

* 이 표는 『朝鮮王朝實錄』·『李和尙開國原從功臣錄券』을 참고로 만들
었음.
** 이지란과 동맹가첩목아는 이미 <표 1>에 기재되었으나 품계변화를
살펴보기 위해 다시 기재함(총인원수에서는 중복을 피하기 위해 제
외함).

편찬위원회, 1995, 『한국사』 22, 334쪽.

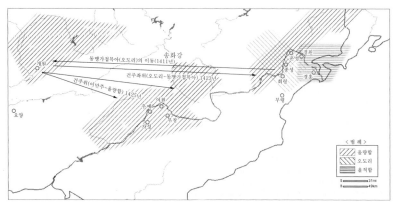

〈지도 1〉 조선전기 여진분포와 건주위의 이동

또한 여진을 둘러싼 조선과 명의 외교전이 결과적으로 조선과 여진의 관계를 더욱 악화시켰다. 명의 여진 초무로 조선은 동북면의 參散, 禿魯兀 등 10처 지면에 거주하는 여진 인민의 종속을 인정받는 대신, 두만강 유역에 거주하였던 오도리의 추장 동맹가첩목아 및 올랑합 등의 명 입조를 저지하는 것은 실패하였다.

조선은 이에 대한 보복으로 여진과의 무역을 단절하였고, 생필품을 구하지 못하게 된 여진의 침입이 시작되었으며, 마침내 兵馬使 韓興寶가 피살되기에 이르렀다. 태종은 이에 최초의 여진 정벌을 감행하였으나 이것은 오히려 여진의 대거 침입을 초래하여 慶源府를 폐쇄하기에 이르렀다. 조선의 여진 정벌에 두려움을 느낀 동맹가첩목아도 建州衛가 있는 開元 지방으로 이동하였다가 태종 死後인 1423년(세종 5)이 되어서야 다시 옛 본거지인 會寧 지방으로 돌아오게 되었다.

이렇듯 태종은 여진에게 회유와 정벌이라는 강온양면의 정책을 실시하였다. 그런데 이러한 태종의 여진 회유정책 중 특기할 만한 것이 있다. 1403년(태종 3) 6월 명 성조가 조선 동북면에 거주하는 알타리·올적합 등을 초무하려 하자, 조선에서는 1404년(태종 4) 알타리의 동맹가첩목아 및 대소 추장을 내조하게 하여 동맹가첩목아에게 새로이 上護軍을 제수하고, 崔也吾乃에게는 大護軍을, 馬月者·童於何朱·童於何可에게는 각각 護軍을, 張權子에게는 司直을, 無難達魯花赤 多末且에게는 司直을, 張于見帖木兒에게는 副司直을, 馬自和에게는 司正을 각각 제수한 것이다.[25]

<표 3>은 태종대의 수직여진인 27명을 정리한 것인데[26], 이들 중 위의 8명이 1403년(태종 3) 6월 명의 여진 초무가 시작되자 새로이 수직되었음을 보여준다. 당시 조선은 두만강 유역, 동북면에 거주하는 오도리의 대소 추장들에게 정치적 회유책이라 할 수 있는 수직을 정략적으로 시행함으로써 그들을 그대로 조선에 복속, 회유시키려 하였던 것이다.

또 1410년(태종 10) 조선의 여진 정벌 이후 骨看兀狄哈 5인을 제외하고는 두만강 유역 및 동북면에 거주하는 여진인에게 수직한 일이 없는 것도 특기할 만 하다. 골간올적합 金同介, 這用介, 豆稱介의 子弟 3인을 제외한 殷阿里, 崔普老, 姜具, 金月下, 金高時帖木兒, 李孝良은 모두 조선에 향화한 여진인 및 그 자제로 조선의 경내에 살던 자들이며, 이외에 알타리와 올량합으로서 조선의 여진 정벌 후부터 태종 사후까지 조선의 관직을 받은 자는 보이지 않는다.

---

25) 『명태종실록』 권25, 영락 원년 11월 신축 ;『태종실록』 권5, 태종 3년 6월 신미 ; 권7, 태종 4년 3월 무신·갑인 ; 박원호, 2002, 『明初朝鮮關係史硏究』, 일조각, 170~171쪽 ; 박원호, 1990,「永樂年間 明과 朝鮮間의 女眞問題」,『亞細亞硏究』85, 238~239쪽. 한편 동맹가첩목아가 돌아갈 때 그 아우와 養子, 妻弟를 侍衛하게 하였는데, 이것은 여진인을 시위시킨 첫 번째 사례이며 또 시위가 羈縻政策의 하나였음을 보여준다. 河內良弘은 동맹가첩목아가 남긴 시위는 당시 각각 호군을 제수받은 馬月者, 童於何朱, 童於何可로 추정하고 이들은 인질로서의 의미가 있다고 하였다(『태종실록』 권7, 태종 4년 3월 임술 ; 河內良弘, 1959,「李朝初期の女眞人侍衛」,『朝鮮學報』14, 401~418쪽).

26) 태조 이성계에 종군하여 각각 만호, 천호의 관직을 받은 동맹가첩목아와 주인올, 유설렬은 이미 <표 1>에 기재하였으므로 제외하였다. 또 두칭개의 子弟로 侍衛로 남겨진 3인의 성명은 알 수 없으나 수직인수에 포함하였다. 한편 李和美는 이지란의 子이고, 李孝良은 李和英의 子이다. 崔也吾乃는 崔咬納(鎖矢咬納)이며, 金高時帖木兒는 金高時加勿이다. 朱仁은 朱引忽일 가능성이 있으나 성명변화에 대한 정확한 근거를 찾을 수 없어 <표 3>에 포함시켰음을 밝혀둔다.

〈표 3〉『태종실록』에 나타난 수직여진인 일람[27)

번호	성명	부족	관직	출전
1	李和美	女眞	大護軍	『태종실록』 권4, 2년 11월 임진
			上護軍	『태종실록』 권19, 10년 2월 임술
			僉摠制	『태종실록』 권25, 13년 1월 정유
2	朱仁	女眞	鷄林記官	『태종실록』 권6, 3년 12월 갑신
			檢校漢城尹	『태종실록』 권18, 9년 10월 신해
			同知摠制	『세종실록』 권54, 13년 11월 을축
3	崔也吾乃	斡朶里	大護軍	『태종실록』 권7, 4년 3월 갑인
			檢校漢城尹	『태종실록』 권11, 6년 1월 정유
4	馬月者	斡朶里	護軍	『태종실록』 권7, 4년 3월 갑인
5	童於何朱	斡朶里	護軍	〃
6	童於何可	斡朶里	護軍	〃
7	張權子	斡朶里	司直	〃
8	多末且	斡朶里	司直	〃
9	張于見帖木兒	斡朶里	副司直	〃
10	馬自和	斡朶里	司正	〃
11	童難	嫌進兀狄哈	萬戶	『태종실록』 권9, 5년 1월 을사
12	遼河	女眞	萬戶	『태종실록』 권9, 5년 2월 기축
13	童所乙吾	斡朶里	前護軍	『태종실록』 권9, 5년 3월 계해
			副萬戶	『단종실록』 권13, 3년 3월 기사
14	崔仇帖木兒	斡朶里	前護軍	『태종실록』 권12, 6년 8월 갑오
15	趙定	女眞	大護軍	『태종실록』 권16, 8년 7월 임신
			上護軍	『태종실록』 권35, 18년 2월 신축
			僉摠制	『세종실록』 권6, 1년 11월 계묘
			右軍 同知摠制	『세종실록』 권14, 3년 12월 병신
			兵馬節制使	『세종실록』 권25, 6년 9월 기해
			左軍 摠制	『세종실록』 권32, 8년 6월 무인
16	阿高者	兀良哈	萬戶	『세종실록』 권89, 22년 6월 을미
17	金同介	兀狄哈	行司直	『태종실록』 권19, 10년 5월 정묘
			前護軍	『태종실록』 권21, 11년 5월 병인
18~20	豆稱介의 子弟3人	兀狄哈	侍衛	『태종실록』 권20, 10년 7월 병술
21	殷阿里	女眞	司直	『태종실록』 권22, 11년 10월 을사
			行僉知中樞院事	『세종실록』 권57, 14년 7월 무오
			中樞院副使	『세종실록』 권61, 15년 윤8월 무진
22	崔普老	女眞	護軍	『태종실록』 권23, 12년 3월 병오
			僉摠制	『세종실록』 권29, 7년 9월 을축
			左軍同知摠制	『세종실록』 권40, 10년 4월 병자

번호	성명	부족	관직	출전
			中樞院副使	『세종실록』 권76, 19년 3월 기해
23	姜具	女眞	檢校漢城尹	『태종실록』 권26, 13년 8월 임자
			上護軍	『태종실록』 권29, 15년 1월 정묘
24	金月下	女眞	僉摠制	『세종실록』 권6, 1년 11월 계묘
			摠制	『세종실록』 권26, 6년 10월 갑자
25	這容介	兀狄哈	侍衛	『태종실록』 권30, 15년 11월 기해
26	金高時帖木兒	女眞	摠制	『태종실록』 권33, 17년 6월 무자
			司僕直長	『태종실록』 권34, 17년 11월 갑인
27	李孝良	女眞	上護軍	『세종실록』 권37, 9년 8월 을해
			僉摠制	『세종실록』 권42, 10년 12월 신사

* 이 표는 『朝鮮王朝實錄』을 참고로 만들었음.

이러한 사실은 태종대 수직여진인의 종족별 분석을 통해서도 확인해 볼 수 있다. 다음 <그림 1>을 보면 태종대에는 토착여진이 10명, 알타리 10명, 올량합 1명, 올적합 6명이 수직을 받은 것을 알 수 있다.

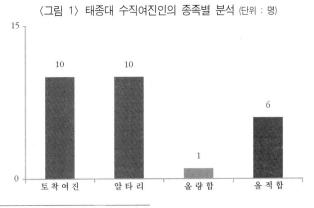

<그림 1> 태종대 수직여진인의 종족별 분석 (단위 : 명)

27) 필자의 석사학위논문인 「조선초기 수직여진인 연구 - 世宗代를 중심으로 - 」(강원대학교 석사학위논문, 2004)와 이것을 수정한 「조선초기 수직여진인 연구 - 世宗代를 중심으로」(『조선시대사학보』 36, 2006, 67~108쪽)에서는 태종대의 수직여진인을 총26명이라고 하였으나, 嫌進兀狄哈 童難이 『태종실록』 권9, 5년 1월 을사에 萬戶라는 관직을 가지고 있는 것이 확인된 관계로 태종대의 수직여진인 현황을 총27명으로 정정한다.

태종은 동북면에 주로 거주하면서 향화한 토착여진인에 대해 상대적으로 조선의 관직을 많이 수여하고 있었던 것이다. 이와 함께 명과 외교적 문제가 되고 있던 두만강 유역에 거주하던 동맹가첩목아를 위시한 알타리 등에게도 많은 수직을 하고 있다. 그리고 골간올적합 김동개, 저용개, 두칭개 및 그 자제를 시위로 받아들이면서 역시 두만강 유역에 거주하는 올적합을 招撫하고 있었던 것을 알 수 있다. 이것을 보면 조선의 수직정책이 여진인들을 초무하여 조선에 복속시키고 회유책의 한 수단으로써 구사되고 있음을 알 수 있다.

그러나 태종은 명의 여진 초무와 조선의 여진 정벌 이후 알타리, 올량합 등의 내조를 받아들이고, 기근을 구제하는 등의 회유정책을 실시하긴 하였으나, 여진을 근본적으로 불신하여 내조한 대소 추장들에게 수직을 행하지는 않은 것으로 보인다. 1410년(태종 10) 이후 내조한 여진인들 중에서 조선의 관직을 받은 사람을 찾아볼 수 없기 때문이다. 이러한 점을 볼 때, 1410년 여진 정벌 이후 태종대의 수직정책은 조선에 향화하여 조선의 경내에 거주하는 향화여진인을 중심으로 이루어졌음을 알 수 있다.

한편 이들 향화여진인은 <표 2>와 <표 3>에서 보이듯 처음 제수받은 관직과 품계가 다른 내조 여진인들과는 사뭇 다른 것을 알 수 있고, 또 품계가 점점 상승함을 알 수 있다. 이들은 개국에 공이 있거나 조선의 여진 초무에 적극적인 활동을 한 자들이다. 따라서 내조한 여진 대소 추장에 대한 수직이 대체로 五衛職인 護軍, 司直 등과 軍官職인 萬戶 등으로 한 두 차례에 걸쳐 이루어진 반면, 이들 향화여진인들에게는 다양한 관직과 堂上 이상의 要職도 제수되고 있으며 점차 陞職됨을 볼 수 있다.

세종대의 대여진관계는 여진 세력의 변화에 따라 적극적으로 전개되었고 수직제도도 이전 시기보다 능동적으로 전개되었다. 우선 세종대 수직여진인의 현황은 여진관계에 따라 <표 4>와 같이 세 시기로 구분될 수 있다.

〈표 4〉 세종대 수직여진인의 시기별 현황[28] (단위 : 명)

구 분　　　시 기	제1기 (1419~1422)	제2기 (1423~1437)	제3기 (1438~1450)	계
향화인	2	17(10)	9(1)	28(11)
시위자		29	11	40
두만강·압록강 유역 거주자			67	67
총계	2	46	87	135

* 이 표는 〈별표 1〉을 참고로 만들었음. ( ) 안의 수는 향화인으로 시위에 종사한 자이다.

　　제1기는 세종 즉위년부터 上王 태종이 죽기 전까지로 이 기간 동안에는 태종의 여진정책이 유지되었다. 태종은 동맹가첩목아의 명 입조와 1410년(태종 10) 여진 정벌 이후에는 여진을 불신하여 두만강 유역, 동북면 등지에 거주하는 여진에게는 수직을 행하지 않고 향화인에게만 수직하였는데, 세종이 즉위한 후에도 단지 向化人 2인에게만 수직할 뿐이었다.

　　제2기는 상왕 태종의 死後인 1423년(세종 5)부터 1437년(세종 19)까지로 建州衛의 李滿住에 대한 두 차례의 정벌을 감행하고 4郡 6鎭을 설치했던 시기이다. 태종 사후인 1423년(세종 5) 동맹가첩목아의 귀환과 더불어 건주위의 올량합 이만주의 婆猪江 이주로 조선의 대여진관계가 동북면 뿐 아니라 서북면으로 확대되었다.

　　이 시기부터 여진인들이 대거 수직받고 있는데, 이 역시 조선에 향화한 여진인들을 대상으로 하고 있다. 이것은 동맹가첩목아와 이만주의 이주로 조선에 投化 또는 向化하는 여진인이 급증한 것에 기인하고 있다. 이와 함께 이들 향화여진인들을 侍衛로 대거 등용하고 있는 것도 당시 수직정책의 특징이라 하겠다.

　　이들 향화인과 시위자의 출신은 대부분 여진 사회 내에서도 하층계급에 속한 자들이었다.[28] 당시 여진 사회는 점차 농경사회화되고 있었고

28) 河內良弘, 1959,「李朝初期의 女眞人侍衛」,『朝鮮學報』14, 419쪽.

이러한 가운데 계급 분화도 활발해지고 있었다. 또 조선의 여진 정벌이나 㺚靼의 압박 등으로 인한 잦은 이동은 여진 각 부족의 경제 상황을 악화시켰다. 따라서 경제적 목적으로 조선에 향화하는 자, 또는 시위를 자원하는 자가 증가하였던 것이다.29)

제3기는 1438년(세종 20)부터 1450년(세종 32)까지의 시기인데, 이전 시기에 이루어진 4군 6진의 설치와 여진 정벌을 바탕으로 대여진관계를 적극적으로 전개·확립해 나간 시기이다. 이 시기 동안에 조선의 관직을 받은 수직여진인은 총 87명으로 급증하였다.

그런데 이들 수직여진인의 구성을 살펴보면 이전 시기와는 다른 모습을 보이고 있다. <표 4>를 보면 1419년(세종 즉위년)부터 1437년(세종 19)까지(제1~2기) 48인의 여진인이 수직을 받았는데, 1438년(세종 20)부터 1449년(세종 32)까지(제3기) 87인의 여진인이 대거 수직되고 있음을 볼 수 있다.

1438년(세종 20) 이후부터는 향화인과 시위자는 20인, 두만강·압록강 유역 거주자는 67인으로 향화·시위자보다도 두만강·압록강 유역 거주자로서 수직 받은 여진인이 더 많게 되었다. 이것은 1410년(태종 10) 여진에 대한 최초의 정벌 이후 향화여진인을 중심으로 전개되던 조선의 수직제도가 4군 6진의 설치와 두 차례의 여진 정벌 이후 두만강·압록강 유역에 거주하는 여진인에게까지 확대되어 전개된 것을 의미한다.

또 이들 중 22명은 중국의 관직인 都指揮, 指揮, 都督, 都司 등의 관직을 이미 제수 받았던 자들도 있어 4군 6진의 설치와 여진 정벌 이후 조

---

29) 『세종실록』 권31, 세종 8년 2월 정묘 ; 권67, 세종 17년 1월 신축. 이 시기 시위자 중 대부분이 自願 侍衛者였던 것은 경제적인 면에서 일반적인 향화인보다 우대 받았기 때문이었다. 즉 시위가 되면 조선으로부터 受職됨은 물론이거니와 그 관직에 해당하는 녹봉을 받고, 家舍, 娶妻, 奴婢, 家財, 粮料, 鞍馬 등을 받아 완전한 一家를 이루어 생활의 안정을 이룰 수 있었던 것이다(이현희, 1964, 「朝鮮前期 留京侍衛野人攷 - 對野人 羈縻策 一端 - 」, 『향토서울』 20, 75~83쪽).

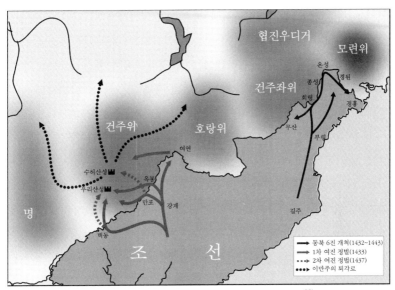

〈지도 2〉 4군 6진의 설치를 전후한 조선의 진출[30]

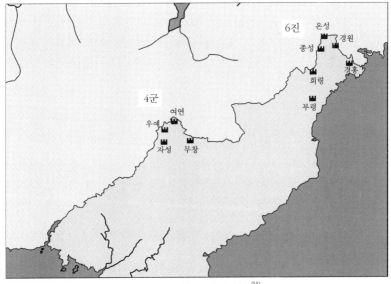

〈지도 3〉 4군 6진의 설치[31]

선의 수직제도가 명의 衛所관직을 받은 여진인들에게까지 확대되었음을
알 수 있다.[32] 이러한 여진인에 대한 수직제도는 태조대에 여진을 복속
하기 위하여 내조를 통한 수직을 실시한 것과 동일하며, 이는 조선의 여
진에 대한 수직정책이 여진관계의 변화에 따라 그 양상을 달리하면서 세
종대에 이르러서 비로소 확립되어 가는 과정을 겪은 것이라 할 수 있겠다.

세종이 4군 6진을 설치한 이유는 斡木河는 본래 조선의 국경 안의 땅
으로 祖宗이 대대로 지켜 오던 곳이라는 인식을 가지고 있었기 때문이
었다. 세종은 알타리의 首長 동맹가첩목아가 그곳에 살면서 우리나라의
藩籬가 되기를 청하였다가 멸망하게 되었는데, 그 땅이 이제 비어 있어
賊人에게 점거될 것을 두려워하여 鎭을 설치한 것이었다.[33] 따라서 세
종은 동맹가첩목아를 內地의 사나운 올적합의 침입을 막아주는 조선의
울타리인 번리로 인식하였음을 알 수 있다.[34]

그리고 4군 6진의 설치 이후에도 근경에 거주하는 여진인들을 藩籬化
시키는데 주력하였는데, 당시 세종의 뜻을 받들어 4군 6진을 설치하고
돌아온 金宗瑞가 오도리들을 어떻게 하든지 北門에 그대로 머물게 하여
우리나라의 울타리로 삼는 것이 좋겠다고 한 말은 이를 잘 대변해준다
하겠다.[35]

---

30) 김용만·김준수, 2004,『지도로 보는 한국사』, 196쪽, <4군 6진> 지도를 재작성함.
31) 김용만·김준수, 2004,『지도로 보는 한국사』, 196쪽, <여진정벌과 4군 6진> 지
　　도를 재작성함.
32) 이러한 수직정책은 여진인들에게만 적용되었던 것은 아니었다. 즉 向化한 일본인에
　　게만 수직하던 정책이 1444년(세종 26) 藤九郎을 시작으로 일본 거주인에게까지
　　확대되었다(한문종, 2001,『朝鮮前期 向化·受職倭人 硏究』, 국학자료원, 116쪽 ;
　　韓文鍾, 1995,「朝鮮前期の受職倭人」,『年報朝鮮學』5, 2~4쪽). 이는 당시 조선
　　의 교린정책의 상관관계를 보여주는 사례들이라 생각되며, 향후 이들에 대한 비
　　교사적 검토가 진행되기를 기대해 본다.
33)『세종실록』권62, 세종 15년 11월 무술·경자·12월 임술 ; 권63, 세종 16년 1월 병오.
34)『태종실록』권9, 태종 5년 3월 기유 ;『세종실록』권45, 세종 11년 9월 정묘 ;
　　권62, 세종 15년 11월 경자.

4군 6진의 설치 이후 조선의 대여진정책과 수직정책은 이러한 번리
구축과 깊은 관련이 있다. 일례로 동맹가첩목아 사후 그 아들인 童倉에
대한 수직은 조선에 있어서도 많은 논란을 제공하였는바, 그것은 동창이
이미 指揮라는 중국의 관직을 가지고 있었기 때문이었다.36)

그러나 동창에게 관직을 제수하기 이전에 대신들과 중국의 관직을 받은
여진인에 대하여 어떤 관직을 줄 것인지, 멀리 거주하는 여진인에게 관직
을 주었을 경우 발생할 여러 가지 문제들에 대해 상의한 후 동창 등 중국
의 관직을 가지고 있는 여진인들에게도 조선의 관직을 주기 시작하였다.37)

이로써 4군 6진의 설치 이후 수직정책은 보다 적극적으로 전개되어
두만강·압록강 유역 등 먼 지방에 거주하는 여진인 뿐만 아니라 중국의
관직을 가진 여진인에게까지 확대 실시되었던 것이다. 그리고 이러한 수
직정책 기조는 조선전기 내내 여진에 대한 수직의 일반적인 원칙으로 작
용하면서 여진 세력을 조선에 복속하기 위한 기미정책 중 회유책의 일환
으로서 꾸준히 시행되었다.

수직정책이 明 관직을 가진 여진인에게 확대된 점에 있어서 당시 명
과 조선과의 관계 및 요동 정세를 살펴볼 필요가 있다. 이 시기는 명의
성조 사후 宣宗, 英宗代에 해당하는데, 명은 요동 및 만주 지역에 대한
영향력을 점차 상실해가고 있었으며 여진의 잦은 침입을 받고 있었다.38)
여진에 대한 장악력이 쇠퇴한다는 것은 조선에 대한 견제정책도 약화되
어 감을 의미하는 것이었으며, 조선의 6진 설치가 가능했던 것도 요동에
서의 명 세력 쇠퇴에 힘입은 바가 크다.39)

따라서 조선에서 명 관직을 가진 여진인에게 수직을 단행한 것도 이

---

35) 『세종실록』 권95, 세종 24년 2월 정사.
36) 『세종실록』 권82, 세종 20년 7월 계사.
37) 『세종실록』 권79, 세종 19년 12월 신사 ; 권80, 세종 20년 3월 임진.
38) 남의현, 2004, 「明 前期 遼東都司와 遼東八站占據」, 『明淸史硏究』 21, 23~28쪽.
39) 박원호, 1995, 「15세기 동아시아 정세」, 『한국사』 22, 국사편찬위원회, 279쪽.

러한 정세가 반영되었다고 보아야 한다. 한편 명의 관직을 가진 여진인
에게 수직하던 것은 1459년(세조 5)에 명과의 외교적 마찰을 일으켰는
데, 명이 문제 삼은 것은 建州左衛都督 董山이 조선에 내조하여 正憲大
夫中樞院使라는 관직을 받은 것이었으며, 이후 조선에서는 건주위와의
교섭을 일시적으로 중단하기도 하였다.[40] 그렇지만 명은 여진에 대한
영향력이 점차 상실되어가고 있었기 때문에 세조대 이후에도 건주위와
의 교섭은 완전히 끊긴 것만은 아니다.[41]

　게다가 조선의 여진에 대한 수직은 일종의 通交權을 주는 것과 같이
되어 갔기 때문에 조선의 관직을 받거나 원하는 여진인들이 점차 많아질
수밖에 없었다.[42] 즉 조선의 6진 지역에 대한 방어 개념으로서의 번리
구축과 조선과의 통교를 위한 여진인들의 욕구가 많은 受職女眞人들을
만들어내게 되었던 것이다.

제2절 受職女眞人의 현황

　조선이 여진인들에게 관직을 주는 수직정책을 실시하면서 많은 受職
女眞人이 발생하였다. 특히 세종대 4군 6진의 설치 이후 보다 적극적으

---

40) 조영록, 1977,「入關前 明·鮮時代의 滿洲女眞史」,『백산학보』22, 28~30쪽 ; 한
　　성주, 2007,「朝鮮初期 朝·明 二重受職女眞人의 兩屬問題」,『조선시대사학보』40
　　참고.

41) 기존 연구들에서는 세조대 명이 建州三衛와의 통교를 문제삼은 이후 조선이 건주
　　삼위와 관계를 중단한 것으로 서술한 측면이 많지만,『조선왕조실록』을 검토해보
　　면 세조대 이후에도 건주삼위와교섭이 계속되었음을 알 수 있다.

42) 조선의 수직정책으로 발생한 受職倭人의 경우 조선에 통교하던 通交者의 한 유
　　형이었음은 한문종의 연구에 의해 많은 성과가 있었다(한문종, 1996,『朝鮮前期
　　對日 外交政策 硏究－對馬島와의 關係를 중심으로－』, 전북대학교 박사학위논
　　문 및 2001,『朝鮮前期 向化·受職倭人 硏究』, 국학자료원 참고).

로 전개된 수직정책으로 인해 수직여진인의 수는 급증하였다. 세조대에
는 여진을 정벌하는 과정에 이들 수직여진인들을 활용하기도 하고, 종군
한 여진인들에 대한 포상으로 조선의 관직을 수여하면서 수직여진인이
더욱 많아지게 되었다.

사실『조선왕조실록』에는 여진인들에게 조선의 관직을 수여한 명확
한 記事들이 전부 나오는 것은 아니기 때문에 여진인들이 조선과 통교
하거나 내조하였을 경우에 조선의 관직을 가지고 있는 경우 등은 조선의
관직을 수여받은 것으로 단정할 수밖에 없다. 또 여진인들의 姓名 또한
동일 인물이 漢字語를 다르게 사용한 경우가 많기 때문에 種族이나 居
住地 등이 일치하는 여부를 살펴보아야 동일 인물인지 아닌지 알 수 있
는 경우가 허다하다.

여진에 대한 수직은 명 관직을 가진 경우에는 그의 품계에 상응하는
관직이 주어졌던 것으로 알려져 있으나, 명확히 고증하기에는 어려움이
있다. 다만 1431년(세종 13) 都指揮는 종3품, 指揮는 정4품, 千戸·百戸
는 정5품으로 하여 그 반열에 따라 肅拜토록 하였다[43]는 記事가 있어
추정해볼 뿐이다. 그러나 조선의 여진에 대한 수직은 오히려 明의 官職
을 받았을 경우 명의 品階를 초월해서 이루어진 흔적이 많이 보인다.[44]
이 경우 明 관직의 高下보다는 실제 여진인의 세력 강약에 따라 조선에
서 관직을 수여한 것으로 보인다. 또 명으로부터 관직을 받지 않았던 경
우에도 당연히 여진인의 세력 강약에 따라 수직이 이루어졌다.

반대로 여진인들의 세력 강약을 그들이 받았던 관직을 기준으로 나누
기도 하였는데, 1446(세종 28) 都萬戸·都指揮 이상을 1등으로 삼고,
上護軍·大護軍·護軍·萬戸·副萬戸 이상을 2등으로 삼고, 司直·副司直·

---

43)『세종실록』권51, 세종 13년 1월 을유.
44) 木村拓, 2008,「15世紀前半朝鮮の女眞人への授職と羈縻 - 明の品階を超えて -」,
　　『朝鮮史研究會論文集』46 참고.

司正·副司正과 관직이 없는 사람까지를 3등으로 삼아, 衣服·帶·笠·靴·緜布를 賜給하는 법식으로 정하게 하기도 하였다.[45] 그리고 1455년(단종 3) 여진인들의 세력 강약을 조사할 때에는 4등급으로 나눠 조사하기도 하였다.

수직여진인의 현황에 대해서는 유봉영이 明宗代까지 675명의 수직여진인이 있었고, 司猛에서 中樞에 이르기까지 각각의 인원수를 기술하였으나 구체적인 통계를 제시하지 않아 그 정확한 근거를 알 수는 없다.[46] 또 Kenneth Robinson은 단종 3년 3월, 함경도 관찰사 李思哲이 諸種女眞人을 부족의 강약에 따라 등급을 나눈 記事를 가지고 상세한 분석을 시도하였으나 그 또한 단편적 기록에 바탕을 두어 조선 초기 수직여진인의 구체적인 모습과 그 정책에 관해 논하기에는 부족한 것이 사실이다.[47]

본 연구에서 조사된 태조대부터 성종대까지 조선의 관직을 받은 수직여진인의 총 수는 952명인데, <별표 1>과 같다.[48] <별표 1>을 바탕으로 수직여진인의 왕대별 수를 나타내면, 태조대 34명, 태종대 28명, 세종대 135명, 문종 6명, 단종대 237명, 세조대 426명, 예종대 3명, 성종대 83명이다. 이것을 도식화하면 다음의 <그림 2>와 같다. 이를 보면 세조대가 가장 많고 다음이 단종, 세종, 성종, 태조, 태종, 문종, 예종대 순인 것을 알 수 있다.

---

45) 『세종실록』 권111, 세종 28년 1월 무인.
46) 유봉영, 1973, 「王朝實錄에 나타난 李朝前期의 野人」, 『白山學報』 14 참고.
47) ケネスR·ロビンソン, 1997, 「一四五五年三月の人名記錄にみる朝鮮王朝の受職野人」, 『年報 朝鮮學』 6 참고.
48) 成宗代 이후에도 수직여진인이 발생하고 있지만 본 연구에서는 그 범위에서 제외하였다. 왜냐하면 성종대 이후가 되면 여진의 사회경제적 발달 상황 및 조선의 정치·경제 상황 등과 맞물려 조선과의 내조 및 통교가 급감한 측면이 있고(이에 대해서는 보다 면밀한 분석이 필요하다), 그에 따라 수직여진인의 수도 감소하여 본 연구에 있어 큰 영향을 끼치지는 않는다고 사료되기 때문이다. 성종대 이후의 수직여진인에 대한 현황은 앞으로의 과제로 남겨두기로 한다.

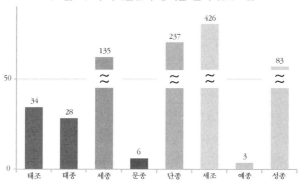

〈그림 2〉 수직여진인의 왕대별 분석 (단위 : 명)

　그러나 이것은 수직여진인의 관직이 각각의 『실록』상에 나타나는 것
일뿐 수직 시기가 왕대별로 정확히 일치하는 것은 아니다. 예를 들면 단
종대에 나타나는 수직여진인 237명의 대부분인 190명은 『단종실록』권
13, 3년 3월 기사조에 나타난다. 이 記事는 두만강 유역의 여진인들을
조사한 일종의 '여진인 동향 보고서'로서 이들의 수직은 1455년(단종 3)
이전에 이루어졌던 것만은 분명하다. 그런데 문제는 이들의 성명과 조선
관직명이 '여진인 동향 보고서'에 처음으로 나타난다는 점이다. 즉 이들
의 정확한 수직 시기를 알 수 없다는 점이다.
　수직여진인의 현황을 왕대별로 분석하는데 있어서 이러한 문제는 비
단 『단종실록』권13, 3년 3월 기사조만이 아니라 그 이후인 세조대와
예종, 성종대를 통들어서 발생하는 문제이기도 하다. 다만 세조대 毛憐
衛 정벌과 그에 따른 여진인 從軍자들에 대한 대규모 포상으로서 수직
여진인이 다수 발생한 것처럼 특정 사건이나 시기에 수직여진인이 집중
되어 나타나는 경우는 수직시기가 거의 정확히 나타나고 있기 때문에 큰
문제는 없다. 따라서 수직여진인의 현황을 통하여 수직정책이 여진인들
에게 어떻게 구사되고 있었는지 알기 위해서는 일정한 구분을 할 필요가
있다고 사료된다.

따라서 위의 <그림 2>를 네 시기로 구분해보고자 한다. 조선의 건국
과 수직여진인이 발생하기 시작하는 태조~태종대를 제1기, 조선의 수직
정책이 변화·확대되었고 '여진인 동향 보고서'가 작성되었던 세종~단
종대를 제2기, 모련위 정벌 등에 종군한 여진인에게 대거 포상이 이루어
졌던 세조~예종대를 제3기, 마지막으로 수직여진인이 감소하고 있는 것
으로 나타난 성종대를 제4기로 구분해 보았다. 각 시기별 수직여진인의
수는 다음 <표 5>와 같고, 이를 도식화 한 것이 <그림 3>이다.

〈표 5〉 수직여진인의 시기별 현황 (단위 : 명)

구 분 \ 시 기	제1기 (태조~태종)	제2기 (세종~단종)	제3기 (세조~예종)	제4기 (성종)	계
수직여진인	62	378	429	83	952

* 이 표는 <별표 1>을 참고로 만들었음.

〈그림 3〉 수직여진인의 시기별 현황 (단위 : 명)

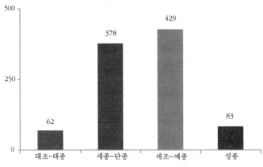

<표 5>와 <그림 3>을 보면 수직여진인이 제1기인 태조~태종대
62명, 제2기인 세종~단종대 378명, 제3기인 세조~예종대 429명, 제4기
인 성종대 83명이 각각 분포하고 있음을 알 수 있다. 그리고 <그림 3>
에서 보듯이 수직여진인이 발생한 조선 초기에서부터 수직정책이 변화
확대된 세종대부터 급격히 증가하였고, 세조대를 정점으로 하였다가 성

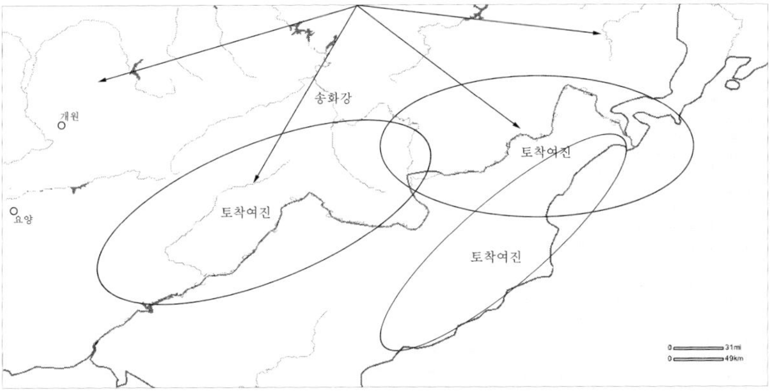

〈지도 4〉 여말선초 여진세력의 이동

종대에는 감소하고 있음을 알 수 있다.

　한편 조선의 북방에 거주하던 여진인들은 알타리, 올량합, 올적합, 토
착여진으로 나눌 수 있다. 元代에 女眞 族屬들은 그 이동이 자유롭지 못
하다가 元·明교체기의 혼란한 상황에서 三姓地方(松花江과 牧丹江의 합
류지점)에 거주하던 올량합, 알타리 등이 남쪽으로 이동하였고, 압록강·
두만강 유역에 거주하던 토착여진의 세력을 밀어내거나 흡수하여 조선
東北面의 주 세력이 되었다.[49] 이들이 이동한 주된 이유는 바로 올적합
의 침입을 피해 남하한 것이지만, 두만강·압록강 유역이 상대적으로 따
뜻하고, 農産物과 水産物이 비교적 풍부하였기 때문이었다.[50]

　올적합(우디캐)은 송화강과 黑龍江 일대에 광범위하게 분포하여 살던
족속인데,[51] 火剌溫·嫌眞·南訥·骨看 등 그 족속이 많고 복잡하였으며,
두만강·압록강 유역에서 다른 여진인보다 더 내륙에 거주하였으므로,
조선에서는 深處 또는 內地에 거주하는 사나운 족속으로 인식하였다.

---

49) 김구진, 1973, 「麗末鮮初 豆滿江 流域의 女眞 分布」, 『백산학보』 15 참고.
50) 김구진, 1973, 「吾音會의 斡朵里 女眞에 對한 研究」, 『사총』 17·18, 93~95쪽.
51) 위와 같음.

토착여진은 고려 때에는 東女眞, 西女眞 등으로 불렸는데, 올량합, 오
도리의 이동으로 인하여 차츰 더 조선의 경내로 밀려 내려오면서 이동한
것으로 보인다. 따라서 고려와 조선에 向化한 자들이 많고, 점차 조선에
동화되어 간 것으로 보고 있다.

이렇게 麗末鮮初 여진 세력은 하나의 통일된 세력을 형성하지 못하고
여러 종족으로 나뉘어 있었다. 더구나 이들 종족들은 많게는 수백에서
적게는 수십 명 단위의 부족으로 나뉘어져 생활을 영위했기 때문에 조선
은 이들 각 부족들을 상대로 통교할 수밖에 없었다. 한편 여진 세력은
金나라를 건국하였던 적도 있었기 때문에 어느 한 세력에게 통교의 권
한을 집중시키는 것은 오히려 여진의 성장을 촉진시키는 결과를 초래할
소지도 있었을 것이다. 따라서 조선에서는 對馬島를 중심으로 한 倭人通
交策을 실시한 것과는 다르게 특정한 여진 세력에게 통교의 권한을 집
중시키지는 않았다.

따라서 조선의 관직을 받았던 여진인들을 종족별로 살펴볼 필요가 있
다. 왜냐하면 수직여진인의 종족별 현황을 살펴봄으로써 두만강·압록강
유역에 분포하던 여진 세력 중 조선과 교섭이 가장 빈번했던 종족을 알
수 있기 때문이다. 그리고 이 지역에서 주된 종족이 어떤 종족이었는지,
그에 따라 조선에서 수직정책을 보다 적극적으로 전개했던 대상은 또한
어떤 종족이었는지 알 수 있기 때문이다.

우선 조선의 수직정책이 확립되고 두만강·압록강 유역 거주자들에게까
지 확대된 세종대의 수직여진인 종족별 현황을 살펴보면 다음 <그림 4>
와 같다.

세종대 총 135명의 수직여진인 중 알타리가 49명, 올량합이 44명, 올
적합이 19명, 토착여진이 10명, 미확인자 13명으로 여진에 대한 수직은
알타리와 올량합을 중심으로 이루어진 것을 알 수 있다.52) 이것은 역시

---

52) 세종대 여진에 대한 수직정책은 種族에 따른 차이가 보이는데, 주로 조선의 東北

〈그림 4〉세종대 수직여진인의 종족별 분석 (단위 : 명)

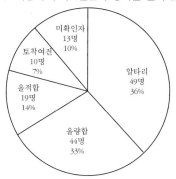

여진 세력 중에서는 알타리와 올량합이 가장 주된 종족이었음을 말해주고 있다. 이것을 또한 백분율로 비교해 보면 알타리가 약 36%에 해당하면서 가장 많고, 그 다음으로는 올량합이 약 33%, 올적합이 약 14%, 토착여진이 약 7%에 해당한다.

『세종실록』을 근거로 하여 여진 각 종족이 조선에 입조한 횟수를 보면 알타리는 102회, 올량합은 117회, 諸種올적합은 128회[53]로 제종올적합의 입조 횟수가 오도리, 올량합에 비해 결코 적지 않다. 특히 4군 6진의 설치 이후 올적합의 내조는 급격히 증가한 것으로 보이지만 올적합으로서 세종대에 조선으로부터 수직을 받은 자는 19인에 지나지 않는다. 이 19인 대부분도 경원과 경흥 근경에 거주하면서 조선과 직접적인 관계를 맺고 있던 골간올적합임을 주목할 필요가 있다. 이것은 기본적으로 여진에 대한 수직이 내조와 함께 이루어졌지만 최소한 올적합에 한해서는 그 내조 횟수와는 상관없이 이루어졌음을 뜻한다. 즉 조선은 태조 이

面에 거주하던 알타리 대한 수직은 추장 및 유력세력의 家系를 중심으로 이루어진 반면, 조선의 변경을 자주 침입하여 조선과 대립하던 올량합의 경우는 주로 경제적 목적으로 自願侍衛하던 자 또는 向化한 자들을 중심으로 수직이 이루어진 것으로 보인다.

53) 김구진, 1995, 「여진과의 관계」, 『한국사』 22, 국사편찬위원회, 350쪽.

후 조선의 근경에 거주하는 알타리와 올량합, 그리고 올적합 중에서도 경원과 경흥에 거주하는 골간올적합을 회유하여 복속시키고, 나아가 조선의 울타리인 번리가 되도록 수직정책을 활용한 것으로 볼 수 있다.

또 하나 특기할 만 한 점은 이러한 번리 구축을 위해 우두머리로서 세력이 있는 사람들의 子弟를 서울로 들여보내어 관직을 제수하고 아내를 얻게 하여 시위하게 한 사실이다.[54] 실제로 옛 質子의 例에 따라 童於虛里의 아들 所老加茂, 吾沙介의 아들과 加時波의 아들 1인, 亡乃의 아들 副司直 伊童時可, 也吾他의 장자 阿何里와 그의 아우 毛多吾赤 등을 효유하여 연속하여 올려 보내게 하고 복종하지 않는 자가 있게 되면 강제로라도 올려 보내도록 하였다.[55] 이들에게는 각각 직책을 제수하고 장가들게 하는 한편 家舍·奴婢·家財 등을 주어 留京하게끔 하였다.

〈그림 5〉 전체 수직여진인의 종족별 현황 (단위 : 명)

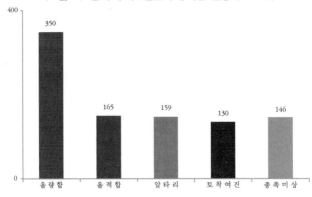

54) 『세종실록』권89, 세종 22년 4월 병신(당시 여진 사회는 血緣 중심의 사회였는데, 유력 子弟를 侍衛하게 한 일은 質子의 의미와 더불어 수직의 世襲性이 보이는 부분이다. 실제로 『조선왕조실록』에서는 여진 부족의 세력 강약에 따라 여진인들에게 수직을 행하고, 유력자 및 그 아들·손자·친족 등에게도 지속적으로 수직을 행하는 모습을 볼 수 있다. 대표적인 기록으로는 『단종실록』권12, 3년 3월 기사조가 있다).
55) 『세종실록』권92, 세종 23년 1월 병진.

<그림 5>는 전체 수직여진인의 종족별 현황을 나타낸 것인데, 이를 보면 전체 952명의 수직여진인 중 올량합이 350명으로 가장 많고, 다음으로 올적합이 165명, 알타리가 159명, 토착여진이 130명, 中國人으로 여진인과 결혼한 자인 楊里人이 2명, 그리고 종족을 알 수 없는 자가 146명이다.

그런데 전체 수직여진인의 종족별 양상을 보면 세종대와는 많이 달라진 모습을 확인할 수 있다. <그림 6>은 <그림 5>를 도표화한 것인데, 이를 보면 올량합이 전체의 약 37%를 차지하고 있어 조선의 관직을 가장 많이 받았던 것을 알 수 있다. 세종대에는 알타리가 가장 많이 수직을 받았던 반면 시간이 지나면서 올량합이 가장 많은 관직을 받고 있었음을 알 수 있다.

결국 알타리의 대추장 동맹가첩목아의 죽음, 그리고 그 이복동생 범찰과 아들 동창이 조선을 배반하고 파저강 유역의 건주본위 이만주에게로의 이주로 인하여 회령 지방에 남아있던 알타리가 점차 약화되고 가고 있었음을 보여준다. 알타리를 대신해서 두만강 유역의 최대 종족으로 올량합이 성장해가고 있었음도 보여준다 하겠다.

〈그림 6〉 전체 수직여진인의 종족별 분석 (단위 : 명)

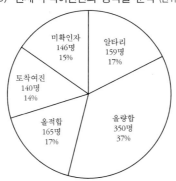

그리고 올량합이 여진 세력 중 가장 많은 수를 차지한 것도 있지만, 두만강·압록강 유역에 고루 분포하면서 조선과의 통교가 그만큼 더 많았음을 또한 반증한다. 즉 조선과의 통교가 많을수록 조선의 관직을 많이 받았던 것이다.

올적합과 알타리는 약 17% 정도를 차지하는데 이들 대부분은 역시 두만강 유역에 거주하였다는 특징을 가지고 있다. 특히 알타리 등은 여말선초에 조선의 동북면 및 두만강 유역에 거주하면서 조선과 밀접한 관계를 맺고 있었으며, 4군 6진의 개척 이후에는 남아있는 遺種이 조선의 번리 구축 대상이 되었으므로 세종대 이후에도 수직여진인이 지속적으로 많이 발생하고 있다.

올적합은 慶興 지방에 거주하던 골간올적합이 주요 수직 대상이었다가 6진 설치 이후 홀라온 올적합의 내조가 증가하면서 세종대 이후에는 홀라온 올적합, 니마거 올적합 등에 대한 수직이 단행되면서 다소 증가하였던 것으로 보인다.

수직여진인들은 조선에서 대부분 五衛職과 萬戶職을 제수받았다. 兼司僕의 직위를 받거나 侍衛로 종사한 경우도 있으며, 中樞院職을 받는 경우도 있었다. 오위직 중에서는 上護軍, 大護軍, 護軍, 副護軍, 司直, 副司直, 司正, 副司正, 司猛 등을, 만호직으로는 都萬戶, 萬戶, 副萬戶 등을, 중추원직은 中樞院副使, 知中樞院事, 同知中樞院事, 僉知中樞院事 등을 받은 것으로 나타난다.

그러나 향화하여 조선에 거주하는 자나 그 자손을 제외하고 두만강·압록강 유역에 거주하는 자들에게 제수된 이들 관직들은 모두 實職은 아니었다. 조선전기 중앙군인 오위직을 이들에게 제수한 것만 보아도 이를 잘 알 수 있다. 다만 조선 거주 향화인의 경우는 實職으로 종사한 사례가 나타나고 있기 때문에 구분할 필요가 있다.

제3절 수직여진인의 활용과 대우

1. 대외관계에서의 활용과 활동

조선에서는 여진을 조선에 회유, 복속시키기 위해 조선의 관직을 받은 수직여진인들을 활용하였다. 우선 수직여진인을 이용하여 동류인 여진을 초무하기도 하였는데, 대표적인 사례 몇 가지를 열거하면 다음과 같다.

1410년(태종 10)에 알타리의 대추장 동맹가첩목아를 회유하기 위해 이지란의 아들인 上護軍 李和美와 檢校漢城尹 崔也吾乃를 건주위에 보내어 동맹가첩목아에게 저포·마포 각 10필, 淸酒 20병을 주고 다음 달에 있을 최초의 여진 정벌 전 그의 뜻을 살펴보게 하였다.[56] 또 같은 해에는 골간올적합 行司直 金同介를 이용하여 동족인 豆稱介를 초안하게 하였다.[57] 이러한 초안 노력은 두 달 뒤 김동개가 골간올적합 指揮 두청개 등 7인을 내조시킴으로써 그 목적을 달성하기도 하였다.[58]

세종대에 들어와서도 수직여진인을 이용한 여진 초무는 계속되었는데, 司直 馬邊者를 보내어 변경을 침략한 올량합을 개유하게 하고 변경을 침략하지 않은 자에게는 宣醞을 내려주게 하였다.[59] 1433년(세종 15) 파저강 정벌 이후에는 오도리 副司直 童干古를 보내어 斡木河의 여진인들을 안심시키게 하였다.[60]

---

56) 『태종실록』 권19, 태종 10년 2월 임술.
57) 『태종실록』 권19, 태종 10년 5월 정묘·병자.
58) 『태종실록』 권20, 태종 10년 7월 무인.
59) 『세종실록』 권18, 세종 4년 10월 임진·11월 무인.
60) 『세종실록』 권61, 세종 15년 7월 갑자. 그러나 수직여진인을 통한 여진인 초무가 모두 성공하지는 못하였는데, 1437년(세종 19) 馬邊者로 하여금 愁濱江 등지의 사람들을 초안하게 하였으나 실효를 거두지 못하였다고 한 것이 그것이다(『세종

그런데 세종대 두 차례의 여진 정벌과 4군 6진의 설치 이후 번리 구
축을 위한 여진에 대한 초무는 도망 여진인을 구류하기도 하는 등 보다
적극적으로 전개되고 있으며, 여기에 수직여진인을 활용하는 모습을 볼
수 있다. 세종은 1440년(세종 22) 동맹가첩목아의 遺種인 凡察·童倉 등
이 동요하여 도망하자 中樞院副使 마변자를 함길도로 보내어 野人의 城
에 들어가서 정탐하도록 하는 한편 무마하여 편안히 생업을 즐기도록 하
고, 도망하여 배반한 자들을 모두 불러 안착시켰다.[61] 또 馬子和·童亡乃
를 나누어 보내어 범찰·동창을 초유하여 안심시키게 하는 한편 그해 8월
에는 오도리 등이 또다시 도망하자 함길도 도절제사가 司直 童干古·童
三波·童玉 등을 데리고 역말을 타고 뒤쫓아 가게 하여 도망자 17명을
구류하기도 하였다.[62]

1459년(세조 5)에는 올량합·알타리와 올적합이 서로 공격하고 침범하
는 일이 끊이지 않자 申叔舟를 보내 이들을 慶源에 불러 모아 화해시키
게 하였다. 세조가 이들을 화해시킨 이유는 올적합 등이 올량합·알타리
등에게 공격받아 살해당하여 조선에 朝見하는 길이 막혔다고 한 것이
주된 이유에서였다.[63]

그런데 이 과정에서 골간올적합의 萬戶 馬尙哈(馬申哈)을 兀未車兀狄
哈 등에게 보내어 이들을 초유하고 불러 모으게 하고 있어, 수직여진인
을 활용하고 있음을 알 수 있다.[64] 마상합의 올적합 초무는 성공을 거두
어 올적합의 也當其와 育帖應哥 등의 남녀 19명이 마상합을 따라 경원
에 도착하고 있다.[65] 마상합은 두 번이나 왕래하였던 것으로 나타나는

실록』 권78, 세종 19년 8월 갑자).
61) 『세종실록』 권89, 세종 22년 4월 무인·5월 기미.
62) 『세종실록』 권89, 세종 22년 4월 기해 ; 권90, 세종 22년 8월 무인.
63) 『세조실록』 권15, 세조 5년 3월 임진.
64) 『세조실록』 권16, 세조 5년 4월 갑자 ; 5월 병술.
65) 『세조실록』 권16, 세조 5년 6월 신유.

데 그 공으로 쌀, 소금 등을 하사받았으며, 내조를 허락받아 都萬戶로 그리고 中樞院副使로까지 승직하였다.[66]

한편 여진 세력은 조선과의 통교에서 경제적 목적이 충족되지 않을 시에는 조선을 침구하였다. 조선에서는 여진인들의 침구가 격하여졌을 때 침구에 대한 대응으로써 여진정벌을 감행하였으며, 총 13차례의 여진 정벌을 단행하였다.[67]

세종대에는 1433년(세종 15)과 1437년(세종 19) 두 차례에 걸쳐 파저강에 거주하는 올량합 이만주에 대한 정벌을 감행하였는데, 이 정벌에 수직 여진인이 嚮導와 通事로서 참여하였다. 즉, 1433년(세종 15)에는 馬邊者, 金自遹, 崔毛多好가 여진 통사로서 파저강 정벌에 참여하였고, 1437년(세종 19)에는 향화인 童豆里不花가 향도를 자원하여 정벌 후에 副司正을 제수받고 理라는 이름을 하사받았다.[68]

1460년(세조 6) 두만강 유역의 毛憐衛 정벌에서는 특이하게도 많은 여진인이 조선을 도와 從軍한 모습을 볼 수 있다. 『世祖實錄』을 검토해 보면 모련위 정벌에 종군한 여진인의 수는 총 138명이며, 특히 조선에 향화한 여진인 및 수직여진인 등도 함께 종군한 것으로 확인된다. 이것에 대해서는 제5장에서 보다 구체적으로 살펴볼 것이지만, 이들의 역할은 從軍하여 실제로 싸움에 임하거나, 길을 引導·嚮導하거나, 朝鮮軍을 호위하기도 한 것으로 나타나고 있다.

1491년(성종 22) 두만강 유역의 올적합이 造山堡를 침입하자, 성종은 올적합에 대한 정벌을 단행하였다. 그런데 이 과정에서도 올량합 중추

---

66) 『세조실록』 권16, 세조 5년 6월 병인 ; 10월 을축·정축·기묘 ; 권18, 세조 5년 11월 계미.

67) 조선전기 여진정벌에 관해서는 유봉영, 1973, 「王朝實錄에 나타난 李朝前期의 野人」, 『백산학보』 14 및 강성문, 1989, 「朝鮮시대 女眞征伐에 관한 연구」, 『군사』 18 참고.

68) 『세종실록』 권60, 세종 15년 5월 기미·6월 을유·계묘 ; 권77, 세종 19년 6월 무자 ; 권78 세종 19년 9월 병진 ; 권79 세종 19년 12월 을축.

阿速 등은 嚮導로서 참여하였고,[69] 알타리 중추 童尙時, 浪都郎哈, 올량
합 副護軍 阿令介, 중추 永守, 첨지 時郎哈, 羅松介, 도만호 李麻具, 첨지
중추 所亐大 등에 대해서 "北征할 때 從軍하였다, 功勞가 있었다"는 등
의 표현이 나오는 것으로 보아 이들의 종군을 확인할 수 있다.[70]

또한 수직여진인은 여진의 情勢와 事變, 賊變을 미리 보고하기도 하
였다. 여진인들은 다른 族屬들의 정세와 동향을 보고하고, 조선을 침략
하려 한다는 사실 등을 미리 조선에 보고하였는데, 이러한 사례는 매우
많은 편이다.[71]

그리고 조선에서는 여진의 정세를 파악하기 위해 수직여진인을 反間
과 間諜으로 활용하기도 하였는데, 세종대에는 수직여진인 王也叱大, 童
山 등을 향도로 삼아 씩씩하고 용맹스런 사형수 한두 사람을 딸려 주어
서 적의 소굴을 살피도록 하였다.[72] 성종대에도 馬加弄介, 柳尙同介로
하여금 여진의 정세를 탐지해 오도록 한 일도 있다.[73]

한편 조선전기에는 여진의 침입으로 많은 被虜人이 발생하였다.[74] 여
진에게 사로잡혀 노예로서 사역당하던 피로인들이 그 고역을 견디지 못
하고 도망쳐 오는 경우가 많았는데, 도망한 노예 가운데 명나라 출신 중
국인은 모두 요동으로 송환되었다. 『조선왕조실록』에 의하면, 조선은 태

---

69) 『성종실록』 권259, 성종 22년 11월 임오·무자.
70) 『성종실록』 권261, 성종 23년 1월 무술 ; 권262, 성종 23년 2월 병오 ; 권263,
   성종 23년 3월 병신 ; 권267, 성종 23년 7월 갑오 ; 권272, 성종 23년 12월 신유 ;
   권273, 성종 24년 1월 병술·을해 ; 권285, 성종 24년 12월 을해.
71) 수직여진인들의 정세보고, 사변 및 적변 보고는 그 사례가 許多하고, 비단 수직여
   진인뿐만 아니라 조선의 관직을 받지 않은 여진인들, 즉 조선의 변경에 거주하는
   여진인들도 통상적으로 해 오던 일이었다.
72) 『세종실록』 권80, 세종 20년 2월 정축·3월 무신 ; 권81, 세종 20년 4월 무진.
73) 『성종실록』 권142, 성종 13년 6월 기미.
74) 피로인이란 포로로 사로잡혀 노역에 종사하던 사람들을 말하는데, 여진에 사로잡
   힌 사람들은 주로 중국인이나 조선인이었다(김구진, 1995, 「여진과의 관계」, 『한
   국사』 22, 국사편찬위원회, 366쪽).

조대부터 성종대까지 268회에 걸쳐 총 37,908명의 피로인을 중국으로 송환하였다.[75] 1433년(세종 15) 동맹가첩목아 부자에게 宣慰할 때 포로를 빼앗아 돌려보낸 功을 위해서라고 말한 것 등을 보면 이들이 이러한 피로인 송환에 공이 있음을 알 수 있다.[76] 또한 司直 金古乙道介도 혐진 올적합에게 납치되었다가 도망한 金仲彦, 金吉三 등을 구원한 공으로 하사품을 받았다.[77] 호군 兀婁哈(亏老哈) 역시 鏡城에서 피로된 여자 1명을 데리고 와 내조가 허락되었다.[78]

피로인은 아니지만 조선에 향화했던 여진인들이 조선을 배반하여 도망한 경우에도 수직여진인들이 쇄환하는 역할을 많이 하고 있다. 주로 富寧에 거주하던 향화여진인들이 본고장으로 도망하였는데, 朴家老, 文加乙巨, 馬多弄介, 馬有德, 童淸禮 등이 도망한 여진인들을 추쇄한 공을 인정받고 있다.[79]

2. 국내에서의 활용과 활동

수직여진인의 對內的 활동은 잘 알려져 있지 않다. 여기서 다루고자 하는 대상은 물론 향화한 수직여진인이다. 향화하여 관직을 받은 사람은 관직을 받은 후 3년까지 한정하여 순회하면서 警守하는 것과 출근하여 上直하는 것을 除하게 하고, 六衙日과 朝賀에만 參朝함을 허가한 것을 보면 관직을 받은 향화인은 3년 후가 되기 전까지는 단지 朝會에만 참여

---

75) 김구진, 1995, 『女眞族의 社會構造』, 신서원, 204~216쪽 ; 김구진, 1995, 「여진과의 관계」, 『한국사』 22, 국사편찬위원회, 367쪽.
76) 『세종실록』 권60, 세종 15년 5월 병진.
77) 『세종실록』 권53, 세종 13년 4월 갑진.
78) 『세조실록』 권20, 세조 6년 4월 정미.
79) 『성종실록』 권148, 성종 13년 11월 기유·계해 ; 권150, 성종 14년 1월 무오 ; 권151, 성종 14년 2월 임오 ; 권152, 성종 14년 3월 신해 ; 권153, 성종 14년 4월 기축.

하였음을 알 수 있다.[80] 그러나 또 반대로 생각해 보면 3년 후에는 실제
로 番을 서는 일도 할 수 있었음을 유추할 수 있다. 한편 세종은 조선의
관직을 받은 童倉에게 시위에 관하여 다음과 같이 말하고 있다.

> 네가 만약 서울에 와서 시위하게 되면 職任이 없을 수 없고, 직임을 받게
> 되면 祿俸도 역시 따를 것이다. 이미 녹봉을 받고 또 良家의 딸에게 장가들어
> 서 가정과 노비를 갖기를 저 馬邊者의 예와 같이 하고서, 혹은 왕궁에 들어가
> 숙직도 하고, 혹은 관부에 공식 참석하며, 혹은 본토에 내왕하면서 그 관하를
> 무애하여 보유하게 하면 길이 부귀를 누리면서 자손에게도 무궁한 大計를 물
> 려주게 될 것이다.[81]

이를 통해 보면 마변자 등의 시위자는 직임을 받아 서울에서 왕과 왕궁
을 호위하기도 하였고, 관부에 공식 참여하기도 하였던 것을 알 수 있다.
수직여진인으로서 조정의 반열에 참여한 사례는 摠制 金月下와 中樞
院副使 殷阿里 등이 있었다.[82] 1421년(세종 3) 조정에서 祖上의 奉祀하
는 제도를 논의하였을 때 여진인 총제 김월하는 글자는 한 자도 알지
못하였으나 1품 벼슬로써 회의의 반열에 참여하였고, 그때 사람들이 그
가 아는 것이 없는데도 의논하는 것은 옛날 사람과 더불어 합치하는 것
에 탄복하였다고 한 것이 그것이다. 한편 崔適은 공로를 인정받아 吉州
牧使, 五衛將에까지 올랐고,[83] 童淸禮는 訓練院 習讀官의 직임을 맡기도
하였다.[84]

그러나 이러한 예는 그리 많지 않고, 수직여진인은 주로 侍衛로서 왕
과 왕궁을 호위하는 일을 하였던 것으로 보인다. 앞서 서술한 바와 같이

---

80) 『세종실록』 권70, 세종 17년 11월 기묘.
81) 『세종실록』 권82, 세종 20년 7월 계사.
82) 『세종실록』 권12, 세종 3년 7월 무인 ; 권61, 세종 15년 윤8월 무진.
83) 『세조실록』 권42, 세조 13년 5월 신사 ; 『예종실록』 권3, 예종 1년 1월 무인.
84) 『성종실록』 권273, 성종 24년 1월 갑술(연산군대 三衛敬差官과 三衛宣諭官을 다
    녀오기도 했던 童淸禮는 연산군이 衛將에 임명하려 하기도 했다).

조선 태조대부터 세종대에 이르기까지 수직여진인 중 시위의 직함을 가진 자는 매우 많다. 여진인들은 이성계가 조선을 건국하기 전 그의 潛邸 시절부터 항상 곁에서 떠나지 않았고, 1403년(태종 3) 동맹가첩목아가 내조하였다가 돌아갈 때 시위로서 남겨 둔 3인을 시작으로 세종대까지만 해도 총 50여 명에 이르는 여진인이 시위의 직함을 가지고 있었다.

세종대 이후로도 兼司僕, 侍衛라는 직함을 가진 여진인들이 보이지만 세종대의 인원수만큼 많이 보이진 않는다. 물론 옛 質子의 예에 의해서 남겨져 어쩔 수 없이 향화인이 된 여진인들도 있었고, 향화하여 自願侍衛한 여진인들도 있었다. 이러한 시위는 회유정책의 하나로서 실시되었기 때문에 일반적으로 實職보다는 명목적으로 행해진 것이라고 생각하기 쉽다.

그러나 1449년(세종 31) 향화한 野人 중에서 4品 이상의 사람은 入番하게 하고, 5품 이하는 巡綽 등의 일을 제수하여 부지런한 자는 벼슬을 올리고, 부지런하지 못한 자는 벼슬을 내리도록 하는 방안이 모색되고 있는 것을 보면 실제 시위로서 이들의 활용이 이루어졌을 것이라 생각된다.[85] 그리고 수양대군이 癸酉靖難으로 실권을 차지하고 즉위한 후에 시위로 있던 여진인들을 原從功臣에 포함시킨 것을 보아도 이들 중 일부는 실제 시위로서 활동했을 것이다.[86]

3. 수직여진인에 대한 대우

明 成祖는 여진 초무와 관련하여 衛를 세우고 여진인들에게 印信을 나누어 주었는데,[87] 조선에서도 수직여진인에게 이러한 인신을 주었다.

---

85) 『세종실록』 권123, 세종 31년 1월 갑오.
86) 『세조실록』 권2, 세조 1년 12월 무진.
87) 『태종실록』 권9, 태종 5년 4월 경인.

이것은 1405년(태종 5) 동맹가첩목아에게 慶源等處管軍萬戶의 인신 한
개를 준 것을 통해 알 수 있다.[88]

또 조선에서는 書契를 주기도 하였는데, 명과 조선에서 받은 인신과
서계는 각각 명과 조선에 入朝할 수 있는 通交權의 역할을 하였다. 여진
의 대소 추장이 조선에 입조하려면 명의 여진 衛所에서 발급한 인신이
찍혀있는 서계 내지는 조선에서 수직여진인에게 준 인신이 찍혀있는 서
계가 있어야만 하였다. 한 예로 1439년(세종 21) 忽刺溫兀狄哈에 대하여
인신이 없는 서계를 가지고 오는 자는 올려 보내지 말도록 한 것을 들
수 있다.[89]

조선에서 준 인신과 서계가 여진 사회에서 어느 정도 경제적 이권과
정치적 특권으로서 통용되었는지는 알 수 없다. 그러나 조선전기에는 여
진이 鏡城·慶源 등지의 무역소 및 6진 부근에서 활발히 무역하고 조선
에 입조하는 등 빈번하게 왕래하였던 사실로 보아, 인신과 서계는 무역
과 조공의 이권을 인정받는 증서로서 상당한 가치를 가지고 있었을 것이
다.[90]

다음으로 향화하거나 시위에 종사하여 관직을 받은 자들에 대한 대우를
살펴보면, 향화하여 職에 있던 자들에게는 봄·가을에 겹옷 한 벌, 여름에
홑옷 한 벌, 겨울에 유의 한 벌씩을 주었다.[91] 그런데 1423년(세종 5)
濟用監에서 일이 번잡하여 만들기가 어렵다는 이유로 갓·신 이외에 의
복은 매 1인당 봄·여름에 저포 2필, 면마포 각 1필과 가을·겨울에 면주
4필, 저포 2필, 면포 1필, 면자 3근 7냥을 주도록 개정하였다.[92]

1446년(세종 28)에는 여러 종족의 여진인 중에서 족속의 강약과 직질

의 고하를 구분하여 의복과 잡물을 사급하는 수량을 상정하고 이를 법식으로 삼게 하였다. 즉 도만호·도지휘 이상을 1등, 상호군·대호군·호군·만호·부만호 이상을 2등, 사직·부사직·사정·부사정과 관직이 없는 사람까지를 3등으로 삼아, 의복·관대·갓·신·면포를 사급하는 법식을 정하게 하였다.[93]

한편 여진인이 휴가를 얻어 집에 돌아가는 경우, 향화한 지가 오래되지 않아서 생계가 어려우면 포마를 주었고, 오래 되어 생계가 조금 튼튼하면 草料와 粥飯을 주었으며, 이미 오래 되어 생계가 튼튼하면 본국 사람의 예로서 대우하도록 하여 그들의 侍衛한 시일이 오래되고 오래되지 않은 것과 가난하고 부자인 것을 3등으로 나누도록 한 예도 있었다.[94]

또한 향화하여 시위하는 여진인이 들어가 살 집은 官에 속한 家舍와 빈 가사로 주되 만일 없거든 큰 길의 좌·우변에 있는 빈 행랑에다 그들 가구 수의 많고 적음을 요량하여 2간, 혹은 3간을 繕工監으로 修粧하게 하여 주고 이를 항식으로 삼게 하였다.[95]

이들에 대한 娶妻의 대상은 醫女, 公處의 婢, 公私婢로서 良夫에게 시집가서 낳은 여자에게 장가들도록 하였다. 1438년(세종 20)에 향화한 사람으로서 장가들 자가 있으면 양부에게 시집가서 낳은 여자를 주도록 하는 것을 항식으로 삼게 한 것 등이 그것이다.[96]

과전 및 녹봉을 주는 일에 대해서는, 1432년(세종 14) 이조판서 許稠가 향화인으로서 우리나라의 관직을 받은 자가 과전을 받고자 하는데,

---

93) 『세종실록』 권111, 세종 28년 1월 무인.
94) 『세종실록』 권21, 세종 5년 7월 정해.
95) 『세종실록』 권64, 세종 16년 4월 무오.
96) 『세종실록』 권59, 세종 15년 3월 병인 ; 권80, 세종 20년 1월 계축 ; 권82, 세종 20년 7월 기축. 취처의 대상 중 양가의 딸이었던 이례적 경우도 있었는데 마변자와 동창이 그 경우이다(『세종실록』 권82, 세종 20년 7월 기축·계사).

그 族派를 상고한 즉 그 근본을 알지 못하여 족류를 가릴 수 없으므로 과전을 주는 것은 법에 어긋남이 있다고 아뢰자, 세종은 향화인으로 本朝의 관직을 받은 것은 이로부터 類士가 된 것이니, 비록 그 宗派를 알지 못한다 하더라도 과전을 주는 것이 옳다고 하였다.[97]

1448년(세종 30)에는 향화한 여진인에 대한 녹봉 등을 차등을 두어 정하게 하였다.[98] 1453년(단종 1)에는 "『續戶典謄錄』에 기록된 '향화인은 1~2년 안에는 의복과 월료를 주나, 여러 해 된 자는 매 1인에게 쌀·콩을 아울러 10석을 준다'는 내용과 '1444년(세종 26) 受敎의 향화 여진인으로서 4품을 제수 받은 자는 5년을 기한하여 月料의 반을 준다'는 것을 참고하여 5년이 지난 향화인에게는 말먹이 풀인 生草를 주지 말도록 한 것" 등을 보면 수직여진인에게 녹봉이 지급되고 있었음을 알 수 있다.[99]

그리고 이렇게 정비된 녹봉 지급 문제는 두만강 유역의 여진인들에게까지 일부 확대되었다.[100] 두만강 유역에 있던 모든 수직여진인에게 祿을 준 것은 아니고 世祖가 一時의 權道로써 행한 것이라 되어 있어서,[101] 그것은 두만강 유역의 有力 酋長에 대한 회유책에서 비롯된 것임을 알 수 있다. 그렇지만 녹을 받고자 하는 수직여진인이 증가하면서 '2품 이상의 야인이 頒綠하기 전에 올라오는 자는 例로 녹봉을 주라'는 세조의 말처럼 점차 常禮化 되어 가고 있었다.[102]

---

97) 『세종실록』 권58, 세종 14년 11월 기미.
98) 『세종실록』 권120, 세종 30년 6월 병자.
99) 『단종실록』 권6, 단종 1년 5월 계미.
100) 두만강 유역의 수직여진인에게 녹봉을 지급한 사례는 『세조실록』 권13, 세조 4년 8월 계해 ; 권35, 세조 11년 4월 기해 ; 권38, 세조 12년 1월 계축 ; 권41, 세조 13년 2월 계묘 ; 『예종실록』 권3, 예종 1년 1월 을해 ; 『성종실록』 권36, 성종 4년 11월 기해.
101) 『예종실록』 권3, 예종 1년 1월 을해.
102) 『세조실록』 권38, 세조 12년 1월 계축.

제2장

『단종실록』의 受職女眞人 분석

조선의 北方에 거주하던 女眞勢力은 兀良哈, 兀狄哈, 吾都里, 土着女眞 등으로 나뉘어 있었고, 많게는 수천에서 적게는 수십 명 단위의 部族 생활을 영위하고 있었다. 따라서 조선에서는 각 부족과 개별적인 관계를 유지할 수밖에 없었으며, 이를 위해서는 각 부족에 대한 정보 파악이 필수 조건이었다.

왜냐하면 조선으로 入朝하는 자에 대한 接待의 差等, 조선의 관직을 수여할 때의 관직 차등 등은 바로 여진인의 세력 强弱에 따라 이루어졌기 때문이다. 물론 변경에서 여진과의 무력 충돌시 효과적인 제압을 위해서도 여진세력의 강약을 파악해야할 필요성은 있었을 것이다.

더구나 세종대 4郡 6鎭의 설치로 간접적인 교섭 상대였던 忽刺溫兀狄哈과의 직접 내조가 증가하기 시작하면서 이들에 대한 접대 문제가 대두되었다. 또 한편으로는 홀라온 올적합을 위시한 소위 '僞使', 즉 '통교위반자'가 발생하면서 홀라온 올적합뿐만 아니라 여진 세력 전체에 대한 정보를 얻기 위해 노력하게 되었다.

이것의 결과물이 바로 『단종실록』에 나타난 소위 '여진인 동향 보고서', 즉 '女眞人 人名記錄'이다. 여기에는 두만강 유역에 설치되었던 5鎭 부근의 여진인 800여 명에 대한 名單 및 種族, 勢力等級, 居住地, 管下人數, 官職名 및 親族關係 등이 상세히 기록되어 있다. 이들 중 조선의 관직명이 나타나는 자는 247명, 명의 관직명이 나타나는 자는 70명이다.

따라서 본 장에서는 『단종실록』에 나타난 '여진인 인명기록'의 작성 배경과 분석을 통해 당시 5진 부근 수직여진인의 현황과 관직 수여 양상

을 살펴보고자 한다. 아울러 이를 통해 조선의 수직정책이 어떻게 전개
되어 가고 있었는지를 살펴볼 것이다.

제1절 女眞人 人名記錄의 作成 배경

『端宗實錄』의 단종 3년(1455) 3월 己巳條는 일종의 '여진 세력 동향
에 관한 보고서'로서 함길도 도체찰사 李思哲이 작성한 것으로 되어 있
다.1) 당시 여진 세력 및 조선의 對여진정책에 대한 구체적인 내용이 담
긴 것으로 두만강 유역에 설치되었던 5鎭 부근에 거주하는 女眞人 800여
명에 대한 기록을 담고 있다. 『조선왕조실록』에는 많은 여진인의 성명
이 나오지만 이 기록만큼 많은 수의 女眞人名이 자세히 기록된 記事는
없다.2)

본래 이사철을 함길도 도체찰사로 삼은 것은 함길도 州縣의 沿革의
편하고 편치 않은 것을 살피게 하려는 목적에서였다.3) 그런데 이사철이

---

1) 『단종실록』 권13, 단종 3년 3월 기사.
2) 조선과 여진관계에서 이 『단종실록』의 인명기록을 인용한 논문들은 다음과 같다.
   먼저 旗田巍가 이 사료의 소개 및 兀良哈·吾都里의 部落構成에 관한 분석을 시
   도한 바 있다(旗田巍, 1935, 「兀良哈族의 同族部落」 『歷史學硏究』 4卷 6號 ; 1935,
   「吾都里族의 部落構成 – 史料의 紹介를 中心として」 『歷史學硏究』 5卷 2號). 김구진
   은 이 인명기록을 통해 조선초기 두만강 유역의 여진 분포에 대한 연구 및 골간
   올적합에 대한 연구를 하였으며(김구진, 1973, 「麗末鮮初 豆滿江 流域의 女眞 分
   布」 『백산학보』 15 ; 1976, 「骨看 兀狄哈 女眞 硏究」 『사총』 20), 남의현 또한 이
   인명기록에 주목하여 明代 遼東에서의 여진세력에 대한 상세한 분석을 시도하였
   다(남의현, 2005, 「明代 兀良哈·女眞의 成長과 遼東都司의 危機」 『만주연구』 3 ;
   2006, 「明代 遼東都司 支配의 限界에 관한 硏究」 강원대학교 박사학위논문 ; 2008,
   『明代遼東支配政策硏究』, 강원대학교출판부). 또 Kenneth Robinson은 인명기록
   에 나타난 조선의 관직명에 주목하여 조선의 관직 수여 방식 및 여진인이 받은
   관직명에 대한 연구를 진행하기도 하였다(ケネスR·ロビンソン, 1997, 「一四五五年
   三月の人名記錄にみる朝鮮王朝の受職野人」, 『年報 朝鮮學』 6).

함길도로 출발한 직후 임무를 바꾸어 野人의 强弱과 多少를 기록하여
아뢰도록 하였으며,[4] 이사철은 약 2개월간 함길도에 체류하면서 여진에
대한 정보를 수집하고 이 인명기록을 작성 보고하였다.

이사철이 정식으로 이 '여진세력에 관한 보고', 즉 '여진인 인명기록'
에 관한 보고를 한 것은 그해 3월 24일(己巳)로 忽剌溫(火剌溫)·愁濱江·
具州 等地의 兀狄哈을 제외한 兀良哈·斡朶里·女眞·骨看兀狄哈의 酋長
및 族類를 1~4等으로 나누고, 강약을 상세히 알 수 없는 자들도 또한
사유를 갖추어서 후일 이 참고에 憑據하게 한 것으로 되어 있다.[5]

그런데 이처럼 조선에서 여진인에 대한 세력 파악을 시행한 이유는
무엇일까? 다음을 보면 그 직접적인 이유가 여진인 接待와 밀접한 관계
가 있음을 알 수 있다.

> 咸吉道 都體察使에게 이르기를, "禮曹에서 野人을 接待할 때를 당하면
> 매양 강하고 약한 것을 알지 못하는 것이 걱정되니, 卿이 都節制使와 더불어
> 함께 의논하여 兀良哈·斡朶里·骨看兀狄哈·火剌溫 등 여러 종족 야인의 酋
> 長 麾下의 많고 적은 것과, 部落·族類의 강하고 약한 것과, 비록 추장이 아니
> 더라도 족류 중에서 강성한 자를 비밀히 듣고 보아서 자세히 기록하여 아뢰
> 어라."하였다.[6]

---

3) 『단종실록』 권13, 단종 3년 1월 계축.
4) 『단종실록』 권13, 단종 3년 1월 무오.
5) 『단종실록』 권13, 단종 3년 3월 기사.
6) 『단종실록』 권13, 단종 3년 1월 무오. 河內良弘은 이 기록의 작성 배경을 首陽大
   君 일파의 여진 諸部落에 관한 지식의 결여를 반영한 것이었다고 보고 있다. 즉
   金宗瑞 일파의 제거로 인해 東北面의 治政에 풍부한 경험을 가진 행정가를 일시
   에 잃어버린 것이 이 조사를 행하게 된 직접적인 원인이라고 하고 있다(河內良弘,
   1992, 『明代女眞史の硏究』 同朋社, 372~374쪽). 그러나 필자는 河內良弘의 주
   장은 너무 단순한 논리이며, 조선초기부터 여진에 대한 이러한 조사 시도가 계속
   되어 왔음을 주목할 필요가 있다고 생각한다. 특히 세종대에는 4군 6진의 설치
   이후로 邊鎭 방어의 필요성이 대두됨에 따라 여진세력을 자세히 파악하려는 시도
   (『세종실록』 권78, 세종 19년 9월 갑진 ; 권80, 세종 20년 2월 을묘·경신 ; 권82,
   세종 20년 8월 을축 ; 권90, 세종 22년 8월 무자 ; 권111, 세종 28년 1월 무인)가

당시 조선과 여진의 通交는 여진의 來朝를 바탕으로 이루어지고 있었다. 내조하는 여진인에 대한 접대는 위에 나타난 것처럼 여진인의 세력 강약에 따라 差等을 두고 이루어지고 있었다. 왜냐하면 여진사회가 통일된 세력을 형성하지 못하여 각 종족별, 부족별로 생활을 영위하고 있었고, 조선에서는 변경의 안정을 위하여 이들과 개별적인 관계를 맺을 수밖에 없었기 때문이다. 따라서 세력이 강한 부족과 약한 부족을 동일시하여 취급하면 여진인들의 불만을 초래하였기 때문에 조선은 일찍부터 여진 세력의 강약을 파악하는데 노력하였다. 그리고 파악된 여진 세력의 강약에 따라 그들에 대한 접대에 차등을 두었던 것이다.

또한 여진인들은 주로 경제적 목적 때문에 조선에 내조하고자 하였는데, 특히 세종대에 이르면 한 해에 上京하고자 하는 여진인 수가 160여 명에 이르기도 하였다.[7] 따라서 조선에서는 경제적 부담 때문에 상경을 원하는 모든 여진인들의 요구를 수용할 수 없었고, 조선초기부터 이들의 상경을 제한하는 조치가 지속적으로 취해졌으며, 그 기준은 여진 세력의 강약에 따른 제한조치였다.[8]

한편 여진인에 대한 수직도 여진의 세력 강약에 따라 이루어졌다. 이것은 당연한 것으로 관직 수여와 그에 따른 관직의 高下를 정하는데 있어 세력의 강약에 따른 차등은 필수불가결한 요소였을 것이다.

그러나 이들 여진 세력의 강약을 정확히 파악기란 쉬운 것은 아니었다. 왜냐하면 위에서 말한 바와 같이 여진 세력은 통일된 세력을 형성하지 못하고 부족단위의 생활을 영위하고 있었기 때문이었다. 그럼에도 불

계속되었으며, 『단종실록』에 나타난 이 인명기록도 이러한 시도의 연장선상에서 파악해야 된다고 생각한다.

7) 『세종실록』 권36, 세종 9년 4월 병자.

8) 구체적으로는 10여 戶 이상을 거느린 자, 指揮 이상인 자 및 族屬의 강약 여부 등을 파악하여 여진인의 上京을 제한하였다(『태종실록』 권25, 태종 13년 1월 병신 ; 『세종실록』 권36, 세종 9년 4월 병자 ; 권98, 세종 24년 12월 기유).

구하고 조선에서는 이들의 세력 강약 및 居住地 등을 조사하려는 시도
가 이루어져왔고, 특히 1437년(세종 19) 이후에 그러한 시도들이 집중되
었다.[9]

　1437년(세종 19)은 여진 내부의 갈등으로 조선의 藩籬인 斡朶里의 首
長 童猛哥帖木兒가 죽고, 조선에서 4郡 6鎭을 설치하기 시작한 해로 조
선의 對여진정책이 크게 바뀌는 시기이다. 세종은 새로 설치한 6진을 방
어하기 위해 여진에 대한 授職政策을 두만강·압록강 유역에 거주하는
여진인 및 이미 明의 官職을 받았던 여진인에게까지 확대하여 이들을
조선의 藩籬로 만들려고 노력하였다.

　즉 조선에 向化하는 여진인을 중심으로 진행되던 授職政策이 4군 6진
의 설치 이후 압록강·두만강 유역 거주 여진인 및 명으로부터 관직을
받은 여진인에게까지 확대 실시되었고, 이것은 이들을 조선의 울타리인
藩籬化시키려는 것과 깊은 관련이 있음은 앞서 살펴본 것과 같다.

　또한 6진의 설치 이전에는 알타리의 동맹가첩목아가 조선의 번리 역
할을 해주어 深處 또는 內地에 거주하는 兀狄哈의 침입을 막아주거나
교섭의 중개자 역할을 하였다. 6진의 설치를 계기로 간접적인 교섭 상대
였던 忽剌溫 兀狄哈과의 직접 교섭이 증가하면서 이들에 대한 通交體制
도 정비되기 시작하였다.

　한편 조선에서는 홀라온 올적합과의 직접 교섭으로 인하여 많은 문제
가 발생하고 있었다. 그 중 하나가 홀라온 올적합이 내조하였을 경우 생
기는 接待問題였다. 즉 조선이 4군 6진을 설치하고 홀라온 올적합과의
직접 교섭이 증가하자, 이들에 대한 동향 파악을 하고 있지 않던 조선으
로서는 내조를 원하는 홀라온 올적합 모두를 그 세력의 강약에 상관없이
상경시킬 수밖에 없었으며, 이들에 대한 접대도 동일시 할 수밖에 없었

---

9) 『세종실록』 권78, 세종 19년 9월 갑진 ; 권80, 세종 20년 2월 을묘·경신 ; 권82,
　세종 20년 8월 을축 ; 권90, 세종 22년 8월 무자 ; 권111, 세종 28년 1월 무인.

다. 또한 이들의 내조를 모두 받아줌으로써 이들을 供饋하는 費用 및 接
待에 있어서 경제적 부담이 증가할 수밖에 없었다.[10]

또 다른 문제는 조선에서 내조를 원하는 홀라온 올적합을 모두 상경
시키자, 거짓된 名義를 사칭하여 내조하는 홀라온 올적합이 발생하기 시
작한 것이다. 이른바 홀라온 올적합의 '僞使', 즉 '통교위반자'가 발생하
기 시작한 것이다.[11]

女眞이 朝鮮과의 通交에 있어 갖추어야 할 전제조건 중 하나는 明이
나 조선으로부터 받은 印信이 찍힌 書契를 지니고 있어야 한다는 것이
었다. 바꿔서 말하면 여진 세력은 명이나 조선측으로부터 官職과 인신을
받음으로써 그 지위를 인정받았고, 그것은 바로 명과 조선에 대한 통교
권을 획득하는 것과 같은 것이었다.

그런데 內地에 살며 조선 또는 명과의 직접적인 교역이 없었던 홀라
온 올적합의 경우 대부분이 이러한 인신을 가지고 있지 못했던 것 같다.

---

10) 『세종실록』 권80, 세종 20년 2월 을묘.
11) '僞使' 또는 '통교위반자'의 개념에 대해서는 제3자가 어떤 인간 - 실재하지 않아
   도 좋음 - 의 名義를 사칭하여 外國에 通交하여 貿易의 이윤을 획득하기 위한 거
   짓의 外交使節(橋本雄, 2004, 「宗貞國의 博多出兵과 僞使問題 - 『朝鮮遣使 붐』
   論의 再構成을 위하여 - 」, 『한일관계사연구』 20, 52쪽) 또는 朝貢冊封體制下에
   서의 國家 對 國家의 外交關係를 전제로 名義 사칭, 가공인물, 書啓僞造를 포함
   해 朝鮮의 通航 許可의 형식을 지참하지 않은 使節(신동규, 2005, 「『조선왕조실
   록』속의 日本國王使와 僞使」, 『왜구·위사 문제와 한일관계』 경인문화사, 278쪽)
   을 말한다. 그러나 이에 대해 거짓의 통교자 또는 통교무역자를 위사라고 부르는
   것보다는 그들의 성격 및 도항목적을 그대로 반영하는 의미에서 '통교위반자'로
   부르는 것이 타당하다는 주장도 있다(한문종, 2005, 「조선전기 倭人統制策과 통
   교 위반자 처리」, 『왜구·위사 문제와 한일관계』 경인문화사, 224~225쪽). 최근에
   는 한일역사공동연구위원회의 연구주제가 되기도 하였다(한문종, 2005, 「僞使 연
   구의 현황과 과제」, 『한일역사공동연구보고서 - 중·근세사 한국편』, 한일역사공
   동연구위원회 참고). 따라서 본고에서는 우선 '위사' 및 '통교위반자'라는 용어를
   병행 또는 혼용해서 사용하도록 하며, 이에 대해서는 Ⅶ장 '女眞 僞使의 발생과
   수직정책'에서 구체적으로 살펴보도록 하겠다.

　그 때문에 이들은 조선과의 통교를 위해서 인신을 僞造하거나 서계를 위조한 이른바 '僞使' 또는 '통교위반자'가 될 수밖에 없었다.

　조선과 명에서 수여해준 인신을 가지지 못한 홀라온 올적합이 조선과의 통교를 위해 취한 방법은 크게 衛名을 거짓으로 만들거나, 인신을 위조하거나, 元의 蒙古 인신을 사용하여 찍은 서계를 사용하거나, 아예 인신이 없는 서계를 가지고 오는 방법이었다.[12) 따라서 이들은 조선과의 통교에 있어 전제 조건인 조선과 명에서 준 인신이 찍힌 서계를 제대로 구비하지 못한 채 조선과의 통교를 위해 5진 지역으로 오고 있었던 것이다. 또한 이 홀라온 올적합의 통교 위반 사례는 다른 여진 종족에 파급되어 경제적 목적을 가진 다른 여진 종족도 홀라온 올적합을 사칭하여 내조하려고 하였다.[13)

　조선에서는 홀라온 올적합과의 이러한 통교상의 문제점을 보완하고 접대에 있어 편의성을 얻기 위해 이들이 내조하였을 때를 이용하여 使人이 머물고 있는 館에 監護官이나 通事 등을 보내어 그들의 居住 地域, 地理, 酋長의 姓名과 職質의 高下, 族屬과 部類의 强弱 등에 대한 자세한 정보를 얻기 위해 노력하였다.[14) 또한 이것을 北方의 모든 種類의 女眞人들에게 확대하여 日本의 倭人들처럼 그 等級을 나누어 簿籍을 기록, 그 接待의 편의를 도모하기도 하였다.[15)

　홀라온 올적합의 入朝가 증가하고 이로 인해 驛站의 폐해뿐만 아니라 재정 부담이 늘어나기 시작하면서 점차 이들의 통교에 제한을 가하기 시작하였다. 즉 기존의 다른 여진인과의 통교와 마찬가지로 인신이 없거나 위조된 인신을 사용한 서계를 가지고 오는 자는 咸吉道에서 돌려보내도록 한 것이 그것이다.[16) 그러나 비록 인신이 없을지라도 부득이 接見할

---

12) 『세종실록』 권85, 세종 21년 4월 갑진 ; 권87, 세종 21년 10월 계미.
13) 『세종실록』 권110, 세종 27년 11월 임신.
14) 『세종실록』 권78, 세종 19년 9월 갑진 ; 권80, 세종 20년 2월 을묘·경신.
15) 『세종실록』 권78, 세종 19년 9월 갑진 ; 권82, 세종 20년 8월 을축.

자는 적당하게 上京하도록 하여 홀라온 올적합의 통교와 접대에 만전을
기하도록 하고 있었다.[17]

그러던 중 1442년(세종 24)에 있었던 女眞 加籠介의 아들 忘家를 둘
러싼 위사 문제가 발생하였는데, 이것은 조선이 홀라온 올적합의 '위사'
에 대하여 어떻게 대처하였는지를 보여준다. 즉 망가는 여진 가롱개의
아들이라며 上京하였으나 護軍 浪得里卜이 홀라온 올적합 沙籠介의 둘
째 아들 多籠介임을 밀고하면서 위사임이 드러나게 되었다.[18] 조정 대
신들은 망가를 극형에 처하여 國家의 法을 보여줄 것을 의논하기도 하
고, 망가를 처벌하는 것은 邊方의 釁端을 불러올 수 있으므로 '大國이
먼 지방 사람을 통치하고 포용하는 도량'으로써 망가를 용서하고 돌려보
내도록 논의하기도 하였다.[19] 결국 禮曹와 黃喜 등이 의논한 결과 '먼
지방 사람을 포용하는 도량'으로 망가 등을 용서하고 돌려보내게 되었
다.[20]

따라서 조선에서는 '위사'임을 알고 있으면서도 변방의 안정을 위해
서 또는 대국의 포용하는 아량으로써 이들의 來朝를 받아들이고 있었던
것을 알 수 있다. 그러나 이러한 조선의 홀라온 올적합의 위사에 대한
처치 방식은 계속된 驛路의 폐해를 불러와서 결국 3년 뒤인 1445년(세
종 27)에는 홀라온 올적합의 내조에 대한 통교체제를 정비하게 되었
다.[21] 그 내용을 정리하면 다음과 같다.

---

16) 『세종실록』 권85, 세종 21년 4월 갑진.
17) 위와 같음.
18) 『세종실록』 권95, 세종 24년 5월 기축.
19) 『세종실록』 권95, 세종 24년 6월 신묘.
20) 『세종실록』 권95, 세종 24년 6월 신묘·갑오. 신동규는 '大國이 먼 지방 사람을
    통치하고 포용하는 도량'은 바로 조선의 여진에 대한 '羈縻政策'의 일환이라고
    하고 있다(신동규, 2005, 「『조선왕조실록』속의 日本國王使와 僞使」, 『왜구·위사
    문제와 한일관계』, 경인문화사, 274쪽).
21) 『세종실록』 권110, 세종 27년 11월 임신(이 통교체제 정비 또한 그 목적은 홀라
    온 올적합의 위사를 근절하거나 받아들이지 않는 것이 아니라 그들의 통교에 제

1. 忽剌溫은 친히 朝會하는 자가 드물고 女眞人이 거짓으로 子壻弟姪이라 일 컫고 이름을 속여 來朝하여 賞賜를 요구하나 갑자기 끊을 수는 없으므로 1년에 來朝하는 것을 5회로 제한.

2. 邊境에 가까이 사는 林阿車·亐未車·大小居節·南納·高說·高漆 등은 1년에 2회로 제한.

3. 酋長이면 正官 1명, 伴人 4명, 나머지는 정관은 1명, 반인은 2명으로 제한.

4. 女眞人이 혹 홀라온이라 사칭하고 이름을 속여 내조하는 자는 都節制使가 거절하고 받아들이지 말며, 만일 酋長의 使送이라 일컬어 文引을 받아 가 지고 오는 자는 도절제사가 후하게 위로하고 토산물을 주어서 돌려보냄.

결국 홀라온 올적합의 접대문제와 위사문제로 시작된 여진 제세력에 대한 동향 파악은 이후에도 그 필요성이 꾸준히 제기되었다. 다음의 記事는 이러한 필요성에서 여러 종류의 여진인을 그 種族의 强弱과 職秩의 高下로 구분하여 세분화된 等級을 나누도록 한 시도로 보여진다.

> 議政府에서 禮曹의 정문에 의거하여 아뢰기를, " … 지금부터는 여러 種族의 野人 중에서 族屬의 强弱과 職質의 高下를 구분하여 賜給하는 물건의 수량을 상정하고, 이를 일정한 法式으로 삼게 하소서." 하였다. 의정부에 내리니, 예조와 함께 의논하여, 이에 都萬戶·都指揮 이상을 一等으로 삼고, 上護軍·大護軍·護軍·萬戶·副萬戶 이상을 二等으로 삼고, 司直·副司直·司正·副司正과 官職이 없는 사람까지를 三等으로 삼아, 衣服·帶·笠·靴·綿布를 사급하는 법식으로 정하게 하니, 그대로 따랐다.[22]

이를 통해 보면 여진 세력에 대해 그 賜給하는 물건의 수량을 정하기 위해, 즉 接待의 편의를 위해 족속의 강약, 직질의 고하를 파악하려 했음을 알 수 있다. 그런데 더 나아가 그 방법이 단순히 강약의 구분이 아니라 朝鮮과 明에서 받은 관직을 통해서 구체적으로 等級이 매겨지고

한을 두어 접대를 줄이고 불필요한 경비를 줄임으로써 역참 및 역로의 부담을 줄여보려는 의도로 보인다).

22) 『세종실록』 권111, 세종 28년 1월 무인.

있음을 볼 수 있다. 즉 조선의 여진 세력 파악의 방법과 시도가 더욱 구
체화되고 있으며, 조선과 명에서 수여한 관직이 그 기준이 되고 있는 것
이다.

세종대의 이러한 목적 및 방법상의 논의들이 『단종실록』의 단종 3년
3월 기사조의 이른바 '여진세력 보고'의 초석이 되고 있다고 생각한다.
단종실록의 '인명기록'의 작성 배경 및 목적 또한 여진 세력에 대한 접
대 문제였으며, 아래와 같이 여진 세력의 등급을 나누어 기록한다는 점
에서 세종대 여진 세력 파악의 방법론을 계승하고 있다고 여겨진다. 따
라서 1455년(단종 3)에 나타난 '여진인 인명기록'은 세종대 4군 6진의
설치 이후 홀라온 올적합과의 직접 통교에 따른 접대 문제로부터 시작되
어 오랜 시기를 거쳐 완성된 것이라고 보아야 한다.

> 咸吉道 都體察使 李思哲이 임금의 諭書로 인하여 都節制使와 더불어 野
> 人 部落과 族類의 强弱을 等級을 매겨서 아뢰었다. "火剌溫(忽剌溫)·愁濱江·
> 具州 等地의 兀狄哈은 깊고 먼 內地에 居住하고 일찍이 歸順하지 않았으므
> 로, 그 부락과 족류의 강약과 麾下의 이름과 숫자를 알 수가 없습니다. 兀良
> 哈과 斡朶里·女眞·骨看兀狄哈 내의 酋長들은 등급을 나누는 것이 어렵겠으
> 므로 아울러 一等으로 시행하고, 비록 추장의 부락이 아니더라도 족류가 강
> 성한 사람도 또한 일등으로 시행합니다. 그 나머지 각 사람들은 족류의 강약
> 을, 二等·三等·四等으로 나누어, 그 강약을 상세히 알 수 없는 자들도 또한
> 사유를 갖추어서 후일 이 참고에 憑據하게 합니다. … "[23]

따라서 이사철이 작성한 여진인 인명기록은 5진 부근에 거주하는 여
진 세력의 파악에는 성공하였지만, 忽剌溫·愁濱江·具州 등지에 거주하
는 內地의 兀狄哈에 대한 동향 및 세력에 대해서는 파악하지 못한 것을
알 수 있다.

그러나 5진 近境에 거주하는 兀良哈·斡朶里·女眞·骨看兀狄哈의 각

---

23) 『단종실록』 권13, 단종 3년 3월 기사.

酋長 이하 여진인의 姓名을 기록하고 그들의 등급을 1등에서 4등급으로 구분하였으며, 그 部落의 위치와 戶口 및 壯丁數, 親族關係까지 파악하여 상세히 기록하여 두었다(<별표 2> 참고). 한편으로는 성명과 강약을 알 수 없는 자들의 숫자도 파악하여 후일에 참고하도록 한 것은 이후 조선의 여진과의 통교에 있어 기본 자료가 되었을 것으로 생각된다. 그리고 이를 통해 여진인의 세력에 따라 통교 및 접대에 차등을 둠으로써 여진 세력을 보다 효과적으로 상대하고 관리할 수 있었을 것이다. 더 나아가서는 6진을 방어하는데 도움이 되었다고 생각된다. 왜냐하면 조선에서 여진과의 통교를 허용하고 수직정책을 실시한 목적 자체가 바로 변경에서의 여진 세력을 회유하여 그들의 침입을 미연에 방지하는데 있었기 때문이다.[24]

제2절 인명기록에 보이는 여진인 현황

조선은 압록강·두만강 유역에 거주하는 여진 부족과 개별적인 관계를 맺고 있었으며 이들에 대해서는 '藩籬(울타리)'라는 인식을 가지고 있었다. 4군 6진의 설치 이후 이 지역의 방어를 위해 여진에 대한 '번리' 인식은 보다 구체화되어 갔으며, 두만강 유역의 5진 부근에 거주하는 여진인들을 藩籬化시키려 노력하였다. 따라서 이들에게는 보다 적극적인 羈縻政策을 취하였는데, 강경책인 征伐을 비롯하여 招撫·安集시켜 여진 부락의 이동을 허가하지 않았으며, 회유책인 通交·授職·侍衛 등을 통해 번리를 공고히 하고 계속 유지시키려 하였다.

---

24) 한편 이러한 조선의 여진세력 파악의 결과가 지금까지 발견되지 않은 『西國諸番記』(『연산군일기』 권52, 연산군 10년 3월 신미)의 모태가 되지 않았을까 추측해 본다.

1455년(단종 3)에 李思哲이 작성한 여진인 인명기록에는 그러한 흔적
이 그대로 남아있다고 할 수 있다. 조선의 근경에 거주하는 여진 酋長
및 有力者의 官職·姓名을 기록하고 勢力의 强弱을 구분하여 1등에서 4
등급으로 구분한 것뿐만 아니라 두만강 부근에 설치되었던 會寧·鐘城·
穩城·慶源·慶興의 5진 부근에 거주한 여진 부족의 부락과 가구수·장정
수까지 세세하게 기록하고 있다.

<표 6>은 1455년(단종 3)의 인명기록을 바탕으로 5진 부근의 여진
인 種族·部落·家口·壯丁數를 나타낸 것이다.

〈표 6〉 5진 부근의 여진 종족·부락·가구 및 장정수 (단위 : 개, 명)

5 진 구 분	회 령	종 성	온 성	경 원	경 흥	합 계
종 족	알타리 올량합	올량합	올량합 여진	올량합 여진	골간올적합 여진	
부 락	21	9	5	10	8	53
가 구	389(10)	95	42	214	60	800(10)
장 정	829	489	78	445	141	1982
여진인명	257(7)	121(4)	82	208	132	800(11)

* ( )안의 수는 楊里人의 가구수와 장정수 임.

5진 부근의 여진 부락은 총 53개로 회령진 부근에 21개, 종성에 9개,
온성에 5개, 경원에 10개, 경흥에 8개가 있었다. 또 회령진에는 알타리
와 올량합이 혼재해 있으면서 389여 家, 壯丁 829여 명, 종성에는 올량
합 95여 가, 장정 489여 명, 온성에는 올량합·여진 42여 가, 장정 78여
명, 경원에는 214여 가, 장정 445여 명, 경흥에는 골간올적합·여진 60여
가, 장정 141여 명이 거주하고 있는 것으로 기록하고 있다.25)

---

25) 이 인명기록에 나타난 5진 부근의 여진 부락과 가구 및 장정수에 대해 상세히 분
석한 연구로는 김구진과 남의현의 연구가 있다. 서로 통계치가 거의 비슷하지만
조금씩 다른 부분도 있다. 이것은 통계상의 오류보다는 사료 중 불명확한 부분을
추정하는 방법상의 차이로 보인다. 김구진의 경우 5鎭 부근의 女眞 部落의 총수

조선의 근경인 두만강 내외에 존재하는 여진인 부락은 총 53개이며 총 800여 가, 약 2,000여 명의 여진인 장정이 있었는데, 이로써 1家에 평균 1~3명의 壯丁이 있었음을 알 수 있다. 또 1가에 5인 정도의 家率을 거느린다고 보면, 최소 3,800여 명 이상의 여진인이 5진 부근에 거주하고 있었다고 추정할 수 있다.

특히 5진 중에서도 회령 부근에는 알타리와 올량합이 거주하고 있었는데, 이들의 가구수가 389여 가, 5진 부근의 전체 여진인 가구의 약 49%에 이르고 있음은 주목할 만하다. 다음 <그림 7>은 5진 부근의 여진 부락과 가구 및 장정수의 비율을 5鎭별로 구분하여 본 것이다.

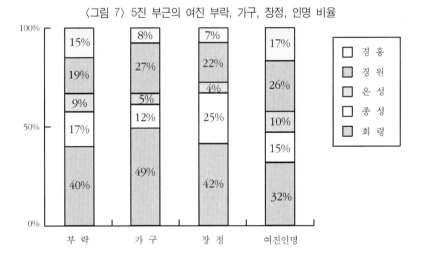

〈그림 7〉 5진 부근의 여진 부락, 가구, 장정, 인명 비율

는 51개, 家口數는 914가, 壯丁數는 1,924명이라고 하였고(김구진, 1973, 「麗末鮮初 豆滿江 流域의 女眞 分布」『백산학보』15 참고), 남의현은 부락은 48개, 가구수는 800가, 장정수는 약 2,000명이라 하였다(남의현, 2005, 「明代 兀良哈·女眞의 成長과 遼東都事의 危機」『만주연구』3 ; 2006, 「明代 遼東都司 支配의 限界에 관한 研究」 강원대학교 박사학위논문 ; 2008, 『明代遼東支配政策研究』, 강원대학교출판부 참고).

<그림 7>을 보아도 회령 부근의 여진인 부락(약 40%), 가구수(약 49%), 장정수(약 42%), 기록된 여진인명수(약 32%)가 다른 鎭에 비해 압도적으로 많은 것을 알 수 있다. 이것은 역시 고려말~조선초기에 이르기까지 회령을 중심으로 거주한 알타리의 영향이라고 생각된다. 알타리의 首長 동맹가첩목아의 향배는 조선과 명의 치열한 외교전을 벌일 정도였고, 결국 동맹가첩목아가 조선을 배반하고 명에 입조하여 建州左衛를 개설받았던 것은 잘 알려진 사실이다. 동맹가첩목아가 패망한 뒤에도 상당기간 회령을 중심으로 한 알타리의 세력이 상당히 컸고, 조선에서는 藩籬 구축과 관련하여 이들을 상당히 중요시 여기고 있었던 것을 반증해 주고 있다. 결국 5진 중에서 회령을 중심으로 하는 여진 세력이 가장 컸음을 보여준다. 다음으로는 경원과 종성, 경흥 순으로 부락, 가구, 장정 수가 많은 것을 볼 수 있다. 따라서 세종대 설치된 5진 중 회령, 경원, 종성 등에 여진 세력이 밀집되어 그 중심 세력이 되고 있었음을 알 수 있다.

그런데 기록된 여진인명은 회령, 경원, 경흥 순으로 많은 것을 알 수 있는데, 이것은 경흥에 거주하는 骨看兀狄哈 때문으로 보인다. 조선 초기부터 골간올적합은 조선과 밀접한 관계를 맺고 있었다. 특히 조선에서 1410년(태종 10) 올량합을 정벌할 때는 酋長 豆稱介가 海島에 들어가 피신하고 조선군에게 여진의 사정을 통보하기도 하였다.[26] 이에 조선에서 向化人 金同介를 보내 酋長인 두칭개를 招撫하였고, 그 후 골간올적합은 동북면 여진 가운데 가장 조선에 충실히 복속하던 종족이었다.[27] 이 때문에 조선에서는 골간올적합을 다른 여진 종족보다 優待하여 來朝하는 자들에게 많은 물품과 관직을 수여하고 있었으며, 골간올적합도 여진의 동향을 수시로 조선에 보고하는 등 조선과의 관계에 적극적이었다. 그

---

26) 『태종실록』 권19, 태종 10년 5월 정묘.
27) 김구진, 1976, 「骨看 兀狄哈 女眞 硏究」, 『사총』 20, 187~192쪽.

결과 부락, 가구, 장정수 등 그 규모와 세력에 비해 기록된 여진인명이 많게 되었던 것으로 보인다.

실제로 <표 6>을 보면 부락수, 가구수가 적은 온성을 제외하고 다른 진의 경우는 장정수의 4분의 1 내지 2분의 1만이 여진인명으로 기록되었으나, 경흥 지방은 다른 지역과는 다르게 여진 장정 141명 중 인명이 기록된 자는 132명으로, 파악된 장정 중 대부분의 인명이 기록된 것을 알 수 있다.

한편 다음 <표 7>를 보면, 이사철은 5진 부근의 여진 부락의 위치와 그에 따른 가구 및 장정수 또한 빠짐없이 기록하고 있는 것을 알 수 있다. 또한 여진 부락은 5진을 부근으로 두만강 內外에 散在하고 있었다. 회령진에는 21개의 여진 부락이 있었는데 주로 알타리와 올량합이, 종성의 9개 부락에는 올량합이, 온성의 5개 부락 및 경원의 10개 부락에는 올량합과 토착여진이, 경흥의 8개 부락에는 골간올적합과 토착여진이 거주하고 있었다. 그리고 5진 부근의 여진 부락 중 대체로 올량합 부락이 다른 종족의 부락보다 많은 것을 볼 수 있다.

〈표 7〉 5진 부근 여진 부락의 위치와 가구 및 장정수

5진	위치 및 지명		종 족	가구 및 장정수	비 고
회령진	북쪽	20里 江內 吾弄草	알타리	40여 家 80여 명(35)	총 389여 家 (양리인 10호 포함) 壯丁 829여 명 (올량합·오도리)
	북쪽	10리 江外 沙吾耳	올량합	7家 10여 명(7)	
		4리 강내 吾音會	알타리	9家 20여 명(21)	
	서쪽	13리 강내	알타리 楊里人	15家 30여 명(11)	
	서쪽	20리 강내 下甫乙下	오도리	7家 15여 명(10)	
	서쪽	35리 강외 下多家舍	오도리	2家 9명(6)	
	서쪽	55리 上甫乙下	알타리 올량합	7家 15여 명(6)	
	서쪽	90리 斜地	올량합	15家 30여 명(11)	
	서쪽	135리 無乙界	올량합	20여 家 40여 명(14)	
	서쪽	180리 仍邑包家舍	올량합	20여 家 40여 명(9)	

5진	위치 및 지명		종족	가구 및 장정수	비고
	서쪽 180리	和尙家舍	올량합	9家 20여 명(2)	
	서쪽 180리	甫伊下	올량합	20여 家 30여 명(13)	
	서쪽 210리	阿赤郞貴	올량합	50여 家 110여 명(12)	
	서쪽 210리	常家下	올량합	14家 20여 명(5)	
	서쪽 207리	伐引	올량합 양리인	45家 100여 명(22)	
	서쪽 270리	毛里安	올량합	30여 家 60여 명(29)	
	서쪽 120리	下東良	올량합	20여 家 70여 명(18)	
	서쪽 280리	中東良	알타리 올량합	40여 家 80여 명(13)	
	서남쪽 210리	虛水羅	올량합	10여 명(4)	
	서남쪽 210리	上東良	알타리 올량합	10여 家 20여 명(6)	
	서남쪽 240리	朴加別羅	올량합	8~9家 20여 명(3)	
종성진	강내 行城底		올량합 양리인	5家 9명(7)	총 95여 가 장정 489여 명 (올량합)
	20리 강내 愁州		올량합 양리인	15家 26명(13)	
	서쪽 20리 강외 愁州		올량합 양리인	47家 93명(53)	
	북쪽 15리 강내 江內		올량합	10家 20명(10)	
	32리 강내		올량합	12家 41명(10)	
	서쪽 195리	阿赤郞貴	올량합	6家 300여 명(22)	
	270리	伊應巨	올량합	족류 30여 명(6)	
온성진	동쪽 30리 강내 未餞		여진	? (4)	총 42여 가 장정 78여 명 (올량합·여진)
	서쪽 10리 강외 多隱		올량합 여진	7家 13명(13)	
	서쪽 15리 강내 尼麻退		올량합 여진	6家 13명(13)	
	서쪽 25리 강외 時建		올량합	10家 22명(22)	
	서쪽 35리 강외 甫靑浦		올량합	19家 30명(30)	
경원진	동쪽 39리 東臨江外		올량합	9家 30여 명(9)	총 214여 가 장정 445여 명 (올량합·여진)
	남쪽 90리 강내 伯顔家舍		여진	6家 20여 명(6)	
	79리 강내 件加退		여진	3家 10여 명(4)	
	50리 강내 吾弄草		여진	6家 20여 명(8)	
	동쪽 28리 강외 汝甫島		여진	25家 40여 명(25)	
	40리 강외 下訓春		올량합 여진	80家 155여 명(72)	

5진	위치 및 지명		종족	가구 및 장정수	비 고
경흥진	17리	訓戎江外	올량합	24家 50여 명(24)	
	60여 리	上訓春	올량합	61家 120여 명(60)	
	동쪽 30리 강내	何多山	골간 올적합	17家 36명(34)	총 60여 가 장정 141여 명 (골간올적합 ·여진)
	동쪽 一日程 강외	草串	골간 올적합	20家 42명(36)	
	동쪽 二日程 강외	餘山	골간 올적합	3家 8명(8)	
	동쪽 四日程 강외	於知未	골간 올적합	2家 6명(4)	
	북쪽 30리 강외	會伊春	여진	6家 21명(21)	
	북쪽 30리 강내	汝吾里	여진	8家 18명(16)	
	40리 강내	阿乙阿毛丹	여진	? (2)	
	북쪽 20리 강내	江陽	골간 올적합	4家 10 명(10)	

* ( )안의 수는 여진인명이 기록된 수임.

그렇지만 회령 또한 알타리보다 올량합의 부락과 장정수가 월등히 많은 것은 특이한 점이다. 회령은 조선초기부터 알타리의 首長 童猛哥帖木兒가 거주하던 곳으로 알타리의 중심지였다. 동맹가첩목아는 1410년(태종 10) 조선의 여진 정벌로 위협을 느껴 開原으로 이주하였는데, 태종 死後 1423년(세종 5)에 다시 두만강 유역으로 돌아올 때 옛 본거지인 회령에 돌아와 정착할 정도로 알타리의 세력이 남아있던 곳이었다.

그러던 것이 동맹가첩목아 사후 4군 6진의 설치 이후에는 알타리 부락이 58家·壯丁 124명, 올량합은 214가·장정 460명, 알타리와 올량합이 混在된 부락의 가구수는 57가·장정 115명으로 올량합이 알타리보다 2배 내지는 4배 가량 더 많아진 것이다. 다음 <그림 8>은 회령의 종족별 부락과 장정의 비율을 나타낸 것인데, 이를 보아도 올량합으로 구성된 부락과 장정수가 알타리를 압도하는 것을 알 수 있다.

또한 <표 7>을 보면 楊里人 또는 양리인의 부락도 보이는데, 이들은 중국 출신으로 여진 사회에서 그 기반을 확보한 사람들을 말한다. 대개 포로로 잡혀온 奴隷 출신으로 여진 여자와 결혼한 경우가 많았으며, 경우에 따라서는 여진 사회에서 有力者가 되기도 하였다.

여진인 부락 중에는 회령에 10戶 정도의 양리인 부락이 보이며, <표 6>과 <별표 2>에서처럼 11명의 양리인 人名도 확인할 수 있다. 당시 두만강·압록강 부근의 여진 사회는 수렵·유목 사회에서 半農半牧사회를 벗어나 農耕사회로 전환해 가고 있었고, 농경 기술이 없던 여진인들은 中國人이나 朝鮮人 포로들을 노예로 삼아 농경을 담당하게 하고 있었다. 여진인 인명기록에 나타난 이 양리인의 존재는 당시 여진 사회가 농경사회로 정착되어 가고 있음을 직간접적으로 보여준다 하겠다.

<표 7>·<그림 8>은 회령 지방의 중심세력이 알타리에서 올량합으로 변화되었음을 보여준다. 이것은 동맹가첩목아의 죽음과 그에 따른 조선의 6진 설치의 결과라고 생각된다. 동맹가첩목아 사후 회령 지방의 알타리들은 동맹가첩목아의 이복동생 凡察과 동맹가첩목아의 아들 童倉의 세력으로 나뉘기 시작하였다.

조선에서는 이들을 모두 회령 부근에 두어 예전처럼 藩籬化시키려 하였으나, 이들이 모두 회령 지방에서 도망쳐서 압록강 유역의 建州衛로

〈그림 8〉 회령의 종족별 부락과 장정 비율

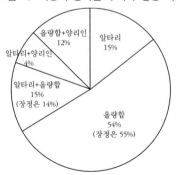

옮겨갔고, 明으로부터 각각 建州左衛와 建州右衛를 개설받게 되었다.[28] 따라서 범찰과 동창을 따라가지 않고 회령에 남아있던 알타리들은 그 세력이 점차 미약해져서 올량합에게 주도권을 넘기게 되었던 것으로 보인다. 또한 각 鎭을 살펴보면 종성진은 올량합 부락과 장정이 대부분이고, 온성과 경원은 올량합과 토착여진의 부락이 많다. 그리고 앞의 <표 6>과 <표 7>에서 보듯 경흥을 제외한 지역은 올량합이 고르게 분포하고 있음을 알 수 있다. 따라서 여진 종족 중 올량합족이 가장 강성한 세력임을 알 수 있다. 반면 경흥에는 올량합은 보이지 않고 골간올적합과 여진인 부락만이 나타나는데, 이것은 경흥 부근이 골간올적합의 주거주지이며 세력권이었음을 보여준다.

한편 李思哲이 기록한 여진인 姓名은 800명으로 5진 부근에 거주하는 여진인 장정 1,982명 중 약 40%에 달한다. 이사철은 이들을 그 세력의 강약에 따라 1~4등급으로 구분하였는데, 다음 <표 8>은 여진인명의 등급별·지역별 분포 통계를 나타낸 것이다.

이들을 1~4등급으로 나눈 기준은 각 종족의 추장 또는 족류가 강성한 자들은 1등으로, 나머지는 족류의 강약에 따라 2~4등급으로 나눈 것이다. 2~4등으로 기록된 자들도 1등인 자들과 친족간이거나 그 管下人이 대부분이다.[29] 여진 인명이 기록된 자는 회령에 257명, 종성에 121명, 온성에 82명, 경원에 208명, 경흥에 131명이 있었는데, 이중 1등으로 기록된 자는 19명, 2등 55명, 3등 176명, 4등 494명, 그리고 등급이 기록

---

28) 凡察과 童倉이 朝鮮을 배반하고 建州衛로 도망하여 간 해는 1440년(세종 22)이며, 明으로부터 建州左衛와 右衛를 개설 받은 해는 2년 뒤인 1442년(세종 24)이다(서병국, 1972, 「凡察의 建州右衛硏究」『백산학보』13, 37~44쪽).

29) 1등으로 기록된 자들의 官職名은 護軍, 萬戶, 都萬戶, 中樞, 都事, 都指揮僉事였다. 司正, 司直, 호군과 만호 등의 경우 1등~4등까지 고르게 분포되어 있었는데, 이것은 이 인명기록에서는 官職과 等級과의 상관관계가 일정치 않았음을 나타낸다. 즉 이 인명기록의 등급 구분은 관직의 高下에 따른 등급 구분이 아니라 李思哲이 말한 바와 같이 실제 女眞 勢力의 强弱에 의한 구분이었음을 말해준다.

〈표 8〉 1455년(단종 3) 여진인명의 등급별·지역별 분포 통계 (단위 : 명)

5진 등급	회령	종성	온성	경원	경흥	합계
一等	12	3	0	1	3	19(2.4)
二等	33	8	0	1	13	55(6.9)
三等	84	25	8	11	49	177(22.0)
四等	74	84	74	195	67	494(61.9)
미기록자	54	1	0	0	0	55(6.9)
계	257(32.2)	121(15.1)	82(10.3)	208(26.0)	132(16.4)	800(100)

* ( )안의 수는 %, 소수점 둘째자리에서 반올림 함.

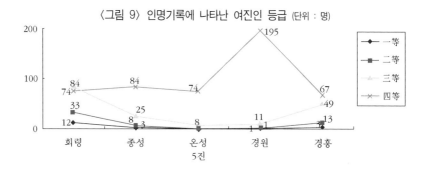

〈그림 9〉 인명기록에 나타난 여진인 등급 (단위 : 명)

되지 않은 자가 55명이었다. <그림 9>는 이를 바탕으로 도표화시킨 것이다.

<그림 9>를 보아도 기록된 여진 인명 또한 회령 부근의 여진인이 257명(32.2%)으로 다른 지역에 비해 월등히 많은 것을 알 수 있다. 특히 회령 지방에서 1등으로 구분된 자는 12명, 2등은 33명, 3등은 84명으로 다른 지역보다 훨씬 더 많다. 이것은 앞의 <그림 7>에서 살펴본 것과 같이 5진 부근의 여진 세력 중 회령 지방에 여진 부락의 약 40%, 가구수의 49%, 장정수의 42%가 집중되어 있었던 것에 기인한다고 생각된다. 이는 곧 회령이 5진 중에서도 여진 세력이 집결한 중심지였음을 보여준다.

회령 다음으로는 경원 부근이 208명(26%)으로 많지만 여진인 등급을

자세히 살펴보면 1등과 2등은 각 1명 밖에는 되지 않고, 3등이 11명, 4등이 195명인 것을 알 수 있다. 즉 경원 지방은 다른 지방에 비해 4등으로 분류된 자가 거의 대부분이다. 이것은 경원 지방이 다른 지역에 비해 상대적으로 큰 세력을 형성하지 못하고 있음을 보여준다.

그 다음으로는 경흥과 종성인데 경흥이 종성보다 2~3등의 수가 더 많다. 이것 역시 경흥 부근이 골간올적합의 주 세력권인 점도 있지만 조선 초기부터 조선과의 밀접한 관계를 맺고 있어 조선에서 다른 종족보다 우대한 면도 작용한 것 같다.

제3절 인명기록에 나타난 授職政策

朝鮮을 개국한 李成桂는 東北面 출신이었다. 당시 동북면은 女眞과 高麗 流民이 混在하고 있었다. 동북면의 여진인 중에는 이성계에 從軍하였던 자들이 있었는데, 『조선왕조실록』에는 이들 女眞人의 姓名이 다수 나오고 있다. 개국과 동시에 太祖 이성계는 자신에게 종군하였던 여진인들에 대해 조선의 官職을 수여하였고, 이것은 조선이 여진에 대해 행한 최초의 授職이었음은 앞장에서 살펴본바 있다. 이후 조선의 수직정책은 여진에 대한 회유정책의 하나로서 지속적으로 시행되어 왔다.

세종대가 되면 조선의 수직정책은 이전보다 더욱 확대되기 시작하였다. 조선은 4군 6진의 설치 이후 북방 방어의 목적으로 여진 세력을 조선의 울타리인 번리로 만들고자 하였고, 여진에 대한 수직정책은 이를 위해 활용되었다. 즉 향화인을 중심으로 시행되던 수직정책을 두만강·압록강 유역에 거주하는 여진인 및 명 관직을 가지고 있던 여진인에게까지 확대하였던 것이다.

『단종실록』에 나타난 여진인 인명기록에도 조선의 관직을 지닌 많은 여진인이 나타나는데, 이 기록은 이러한 조선의 수직정책의 일면을 뒷받침해 준다고 할 수 있다. 특히 여기에는 조선의 관직뿐만 아니라 명의 관직을 가진 여진인도 나타나고 있어서 당시 조선과 명·여진관계를 함께 생각해보는데 있어 많은 시사점을 주기도 한다.

명은 성조대에 들어오면서 여진에 대한 초무에 적극적이어서 여진 지역에 위소를 설치해 나가고 있었고, 조선에 대해서는 동북면 10처의 여진 인민에 대한 귀속을 주장하였다.[30] 또한 이미 조선에서 수직을 받은 동북면 일대의 동맹가첩목아를 비롯한 여진인들의 입조를 강행시켰다.

조선 초기 두만강·압록강 유역의 여진인 거주 지역은 조선과 명의 외교적 각축장이었고 양국에 있어 여진의 귀속 및 초무에 관련된 문제는 각국의 변방 방어와 밀접한 관련이 있었다고 생각된다. 이것이 구체적으로 발현된 것이 조선측으로 본다면 授職政策을 통한 여진의 회유이고, 明측에서 본다면 衛所 설치와 그에 동반한 衛所官職의 수여였던 것이다.

『단종실록』의 여진인 인명기록에는 조선의 관직을 가진 자, 명의 관직을 받은 자, 조선과 명의 관직을 동시에 가지고 있는 자들을 기록해 두고 있는데, 이러한 당시의 상황을 유추하는데 있어 도움이 된다고 할 수 있다.

다음 <표 9>는 800명의 여진인명 중 관직을 가진 여진인들의 수를 각 지역별로 나타낸 것이다. 이를 통해 보면 총 317명(39.6%)의 여진인이 조선 또는 명 관직을 가지고 있었던 것을 알 수 있다. 회령 지방에는 171명, 종성은 28명, 온성은 12명, 경원은 49명, 경흥은 57명의 여진인이 관직 보유자이다.

5진 지역의 여진인 관직보유자 중 절반 이상이 회령 부근(171명, 53.9%)에 거주하는 것을 알 수 있고, 인명기록 대비 관직보유자 수도 다

---

30) 박원호, 1991, 「永樂年間 明과 朝鮮間의 女眞問題」, 『아세아연구』 85, 235~247쪽.

른 지역에 비해 회령의 수치(66.5%)가 높다. 이것은 다른 지역보다 회령 지방에 거주하는 관직 보유자가 월등히 많았다는 점을 나타내준다. 또 회령 지방에 기록된 여진인명 중 대부분이 조선 또는 명의 관직을 가지고 있었음을 보여준다 하겠다.

이렇게 회령 지방의 여진인들이 조선과 명의 관직을 많이 받았다는 것은 麗末鮮初부터 이 지역에 거주하던 알타리족이 큰 세력을 형성하면서 조선·명과 많은 관계를 맺어왔기 때문일 것이다. 특히 앞서 말한 동맹가 첩목아가 고려말 이성계를 따라 종군하였고, 조선 건국 후 조선의 관직을 받았던 것도 이를 반증한다. 동맹가첩목아는 조선을 등지고 명의 건주좌위를 개설 받았지만, 세종대 다시 옛 근거지인 회령으로 돌아왔다. 따라서 회령을 중심으로 한 여진인들은 조선·명과 밀접한 관계를 맺고 있었을 것이며, 특히 조선과 근접한 회령의 지역적 특성상 상대적으로 조선의 영향을 많이 받고 있었을 것이다. 또 회령 지역의 알타리 세력이 조선의 영향력을 많이 받고 있었음을 보여준다.

〈표 9〉 인명기록에 나타난 관직보유자 수 (단위 : 명, %)

구 분	5 진	회 령	종 성	온 성	경 원	경 흥	합 계
여진인명		257	121	82	208	132	800
관직보유자	조선 관직	111[31]	23	11	47	55[32]	247
	명 관직	60	5	1	2	2	70
	총 계	171(53.9)	28(8.8)	12(3.8)	49(15.5)	57(18.0)	317(100)
미기록자		86	93	70	159	75	483
관직비율(인명대비)		66.5%	23.1%	14.6%	23.6%	43.2%	39.6%

* ( )안의 수는 %, 소수점 둘째자리에서 반올림 함.

---

31) 조선의 관직과 명의 관직을 보유한 자들도 기록되어 있는데, 사직·지휘로 기록된 1인, 지휘·시위로 기록된 1인, 총 2명을 포함한 통계이다.
32) 다른 관직명이 나오지 않고 시위로만 기록된 1인을 포함하였다.

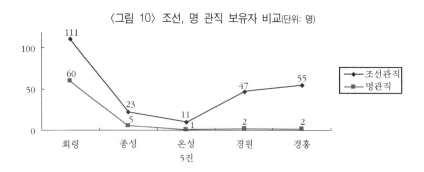

〈그림 10〉 조선, 명 관직 보유자 비교(단위: 명)

경흥 부근 거주자도 기록된 여진인명은 경원보다 적지만 관직보유자
는 경원보다 많은 것을 볼 수 있다. 여진인명 수가 비슷한 종성과 비교
해도 마찬가지이다. 경원은 208명 중 49명(23.6%)만이, 종성은 121명 중
28명(23.1%)만이 관직보유자인 반면 경흥은 132명 중 57명(43.2%)이 관
직보유자인 것이다. 이것은 앞서 말한 경흥 지역에 거주한 골간올적합과
조선과의 밀접한 관련이 있다고 하겠다.

<그림 10>은 여진인 관직 보유자를 조선·명 관직 보유자로 나누어
비교한 것이다. 5진 부근에 거주하는 여진인 관직 보유자 317명 중 조선
의 관직을 가지고 있는 자는 247명(77.9%)이고, 명 관직을 가진 자는 70명
(22.0%)이다. 5진 부근에 거주하는 여진인들은 대부분 明 관직보다 조선
관직을 더 많이 받았음을 알 수 있다. 이것은 지리적인 근접성도 하나의
이유겠지만 조선측에서 이 지역의 여진인에 대한 수직정책을 적극 활용
했기 때문이라고 생각된다. 그리고 그것은 두만강 유역의 여진인들에게
있어서는 명의 영향력보다는 조선의 영향력이 훨씬 더 많이 미치게 되는
결과를 가져왔던 것이다.

회령의 경우 조선 관직자가 111명(64.9%), 明 관직자가 60명(35.0%)
으로 명 관직자의 비율이 다소 높다. 이것은 조선과 마찬가지로 명 성조
시기에 이 지역의 중요성을 감안하여 적극적인 여진 초무에 나섰기 때문

이라고 생각된다. 회령 지방은 알타리 동맹가첩목아의 본거지였고 명 성
조가 이 지역의 초무에 적극적이어서 동맹가첩목아를 입조시켜 建州左
衛를 개설 받게 하기도 하였다. 그리고 동맹가첩목아가 입조하여 건주좌
위를 개설받을 때 많은 여진인들이 함께 명에 입조한 것으로 되어 있다.
이러한 영향이 남아있어 다른 지역보다 明 관직자가 많이 보이는 것이
라 생각된다.

다른 지역의 조선관직자는 종성이 23명(82.1%), 온성이 11명(91.6%),
경원이 47명(95.9%), 경흥이 55명(96.4%)으로 明 관직자에 비해 압도적
으로 많다. 명에서 이 지역들에 대한 초무를 실행하지 않은 것이 아니라
조선의 여진에 대한 通交(來朝), 授職, 征伐 등을 위시한 羈縻政策이 효
과적으로 실시되었기 때문에 조선으로부터 많은 영향력을 받고 있었음
을 보여준다. 물론 조선의 4군 6진의 설치로 인해 이러한 영향력은 보다
더 확대되어 갔을 가능성은 더욱 높다. 그리고 몽고 세력의 재성장으로
인한 명과 몽고 관계의 불안정성, 그로 인해 파생된 요동의 정세 변화로
인해 명의 영향력이 점차 감소해 가고 있었던 것[33])도 조선이 이 지역에
영향력을 보다 확대하는데 있어 유리한 조건과 환경을 만들어 주었을 것
이다.

한편 이중에는 '司直·指揮', '指揮·侍衛'라는 명·조선 '二重受職女眞
人'이 2명 포함되어 있는 것을 볼 수 있다. '이중수직여진인'이란 명과
조선 양측으로부터 모두 관직을 받은 여진인을 말한다. 이것은 4군 6진
의 설치 이후 조선의 수직정책이 명으로부터 관직을 받은 여진인에게까
지 확대되었다는 점을 증명해 주는 좋은 사례이다. 세종대 동맹가첩목아
의 아들 童倉에 대한 수직문제로부터 시작된 명의 관직을 받은 여진인
에 대한 수직문제는 새로 설치한 4군 6진의 방어라는 문제에 의해 수직

---

33) 남의현, 2006, 「明代 遼東都司 支配의 限界에 관한 硏究」, 강원대학교 박사학위
논문 참고.

정책이 변화, 확대되어 실시되었고 『단종실록』의 '인명기록'은 그러한 일면을 보여 준다 하겠다.[34]

다음으로 인명기록에 나타난 관직명과 그 인원수에 대하여 살펴보자.

<표 10>은 인명기록에 나타난 여진인 관직자 수를 각 지역별·직급별로 나타낸 것이다. 이를 통해 보면 조선에서는 5진 부근의 여진인들에게 中樞院職, 地方軍官職(萬戶職), 五衛職 등을 수여한 것을 알 수 있다. 중추원직은 中樞라고 기록된 자가 1명밖에 없어 대단히 희소하였던 것을 알 수 있다.

〈표 10〉 인명기록에 나타난 관직유형과 인원 (단위 : 명)

구 분		5진	회 령	종 성	온 성	경 원	경 흥	합 계
관 직 (지위)	조선관직	중추원직	중추	1					1
		군관직 (만호직)	도만호	8	2		1	2	13
			만호	16	3		6	6	31
			부만호	8	2			3	13
			천호				6		6
		오위직	대호군	4			1	2	7
			상호군	3	1		1	4	9
			호군	28	3		1	7	39
			사직	35(지휘1)	10		1	7	53
			부사직	1			1	4	6
			사정	5			29	16	50
			부사정	2	2	11		3	18
			시위	(6)	(1)			1(5)	1(12)
	중국 관직		도지휘첨사		1				1
			도지휘		1				1
			도사	2					2
			지휘	58(시위1)	3	1	2	2	66
계				171	28	12	49	57	317

* ( )안의 수는 다른 직을 가지고 있어 합계에 포함되지 않는 숫자임.

---

34) 명으로부터 관직을 받은 여진인에 대한 조선의 수직에 관해서는 한성주, 2007, 「朝鮮初期 朝·明 二重受職女眞人의 兩屬問題」『조선시대사학보』40, 참조.

지방군관직(만호직)은 도만호 13명, 만호 31명, 부만호 13명, 천호 6명으로 총 63명이었다. 이에 반해 오위직은 대호군 7명, 상호군 9명, 호군 39명, 사직 53명, 부사직 6명, 사정 50명, 부사정 18명으로 총 183명에이른다. 한편 오위직을 가지고 있으면서 동시에 시위라고 기록된 자가 12명, 職位는 나오지 않고 侍衛라고만 기록된 자가 1명이다.

또 '사직·지휘'라고 조선관직과 중국관직이 동시에 기록된 자가 1명이 있었다. 군관직(만호직)에서는 萬戶가 16명으로, 오위직에서는 司直이 35명으로 제일 많았다. 오위직 중 사직 다음으로는 護軍이 28명인데, 조선 측에서는 이들 관직을 중심으로 수직을 많이 행하고 있었다는 것을 보여준다.

중국의 관직을 보면 역시 명의 위소 설치와 관련된 위소관직이 보이고 있다. 도지휘첨사 1명, 도지휘 1명, 도사 2명, 지휘 66명이 기록되어있다. 특히 指揮라는 관직명이 대다수를 차지하고 있는 것을 알 수 있다. 이중 '지휘·시위'라고 기록된 자가 1명인데, 지휘라는 중국의 관직을 가지고 있으면서 조선의 왕경에 머물며 시위의 역할까지 한 사람을 말한다.

이들에게 관직을 수여한 기준은 여진 사회 내에서의 세력의 강약에 있었다. 그러나 변경에서의 여진의 정황을 알리거나, 피로인을 송환하는 등 일정한 공로가 있는 경우에는 족속의 세력이 강하지 않아도 우대하여 높은 관직을 준 경우도 있었다. 즉 조선에 대해 일정한 공로가 있는 경우에는 그 세력의 강약에 관계없이 수직을 행하였다. 여진에서 보면 이러한 관직을 받는 것은 조선과 명에 대한 통교권을 획득하는 하나의 수단이자 방법이었다. 또 조선과 명이 여진 세력의 강약에 따라 수직을 행하였듯이 반대로 여진인이 조선과 명에서 받은 관직들은 여진 사회내에서 그들의 지위를 나타내는 하나의 척도가 되기도 하였을 것이다.

<그림 11>은 인명 기록 중 조선관직인 지방군관직·오위직의 각 지역별 분포 현황을 나타낸 것이다. 중추원직 1명을 제외한 246명 중 오위

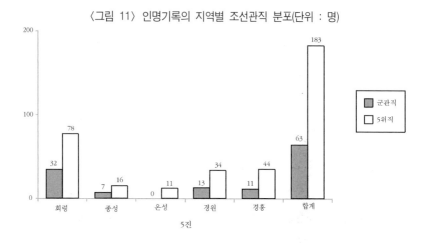

〈그림 11〉 인명기록의 지역별 조선관직 분포(단위 : 명)

직은 183명(74.3%), 지방군관직(만호직)은 63명(25.6%)으로 오위직의 여진인이 훨씬 더 많은 것을 알 수 있다. 회령의 경우 110명 중 오위직이 78명(70.9%), 지방군관직(만호직)이 32명(29.0%), 종성은 23명 중 오위직이 16명(69.5%), 지방군관직(만호직)이 7명(30.4%), 온성은 11명 전원이 오위직(100%)이고, 경원은 47명 중 오위직이 34명(72.3%), 지방군관직(만호직)이 13명(27.7%), 경흥은 55명 중 오위직이 44명(80.0%), 지방군관직(만호직)이 11명(20.0%)이 있는 것으로 나타났다.

이렇듯 조선측에서는 여진인들에게 주로 오위직과 지방군관직(만호직)을 중심으로 수직을 행하였는데, 오위직의 수가 지방군관직(만호직)보다 더 많이 있는 것으로 보아 지방군관직(만호직)보다 品種과 品階가 다양한 오위직을 여진인들에게 더 많이 주었던 것으로 보인다. 특히 五衛는 조선전기 중앙군이었기 때문에 두만강 유역, 즉 먼거리에 거주하는 여진인들에 대해서 오위직을 수여하였다는 것 자체가 實職이 아닌 명목상의 관직임을 잘 보여주는 것이다.

앞서 보았듯 『단종실록』 3년 3월 기사조에 기록된 5진 부근의 여진 장정수는 총 1,982명이다. 이중 여진 사회에서 유력자로 평가되어 성명이 기록되고, 그 세력과 지위에 따라 1~4등으로 구분되어진 자는 총 800명이다. 또한 이들 중 조선의 관직을 받은 자는 위와 같이 247명이었다. 이것은 5진 부근에 거주하는 유력 여진인 중 30.9% 이상이 조선의 관직을 수여받았다는 것이며, 조선의 수직정책이 광범위하게 이루어진 사실을 잘 보여주고 있다.

여진인들이 받은 조선의 관직 중 중추원직은 실직이 아닌 명예직이고, 지방군관직(만호직)과 오위직은 모두 武官職이라는 특징이 있다. 이러한 관직을 가진 여진인들이 실제로 그 관직에 맞는 군사적 역할을 하였다고는 생각할 수 없으며, 이 또한 명예직이었다고 생각된다. 그렇지만 조선과 여진관계를 들여다보면 관직 수여에 따른 권한과 의무가 동시에 발생한 면도 찾아볼 수 있다. 여진으로선 조선의 관직을 수여 받음으로써 조선과의 통교권이 주어지지만 동시에 그 관직과 지위에 맞는 일정한 역할을 해야 하는 의무가 발생한다. 수직을 받은 여진인들은 1년에 한 번씩 上京하여 國王을 謁見하고 朝貢을 바치며, 변경에서의 정세 보고 및 피로인의 송환 등을 하는 것도 그들이 해야 할 일이었다.

조선에서 보면 이들에 대한 접대 및 대우 문제로 경제적 손실이 크게 발생하였지만 변경의 안정과 방어를 위해 이러한 수직정책을 적극 활용하면서 여진 세력들을 조선에 복속시키기 위해 노력하였던 것이다. 『단종실록』 3년 3월 기사조의 '인명기록'은 이러한 사실들을 단편적이나마 증명해준다 할 수 있을 것이다.

제3장

受職女眞人에 대한 座次規定

조선에서는 여진에 대한 관직 수여와 함께 이들에 대한 待遇 規定을 면밀히 갖추었는데 그 중 하나가 수직여진인에 대한 '座次規定'이다. 여진인들이 상경하게 되면 각 官舍나 驛站 등에서 그에 상응하는 接待가 이루어졌는데, 그 중 조선인 官僚가 접견할 때의 좌석배치에 관한 몇 가지 사료가 『조선왕조실록』과 『經國大典』에 기록되어 있다. 특히 여기에는 수직여진인의 관직명에 따른 '좌차규정'이 세분화되어 있어 이들에 대한 대우 및 인식의 일면을 살펴볼 수 있다. 조선으로부터 관직을 받은 여진인과 조선인 관리가 만나게 되었을 때, 품계가 낮은 여진인이라면 상관이 없지만 조선인 지방관보다 품계가 높은 여진인인 경우 이것을 어떻게 대우할 것인가하는 문제가 발생한 것이다.

수직여진인에 대한 '좌차규정'은 크게 세 가지로 나누어 볼 수 있는데, 첫 번째는 여진인의 좌차에 대한 논의가 시작된 1433년(세종 15)의 것이고, 두 번째는 1441년(세종 23)과 1442년(세종 24)의 것이다. 위의 두 개의 '좌차규정'은 세종대에 나타난 반면 세 번째의 '좌차규정'은 1472년(성종 3)과 『경국대전』의 것인데, 1472년과 경국대전의 내용은 동일하다.

또한 세종대에 나타난 '좌차규정'에는 明의 官職을 받은 여진인에 대한 것을 포함하고 있는데, 성종대와 『경국대전』의 '좌차규정'과의 비교를 통해 15세기 여진을 둘러싼 동북아시아의 정세 및 조선·명·여진관계의 일단을 살펴볼 수 있다.

본장에서는 조선시대 수직여진인에 대한 '좌차규정'을 소개하고, 수직여진인에 대한 접대규정으로서 좌석배치에 대한 논의가 시작되는 배경을 살펴보고자 한다. 그리고 각 시기별 좌차규정을 분석하여 상호 비교해 보고자 한다. 이와 함께 좌차규정의 분석을 통해 수직여진인에 대한 대우의 일면을 살펴봄과 동시에 15세기 요동지역에서의 정세변화 - 명·조선·여진의 관계 변화 - 가 좌차규정의 내용에 어떠한 변화를 주었는지 살펴볼 것이다.

제1절 좌차규정에 대한 논의의 배경

조선에서는 여진에 대한 관직 수여와 함께 이들에 대한 待遇規定을 면밀히 갖추었는데 그 중 하나가 受職女眞人에 대한 '座席配置規定'(이하 '座次規定'이라 약칭)이다.[1]

북방에 거주하던 여진인의 上京은 驛路를 따라 이루어졌는데 여진인이 왕래할 때는 여염집에서 자지 못하게 하고,[2] 지방에서는 官舍나 驛站에, 서울에서는 北平館에 머물게 하였다.[3] 그런데 이들이 상경하면 각 관사나 역참 등에서 그에 상응하는 접대가 이루어졌는데, 그 중 조선인 官僚가 접견할 때의 좌석배치에 관한 사료가 바로 『세종실록』과 『성종실록』, 그리고 『經國大典』에까지 성문화되어 기록되어 있다. 여기에는

---

1) 수직여진인에 대한 좌차규정에 대해서는 국내에서 아직 연구된 바가 없고, 국외에서 Kenneth Robinson이 「朝鮮王朝 - 受職女眞人の關係と'朝鮮'」이라는 논문에서 소략하여 기술한 바가 있다(ケネス·R·ロビンソン, 1999, 「朝鮮王朝 - 受職女眞人の關係と'朝鮮'」, 『歷史評論』 592 참고). 그러나 Kenneth Robinson의 연구는 1442년과 1472년의 좌차규정에 대해서만 간략히 언급한 정도여서 좌차규정의 내용과 분석에 대한 검토가 필요하다 하겠다.

2) 『經國大典』 禮典 待使客條.

3) 이현희, 1971, 「朝鮮王朝時代의 北平館 野人 - 그 綏撫策 一斑 - 」, 『백산학보』 11 참고.

수직여진인의 관직명에 따른 좌차규정이 세분화되어 있어서 이들에 대한 待遇의 일면과 인식을 살펴볼 수 있다고 생각한다.

일반적으로 조선시대에는 관리들이 모임을 가질 때 상급관리를 시작으로 品階別로 북쪽에서부터 동쪽, 서쪽, 남쪽에 앉는 것이 常例였고, 중국 使臣과 접견할 때도 중국 사신이 북쪽에 앉고, 관리들은 품계에 따라 동쪽, 서쪽, 남쪽의 차례로 앉았다.[4] <그림 12>는 이 내용을 방위표를 이용하여 도형화시킨 것이다.

<그림 12>의 좌차규정대로라면 수직여진인 및 중국의 관직을 받은 여진인도 당연히 그 품계에 따라 좌석 배치가 이루어져야 한다. 그러나 여진인을 접견할 때 都觀察使·都節制使 등은 북쪽에서 남쪽을 향하고, 여진인은 비록 明 관직인 都督·指揮일지라도 모두 東·西로 나누어 앉아 그 품계에 따르지 않았다.[5]

〈그림 12〉 조선시대 관리들의 일반적인 좌차규정

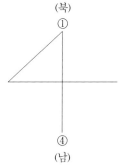

(북)
①

④
(남)

* 이 그림은 『經國大典』 禮典 京外官會座條를 참고로 만들었음.

** (북)은 북쪽, (남)은 남쪽을 나타내며(이하 그림 같음), ①,②,③,④는 품계의 순서를 나타냄.

---

4) 『經國大典』 禮典 京外官會座條.
5) 『세종실록』 권59, 세종 15년 3월 계유.

예를 들면, 조선의 都觀察使, 都節制使는 그 품계가 종2품직이고, 明
의 관직인 도독은 종1품 또는 정2품, 지휘는 정2품에서 정4품까지를 나
타내므로6) 품계가 낮은 조선인 관리가 품계가 높은 여진인 明관직자보
다 높은 자리에 앉게 되는 경우가 발생하는 것이다. 따라서 조선인 관리
가 여진인을 만날 때에는 여진인이 조선 관직을 가지고 있든지, 아니면
명의 관직을 가지고 있던지 그 품계에 따르지 않고 조선인 관리가 항상
높은 자리에서 여진인을 접견한 것을 알 수 있다.

조선측에서 수직여진인을 접견할 때 의도적으로 이러한 방식을 채용
했을 가능성이 크다고 생각되지만, 여기에는 여진인을 대할 때의 관습이
나 이들에 대한 인식도 작용했을 것이라 생각된다. 바로 다음과 같은 記
事가 이러한 점을 잘 말해준다.

　　　여진인이 비록 중국 조정의 지휘·천호의 직책을 받은 자라도, 조선의 변
　　방 고을의 관리가 例事로 접대할 때와 罪罰을 논할 때 벼슬 높은 것으로 대
　　접하지 아니하고, 官吏 뿐 아니라 居民들도 역시 두려워하지 아니하며, 저쪽
　　야인도 역시 감히 벼슬 높은 것으로 맞겨루지 못하고 두려워하여 굴복하는
　　것이 오랫동안 이미 풍속이 되어 있다.7)

조선에서는 여진인이 비록 중국의 관직을 받았더라도 조선의 관리는
접대할 때나 그들의 죄벌을 논할 때 여진인이 받은 벼슬의 高下에 상관
없이 대했다는 것을 알 수 있다. 게다가 관리뿐만 아니라 일반 백성들도
역시 두려워하지 않았으며, 관직을 받은 여진인들도 자신의 관직을 가
지고 맞겨루지 못했고, 오히려 굴복하였다는 것이다. 따라서 조선에서

---

6) 明의 관직 중 都督은 左都督, 右都督, 都督同知, 都督僉事로 나눌 수 있고 각
　品階는 정1품부터 정2품까지이며, 指揮는 都指揮使, 都指揮同知, 都指揮僉事,
　指揮使, 指揮同知, 指揮僉事로 나눌 수 있고 각 품계는 정2품부터 정4품까지이다
　(『大明會典』 권118).
7)『세종실록』 권124, 세종 31년 5월 무신.

는 여진인이 받은 관직의 품계에 상관없이 이들을 대했다는 것을 알 수 있다.

이와 관련하여 1433년(세종 15)에 있었던 한 사건은 여진인을 접견할 때의 座次에 대한 논의를 촉발시켰다. 해청을 잡기 위해 함길도로 온 중국 사신 尹鳳이 알타리의 首長 동맹가첩목아를 동벽에 앉게 하고, 조선의 巡察使 등을 서벽에 앉게 하자, 순찰사 등이 앉지 않고 나가버렸다.[8] 동맹가첩목아를 동벽에 앉게 하고 순찰사 등을 서벽에 앉게 한 것은 순찰사 등을 동맹가첩목아보다 아래로 대한 것이었기 때문에 순찰사 등이 자리에 앉지 않고 나가버린 것이었다.

바로 <그림 12>를 생각해 보면 윤봉은 북쪽 ①의 자리에, 동맹가첩목아는 동쪽 ②의 자리에, 조선의 순찰사는 서쪽 ③의 자리에 앉게 하였고, 조선의 순찰사는 여진인 동맹가첩목아보다 낮은 자리에 앉게 한 까닭으로 자리에 앉지도 않고 나가버린 것이다. 아무리 중국 사신 앞이고, 중국 사신이 좌석 배치를 한 것이지만 조선의 순찰사로서는 여진인들이 감히 벼슬 높은 것으로 맞겨루지 못하고 두려워하여 굴복하는 것이 오랫동안 풍속이 되어 있는 상황에서 이같은 좌석배치는 받아들일 수 없는 것이었음을 알 수 있다.

중국 사신 윤봉의 입장에서 보면 당시 동맹가첩목아가 종1품 또는 정2품인 도독첨사 또는 도독의 관직을 가지고 있으므로[9] 조선의 종2품직인 순찰사보다 당연히 품계가 높은 것이라고 생각했을 것이다. 더구나

---

8) 당시 여진인에 대한 좌차규정은 조선의 관직을 받은 여진인보다는 明의 관직을 받은 여진인에 대한 것이었으나, 이 사건으로 촉발된 좌차규정에 대한 논의는 이후 수직여진인에 대한 좌차규정의 시발이 된다는 점에서 중요한 의미가 있다(『세종실록』 권59, 세종 15년 3월 계유).

9) 『세종실록』 권51, 세종 13년 2월 무오 ; 권59, 세종 15년 3월 계유 ; 권61, 세종 15년 7월 기미 등의 기록을 통해서 보면 동맹가첩목아의 관직명은 도독첨사와 도독이 혼용되어 쓰이고 있다.

중국의 품계가 조선의 품계보다 항상 1품관씩 더 높게 상대되었던 것을 생각하면 동맹가첩목아와 조선의 순찰사는 1품계가 아니라 2품계가 차이가 나는 것이다. 그렇기 때문에 동맹가첩목아를 순찰사보다 더 높은 자리에 앉게 하였던 것으로 보인다.

윤봉의 행동이 의도적이든 아니든 간에 조선측에서 보면 당시 윤봉의 행동은 아주 특이한 경우였음엔 틀림없다. 바로 세종은 이 일에 대하여 "나도 생각하기를, 저들이 비록 중국의 極品일지라도 野人이기 때문에, 중국이 童都督을 대우하는 지위가 우리나라 배신의 밑에 있으니 어찌 의미가 없을까"라고 하여 일반적으로 중국에서는 극품의 야인일지라도 조선의 배신 밑에 두고 있음을 지적하면서 의아해 하고 있는 것이다.10)

중국 사신 앞에서 여진인과 조선의 관리가 함께 참석할 때의 일은 극히 이례적인 일이므로, 세종의 이 말은 중국 북경에서 여진인과 조선의 사신이 함께 조회에 참여할 때의 일을 말한 것으로 생각된다. 즉 중국에서도 일반적으로 여진보다 조선을 우대하여 조선인 관리를 극품을 지닌 여진인보다 항상 위에 자리매김하고 있었던 것이다.

이 사건으로 諸臣들은 중국에서 여진을 대우하는 법에 의하여, 우리나라의 여진을 대우하는 제도를 정하고 예조로 하여금 移文하여 邊將에게 알리도록 할 것을 청하였다.11) 당시 새로운 좌차 규정의 내용을 알 수는 없으나, 이 사건으로 여진인에 대한 좌차 규정이 비로소 본격적으로 논의되기 시작하였음을 알 수 있다.

1433년(세종 15) 중국 사신 윤봉의 좌석배치로 촉발된 여진인의 좌차 규정에 대한 논의가 어떻게 귀결되었는지는 알 수 없다. 그러나 명으로부터 관직을 제수받은 여진인과 조선의 관직을 제수받은 여진인에 대한

---

10) 『세종실록』 권59, 세종 15년 3월 계유.
11) 『세종실록』 권59, 세종 15년 3월 계유.

대우, 특히 조선인 관리나 변장이 이들을 만났을 때에 있어서 어떻게 자리매김하고 대우할 것인가에 대한 의문을 불러일으켰음에는 틀림이 없는 것 같다. 그리고 이것은 이후 수직여진인들에 대한 좌석배치 규정으로 나타나게 되는 것이다.

제2절 『세종실록』에 나타난 좌차규정

1433년(세종 15) 중국 사신 윤봉과 관련한 좌차 사건 이후, 『세종실록』에 나타난 여진인에 대한 좌차규정은 크게 두 가지이다. 첫 번째 것은 8년 후인 1441년(세종 23)에 兀良哈 都指揮同知 浪卜兒罕이 내조하자 都萬戶를 제수하고, 지나가는 길의 각 고을 守令 및 監司와 도절제사에게 낭복아한을 접대할 때의 좌차규정을 傳旨한 것이다. 두 번째 것은 그 다음해인 1442년(세종 24)에 함길도 관찰사의 關文에 의거하여 여진인을 접대하는 座次를 상정한 것이다.

우선 1441년(세종 23) 낭복아한에 대한 좌차규정을 살펴보면 크게 ① 관찰사·도절제사 접견시, ② 二品 外官 접견시, ③ 三品 以下의 수령 접견시의 세 가지 경우로 나눈 것을 알 수 있다.

> ① 관찰사와 도절제사는 남쪽을 향하여 앉고 낭복아한은 서벽의 繩床[12)에 앉
> 으며,
> ② 2품 외관은 남쪽을 향해 앉고 낭복아한은 동벽 交椅[13)에 앉으며,
> ③ 3품 이하의 수령은 손님을 동쪽, 주인을 서쪽으로 앉게 하고, 변장일 경우

---

12) 繩床은 노끈으로 얽어서 접었다 폈다 할 수 있게 만든 의자로 堂下官이 앉던 의자이다(세종대왕기념사업회, 2001, 『한국고전용어사전』).
13) 交椅는 임금이나 堂上官이 앉았던 의자이다. 神主를 모시는 의자이기도 하였다(세종대왕기념사업회, 2001, 『한국고전용어사전』).

는 주인을 동쪽, 손님을 서쪽에 앉게 하였다.[14]

다음 <그림 13>은 1441년(세종 23) 낭복아한에 대한 좌차규정을 도
식화시킨 것이다. 이것을 보면 품계가 높은 수직여진인에 대해 어떻게
자리규정할 것인가라는 고민의 흔적을 찾을 수 있다.

〈그림 13〉 1441년(세종 23) 浪卜兒罕에 대한 좌차규정[15]

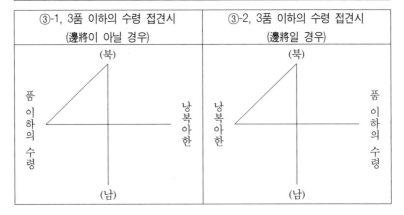

<그림 13>에서 관찰사·절제사가 종2품이고, 도만호가 종3품이기 때문에 ①과 ②의 좌석배치는 큰 문제가 되어 보이지 않는다. 품계의 고하에 따른 좌석배치가 나타나기 때문이다. 그러나 낭복아한은 조선 관직만이 아니라 명의 관직을 함께 가지고 있던 '이중수직여진인'이었다. 낭복아한이 가지고 있던 明관직인 도지휘동지는 종2품이므로 이것 역시 품계에 따르지 않았음을 알 수 있다. 낭복아한은 중국의 관직인 도지휘동지이든, 조선의 관직인 도만호이든 그 품계에 상관없이 ①과 ②의 좌석배치에서 조선의 관리인 종2품직보다 낮은 위치에 앉게 되는 것이다.

여기서 한 가지 주목할 것은 관찰사나 도절제사 또한 2품 외관이라는 점이다. 그런데 ①의 관찰사나 도절제사 접견시와 ②의 2품 외관 접견시를 따로 구분하고 차이를 두고 있는 것은 무엇일까? 여기서의 관찰사나 도절제사는 함길도·평안도의 관찰사·절제사를 말한다고 볼 수 있는데, 이들은 여진인에 대한 군사적 위엄을 가지고 있어야 하는 邊將으로서의 역할이 강조된 것이었다고 생각한다. ②의 2품 외관 접견시라고 한 것은 변경에서의 관찰사나 도절제사가 아닌 경우이며, 따로 2품 외관이라 말한 것은 바로 변장이 아닌 府尹[16] 등을 지칭한 것으로 볼 수 있다. 따라서 변장의 권위와 위엄을 보다 더 높이기 위해 같은 2품 외관일지라도 변경의 관찰사와 절제사 앞에서 낭복아한의 자리배치를 더 낮은 곳에 앉게 한 것이라 볼 수 있다.

이렇게 본다면 ①보다는 ②에서, ③-1보다는 ③-2에서 조금 더 높은 자리로 접대를 받았다고 볼 수 있다. 조선인 관리가 변장일 경우는 엄격한 좌차규정을 적용하여 변장과의 잦은 접촉이 발생하는 여진인으로 하여금 변장에 맞서지 못하게 하려는 의도적인 모습이 이러한 좌차규정에 포함되어 있는 것이다.[17]

---

16) 여진인의 상경로에 위치하면서 종2품의 府尹이 있었던 곳은 咸慶道에서는 咸興府, 平安道에서는 平壤府, 義州府였다.

한편 ③-1은 매우 특이한 경우이다. 왜냐하면 조선시대 수직여진인이 조선인 관리보다 높게 자리매김 받은 것은 단지 이 경우 하나에 지나지 않기 때문이다. 이후에 나타나는 1442년(세종 24)과 1472년(성종 3) 및 『경국대전』의 좌차규정에는 더 이상 이와 같은 사례, 즉 수직여진인이 조선인 관리보다 더 높은 자리에 앉는 경우가 나타나지 않는다. 그러나 이 경우에도 主客을 설정하여 3품 이하의 수령이 주인으로서 동쪽에 앉고, 낭복아한을 손님으로서 서쪽으로 앉게 하고 있는 바, 낭복아한의 관직만으로 반드시 상위에 위치시켰던 것이라고 보긴 어렵다.

다음으로 1442년(세종 24)에 함길도 관찰사의 관문에 의거하여 여진인을 접대하는 좌차를 상정한 것을 살펴보자.

> ④ 都萬戶를 받은 野人은 도관찰사와 도절제사가 있는 곳에서, 使는 남쪽을 향하여 交椅에 앉고 야인은 서벽의 繩床에, 二品 以上의 수령은 동벽의 交椅에 앉으며, 萬戶를 받은 야인은 坐席이 없고 적당하게 方席을 설치하고 대접한다. 中朝의 指揮 벼슬을 받은 야인은 이미 시행한 격례에 의거하여 남쪽 줄의 승상에 앉고, 만약 만호를 받은 야인이 자리에 참예하면 권도를 따라 또한 남쪽 줄의 승상에 앉고, 지휘로서 만호를 받은 사람은 지휘의 例에 의거하게 한다.
> ⑤ 2품 이상의 外官이 있는 곳에서는, 외관은 남쪽을 향하고 도만호는 동벽에 있되 모두 교의에 앉고, 지휘 벼슬을 받은 야인은 이미 시행한 格例에 의거하여 서벽의 승상에 앉고, 만호를 받은 야인은 남쪽 줄의 승상에 앉게 한다.
> ⑥ 4품 이상의 邊將이 있는 곳에서는, 변장은 동벽에, 도만호는 서벽에 있되, 모두 교의에 앉고, 만호를 받은 야인과 지휘 벼슬을 받은 야인은 모두 남쪽 줄의 승상에 앉고, 만약 도만호가 없으면, 변장은 남쪽을 향하여 교의에 앉고, 지휘 벼슬을 받은 야인과 만호를 받은 야인은 모두 서벽의 승상에 앉게 한다.

---

17) 특히 ①과 ②의 좌차에서는 낭복아한이 앉는 의자도 정하였는데 ①에서는 堂下官이 앉는 繩床을, ②에서는 堂上官이 앉는 交椅에 앉게 하여 관찰사·도절제사 접견시 더욱 엄격하고 낮게 자리매김한 규정을 적용하였다.

⑦ 3품 이하의 守令이 있는 곳에서는, 수령은 서벽에, 도만호는 동벽에 앉되,
교의이면 주인과 손님이 모두 교의에 앉고, 승상이면 주인과 손님이 모두
승상에 앉으며, 만호를 받은 야인과 지휘 벼슬을 받은 야인은 모두 남쪽
줄의 승상에 앉게 한다. 만약 도만호가 없으면, 3품의 외관은 남쪽을 향하
여 교의에 앉고, 만호를 받은 야인은 동벽의 승상에 앉고, 지휘 벼슬을 받
은 야인은 서벽에 앉는다.

⑧ 4품 이하의 외관이면, 수령은 동벽에, 만호를 받은 야인과 지휘 벼슬을 받
은 야인은 모두 서벽에서 교의와 승상에 앉되, 주인과 손님이 같게 한다.[18]

이것을 보면 1442년(세종 24)의 좌차규정은 크게 ④ 도관찰사·도절
제사 접견시, ⑤ 2품 外官 접견시, ⑥ 4품 이상의 邊將 접견시, ⑦ 3품
이하의 守令 접견시, ⑧ 4품 이하의 외관 접견시의 5가지로 나눈 것을
알 수 있다. 다음 <그림 14>는 세종 24년의 좌차규정을 방위표를 이용
하여 도식화시킨 것이다.

〈그림 14〉 1442년(세종 24) 여진인에 대한 좌차규정[19]

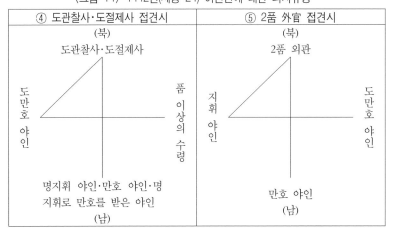

---

18) 『세종실록』 권98, 세종 24년 10월 임자.
19) 이 그림은 『세종실록』 권98, 세종 24년 10월 임자조를 참고로 만들었음.

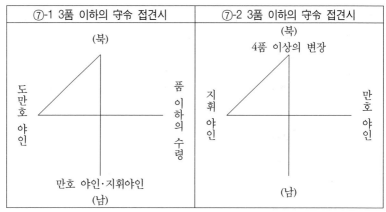

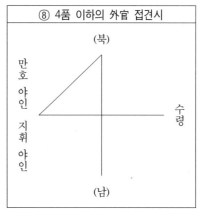

　1442년(세종 24)의 좌차규정도 전년도 낭복아한의 좌차규정에서 적용된 원칙에서 크게 벗어나지 않는다. 기본적인 것은 변장과 그렇지 않은 경우로 나눌 수 있는데, 이 경우 ④보다는 ⑤의 좌차가, ⑥-1보다는 ⑥-2의 좌차가, ⑦-1보다는 ⑦-2의 좌차에서 여진인이 조금 더 높은 위치에 좌석을 배정받았다. 또한 변장이 아닌 경우에도 역시 主客을 설정하여 품계가 낮은 조선인 관리라 하더라도 더 높은 위치에 자리매김 시키는 방식을 그대로 사용하였다(⑤, ⑦-1, ⑦-2, ⑧).

　그러나 1442년의 좌차규정은 전년도에 비해 보다 구체적이고 세분화되었음을 볼 수 있다. 특히 조선의 관직을 받은 여진인뿐만 아니라 명의 관직을 받은 여진인에 대해서도 각각의 사례별로 그 자리매김을 달리한 것이다. ④~⑧의 좌차에 나타나는 여진인 관직명은 조선의 都萬戶와 萬戶이고, 明의 指揮이다. 또한 이들 중에는 지휘로서 만호를 받은 사람도 있어서, 명과 조선 양쪽에서 관직을 받은 '이중수직여진인'도 있었음을 알 수 있다.

　조선에서 이들에 대한 접대 중 하나인 접견시의 좌석배치에 관한 사항까지 정비한 까닭은 그만큼 이들과의 교류가 많았다는 증거이기도 하다. 여진과의 교류는 주로 여진의 조선에의 入朝와 그에 따른 朝貢의 형식으로 이루어졌는데, 조선에 입조하여 조공을 하였던 여진족은 주로 斡朶里·兀良哈·兀狄哈·土着女眞이었다. 이들의 대부분은 경제적인 것, 특히 그들이 필요로 하는 物化를 구입하는 것이 그 목적이었다.

　諸女眞 세력들이 來朝한 횟수는 14~15세기(성종대까지)에 걸쳐 각각 알타리 240회, 올량합 411회, 올적합 406회, 토착여진 16회로, 모두 합치면 총 1,073회나 되었다.[20] 여진에 대한 관직 수여 또한 여진인의 입

20) 朝貢을 위해 入朝하는 여진인의 규모는 20~30여 인이었으나 많을 때는 50~60여 인이나 되었다(김구진, 1995, 「여진과의 관계」, 『한국사』 22, 국사편찬위원회, 350~351쪽).

조를 통해 이루어졌는데 성종대까지 조선의 관직을 받은 수직여진인은 952명에 이른다.

조선뿐만 아니라 明도 요동에 거주하는 여진 초무에 적극적이어서 1447년(정통 12, 세종 29) 184개의 여진 衛所가 설치되었다.[21] 명에서는 여진에 대한 위소 설치 이후 여진의 조선 入朝와 受職 등을 막으려 하였으나, 지리·경제적 특성상 조선과 여진의 관계를 끊을 수는 없었다. 明의 위소 가운데 조선에 입조하였던 위소는 『조선왕조실록』에 의하면 79衛였고, 이것은 요동 지방에 설치된 전체 184위 중 약 43%가 조선에 입조한 것을 말해준다.[22]

따라서 여진인을 '都萬戶野人', '萬戶野人', '指揮野人', '明指揮로 萬戶를 받은 野人' 등으로 구분한 1442년(세종 24)의 좌차규정은 이러한 시대적 상황을 반영한 것이라 할 수 있고, 조선의 수직정책이 그만큼 활발하게 실시된 것을 말해주고 있는 것이다. 또한 이후에 나오는 성종대의 좌차규정도 당시 요동 지역에서의 명·조선·여진과의 관계 변화를 반영하면서 조선시대의 법전인 『經國大典』에까지 성문화되었다.

제3절 『성종실록』과 『경국대전』에 나타난 좌차규정

여진인에 대한 좌차규정은 1442년(세종 24) 이후 30년이 지난 1472년(성종 3)에 다시 나타났는데, 1472년의 좌차규정은 특별한 변화 없이 『경국대전』에 명문화되었다. 여진인, 특히 수직여진인에 대한 좌차규정이 조선의 法典인 『경국대전』에까지 성문화되어 기록되었다는 것은 수직여

---

21) 남의현, 2006, 「明代 遼東都司 支配의 限界에 관한 研究」, 강원대학교 박사학위 논문, 86쪽.
22) 김구진, 1995, 「여진과의 관계」, 『한국사』 22, 국사편찬위원회, 349쪽.

진인의 수가 많고, 이들과의 통교가 빈번하게 이루어졌기 때문에 이들에 대한 대우나 접대가 그만큼 중요하였다는 반증이 된다.

1472년(성종 3)『성종실록』의 좌차규정과『경국대전』의 좌차규정은 동일하며 8조목으로 구성되어 있으나 크게 다섯 가지 경우로 나눌 수 있다. 첫 번째는 節度使·觀察使 접견시, 두 번째는 堂上官 이상의 守令 접견시, 세 번째는 非堂上官 守令 접견시, 네 번째는 邊鎭의 判官 접견 시, 다섯 번째는 虞侯 접견시가 그것이다.[23] 다음의 각각 ⑨, ⑩, ⑪, ⑫, ⑬에 해당한다.

1472년(성종 3)과『경국대전』에 보이는 좌차규정은 다음과 같다.

⑨ 1. 節度使는 北壁 交椅에 앉고, 堂上官 이상의 虞侯·守令은 西壁 앞줄 교의에 앉으며, 堂上 이상의 野人은 서벽 뒷줄 繩床에 앉고, 당상관이 아닌 우후·評事·수령은 동쪽 기둥 밖의 남쪽 줄 승상에 앉으며, 4품 이상의 야인은 서쪽 기둥 밖의 남쪽 뒷줄 승상에 앉고, 5품 이하의 야인은 남쪽 뒷줄에 平排하여 앉는다.

   1. 觀察使는 節度使와 같다.

⑩ 1. 당상관 이상의 수령은 북벽 교의에 앉고, 당상관 이상의 야인은 서벽 승상에 앉으며, 判官은 동쪽 기둥 밖의 남쪽 줄 승상에 앉고, 4품 이상의 야인은 서쪽 기둥 밖의 남쪽 뒷줄 승상에 앉으며, 邊將이 있지 않은 곳이면 서벽에 앉는다. 5품 이하의 야인은 남쪽 뒷줄에 平排하여 앉고, 변장이 있지 않은 곳이면 승상에 앉는다.

⑪ 1. 당상관이 아닌 수령은 수령이 동벽에 앉고, 당상관 이상의 야인은 서벽에 앉되, 모두 승상에 앉으며, 4품 이상의 야인은 남쪽 줄 승상에 앉고, 변장이 있지 않은 곳이면 조금 뒤로 하여 서벽에 앉는다. 5품 이하의 야인은 남쪽 뒷줄에 평배하여 앉고, 변장이 있지 않은 곳이면 승상에 앉는다.

---

23) Kenneth Robinson은 1472년(성종 3)의 좌차규정을 8분류라고 말하고 있지만(ケネス·R·ロビンソン, 1999, 「朝鮮王朝－受職女眞人の關係と'朝鮮'」,『歷史評論』 592 참고), 이것은 크게 5가지 경우라고 보아야 하며 관찰사·절도사를 분리해 보 아도 6가지 경우에 지나지 않는다. 또 8조목의 마지막 2조목은 여진인에 대한 좌차규정과는 상관없고 虞侯와 外官과의 좌차규정이다. 상호비교하고자 본고에서 는 마지막 2조목까지 게재하고 사례로는 포함하지 않았다.

⑫ 1. 邊鎭의 판관이 홀로 야인을 만날 때에는 당상관이 아닌 수령의 例에 의한다.

⑬ 1. 우후가 홀로 야인을 만날 때에는 당상관 이상의 수령의 例에 의하고, 당상관인 수령은 벽의 앞줄 교의에 앉는다.

○ 1. 우후가 각 고을을 巡行할 때에는, 우후는 동벽에 앉고, 당상관 이상의 수령은 서벽에 앉되, 모두 교의에 앉으며, 3품 이하의 수령은 남쪽 줄 승상에 앉는다. 당상관 수령이 없으면 우후는 북벽에 앉고, 수령은 서벽에 앉는다.

○ 1. 우후가 비록 당상관이라 하더라도 평시에 節度使나 兼節度使가 앉아 있는 곳에서는 남쪽 줄 승상에 앉되, 都事・評事도 같다.[24]

『성종실록』과 『경국대전』의 좌차규정에 차이가 있다면, 『성종실록』에서는 각 조목별로 구분하여 기재가 되어있고, 『경국대전』에는 조목 없이 기록되어 있는 것뿐이다. 기본적으로 내용은 동일하다고 할 수 있는데, 다만 『성종실록』에서는 단순히 '堂上以上野人', '四品以上野人', '五品以下野人'으로 구분되어 있던 것이 『경국대전』에서는 '당상이상야인 - 僉知中樞府事以上', '사품이상야인 - 護軍以上', '오품이하야인 - 司直以下'로 되어 있어 조금 더 구체적인 관직명이 명기되고 있다.[25]

<그림 15>는 『성종실록』과 『경국대전』에 나타난 좌차규정을 도식화한 것이다.

『성종실록』(1472년, 성종 3)과 『경국대전』에 보이는 좌차규정을 세종대의 좌차규정과 비교해보면 그 형식과 내용이 달라진 것을 알 수 있다. 우선 세종대에 중시되던 邊將과 그렇지 않은 경우의 예는 사라지게 되었다. 성종대의 ⑫ 邊鎭의 判官 獨見時의 경우만이 변장의 경우에 속하지만 이것 역시 ⑪ 非堂上官 守令 접견시의 예에 의한다고 하였으므로

---

24) 『성종실록』 권16, 성종 3년 3월 병오.

25) 『성종실록』 권16, 성종 3년 3월 병오 및 『經國大典』 禮典 京外官會座條. <그림 15>에 나타나는 첨지중추부사, 호군, 사직의 관직명은 『經國大典』에 나타나는 관직명을 표기한 것이다.

변장이 접견했을 때로 차별해서 볼 필요가 없다.

　따라서 성종대의 좌차규정은 크게 보아서는 다섯 가지의 경우로 나뉠 수 있으나 실제로는 세 가지 경우로 더욱 단순해진다. 조선인 관리를 기준으로 삼아 節度使나 觀察使의 접견시, 堂上守令 접견시, 非堂上守令 접견시의 세 가지 경우이며, 이것은 <그림 15>를 보면 더욱 명확히 알 수 있다.

〈그림 15〉 1472년(성종 3)과 『경국대전』에 나타난 좌차규정[26]

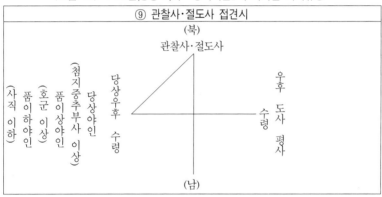

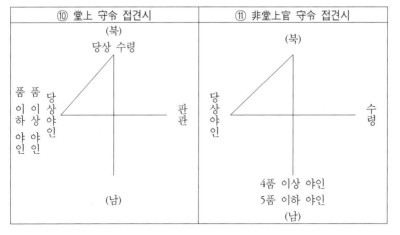

다음으로는 좌차규정 안에 나타나는 여진인의 관직명 변화이다. 세종대에는 都萬戶, 萬戶, 指揮, 指揮로서 萬戶를 받은 자의 4가지 경우가 나타난 반면, 성종대에는 '堂上以上野人－僉知中樞府事以上', '四品以上野人－護軍以上', '五品以下野人－司直以下'의 3가지 경우가 보인다. 이것은 성종대의 좌차규정이 세종대에 비해 더 포괄적이면서도 단순화된 것을 보여준다.

특히 세종대에는 보이지 않던 당상이상의 여진인의 존재는 비록 실직이 아닌 中樞院의 관직이더라도 여진인에 대한 수직이 당상이상의 職에까지 확대된 것을 보여준다. 또 이렇게 당상이상의 직으로까지 확대된 수직정책으로 인해 여진인들이 당상이상의 직을 많이 받았음을 알 수 있다. 실제로 성종대까지의 수직여진인 952명 중에는 中樞 등 당상이상의 직을 가진 사람들이 많이 보여지고 있다(<별표 1> 참고). 또한 성종대의 좌차규정에는 세종대에 보이던 도만호, 만호라는 地方軍官職(萬戶職)은 보이지 않고, 호군, 사직이라는 五衛職의 관직명만이 나타나는 것도 흥미로운 사실이다.[27]

한편 세종대에 보이던 指揮 등의 明 관직명은 성종대의 좌차규정에 오면 더 이상 보이지 않게 되는데 그 이유는 무엇일까? 여기에는 몇 가지 추론이 가능한데, 첫 번째는 조선 측이 明 관직명을 의도적으로 제외했을 가능성이 있다. 조선의 건국전부터 明은 요동문제로 高麗를 견제하였고 그로 인하여 鐵嶺衛 설치문제, 李成桂의 威化島回軍 등의 문제가

---

26) ⑫ 邊鎭의 判官 獨見時는 ⑪ 非堂上官 守令 접견시와 동일 / ⑬ 虞侯 獨見時는 ⑩ 堂上 守令 접견시와 동일.

이 그림은 『성종실록』 권16, 成宗 3년 3월 丙午條와 『經國大典』 禮典 京外官會座條를 참고로 만들었음.

27) 이러한 변화는 조선과 여진의 관계 변화 및 중앙군과 지방군의 편제·변화와도 밀접한 관련이 있다고 추측되지만, 受職女眞人의 관직명에 대한 정확한 분석이 이루어져야 그 원인을 알 수 있을 것이라 생각된다.

발생하였으며,[28] 조선 건국 후에도 生釁 3조, 侮慢 2조의 문제와 表箋문제 등을 제기하면서 조선을 압박하였다.[29]

그러던 중 明과 조선에서 각각 成祖와 太宗이 즉위하면서 명과 조선의 관계는 안정되어 가는 듯 보였으나, 여진을 서로 초무하고자 하였으므로 명과 조선의 긴장관계는 계속 남아있었다고 할 수 있다.[30] 명 성조는 조선 동북면 10처에 거주하는 여진인을 명에 귀속시키려 하였으나 실패하고, 회령에 거주하던 알타리족의 수장 동맹가첩목아를 명에 入朝시킴으로써 여진을 초무시키고 여진 지역에 衛所를 설치하는 발판을 마련하게 되었다.

반면 조선은 태조대부터 동북면 및 두만강 유역의 여진인들과 긴밀한 관계를 유지하였고, 세종대 4군 6진의 설치 이후에는 보다 적극적으로 두만강·압록강 밖에 거주하는 여진인들을 초무하면서 이들을 조선의 번리로 만드는데 노력하고 있었다. 4군 6진 설치 후 2차례에 걸친 여진정벌과 두만강·압록강 江外 거주자 및 明관직 보유 여진인에 대한 수직정책의 확대 등을 통하여 여진인들을 복속시키게 되었던 것이다.

그러나 明은 생혼 3조에서 보듯 처음부터 조선과 여진의 관계가 밀접해지는 것을 견제해 왔었다. 조선에서도 명과의 불필요한 마찰을 피하고자 노력하여 여진인들이 내조할 때는 중국사신이 다니는 평안도의 驛路로는 다니지 못하게 하고 오직 함경도의 역로를 통해서만 來朝하게끔 하였다. 결국 세종대에 시작된 明관직 여진인들에 대한 조선관직의 수여는 세조대에 와서 명과의 외교적 마찰로 비화되었다. 세조가 建州左衛都督 童山이 조선에 내조하자, 정헌대부 중추원사라는 관직을 제수하였고, 이 사실을 알게 된 明은 勅使를 파견하여 조선의 행동을 힐책하였다.[31]

---

28) 남의현, 2004, 「明 前期 遼東都司와 遼東八站占據」, 『명청사연구』 21, 11~16쪽.
29) 박원호, 1975, 「明初 朝鮮의 遼東攻伐計劃과 朝鮮表箋問題」, 『백산학보』 19 참고.
30) 박원호, 「永樂年間 明과 朝鮮間의 女眞問題」, 『아세아연구』 85, 1991 참고.
31) 『세조실록』 권14, 세조 4년 10월 신미 ; 권16, 세조 5년 4월 기미.

이 때문에 조선은 명으로부터 관직을 받은 여진인들의 직접적인 내조는 잠시 중단하였지만 변경에서의 교섭을 그대로 유지하였다.

이렇듯 明은 조선의 건국 전부터 조선과 여진이 밀접한 관계를 맺는 것을 견제하고 있었다. 조선 초기 조공책봉을 전제로 한 명과의 사대관계가 완성되어가면서 조선은 명과의 불필요한 마찰을 피하려고 하였고, 이러한 이유 때문에 성종대에 이르러 좌차규정에서 明관직 여진인에 대한 규정을 의도적으로 삭제했을 가능성이 있는 것이다.

두 번째로 요동 지역의 정세변화로 인하여 明 관직 여진인의 수가 감소하거나 또는 조선의 관직을 가진 여진인이 급증한 것이 원인으로 작용하지 않았을까하는 점이다. 명의 여진초무는 두 방향으로 전개되었는데, 하나는 동남방향으로 나아가 압록강·두만강 유역의 여진을 초무하는 것이었고, 다른 하나는 북으로 올라가 黑龍江 유역의 여진을 초무하는 것이었다.[32] 전자는 조선의 강력한 반대속에서도 會寧에 거주하는 알타리의 수장 동맹가첩목아를 내조시켜 建州左衛를 개설함으로써, 후자는 흑룡강 하류의 元代 東征元帥府 자리에 奴兒干都司를 설치하고 이 지역의 여진 위소를 그 지배체제 안으로 편입시킴으로써 일단락되었다고 생각된다.

요동지역에 설치된 이들 여진 위소는 기존 明의 위소체제와는 다른 특이한 형태를 가지고 있었다. 이들 여진 위소는 羈縻衛所로서 명의 관원이 파견되어 상주하는 것이 아니라 기존의 여진 추장들을 명의 위소관원으로 임명하였고, 이들의 위소관직은 세습되었다. 또한 明은 이들에게 祿俸을 주지 않고 賞賜만을 주었으며, 朝貢이라는 형식을 통해서 이들과 무역하였다. 결국 이들 여진위소는 외형상으로는 여진 추장들이 명의 관원이 됨으로써 명의 지배체제 안으로 편입되었으나, 실질적으로는 독자적인 세력을 그대로 형성하였다고 볼 수 있다.[33]

---

32) 박원호, 1995, 「15세기 동아시아 정세」, 『한국사』 22, 262쪽.

〈지도 5〉 여진 위소의 분포[34]

그러나 명이 성조 死後 대외확장정책을 축소·조정하여 북방민족에 대해 군사행동을 절제하는 소극적이고 방어적인 전략을 채택하기 시작하고, 북방의 몽골세력이 다시 강성해지면서 요동 지역의 정세는 서서히 변화하기 시작하였다. 오이라트의 잦은 내침이 있었던 明 英宗代에 이르게 되면 노아간도사는 폐지되는데, 이것은 요동에서의 명의 방어체제가 흔들림으로 인하여 명이 더 이상 요동 지역의 여진위소를 제어할 수 없었던 것을 말해준다. 세종대 조선의 4군 6진의 설치가 성공할 수 있었던 것도 이러한 요동 지역의 정세변화와 무관하지는 않을 것이다. 아울러 4군 6진의 설치 이후 明 관직 보유 여진인 및 두만강·압록강 이북에 거주하는 여진인에 대한 수직을 확대할 수 있었던 것도 이러한 정세변화가

33) 김한규, 2004, 『요동사』, 문학과지성사, 530~539쪽.
34) 국방부전사편찬위원회, 1989, 『서정록』, <여진 부족의 분포와 건주위 이동경로> 지도를 재작성함.

반영된 것이다. 조선의 수직정책의 확대로 말미암아 여진인으로서 조선의 관직을 수여받은 여진인들이 급증하였고, '長白山 동서 지방에 있던 여진의 추장으로서 조선의 職牒을 받지 않은 자가 없을 정도였으며 세조대에는 여진과 더욱 활발히 교섭하여 평안도의 교통로를 개방할 정도' 였다.[35]

따라서 요동 지역에 있어 명 관직을 가진 여진인의 수가 감소하거나 또는 조선관직을 가진 여진인의 증가로 인하여 명 관직 보유 여진인의 교섭이 줄어들었을 가능성이 있다. 실제로『성종실록』에는 指揮 등의 관직을 가진 여진인의 來朝는 10여 회의 기록밖에는 나오지 않는다. 이 것은 성종대 여진인이 내조한 횟수인 371회와 비교해 보아도 현저한 차이가 있음을 알 수 있다. 따라서 명으로부터 관직을 받은 여진인에 대한 대우 규정은 그 중요성이 감소하였으며, 좌차규정도 이러한 상황을 반영하게 되었다고 생각한다.

종합해 보면 좌차규정의 변화 속에 나타난 여진인 관직명의 변화는 의도적인 것일 수도 그렇지 않은 것일 수도 있다. 명과의 불필요한 마찰을 피하기 위해 의도적으로 명 관직명을 제외했을 수도 있고, 또 단순히 이들 명 관직 여진인들의 조선과의 교섭 감소가 원인일 수도 있다. 다른 한편으로는 조선과 명 양쪽으로부터 대량의 관직을 받은 이중관직자인 여진인들이 명과의 교섭시에는 명의 관직을, 조선과의 교섭시에는 조선의 관직을 이용해서 교섭했을 가능성도 남아있다.

그리고 어쩌면 조선의 여진에 대한 대량 수직으로 인해 조선측과의 교섭에 있어 명의 관직명은 점차 불필요해져 갔을 가능성도 배제할 수 없다. 어쩌됐든『조선왕조실록』및『경국대전』에 나타난 좌차규정들은 15세기 요동 지역에 있어서의 여진을 중심으로 한 정세 변화에 따른 명·조선·여진관계를 반영하고 있는 것은 틀림없다 하겠다.

---

35) 조영록, 1977,「入關前 明·鮮時代의 滿洲關係史」,『백산학보』22, 28~30쪽.

한편 조선인 관리가 여진인을 만날 때에는 여진인이 가진 품계에 구애받지 않고 조선인 관리가 항상 높은 자리에서 여진인을 접견한 것은 주목할 필요가 있다. 조선인 관리가 여진인의 품계보다 현저히 낮을 경우라도 조선인 관리는 主人이 손님을 맞는 예로서 동쪽에 앉고, 품계가 높은 여진인은 客으로 설정하여 서쪽에 앉도록 함으로써 수직여진인들보다 항상 높게 앉게 한 것이다. 이것은 조선의 수직정책이 여진인을 회유하는 정책적 수단임과 동시에 여진인들을 복속시키는데 중요한 요소로 작용하고 있었던 것을 보여준다 하겠다.

조선에서 이렇게 수직여진인에 대한 좌석배치 사항까지 정비하여『경국대전』에까지 성문화시킨 이유가 바로 이들에 대한 대우와 접대에 만전의 준비를 하여 여진인들을 지속적으로 조선에 복속시키기 위해서였던 것이다.

제4장

朝·明 二重受職女眞人의 兩屬性

明으로부터 관직을 받은 여진인에 대한 조선의 관직 수여는 동맹가첩목아 死後 그 아들인 童倉에 대한 문제부터 시작되었다. 동창에 대한 수직은 명 관직을 받은 여진인에 대한 조선의 관직 수여의 시발점이 된다는 점에서 큰 의미가 있다.

『朝鮮王朝實錄』을 중심으로 지금까지 파악되는 '朝·明 二重受職女眞人'의 수는 世宗·端宗代에는 48명이며, 世祖代에는 90명이나 되었다. '朝·明 二重受職女眞人'이란 바로 조선과 명 양측으로부터 관직을 수여받았던 여진인을 말한다.

한편 세조대에는 압록강 유역의 建州三衛와 通交하게 되고 建州衛都督 李古納哈·建州左衛都督 童倉에게 각각 知中樞院事의 관직을 제수하게 되었는데, 이것을 명이 문제 삼음으로써 조·명간의 외교적 문제로 비화되기도 하였다. 또한 '조·명 이중수직여진인'이었던 浪孛兒罕에 대한 조선의 처벌이 조선과 명 사이에 다시 한번 외교문제화 되었다. 즉 명에서는 이고납합·동창 등이 명 조정의 職事를 받았음을 강조하면서 조선에서 이들에게 관직을 준 점, 낭발아한을 처벌할 때 明에 보고하지 않은 점 등을 문제 삼았던 것이다.

본 장에서는 명으로부터 관직을 받은 여진인에 대해 조선의 수직이 이루어진 배경을 살펴볼 것이다. 특히 건주삼위 여진인에 대해 조선이 관직을 수여한 사례를 중심으로 하되, 이에 대한 명의 외교 문제화 양상, 그리고 '조·명 이중수직여진인' 낭발아한의 처벌에 대한 明의 반응과 조선의 대응에 관하여 살펴볼 것이다. 이를 통해 조선의 수직정책이 가졌던 성격의 한 단면을 살펴보고자 한다. 즉 '조·명 이중수직여진인'의 존재는 바로 여진이 조선과 명 양측에 관직을 받아왔음을 말해주는 것이고, '조·명 이중수직여진인'이 정치적으로 조선과 명에 兩屬한다는 문제를 유발시켰다. 두만강·압록강 유역에 거주하는 여진인들은 지리적으로 조선과 더 가까울 수밖에 없었기 때문에 이러한 문제가 발생했고, 그것은 조선과 명 사이에 외교문제를 유발할 수밖에 없었다.

제1절 明官職 女眞人에 대한 조선의 授職

조선 세종대는 정치·사회뿐만 아니라 외교가 안정되어가는 시기였다. 세종은 명과의 事大關係를 공고히 하는 동시에 남방의 일본에 대해서는 三浦 開港, 歲遣船의 約定, 倭人의 往來와 居留倭人을 제한하는 등의 통교체제를 확립하였다. 북방의 여진에 대해서는 懷柔와 征伐을 위시한 强穩兩面의 羈縻策을 실시하여 국경 지방의 소요를 억제하는 한편 4군 6진을 설치하여 압록강과 두만강을 조선의 行政權이 미치는 실질적인 국경으로 만들었다.

세종은 4군 6진의 설치 이후 여진인에 대한 수직정책을 광범위하게 전개하여, 두만강·압록강 유역에 거주하는 많은 수직여진인을 발생시켰다. 그 대상 범위도 이미 明官職을 가지고 있는 여진인에게까지 확대된 것으로 나타난다. 이것은 세종대에 확대 실시된 수직정책이 결국 새로 설치한 4군 6진의 방어와 밀접한 관련이 있음을 보여준다. 그러나 명으로부터 관직을 받았던 여진인에게 조선의 관직을 수여한다는 것은 朝·明간의 심각한 외교적 마찰을 불러일으킬 수 있는 사항이었다.

왜냐하면 명은 조선이 건국 전후로부터 遼東으로 진출할지 모른다는 불안을 느끼고 있었으며, 이 때문에 조선에 대한 牽制政策을 유지하고

있었다. 특히 요동 지역의 여진세력을 완전하게 제어하지 못하는 상황에
서는 이러한 불안은 지속될 수밖에 없어서, 명은 조선에 侮慢·表箋問題
등을 끊임없이 제기하여 조선을 견제하고 있었다.

明은 成祖 이후가 되어서야 요동에 거주하는 여진을 본격적으로 초무
하기 시작하였는데, 명 성조의 여진초무는 두 가지 방향에서 전개되었
다.[1] 하나는 黑龍江 부근의 여진을 초무하여 몽골세력을 견제하는 것과
다른 하나는 두만강 부근의 여진을 초무하여 조선을 견제하는 것이었다.
두 가지 모두 여진 지역에 衛所를 설치하는 것으로 나타났는데, 전자는
흑룡강 하류의 옛 元代 東征元帥府 자리에 奴兒干都司를 설치하여 女眞
諸部를 통할하도록 함으로써, 후자는 建州衛, 兀者衛 등의 女眞衛所를
설치함으로써 일단락되었다.

여진위소의 설치는 여진의 大小酋長을 그대로 衛所官職에 임명함으
로써 나타났는데, 이것은 최근 中國의 연구자들이 말하듯 明의 행정구역
으로 편입된 것[2]이 아니라 관직을 수여하는 일종의 授職行爲에 지나지
않았다. 이렇게 보면 명의 위소 설치는 조선의 여진에 대한 授職政策과
크게 다르지 않았다고 볼 수 있으며, 여진은 조선과 명 어느 쪽에도 완

---

1) 박원호, 1991, 「永樂年間 明과 朝鮮間의 女眞問題」, 『아세아연구』 85 ; 1995, 「15세
   기 동아시아 정세」, 『한국사』 22, 국사편찬위원회 참조.
2) 叢佩遠, 1991, 「試論明代東北地區管轄體制的幾個特質」, 『北方文物』, 第4其 ;
   建文, 1995, 「論明代對東疆地區的管轄問題」, 『北方文物』, 第2其 ; 中朝關係通
   史編寫組, 1996, 『中朝關係通史』, 吉林人民出版社 ; 王多芳, 1997, 「關于明代
   中朝邊界形成的硏究」, 『中國邊疆史地硏究』, 第3其 ; 姜龍範·劉子敏, 1999, 『明
   代中朝關系史』, 黑龍江朝鮮民族出版社 ; 刁書仁·卜照晶, 2001, 「論元末明初中
   國與高麗朝鮮的邊界之爭」, 『北華大學學報-社會科學版』 ; 王臻, 2005, 『朝鮮
   前期與明建州女眞關係硏究』, 中國文史出版社(中國의 연구자들은 明代 女眞衛
   所가 일반적인 위소와는 다른 羈縻衛所라고 말하고는 있으나, 이것은 明의 行政
   區域으로 編入된 것, 명의 管轄下에 있던 것, 衛所官職을 받은 女眞人은 明의
   地方長官職을 가진 것, 심지어는 여진인이 위소관직에 임명되어 파견된 것이라고
   말하고 있으며, 지금은 이것을 대부분의 通史에서 그대로 쓰고 있다).

전히 복속되어 있지 않았다.

여진의 입장에서 보면 명의 위소관직 및 조선의 관직을 수여 받음으로써 명과 조선에 通交할 수 있는 권한을 얻을 수 있었다. 특히 두만강·압록강 유역에 거주하는 여진인들은 그 지리적 특성상 조선과의 관계를 끊을 수 없는 일이었으므로 명의 위소관직을 가지고 있더라도 끊임없이 조선에 來朝하고 있었다. 여진인들이 내조하는 주된 이유는 경제적 목적이 대부분이었다. 여진인은 명과 조선의 양국에 입조하여 조공을 하고 관직을 받음으로써 그들이 필요로 하는 物貨를 더 많이 획득할 수 있었다.[3] 따라서 조선과 명의 관직을 二重으로 가지게 되는 여진인이 발생하기 시작하였고, 이들의 존재는 여진인의 朝·明 兩屬的 성격을 나타내는 중요한 사례가 된다.[4]

1433년(세종 15)에 이루어진 4군 6진의 설치는 여진 세력의 변화에 기인하였음은 주지의 사실이다. 즉 建州本衛로 이동하였던 알타리의 童猛哥帖木兒가 태종 사후 다시 옛 본거지인 會寧 지방으로 돌아왔다가 楊木答兀과 兀狄哈의 침입으로 사망한 사건을 계기로 慶源·會寧·穩城·慶興·富寧에 鎭을 설치하였던 것이다.

그런데 세종이 6진을 설치한 이유는 斡木河(회령 지방)는 본래 조선의 국경 안의 땅으로 祖宗이 대대로 지켜 오던 곳이라는 인식하에 동맹가첩목아가 그곳에 살면서 우리나라의 藩籬가 되기를 청하였다가 멸망하게 되고, 그 땅이 비어 있으므로 賊人에게 占據될 것을 두려워하여 진을

---

3) 김구진, 1995, 「여진과의 관계」, 『한국사』 22, 국사편찬위원회, 348쪽.
4) 朝·明 二重受職女眞人에 대해서 언급한 연구는 다음과 같으나, 대부분 조·명간의 外交問題 차원에서 다루고 있다. 유봉영, 1973, 「王朝實錄에 나타난 李朝前期의 野人」, 『백산학보』 14 ; 조영록, 1977, 「入關前 明·鮮時代의 滿洲女眞史」, 『백산학보』 22 ; 河內良弘, 1992, 『明代女眞史의 硏究』, 同朋舍 ; 姜龍範·劉子敏, 1999, 『明代中朝關系史』, 黑龍江朝鮮民族出版社 ; 王臻, 2005, 『朝鮮前期與明建州女眞關係硏究』, 中國文史出版社 ; 남의현, 2005, 「明代 兀良哈·女眞의 成長과 遼東都司의 危機」, 『만주연구』 3 참고.

설치한 것이었다.5) 여기서 흥미로운 것은 세종이 동맹가첩목아를 조선의 번리로 인식하고 있는 점이다.

4군 6진의 설치 이후 조선의 여진에 대한 授職政策은 이러한 藩籬 또는 藩胡 구축과 깊은 관련이 있다. 즉 여진에 대한 수직을 통해 여진 세력을 회유·복속시키고자 하였으며 이를 통해 여진 번호를 구축하고자 한 것이다. 이를 위해 세종은 기존의 수직정책을 변화시키기 시작했는데, 주로 向化人을 대상으로 하던 수직정책을 두만강·압록강 거주 여진인에게까지 확대하고, 이미 明으로부터 官職을 받았던 여진인에게도 조선의 관직을 수여하기 시작하였다.

명으로부터 관직을 받은 여진인에 대한 조선의 관직 수여는 동맹가첩목아 死後 그 아들인 童倉에 대한 문제부터 시작되었다.6) 동맹가첩목아의 사후 구심점을 잃은 알타리족은 조선의 4군 6진의 설치, 建州本衛 李滿州에 대한 조선의 정벌 등에 위협을 느껴 끊임없이 회령 지방을 벗어나려고 하였다. 동창은 압록강 부근에 있던 이만주의 건주위로 옮겨가고자 明 英宗의 윤허를 얻었으나 조선의 반대 奏請으로 좌절되고, 조선이 군사적 위협으로 이동을 막자, 함길도 도절제사에게 '우리 아버지가 중국과 본국에서 모두 職任을 받았으니, 나도 아버지의 例에 의하여 직임을 받기를 원한다'7)고 하는 등 조선과의 관계에 적극적으로 응하기 시작하였다. 이에 조선은 '직임을 받는 일은 이미 中國 朝廷의 官爵을 받았으니, 또 本國의 관작을 받을 수는 없다'8)는 이유로 조선의 관직 수여를 거부하였다.

---

5) 『세종실록』 권62, 세종 15년 11월 무술·경자 ; 12월 임술 ; 권63, 세종 16년 1월 병오.

6) 童猛哥帖木兒(夾溫猛哥帖木兒, 肇祖 孟特穆)는 淸 太祖 누르하치(奴兒哈赤)의 6世祖이고, 童倉(充善, 童山, 董山)은 5世祖이다(姜守鵬·劉奉文, 1996, 『愛新覺羅家族全書·世系原流2』, 吉林人民出版社, 38~47쪽).

7) 『세종실록』 권81, 세종 20년 6월 기묘. 童倉의 父 童猛哥帖木兒는 먼저 조선의 관직을 받았다가, 명의 초무를 받아들여 명의 위소관직을 받은 경우로 명의 관직을 받은 여진인에 대한 조선의 관직 수여와는 반대의 경우이다.

그러던 중 동창이 조선에 來朝하여 다시 조선의 관직을 받기를 원하자, 禮曹·兵曹·議政府로 하여금 같이 의논하게 한 것이 두세 번에 이르렀으나 역시 혹은 '可하다'하고, 혹은 '不可하다'하여 의논이 분분할 뿐 결론을 짓지 못하고 있었다.[9] 결국 이때 동창은 조선의 관직을 받지 못한 채 회령으로 돌아갈 수밖에 없었다.

조선이 동창의 두 번에 걸친 수직 요청을 거부한 까닭은 동창이 明의 指揮라는 관직을 이미 가지고 있었기 때문이었다.[10] 명과 事大관계를 맺고 있는 조선의 입장에서 보면 이미 명으로부터 관직을 수여받은 여진인에게 조선의 관직을 다시 수여한다는 것은 사대적 입장에도 맞지 않는 것이고, 또 명과의 외교적 마찰을 초래할 수도 있는 일이었기 때문에 쉽게 결정하지 못하였던 듯하다.

동창은 다음해 1월에 조선에 두 번째로 내조하여, 다시 또 조선의 관직을 청하였고,[11] 결국 세종은 이때 동창에게 嘉善大夫 雄武侍衛司 上護軍이란 관직을 수여하였다. 이를 보면 동창에 대한 수직은 세 차례에 걸친 동창의 수직 요청 이후에야 이루어지고 있는 것을 알 수 있다.[12]

그렇다면 세종이 동창의 수직을 허용한 이유는 무엇일까? 동창의 수직에 대해 많은 의견이 분분하였지만 이것에는 세종의 결단이 있었음을 알 수 있는데, 세종이 밝힌 이유는 다음과 같다.

童倉의 部落은 대대로 本國 境內에 살아서 우리의 藩籬가 되었었고, 동창

---

8) 『세종실록』 권81, 세종 20년 6월 신사.
9) 『세종실록』 권82, 세종 20년 7월 계미·계사 ; 8월 계축·갑인.
10) 서병국은 이에 대해 明에 의한 授職을 무시하고 童倉에게 관직을 除職할 경우 조선은 抗衝을 이유로 명으로부터 詰責당할 것이 명백하며, 조선은 이를 우려한 끝에 수직을 거부하였다고 하였다(서병국, 1972, 「凡察의 建州右衛硏究」, 『백산학보』 13, 34쪽).
11) 『세종실록』 권84, 세종 21년 1월 을미·병오.
12) 『세종실록』 권84, 세종 21년 1월 병오.

등이 우리 國境에서 寓居한 지가 이제 6~7년이 되었으며, 이제 옮겨가려는 마음까지 품었는데, 中國에서 동창에게 指揮의 官職을 준 것은 중국에서 동 창 등의 威勢가 두려워서 그러한 것이 아니라 진실로 義를 思慕하고 來朝한 까닭이다. 동창이 일찍이 우리나라의 邊境으로 옮겨 살던 것은 朝廷에서도 알 것이요, 우리나라에서는 동창을 撫恤하였으므로 동창이 이제 두 번이나 와서 本國의 官職을 받고자 하니, 이제 비록 관직을 除授한들 朝廷에 무슨 허물이 있겠는가, 朝廷에서 만약 알고서 이를 묻는다면 대답하기를 우리 境 內에 살고 있으므로 관직을 제수하였습니다하면 어떻겠는가?[13]

세종은 동창이 비록 중국의 관직을 받았지만, 조선의 國境에 거주한 지 이미 오래되었으며 이제 조선의 번리가 되었고, 조선의 境內에 살고 있으면서, 조선의 관직을 두 번이나 와서 청하고 있기 때문에 조선의 관 직을 제수할 수 있다고 하는 것이다. 그러나 세종의 이런 말 속에는 역 시 명나라와의 관계를 염두에 두고 있음을 알 수 있다. '朝廷(明)에서 만 약 알고서 이를 묻는다면 우리 境內에 살고 있으므로 관직을 제수하였 습니다'하는 부분이다. 세종에게 있어서도 명으로부터 관직을 받고 있던 동창에 대한 수직은 조선과 명의 관계를 생각할 때 상당히 어려운 결단 이었음을 알 수 있다.

이처럼 세종은 동창에게 조선의 관직을 수여하면서까지 조선의 변경 에 묶어두려고 하였으나, 동창은 결국 1440년(세종 22)에 凡察과 함께 建州衛 李滿洲가 거주하는 婆猪江 유역으로 도망하여 조선을 배반하였 다. 이후 동창과 범찰 사이에 建州左衛의 爲酋問題를 둘러싸고 분쟁이 발생하자, 明 英宗은 할 수 없이 左衛와 右衛로 分衛하였다.[14] 이로써 이만주의 建州本衛, 동창의 建州左衛, 범찰의 建州右衛가 형성되었고, 이를 합쳐 '建州三衛의 시대'가 열리게 되었다고 한 것이다.[15]

---

13) 『세종실록』 권84, 세종 21년 1월 병오.
14) 서병국, 1972, 「凡察의 建州右衛硏究」, 『백산학보』 13, 37쪽.
15) 김구진, 1995, 「여진과의 관계」, 『한국사』 22, 국사편찬위원회, 348쪽.

이만주의 건주위는 조선의 변경을 침략한 이유로 조선으로부터 두 차례에 걸쳐 정벌을 받았었다. 조선으로서는 동창과 범찰이 이만주가 거주하는 파저강 유역으로 이동하면 조선과 관계가 나쁜 이만주와 연합하여 조선의 변경을 침입할지도 모른다는 생각을 하고 있었다. 따라서 동창과 범찰이 조선을 배반하고 파저강 유역으로 도망하자 세종대에는 조선과 건주위와의 관계가 더욱 악화되었다.

동창의 도주로 그 의미가 퇴색되기는 하였지만, 동창에 대한 수직은 명 관직을 받은 여진인에 대한 조선의 관직 수여의 시발점이 된다는 점에서 큰 의미가 있다고 생각된다.[16]

<표 11>·<표 12>는 각각 『세종실록』에 보이는 '조·명 이중수직여진인' 23명과 『단종실록』에 보이는 25명의 현황을 나타낸 것이다. 이를 보면 세종과 단종대에는 총 48명의 '조·명 이중수직여진인'이 발생하였다는 것을 알 수 있다.[17] 한편 동창 이전에 童所羅, 童家吾下 두 명의 여진인이 明의 指揮라는 관직을 가지고 있다가 조선의 관직을 수여받은 것을 알 수 있다. 그러나 동소라, 동가오하는 조선에 向化하여 정착한 자들이다. 당시 여진 사회는 점차 농경·정착화되어 가면서, 계급 분화도

---

16) 동창에 대한 조선의 수직이 명의 관직을 받은 여진인에 대한 최초의 수직은 아니다. 동창 이전에 童所羅 및 童家吾下 등은 명으로부터 指揮라는 관직을 받았다가 조선의 관직을 받았음을 알 수 있다. 그러나 이들은 向化하여 조선에 거주하고 있던 사람들이었다. 따라서 두만강 유역에 거주하면서 명으로부터 관직을 받은 여진인으로서 조선의 관직을 받은 소위 '朝·明 二重受職女眞人'의 시발점으로서는 동창의 수직 사례를 언급해야 한다고 생각한다.

17) <표 11>·<표 12>에 나타난 '조·명 이중수직여진인'은 조선과 명의 관직명이 함께 나타나는 경우를 파악하여 정리한 것이다. 『조선왕조실록』에서 '조·명 이중수직여진인'이 조선과 명의 관직을 받은 정확한 시기와 선후관계를 정확하게 파악하는 것은 거의 불가능하다. 왜냐하면 관직을 받은 정확한 시기가 나타나지 않기 때문이다. 따라서 여기서는 조선과 명의 관직을 받은 정확한 시기와 선후관계를 고려한 것은 아님을 밝혀둔다. <표 13> '『세조실록』에 나타난 朝·明 朝·明 二重受職女眞人 현황'도 이와 같다.

빠르게 진행되고 있었다. 이로 인해 경제적 목적으로 조선에 향화하거나 侍衛를 自願하는 여진인이 증가하고 있었으며, 시위를 자원한 여진인 대부분은 여진 사회 내에서도 下層階級에 속하는 자들이었다.[18] 이러한 상황하에서 동소라, 동가오하도 조선에 향화하여 정착하였던 것이다.[19]

〈표 11〉 『세종실록』에 나타난 朝·明 二重受職女眞人

번호	성 명	종 족	명 관직	조선 관직	출 전
1	童所羅	兀良哈	建州衛 指揮	侍衛	『태종실록』 권23, 12년 3월 계사 『세종실록』 권19, 5년 1월 기유
2	童家吾下	斡朶里	指揮	?	『세종실록』 권20, 5년 6월 임신 『세종실록』 권30, 7년 10월 신사
3	童倉(童山, 菫山, 充善)	〃	指揮	嘉善大夫 雄武侍衛司 上護軍	『세종실록』 권84, 21년 1월 을미 『세종실록』 권84, 21년 1월 병오
4	童於虛里	〃	指揮	都萬戶	『세종실록』 권95, 24년 1월 정축 『세종실록』 권106, 26년 9월 정해
5	童三波 (童三波老)	〃	指揮	司直	『세종실록』 권90, 22년 8월 무인 『세종실록』 권95, 24년 2월 임진
6	童羅松介	〃	指揮	兼司僕	『세종실록』 권90, 22년 7월 계묘 『세종실록』 권93, 23년 7월 임술
7	郞卜兒罕	兀良哈	毛憐衛 頭目 都指揮同知	都萬戶	『세종실록』 권90, 20년 1월 신묘 『세종실록』 권94, 23년 10월 병인
8	仇赤	〃	指揮	萬戶	『세종실록』 권90, 22년 7월 병오 『세종실록』 권94, 23년 11월 갑인
9	童吾沙介	斡朶里	指揮	都萬戶	『세종실록』 권84, 21년 1월 을미 『세종실록』 권123, 31년 1월 갑신
10	童風只	〃	建州衛 指揮	都萬戶	『태종실록』 권25, 13년 6월 경오 『세종실록』 권98, 24년 12월 정해

18) 河內良弘, 1959, 「李朝初期の女眞人侍衛」, 『朝鮮學報』 14 ; 河內良弘, 1992, 『明代女眞史の硏究』, 同朋舍 ; 이현희, 1964, 「朝鮮前期 留京侍衛野人攷 - 對野人 羈縻策 一端 -」, 『향토서울』 20 참고.

19) 童所羅는 朝鮮에 自願侍衛한 경우이며, 童家吾下는 경제적 목적으로 조선에 向化하여 전라도 任實에 토지를 받고 安置되었던 向化人이었다(『세종실록』 권19, 세종 5년 1월 기유 ; 권27, 세종 7년 3월 계미 ; 권28, 세종 7년 5월 병술).

번호	성 명	종 족	명 관직	조선 관직	출 전
11	林加乙軒 (林乙軒)	兀良哈	指揮	副萬戶	『세종실록』 권98, 24년 11월 임술 『세종실록』 권111, 28년 1월 경오
12	金都乙溫	〃	都督僉事	都萬戶	『세종실록』 권84, 21년 1월 신사 『세종실록』 권99, 25년 1월 임오
13	童因豆	斡朶里	指揮	都萬戶	『세종실록』 권95, 24년 2월 병신 『세종실록』 권110, 27년 12월 계축
14	亐弄哈	兀良哈	指揮	萬戶	『세종실록』 권110, 27년 12월 신유
15	童亡乃	斡朶里	指揮	都萬戶	『세종실록』 권91, 22년 11월 을축 『세종실록』 권111, 28년 1월 경오
16	浪樓時介 (婁時可)	兀良哈	都司	萬戶	『세종실록』 권98, 24년 12월 임자 『세종실록』 권111, 28년 1월 경오
17	李阿時阿	兀狄哈	指揮	?	『세종실록』 권111, 28년 1월 경오
18	童哥時波	斡朶里	指揮	都萬戶	『세종실록』 권95, 24년 1월 무인 『세종실록』 권111, 28년 1월 갑신
19	劉時里主	兀狄哈	指揮	萬戶	『세종실록』 권92, 23년 1월 을축 『세종실록』 권111, 28년 1월 을유
20	李舍土	兀良哈	指揮	萬戶	『세종실록』 권111, 28년 1월 을유
21	金權老	〃	指揮	都萬戶	『세종실록』 권95, 24년 5월 경진 『세종실록』 권118, 29년 11월 병진
22	甫要磨 (甫要麻)	兀狄哈	指揮	司正	『세종실록』 권118, 29년 12월 경오 『세조실록』 권21, 6년 9월 을미
23	林多陽可	兀良哈	指揮	副萬戶	『세종실록』 권123, 31년 1월 병술

＊『조선왕조실록』을 참고로 작성함.

〈표 12〉 『단종실록』에 나타난 朝·明 二重受職女眞人

번호	성 명	종 족	명 관직	조선 관직	출 전
1	金吾看主 (金吾間主)	兀良哈	指揮事	都萬戶	『세종실록』 권84, 21년 윤2월 기묘 『단종실록』 권4, 즉위년 11월 갑신
2	也克	〃	都指揮僉事	萬戶	『단종실록』 권4, 즉위년 11월 경진 『단종실록』 권5, 1년 1월 정해
3	忽失塔	〃	指揮僉事	副萬戶	『단종실록』 권10, 2년 1월 을축 『단종실록』 권10, 2년 2월 정해
4	阿哈(阿下)	〃	指揮僉事	副萬戶	〃
5	也吾乃	〃	指揮	? (五品)	『단종실록』 권13, 3년 3월 기사 『단종실록』 권11, 2년 6월 계묘

번호	성 명	종 족	명 관직	조선 관직	출 전
6	柳尙同介 (柳尙同哈)	〃	都指揮使	知中樞院事	『단종실록』 권9, 1년 11월 신유 『단종실록』 권12, 2년 12월 계묘
7	納刺禿	〃	指揮使	副萬戶	『단종실록』 권13, 3년 1월 무신
8	也隆哥	〃	指揮僉事	副萬戶	〃
9	速古	〃	指揮僉事	副萬戶	〃
10	大斜	斡朶里	指揮	副萬戶	〃
11	阿下里	〃	指揮	都萬戶	『세종실록』 권89, 22년 4월 경진 『단종실록』 권13, 3년 3월 기사
12	大也乃 (也乃)	兀良哈	指揮	護軍	『세종실록』 권35, 9년 1월 임진 『단종실록』 권13, 3년 3월 기사
13	好時乃	〃	指揮	司直	『단종실록』 권13, 3년 3월 기사
14	所衆可	〃	指揮	副萬戶	『세종실록』 권94, 23년 12월 계묘 『단종실록』 권13, 3년 3월 기사
15	浪將家奴 (浪將家老)	〃	指揮僉事	護軍	『단종실록』 권13, 3년 3월 기사 『세조실록』 권20, 6년 4월 을묘
16	仇赤甫下	〃	指揮	萬戶	『세종실록』 권99, 25년 2월 정유 『단종실록』 권13, 3년 3월 기사
17	班車	〃	指揮僉事	副萬戶	『단종실록』 권4, 즉위년 11월 신미 『단종실록』 권13, 3년 3월 기사
18	時方介	骨看 兀狄哈	指揮	故 都萬戶	『세종실록』 권93, 23년 7월 을미 『단종실록』 권13, 3년 3월 기사
19	頭郎哈 (豆郎哈)	〃	指揮	故 上護軍	『세종실록』 권27, 7년 1월 임진 『단종실록』 권13, 3년 3월 기사
20	金照郎可 (照郎介)	〃	指揮	都萬戶	『세종실록』 권93, 23년 7월 을미 『단종실록』 권13, 3년 3월 기사
21	金先主	〃	指揮	大護軍	『세종실록』 권75, 18년 11월 정사 『단종실록』 권13, 3년 3월 기사
22	朴波伊大 (波伊太)	女眞	指揮	護軍	『세종실록』 권35, 9년 1월 경술 『단종실록』 권13, 3년 3월 기사
23	金毛多吾 (毛多吾)	〃	指揮	萬戶	『세종실록』 권35, 9년 1월 계묘 『단종실록』 권13, 3년 3월 기사
24	李多弄哈 (李多弄介)	骨看 兀狄哈	指揮	上護軍	『세종실록』 권71, 18년 1월 갑오 『단종실록』 권13, 3년 3월 기사
25	李豆里	兀良哈	指揮僉事	都萬戶	『단종실록』 권14, 3년 윤6월 임신

* 『조선왕조실록』을 참고로 작성함.

따라서 두만강 유역에 거주하던 童倉에 대한 조선의 授職이야말로 明

官職을 가진 女眞人에 대한 실질적인 최초의 授職 사례로 보아야 한다. 세종의 노력에도 불구하고 동창 등이 조선을 배반하고 도망하였지만, 동창 이외에 대부분의 알타리 遺種은 그대로 조선의 北門에 남아 있었으며, 세종은 이들에게도 조선의 관직을 주어 회유함으로써 북방의 소요를 방지하는 한편 이들을 藩籬化시키려 노력하고 있었다.

즉 <표 11>에 보이는 것처럼 童於虛里, 童三波, 童羅松介 등 이미 명으로부터 관직을 받고 있던 여진인에게도 조선의 관직을 수여하고 있는 것이다. 물론 이들 동어허리, 동삼파, 동나송개 등은 동창을 따라 도망하지 않고 會寧 지방에 남아있던 알타리족의 有力者들이었다. 또한 조선은 이들 외에도 명으로부터 관직을 받은 郞卜兒罕, 仇赤, 亐弄哈 등의 올량합과 李阿時阿, 劉時里主, 甫要麿 등의 올적합에게도 조선의 관직을 주고 있음을 볼 수 있다.[20] 이것은 조선이 두만강 유역에 거주하는 알타리뿐만 아니라 올량합·올적합 등 이미 명으로부터 관직을 받은 여진인에 대해서도 조선의 授職을 확대하고 있었음을 보여주는 사례라고 할 수 있다.

명에게서 관직을 받은 여진인에 대한 조선의 수직은 여진을 둘러싼 조선과 명의 여진정책이 상호 교차되는 부분이라고 할 수 있으며, 이것으로 말미암아 '朝·明 二重受職女眞人'은 조선과 명 양쪽에 속하게 되는 兩屬的 성격을 갖게 된다고 할 수 있다.

한편 '조·명 이중수직여진인'의 발생은 당시 동북아시아 정세와도 밀접한 관련이 있다. 우선적으로 생각해보아야 할 점은 明이 遼東 지역에

---

20) 河內良弘은 조선의 授職이 女眞人이 가진 明官職을 기준으로 이루어진 것이라 추측하면서, ①都督－資憲大夫, 中樞府知事, ②都指揮－都萬戶, ③指揮使·指揮同知·指揮僉事－副萬戶, ④千戶－司直의 4가지 授職 방식을 例證하고 있으나 이에 대해서는 더욱 철저한 분석이 이루어져야 한다고 생각한다(河內良弘, 1992, 『明代女眞史の硏究』, 同朋舍, 441~442쪽). 사실 조선의 수직이 明 관직을 기준으로 이루어진 상관관계는 찾아볼 수 없다.

설치한 女眞衛所의 특수성이다. 요동 지역에 설치된 명의 여진위소는 기존의 위소체제와는 다른 특이한 형태를 가지고 있었는데, 여진위소는 羈縻衛所로서 명의 官員이 파견되어 常住하는 것이 아니라 기존의 여진 추장들을 명의 衛所官員으로 임명하는 형식을 띠고 있었다. 따라서 여진위소는 외형상으로는 명의 지배체제 안으로 편입되었으나 실질적으로는 독자적인 세력을 그대로 형성하고 있었다.[21] 그렇기 때문에 명의 여진에 대한 위소관직 수여는 조선의 여진에 대한 授職政策과 크게 다를 것이 없다고 할 수 있다. 여진인들이 독자적인 세력을 그대로 형성하고 있었기 때문에 지리・경제적으로 가까운 조선과의 관계는 그대로 지속되었으며, 명의 위소관직을 가진 여진인에 대한 수직이 가능하였던 것이다.

다른 하나는 명의 成祖 死後 요동 지역의 정세가 서서히 변화하고 있었던 점을 들 수 있다. 특히 英宗은 다시 강성해지기 시작한 북방 몽골의 오이라트에 대한 親征에 나섰다가 포로가 되었다(土木의 變). 그 결과 명은 북방 몽골 세력에 대한 적극적인 견제를 더 이상 할 수 없었으며, 방어적인 정책으로 일관하게 되었다. 또한 오이라트의 잦은 내침은 요동 지역의 정세에도 불안정한 상황을 초래하기 시작하였다. 오이라트는 이미 여진의 여러 부락을 약탈하여 그 영향력이 建州衛 지역까지 미치고 있었으며, 일부는 오이라트와 연합하여 요동 각 지역의 명 군대와 충돌하기도 하였다.[22]

이로 인해 명은 더 이상 여진위소에 직접적인 세력을 미치지 못하게 되어 결국 奴兒干都司는 폐지되었다. 明 英宗 이후부터 『明實錄』등 史書에서는 노아간도사라는 이름이 더 이상 보이지 않고, 단지 '黑龍江等

---

21) 김한규는 여진인들은 明으로부터 새로운 권력을 출현시키는 '任命'이 아니라 기존의 권력을 승인받는 일종의 '册封'의 과정을 거쳤다고 하였다(김한규, 2004, 『요동사』, 문학과지성사, 530~539쪽).

22) 남의현, 2005, 「明代 兀良哈・女眞의 成長과 遼東都司의 危機」, 『만주연구』3, 146쪽.

處'라든가 '黑龍江諸部'라고만 표현되는데, 이는 곧 명 宣德 이후부터는 노아간도사의 형식적 기능조차 소멸되었음을 의미한다.[23] 더 구체적으로는 명은 1435년(宣德 10, 조선 세종 17)부터는 이미 노아간도사를 폐지하고 그 기능을 정지시킨 것으로 되어 있다.[24]

결국 이를 종합해보면 명으로부터 관직을 받은 여진인에 대한 조선의 수직은 4군 6진의 설치 이후 조선의 여진에 대한 적극적인 藩籬 구축 과정에서 두만강 유역의 여진에 대한 회유와 복속을 위해 실행되었음을 알 수 있다. 그러나 조선에서는 당시 명에서 설치한 여진위소의 특수성과 북방 몽골 세력의 성장으로 인한 요동 지역에서 명의 영향력 쇠퇴라는 정세 변화를 자세히 파악하고 있었다. 따라서 명으로부터 관직을 받은 여진인에 대한 조선의 수직은 이러한 요동정세의 변화가 반영된 것이라고 할 수 있다.

제2절 建州三衛 女眞人에 대한 수직과 明의 간섭

世宗 이후 文·端宗代에 들어와서도 여진에 대한 强穩兩面의 羈縻政策은 변함없이 지속되었다. 여진에 대한 수직정책은 세종대와 마찬가지로 회유정책의 하나로써, 조선에 向化하는 여진인뿐만 아니라 두만강·압록강 유역의 거주자에게도 조선의 관직을 수여하고 있었다. 이들 중에는 이미 명의 위소관직을 받은 여진인들도 포함되어 있었다.[25]

---

23) 김한규, 2004, 『요동사』, 문학과지성사, 530~539쪽.
24) 蔣秀松·王兆蘭, 「關于奴兒干都司的問題」, 『民族研究』, 1990, 참조.
25) 『단종실록』 권10, 단종 2년 2월 정해에는 指揮僉事 忽失塔·阿下를 副萬戶로, 권13, 단종 3년 1월 무신에는 指揮同知 管禿·金洽答·浪因多智를 萬戶로 삼았다는 내용이 있다. 또 권13, 단종 3년 3월 기사에는 '指揮·司直 好時乃'라고 하여 명 관직과 조선 관직을 이중으로 가지고 있는 사례도 나타난다.

世祖 또한 즉위 초부터 "野人의 上京이 본래는 定한 數가 있으나, 지금은 즉위한 초기인지라 불러서 위로해야 하므로, 친히 여러 종족의 야인을 만나보고, 분명히 내 마음을 알게 해서, 북방에 위급한 걱정거리가 없게 하려고 한다"[26]라고 하여 여진의 來朝를 대거 받아들이는 동시에 내조한 여진의 大小酋長에게 조선의 관직을 수여하였다.[27]

또한 "野人과 倭人들은 모두 우리의 藩籬이고, 臣民이니, 작은 폐단 때문에 그들의 來附하는 마음을 거절하여 물리칠 수 없으며, 즉위한 이후에 南蠻·北狄으로서 내부하는 자가 심히 많은데, 모두 나의 백성이 되기를 원하니, 이것은 하늘이 끌어들이는 바이지, 나의 슬기와 힘이 아니다"[28]고 하여 역시 여진을 조선의 번리라고 인식하고 있었다. 그리고 이들의 내조가 조선의 주도하에 이루어진 것이 아니라 여진인들이 스스로 원해서이고 天命이 있음을 강조하고 있었다.

그러던 중 申叔舟가 明 朝廷에서 建州本衛 李滿住의 아들과 遭遇하게 되고[29], 이것을 계기로 이만주의 아들인 李豆里·李阿具 및 建州左衛 童倉·建州右衛 童羅郎只(凡察의 嫡孫)의 管下人이 직접 내조하면서 조선과 건주삼위 여진과의 관계가 회복되기 시작하였다.[30]

세종대 관계가 악화되었던 건주삼위의 이만주와 동창의 使臣을 받아들인 직접적인 이유는 세조의 다음의 말에서 찾을 수 있다.

---

26) 『세조실록』 권2, 세조 1년 11월 무인.
27) 『세조실록』 권3, 세조 2년 1월 신미에는 望闕禮를 행할 때 倭人·野人 5백여 인이 隨班하였다는 내용이 있으며, 『성종실록』 권50, 성종 5년 12월 을사에는 세조 즉위 초에 야인 730여 인이 來朝하였다는 내용이 있어 당시 여진인의 來朝人數를 추정케 한다.
28) 『세조실록』 권8, 세조 3년 7월 경인.
29) 『세조실록』 권2, 세조 2년 2월 임술.
30) 『단종실록』 권14, 단종 3년 윤6월 기유 ; 『세조실록』 권3, 세조 2년 2월 임인·계묘.

　　일찍이 유시를 내려, 이만주·동창 등이 데리고 오는 야인은 보내게 하였
는데, … 이 사람들은 모두 멀리 와서 關門을 두드리는 자이니, 그 내부하는
정성은 막을 수 없다. 이만주·동창뿐만 아니라, 기타도 또한 그러하다. … 대
저 야인은 한편으로는 중국 조정을 우러러보고 한편으로는 우리나라를 우러
러보는 까닭으로, 여름철에 와서 두드려도 저들이 事大之禮를 폐함이 아니다.
우리가 마땅히 字小之義로써 어루만져야 한다.[31]

　　세조는 이만주·동창의 사신을 받아들이는 이유를 字小之義라는 말로
대신하고 있으며, 이들이 조선에 사신을 파견하는 것이 명에 대해 事大
之禮를 거스르는 것이 아니라고 하고 있다. 따라서 건주삼위와 조선과의
교통이 여진으로서는 사대에 어긋나는 일이 아니기 때문에 조선은 이들
을 자소하여 받아들여야 한다고 하고 있는 것이다.

　　일반적으로 작은 나라는 큰 나라를 섬기고(事大), 큰 나라가 작은 나
라를 어루만지는 것이(字小) 前近代 동아시아 세계의 국제관이라고 할
수 있다. 그런데 세조의 이 말에 대해 字小之義는 夷狄을 무휼하는 것으
로 명 황제만이 가지는 특권이며, 어떠한 신하에게도 허가되지 않는 것
이므로 명과 충돌의 여지가 있는 것이었다는 평가도 있다.[32] 그러나『조
선왕조실록』을 검토해보면, 조선에서 對馬島 倭人과 野人에 대해서 이
字小의 용례를 쓴 것을 찾아볼 수 있다. 이것은 비단 세조대만이 아니라
세종대부터 명종대까지 나타나고 있어, 조선에서는 대마도 왜인 및 여진
과의 관계에 대해 '이들은 소국(또는 작은세력)으로서 조선에 事大하고
있고, 조선은 대국으로서 이들을 字小하고 있다'고 인식하고 있었음을
보여준다.[33]

---

31)『세조실록』권12, 세조 4년 4월 경오.
32) 河內良弘, 1992,『明代女眞史の硏究』, 同朋舍, 379쪽.
33)『朝鮮王朝實錄』에서 현재까지 찾아진 對馬島 倭人에 대한 字小 용례는 세종대
　　3회, 예종대 1회, 연산군대 1회, 명종대 3회로 총 8회이며, 野人에 대해서는 세종
　　대 3회, 세조대 1회로 총 4회이다. 대마도 왜인에 대한 자소 용례는 조선과 대마
　　도와의 여러 가지 현안문제와 그 궤적을 같이하면서, 대마도 왜인들의 요구를 적

이만주의 아들 이두리 등이 내조하여 이만주의 親朝를 허락해 줄 것을 요청하고, 평안도의 길을 개방해 줄 것을 청하자,[34] 세조는 많은 논란 끝에 이를 허락하였다. 이 중에서도 평안도의 길을 개방한 것은 조선과 여진과의 관계에서 보면 이례적인 일이었다.[35]

조선에서는 원래 두만강 유역에 거주하든 압록강 유역에 거주하든 내조하러 오는 여진인들은 모두 함길도 一路로만 서울에 올라오게 하고, 평안도로 오는 것을 허용하지 않고 있었다. 그러나 이때 세조는 평안도 길을 개방하고 나서, 평안도 길을 통해 내조할 수 있는 대상을 1) 李滿州·童倉과 그들의 親子, 2) 童凡察의 子 童甫下土와 嫡孫 童羅郞哈, 3) 事變을 알림이 的實하여 賞을 줄만하고, 친히 내조하기를 청하는자, 4) 火剌溫으로서 印을 가진 酋長이 와서 入朝하기를 청하는 자로, 그 권세가 이만주와 비길 만한 자의 類, 5) 沈伊里大와 沈伊時麻·童於澄巨와 같은 類, 6) 물건을 많이 가지고 와서 進上하여 그 정성이 취할 만한 자의 類의 6가지 경우로만 한정하였다.[36]

세조가 이처럼 평안도의 길을 개방하면서까지 이들에 대해 후대하고 호의적이었던 것은 이만주의 親朝 요청에 대한 세조의 다음과 같은 말에서 그 이유를 찾을 수 있다.

중국이 우리나라에 (이들 무리와 교통하지 못하게 禁하여) 비록 이를 申飭하

절히 수용하는 방편으로 문제 해결의 大義名分과 당위성을 '字小'에서 찾고 있음을 볼 수 있다. 한편 야인에 대한 자소 용례는 조선과 여진과의 관계에서 발생한 특수한 사례, 예를 들면 조선과 통교가 없었던 홀라온 올적합의 내조를 받아들이거나, 관계가 악화되었던 建州三衛의 통교를 받아들이는 문제 등에서 보이고 있다(한성주, 2009, 「朝鮮前期 '字小'에 대한 고찰－對馬島 倭人 및 女眞 勢力을 중심으로－」, 『한일관계사연구』 33 참고).

34) 『세조실록』 권3, 세조 2년 2월 임자·정사.
35) 『세조실록』 권13, 세조 4년 8월 병진 ; 권14, 세조 4년 9월 병신.
36) 『세조실록』 권13, 세조 4년 8월 병진 ; 권14, 세조 4년 9월 병신.

였더라도 이와 같은 야인이 入朝하면 (중국에서) 餽遺가 심히 厚하였으니, 이는 중국의 깊은 꾀이다. 옛 사람이 이르기를 '오랑캐로써 오랑캐를 치게 함은 중국의 형편이다' 하였으니, 이것은 곧 오늘날 중국의 謀策이나, 우리나라에서 진실로 그들을 후대하여야 마땅하다. 어찌 중국의 術策에 빠짐이 옳겠는가?[37]

세조는 명이 조선에게는 이들 여진인들과 교통하지 못하게 하면서 여진인이 입조하면 후대하는 것은 중국의 以夷制夷하는 계책인데, 조선에서는 이것을 알면서 그 술책에 빠지는 것은 옳은 것이 아니며 조선에서도 그들을 후대하는 것이 당연하다고 생각하고 있었다. 이에 이만주·동창 등 건주삼위의 여진인들에게 평안도의 길을 개방하면서까지 이들을 후대하려고 하였던 것이다.

그러나 이만주·동창 등이 내조할 때 명 사신이 돌아갈 때를 당하면 잘 타일러서 깊숙하고 먼 곳에 머물러 있게 하였다가, 명 사신이 강을 건넌 뒤에 올려 보내어 명 사신이 알지 못하게 하도록 지시한 것을 보면 이들의 친조를 받아들이는 것 때문에 명과의 불필요한 마찰을 일으키고 싶지는 않았던 듯하다.[38]

세조가 이례적으로 평안도의 길을 개방하여 우대하는 뜻을 보이자, 이만주의 第1子인 建州衛都督 李古納哈이 李豆里와 함께 내조하고, 建州左衛都督 童倉은 자신의 아들 知方哈을 데리고 조선에 다시 내조하였다. 보다 구체적으로 살펴보면 건주위도독 이고납합은 1458년(세조 4) 8월에 동생 李阿具와 함께 조선에 내조하였고, 건주좌위도독 동창과 그 아들 知方哈은 동년 9월에 내조한 것으로 되어 있다.[39] 조선을 배반하고 건주위 이만주가 거주하는 파저강으로 도망한 이래 동창의 親朝는 1439년 (세종 21) 1월 이후 20여 년만의 일이었다.[40]

---

37) 『세조실록』 권3, 세조 2년 2월 정사.
38) 『세조실록』 권4, 세조 2년 7월 기묘.
39) 『세조실록』 권13, 세조 4년 8월 병진 ; 권14, 세조 4년 9월 신해 ; 권16, 세조 5년 4월 정묘.

세조는 건주위도독 이고납합과 건주좌위도독 동창이 내조하자 이들에게 각각 知中樞院事의 관직을 수직하고 祿까지 주게 하였는데, 이것이 바로 明과의 외교적 문제로 비화되었다.[41] 중국 학계에서는 건주삼위가 명과 조선에 동시에 내조한 것은 여진의 '二元朝貢體制'로 양속적 측면이 있으며, 명과 조선이 동시에 관직을 수여한 것은 여진에 대한 종속관계를 유지하려고 하는 전형적 例證이라고 하고 있다.[42]

조선과 명의 외교문제로 비화된 발단은 建州衛都指揮 李兀哈·童火你赤 등이 遼東總兵官에게 동창이 조선에 내조하였을 때 조선이 후대하여 반드시 招撫할 뜻이 있었음을 告訴하자, 명에서는 칙서를 보내 조선을 詰責하였던 것이다.[43] 이올합과 동화니적 등이 요동총병관에게 고소한 이유는 조선 입조를 허락받지 못한 부락민의 불만을 반영한 것에 지나지 않았지만, '招撫之意'라고 했기 때문에 문제가 되었다는 지적도 있다.[44] 그러나 '招撫'라는 용어가 문제가 된 것이 아니라 조선의 초무 대상이 누구인가라는 것이 문제가 되었다고 생각한다.

하여간 明에서는 사신을 직접 보내고 칙서를 전달하였는데, 칙서의 대략적인 내용은 다음과 같다.

건주삼위의 都督 古納哈과 童山(童倉) 등이 사사로이 王의 나라에 나아가

---

40) 유봉영, 1973, 「王朝實錄에 나타난 李朝前期의 野人」, 『백산학보』 14, 145쪽.
41) 『세조실록』 권13, 세조 4년 8월 계해 ; 권14, 세조 4년 10월 신미 ; 권16, 세조 5년 4월 정묘.
42) 그러나 여진이 명의 衛所官職을 받아서 명의 지방관원에 임명된 것에 반해 조선의 관직을 받은 것은 지방관원에 임명된 것은 아니기 때문에 이 두개는 구별된다고 하고 있다(王臻, 2005, 『朝鮮前期與明建州女眞關係硏究』, 中國文史出版社, 110~129쪽.)
43) 『세조실록』 권15, 세조 5년 2월 기사 ; 권16, 세조 5년 4월 기미.
44) 河內良弘은 招撫란 夷狄을 내 아들로서 撫恤하는 의미로 명 황제 이외에는 허락되지 않는 행위이기 때문에 사항의 중대함을 느낀 總兵官이 황제에게 진달하였다고 하였다(河內良弘, 1992, 『明代女眞史の硏究』, 同朋舍, 388쪽).

서 賞賜를 얻어가지고 돌아왔다고 하는데 … 반드시 형적이 의심할 만한 것
이 있다. … (조선은) 일찍이 外人과 더불어 교통하지 않았는데, 어찌 왕에 이
르러 이런 일이 있는가? … 칙서를 가지고 가서 왕에게 開諭하니, 왕은 마땅
히 스스로 반성하여 만약 이런 일이 없다면 그만이겠지만, 과연 이런 일이 있
었다면 왕은 속히 이를 고쳐야 한다.45)

칙서를 가지고 온 明使 陳嘉猷는 이고납합과 동창 두 사람이 명 조정
으로부터 都督의 職事를 받았는데, 조선에서 또 관직을 준다면 도리에
어긋나는 행동이라고 하여 명으로부터 관직을 받은 여진인에 대한 조선
의 수직을 문제 삼고 있었다.46) 또한 진가유는 이고납합과 동창에게 正
憲大夫를 제수했다는 사실을 언급하면서 이와 같이 관직을 제수한 사람
은 두 사람에 그치지 않았을 것이므로 이 두 사람 외에 관직을 제수한
사람의 명단을 모두 奏本에 記載해 줄 것을 요청하였다.47)

따라서 명의 칙서와 명사 진가유의 말을 종합해 보면 명에서 문제 삼
은 것은 조선과 건주삼위와의 통교와 그에 따른 명에서 관직을 받은 이
고납합 및 동창에 대한 조선의 관직 수여임을 알 수 있다.

조선은 명의 칙서가 있자 건주삼위의 내조를 중지시키고, 奏本을 작
성하여 이들과 부득이 교통할 수밖에 없었던 이유를 설명하였다. 그것은
건주삼위의 이고납합·동창·都希(李豆里)·李阿具 등이 조선의 경계에 도
착해서 그 전에 도적질 하던 과실을 뉘우치고 친히 내조하기를 청하였는
데, 이를 받아들이지 않는다면 변방의 근심이 다시 생길 것이고, 명에서
이웃과 화목하라고 여러 번 내린 勅諭(宣德 8년 윤8월, 正統 3년 5월,
5년 9월, 6년 3월, 7년 4월, 12년 정월의 6차례)에 따라 그들의 來往을
허가하고, 물품을 그들의 요구에 따라 적당히 주었으며, 관직을 받기를
청하는 자가 있으면 또한 제수하였으나, 이는 先朝때부터 古事를 이룬

45) 『세조실록』 권16, 세조 5년 4월 기미 ; 『明英宗實錄』 권301, 天順 3년 3월 甲申.
46) 『세조실록』 권16, 세조 5년 4월 기미.
47) 위와 같음

것이라는 내용이었다.[48] 그러나 이것이 명으로 하여금 칙서에 대해 조선이 반박하는 것으로 인식된 듯하다.

명에서는 조선의 주본를 받아보고는 다시 칙서를 보내서, 조선이 허물을 감추려 文過飾非, 즉 '過失을 고칠 생각은 하지 않고 자신의 나쁜 점을 감싸고 있다'고 힐책하고 건주삼위와의 사사로운 교통을 끊도록 요구하였다.

> 宣德·正統 年間에는 王의 나라가 저들과 더불어 서로가 침범하고 있었기에, 내린 바 칙서의 유지는 원망을 풀고 전쟁을 그치고는 각기 영토를 보전하도록 했을 뿐이지, 일찍이 그들과 왕래하여 교통하고 관직을 제수하도록 허가하지는 아니하였다. 또 저들이 이미 중국 조정의 관직을 받고 있는데 왕이 또 관직을 더 주게 되니, 이것은 중국 조정과 더불어 서로 지지 않으려고 對抗하는 것이다. 왕은 생각하기를, 저들에게 관직을 제수하고 상을 주는 것이 本國의 故事에 의거했다고 하지마는, … 이런 일이 있었다고 하더라도 또한 義理에 어긋난 행동인데, 왕은 그대로 계승하고서 고치지 않으니, 이는 前人의 허물을 가리지 못한 것이다. … 왕은 평소부터 禮義를 지키고 있으면서 무엇 때문에 文過飾非하기를 이와 같이 하는가? … 다만 일이 이미 지나간 것이기 때문에 朕은 깊이 탓하지 않는다. 지금부터 이후로는 왕은 마땅히 법도를 삼가 지켜서 私事로운 交通은 끊고 충성을 각별히 하여 명예를 보전함으로써 朕의 訓告하는 뜻에 副合하기를 바란다.[49]

宣德·正統 年間에는 조선이 여진과 서로 침범하고 있었기 때문에, 칙서를 내린 유지는 전쟁을 그치고 각기 영토를 보전하도록 했을 뿐이지, 그들과 왕래하여 교통하고 관직을 제수하도록 허가한 것은 아니며, 조선이 명의 관직을 받고 있는 여진인에게 관직을 주는 것은 명과 對抗하는 것과 같은데, 조선은 과실을 고칠 생각은 하지 않고 자신의 나쁜 점을 감싸고 있다고 힐책하였던 것이다.

---

48) 『세조실록』 권16, 세조 5년 4월 정묘.
49) 『세조실록』 권17, 세조 5년 7월 무술 ; 『明英宗實錄』 권302, 天順 3년 4월 庚辰.

이에 세조는 명에 '諸侯의 법도를 준수하고 조심하여 삼가하겠다'는 취지의 表文을 보내고 건주삼위 여진인의 내조를 일시 중단시킴으로써 건주삼위를 둘러싼 조·명간의 외교문제는 일단락되었다.[50]

그러나 당시 명에서 문제를 삼고 간섭한 것은 바로 건주삼위의 여진이었으며 두만강 유역의 여진에 대한 것은 아니었음을 주목할 필요가 있다. <표 13>에서 보듯이 세조는 이후에도 명의 관직을 받은 여진인에 대한 조선의 관직 수여를 지속적으로 실행하였다. 세조대 '조·명 이중수직여진인' 수는 세종대보다도 많은 90명이나 되며, 1459년(세조 5) 명이 건주삼위와의 통교 및 관직 수여를 문제 삼기 전까지는 50명, 그 이후에도 40명이 보여진다. 물론 이후의 40명은 대부분 건주삼위 여진이 아닌 두만강 유역에 거주하던 여진인으로 보이지만 명의 관직을 가진 여진인에 대한 조선의 수직 행위는 지속되고 있었던 것이다. 특히 두만강 유역은 조선과 명의 10처 女眞人民에 대한 歸屬問題가 있은 이래 이 지역을 조선의 영역으로 인정한 바가 있기 때문에 이를 문제 삼는 것은 명에게도 유리할 것이 없었을 것이다.

또한 <별표 1>을 보아도 세조대 이후에도 明으로부터 관직을 받은 여진인에 대한 조선의 수직이 전혀 없었던 것은 아니다.[51] 역시 명에서 더 이상 외교문제화하지 않은 것은 바로 조선의 여진에 대한 '招撫'나 '授職' 그 자체가 아니라, 바로 대상의 문제, 즉 누구를 초무하느냐 또는 수직하느냐, 조선에서 어느 지역을 초무하는가였던 것을 잘 말해주고 있는 것이다. 이것을 보면 압록강 유역의 여진 세력, 특히 건주삼위는 중국과 가깝기 때문에 두만강 유역의 여진 세력보다 더 민감하게 반응하였던 것을 알 수 있다. 또 조선에서도 압록강 유역의 여진 세력보다는 두만강 유역의 여진에

---

50) 『세조실록』 권17, 세조 5년 7월 병오.
51) 세조대 이후에 보이는 '조·명 이중수직여진인'은 예종대 1명(仇伊赤 − 指揮/萬戶), 성종대 2명(童老同 − 都指揮使/僉知中樞府事, 李多之哈 − 都督/朝鮮官職 未詳) 밖에는 보이지 않는다.

대해서는 전통적으로 조선의 영향력 하에 있다고 여겨왔고, 이들이 명의 관직을 받은 것과는 관계없이 조선의 관직을 수여하고 있었음을 알 수 있다.

〈표 13〉『세조실록』에 나타난 朝·明 二重受職女眞人 현황

번호	성 명	종 족	명 관직	조선 관직	출 전
1	亏老可兒 (浪亏老哈)	兀良哈	指揮	護軍	『단종실록』 권13, 3년 3월 기사 『세조실록』 권2, 1년 12월 기유
2	好心波	〃	指揮	萬戶	『단종실록』 권13, 3년 3월 기사 『세조실록』 권2, 1년 12월 기미
3	毛多吾	〃	指揮僉事	副萬戶	『세조실록』 권2, 1년 11월 을유 『세조실록』 권2, 1년 12월 경오
4	金撒魯哈 (金徹魯哈)	〃	指揮	副萬戶	『세조실록』 권3, 2년 1월 기해 『세조실록』 권22, 6년 12월 무자
5	朴阿堂吉 (牙當吉)	女眞	指揮	副萬戶	『세종실록』 권85, 21년 6월 정유 『세조실록』 권3, 2년 1월 기해
6	朴牙失塔 (牙失答)	〃	指揮僉事	副萬戶	『세종실록』 권85, 21년 6월 정유 『세조실록』 권3, 2년 1월 기해
7	金馬申哈 (金馬申介)	骨看 兀狄哈	都指揮	副萬戶	『세조실록』 권3, 2년 1월 기해 『성종실록』 권63, 7년 1월 신미
8	兀丁奇	女眞	指揮	副萬戶	『세조실록』 권3, 2년 2월 기사 『세종실록』 권37, 11년 10월 계미
9	李阿具 (阿具)	兀良哈	指揮	都萬戶	『세조실록』 권3, 2년 2월 임인 『세조실록』 권13, 4년 7월 신해
10	呂巨	〃	指揮	副萬戶	『세조실록』 권3, 2년 2월 정사 『세조실록』 권3, 2년 2월 기사
11	浪宋古老	〃	指揮	副萬戶	『세종실록』 권110, 27년 12월 을사 『세조실록』 권6, 3년 1월 기사
12	金多弄介 (金多弄哈)	〃	都指揮 僉事	都萬戶	『단종실록』 권12, 2년 12월 병술 『세조실록』 권6, 3년 1월 갑술
13	塞列乞	〃	指揮	副萬戶	『세조실록』 권6, 3년 1월 정묘 『세조실록』 권6, 3년 1월 갑오
14	之弄可	〃	指揮	副萬戶	『세조실록』 권6, 3년 1월 정묘 『세조실록』 권6, 3년 1월 갑오
15	元多沙	〃	指揮	副萬戶	『세조실록』 권6, 3년 1월 임신 『세조실록』 권6, 3년 2월 계해
16	不顔禿	〃	都指揮	副萬戶	『세조실록』 권6, 3년 1월 기사 『세조실록』 권6, 3년 2월 계해

번호	성 명	종 족	명 관직	조선 관직	출 전
17	金咬哈	兀狄哈	指揮僉事	副萬戶	『세조실록』 권6, 3년 1월 신미 『세조실록』 권6, 3년 2월 계해
18	權阿龍	女眞	指揮	副萬戶	『세조실록』 권6, 3년 1월 계유 『세조실록』 권6, 3년 2월 계해
19	阿兒答	斡朶里	指揮	副萬戶	『세조실록』 권11, 4년 2월 무오
20	比德	〃	指揮	副萬戶	〃
21	古魯兀	〃	指揮	副萬戶	〃
22	羅伊可	〃	指揮	副萬戶	〃
23	記三奴	〃	指揮	副萬戶	〃
24	童伊里哈	〃	指揮	副萬戶	〃
25	八塔沙	〃	指揮	副萬戶	〃
26	忙兒可	〃	指揮	副萬戶	〃
27	汝污多	〃	指揮	副萬戶	〃
28	鐵頭	〃	指揮	副萬戶	〃
29	童馬刺古	〃	指揮	副萬戶	〃
30	亦失馬	女眞	指揮	副萬戶	〃
31	亦宗可	兀良哈	指揮	副萬戶	〃
32	阿冬哈	〃	指揮	副萬戶	〃
33	光失	〃	指揮	副萬戶	〃
34	李古納哈	〃	都督	知中樞院事	『世祖實錄』 권13, 4년 8월 임술
35	沈伊里多	?	指揮	副萬戶	『世祖實錄』 권14, 4년 9월 을유
36	沈伊時馬	?	指揮	副萬戶	〃
37	童於澄臣	?	指揮	副萬戶	〃
38	高之波	?	指揮	副萬戶	『世祖實錄』 권14, 4년 10월 갑신
39	麻伊	?	指揮	副萬戶	〃
40	阿羅尤	?	指揮	副萬戶	〃
41	阿乙朱	?	指揮	副萬戶	〃
42	權赤	?	都指揮	都萬戶	〃
43	愁隱豆	兀良哈	指揮	副萬戶	『단종실록』 권13, 3년 3월 기사 『세조실록』 권15, 5년 1월 계축
44	著兒速	〃	指揮	副萬戶	『세조실록』 권15, 5년 1월 계축 『세조실록』 권28, 8년 4월 계유
45	於夫乃	?	指揮	副萬戶	『세조실록』 권15, 5년 1월 정해 『세조실록』 권15, 5년 1월 계축
46	吾看主	?	指揮	副萬戶	〃
47	沈伊時哈	?	都指揮	萬戶	『세조실록』 권15, 5년 3월 경술
48	王車多	?	指揮	副萬戶	〃
49	王昆伊	?	指揮	副萬戶	〃

번호	성 명	종 족	명 관직	조선 관직	출 전
50	也多好	兀狄哈	指揮	上護軍	『세조실록』 권18, 5년 12월 임자
51	寧捨(寧舍)	?	指揮	副萬戶	『세조실록』 권19, 6년 1월 정미 『세조실록』 권20, 6년 4월 신해
52	塔魯哈	?	指揮	副萬戶	『세조실록』 권20, 6년 4월 임신
53	金佐花老	?	指揮	副萬戶	〃
54	所衆巨	?	指揮	副萬戶	〃
55	李仍邑代	?	指揮	副萬戶	〃
56	阿仁加茂 (阿仁帖木, 阿仁加募, 阿仁加民)	尼麻車 兀狄哈	指揮同知	?(授高職)	『세조실록』 권19, 6년 3월 을미 『세조실록』 권20, 6년 6월 임술
57	失郎哈	兀狄哈	指揮僉事	護軍	『세조실록』 권21, 6년 7월 무인
58	毛多吾哈 (毛多吾可)	〃	指揮僉事	護軍	〃
59	間都	〃	指揮	上護軍	『세조실록』 권22, 6년 11월 병신
60	軍有	〃	指揮	護軍	『세조실록』 권22, 6년 11월 임진 『세조실록』 권22, 6년 11월 병신
61	者里	火刺溫 兀狄哈	指揮同知	護軍	『세종실록』 권86, 21년 7월 임신 『세조실록』 권22, 6년 11월 병신
62	舍老	?	指揮	護軍	『세조실록』 권22, 6년 윤11월 을축
63	木當薛列	?	指揮	千戶	〃
64	殷鎖夫	?	指揮	萬戶	『세조실록』 권22, 6년 12월 계미
65	阿多翰(洪阿 多)	?	指揮	副萬戶	『세조실록』 권22, 6년 12월 무자
66	大受能(受能)	?	指揮	副萬戶	〃
67	童難豆 (童亂道)	?	指揮	副萬戶	『세조실록』 권37, 11년 12월 신사
68	金沙仲哈	?	指揮	司直	〃
69	金探塔哈 (金探哈)	?	指揮	司直	〃
70	老羅	?	指揮	副萬戶	『세조실록』 권22, 6년 12월 임진
71	老萬皮(萬皮)	?	指揮	副萬戶	〃
72	哈兒速	?	指揮	副萬戶	〃
73	倒羊	?	指揮僉事	副萬戶	〃
74	馬多弄介 (馬多弄可, 馬多弄哈, 馬多弄巨)	斡朶里	指揮	司直 → 副萬戶	『세조실록』 권2, 1년 11월 병신 『세조실록』 권22, 6년 12월 신축

번호	성 명	종 족	명 관직	조선 관직	출 전
75	照鱗可	兀狄哈	指揮	上護軍	『세조실록』권19, 6년 1월 을유 『세조실록』권23, 7년 2월 정축
76	金汝羅豆 (汝羅豆)	兀良哈	指揮	上護軍	『단종실록』권13, 3년 3월 기사 『세조실록』권25, 7년 8월 경오
77	多伊乃	〃	都指揮	大護軍	『단종실록』권13, 3년 3월 기사 『세조실록』권25, 7년 10월 임오
78	豆常可 (豆尙可)	〃	指揮	副萬戶	〃
79	加雄巨	兀狄哈	指揮同知	副萬戶	『세조실록』권26, 7년 11월 신유 『세조실록』권26, 7년 11월 갑자
80	李甫堂可 (甫當可)	兀良哈	都指揮	副萬戶	『세조실록』권26, 7년 12월 신사 『성종실록』권250, 22년 2월 무오
81	汚豆茂	〃	指揮	副萬戶	『세조실록』권28, 8년 3월 을묘
82	也叱大	〃	指揮	副萬戶	〃
83	李多好兒多	〃	指揮	副萬戶	『세조실록』권30, 9년 2월 을해
84	李多吾也	〃	指揮	副萬戶	〃
85	林多乃	〃	指揮	副萬戶	『세조실록』권30, 9년 2월 정해
86	金納奴 (金納魯, 金納老)	?	指揮	副萬戶	『세종실록』권70, 17년 12월 계묘 『세조실록』권34, 10년 12월 임인
87	毛伊乃	兀良哈	指揮	上護軍	『세종실록』권85, 21년 6월 임오 『세조실록』권35, 11년 1월 경오
88	阿速(阿速跪)	〃	指揮	副萬戶	『세조실록』권37, 11년 12월 신사
89	金伯勤	?	指揮僉事	萬戶	『세조실록』권38, 12년 2월 무자
90	也邑時	兀良哈	指揮	大護軍	『세조실록』권18, 5년 10월 신유 『세조실록』권47, 14년 8월 을묘

* <별표 1>을 참고로 작성함.

한편 명에서 이처럼 조선과 건주삼위의 교통을 문제 삼았던 것은 여진문제와 관련하여 조선초기부터 조선을 견제하고 간섭하던 정책과 무관하지 않다.52) 당시 명은 요동의 屯田 經營이 어려워지고, 奴兒干都司

52) 유봉영은 이것을 명이 조선과 여진과의 통교를 禁하였던 것과 관련시키고 있으며, 이 문제를 鮮初부터 지속된 여진문제에 대한 명의 간섭으로 파악하고 있다(유봉영, 1973, 「王朝實錄에 나타난 李朝前期의 野人」, 『백산학보』14, 142~146쪽).

가 폐지되며, 衛所制度가 붕괴하는 등 요동에 대한 통제력을 상실해 가고 있던 시기였기 때문에 조선과 여진의 연합을 우려할 수밖에 없었다.[53] 명은 成祖의 여진 招撫 이래 건주위를 통하여 지금의 南滿洲 일대를 경략하려는 정책을 실시하였고, 正統 후기 오이라트의 침입으로 북변의 정세가 심각한 위기에 처하면서 요동 정세 또한 불안해지자 건주위를 통해 몽고 세력을 견제·방어하고 요동의 여진 세력을 안정화시키려는 목적도 가지고 있었다.[54] 따라서 명은 조선과 건주위가 교통하는 것을 심각하게 받아들이고, 이것에 대해 문제를 제기하였던 것이다.

그러나 명은 당시 혼란스러운 요동 정세 때문에 더 이상의 적극적인 개입이나 간섭은 할 수가 없었는데, 조선 또한 이러한 사정을 잘 알고 있었던 듯하다. 따라서 조선과 건주삼위와의 통교는 명의 문제 제기가 있었을 당시에만 잠시 중단되었을 뿐 그 이후에도 계속 되었다. 이와 관련하여 세조가 "중국에서 많은 계책이 있어 우리를 달랠 뿐이며, 위협하려고 하여도 위협할 수가 없고, 내버려두려고 하여도 내버려둘 수가 없으니 형세가 진실로 그러한 것이다"[55]라고 한 말은 이를 잘 대변해준다 하겠다.

제3절 조·명 이중수직여진인에 대한 處罰 문제

세조대 건주삼위 여진인에 대한 조선의 관직 수여 문제가 일단락될 즈

---

53) 남의현은 조선이 여진에게 관직을 내리는 행위는 명의 입장에서 보면 명과 동등한 二重 관직을 내리는 것으로서 명에 정면으로 대항하는 행위와 같았고, 더구나 명 몰래 관직을 하사했기 때문에 명이 보기에 여진과의 潛通으로 간주되기에 충분하였다고 하였다(남의현, 2005, 「明代 兀良哈·女眞의 成長과 遼東都司의 危機」, 『만주연구』 3, 148~149쪽).

54) 김구진, 1995, 「여진과의 관계」, 『한국사』 22, 국사편찬위원회, 346쪽 ; 남의현, 2004, 「明 前期 遼東都司와 遼東八站占據」, 『명청사연구』 21, 26쪽.

55) 『세조실록』 권16, 세조 5년 4월 갑자.

음 조선이 毛憐衛 都指揮使 浪孛兒罕(郎卜兒罕)을 처벌한 문제로 조선과
명은 다시 또 갈등을 빚게 되었다. 모련위는 두만강 유역에 설치되었는
데,[56] 주로 兀良哈族으로 구성되었으며, 두만강 하류인 土門에서부터 중·
상류인 阿赤郞貴·東良北 일대에 散在하고 있었다.[57] 1410년(태종 10) 조
선의 제1차 여진 정벌로 인해 指揮使 阿古車·指揮僉事 劉把兒遜 및 8指
揮가 참살되면서 그 세력이 쇠퇴하여, 일부는 압록강 유역으로 옮겨가 점
차 건주위의 일부가 되고, 일부는 그대로 두만강 유역에 남아 있었다.[58]

낭발아한은 조선의 제1차 여진 정벌 후에 나타난 인물이며, 그 家系
는 정확히 알 수 없으나 조선에 내조하였을 때 '祖父때부터 오로지 국가
를 의지하여 진심으로 힘썼다'라고 한 말에서 일찍이 조선 초기부터 조
선과 깊은 관계를 맺고 있었음을 알 수 있다.[59]

『端宗實錄』의 '여진인 인명기록'에는 浪孛兒罕의 거주지가 會寧鎭에
서 120리 떨어진 下東良이고, 그에 대해 '족류가 강성하고 酋長은 一等
級'이라고 분류하고 있다.[60] 6鎭을 설치하고 돌아온 金宗瑞는 낭발아한
이 거주하던 동량북 일대를 6鎭의 울타리, 즉 藩籬라고 생각하고 있었으
며, 이곳을 안정시키는 방법을 반드시 마련하여야 한다고 주장할 정도로
동량북은 조선의 6진 방어와 따로 생각할 수 없는 중요한 지역이었다.[61]

따라서 조선에서는 낭발아한이 이미 명의 관직인 毛憐衛 都指揮同知
라는 관직을 가지고 있었으나 조선의 관직인 都萬戶를 제수하였고, 명에

---

56) 『明太宗實錄』 권39, 永樂 3년 12월 甲戌.
57) 김구진, 1974, 「初期 毛憐 兀良哈 硏究」, 『백산학보』 17, 164~180쪽.
58) 『태종실록』 권19, 태종 10년 3월 을해 ; 『세종실록』 권46, 세종 11년 10월 갑신 ;
    김구진, 1974, 「初期 毛憐 兀良哈 硏究」, 『백산학보』 17, 203~210쪽 ; 建文,
    1995, 「論明代對東疆地區的管轄問題」, 『北方文物』, 第2其 ; 王冬芳, 1997, 「關
    于明代中朝邊界形成的硏究」, 『中國邊疆史地硏究』, 第3其 참고.
59) 『세종실록』 권90, 세종 22년 7월 정묘.
60) 『단종실록』 권13, 단종 3년 3월 기사.
61) 『세종실록』 권124, 세종 31년 5월 갑진.

서 都指揮使로 승직시키자 조선에서도 正憲大夫 知中樞院事로 승직시키
고 청구하는 모든 것을 다 들어줄 정도로 후대하고 있었다.[62]

낭발아한 또한 조선의 후대에 호응하여 妻子를 거느리고 와서 朝會하
고 第3子 浪伊升巨로 하여금 侍衛를 할 수 있도록 청하였다.[63] 이에 조
선에서는 낭이승거를 護軍으로 삼고 近侍하게 하였다.[64] 그러나 浪伊升
巨는 얼마 되지 않아 돌아갔는데, 文宗이 여러 번 불러도 오지 않다가,
世祖가 靖難한 이후에야 낭발아한이 다시 낭이승거를 보내어 入侍하였
고, 세조는 이를 후하게 대우하여 가까이서 侍衛하게 하였다.[65]

그러나 건주삼위 이만주의 여러 아들과 동창이 내조하고, 세조가 이들
을 후대하자 낭발아한이 이를 시기하여 불만스런 마음이 있게 되었다.[66]
그러던 중 1458년(세조4) 낭발아한이 入朝할 때 함길도 도절제사 楊汀이
入朝者의 數를 줄여 친족과 믿을 만한 사람 5~6명만을 거느리고 입조
하게 하자 낭발아한이 怒하여 告하지 않고 돌아가는 일이 발생하였다.[67]

이 때 양정은 낭발아한이 主將을 가벼이 보고 업신여기는 것이므로,
비록 높은 벼슬을 받았다 하더라도 즉시 붙잡아 가두고 科罪하도록 청
하였는데,[68] 品階上으로만 보면 낭발아한(명의 都指揮使와 조선의 正憲
大夫는 모두 正2品)이 양정(都節制使는 從2品)보다 더 높다. 그 해 12월
입조하여 상경하게 된 낭발아한이 세조로부터 邊將에게 無禮했다고 힐
책을 듣게 되자, 이를 계기로 양정에게 원한을 갖게 되었다.[69]

62)『세종실록』권80, 세종 20년 1월 신묘 ; 권94, 세종 23년 10월 병인 ; 권103, 세종
　　26년 1월 임술 ;『단종실록』권12, 단종 2년 12월 병신 ;『明英宗實錄』권138,
　　正統 11년 2월 壬寅.
63)『세종실록』권103, 세종 26년 1월 임술.
64)『세종실록』권103, 세종 26년 1월 경오.
65)『세조실록』권16, 세조 5년 6월 신유 ; 권17, 세조 5년 8월 임자.
66)『세조실록』권17, 세조 5년 8월 임자.
67)『세조실록』권14, 세조 4년 11월 신해.
68)『세조실록』권14, 세조 4년 12월 을축 ; 권16, 세조 5년 6월 신유.
69) 위와 같음.

결국 낭발아한은 申叔舟가 함길도 도체찰사가 되어 慶源에서 올량합과 올적합을 화해시키고자 여러 추장을 모았을 때도 참석하지 않고, 올적합이 잡아간 人物을 刷還할 때도 조선에 협조하지 않았다.[70] 또한 낭발아한을 부르러 간 通事를 활을 당겨 쏘려고 하고, 거짓으로 '조선에서 장차 (여진을) 치려고 한다'고 선동하여 釁端이 생기게 하려고 하였다.[71] 그 아들 낭이승거 또한 吉州의 溫井에 가서 병을 치료한다고 청하고 길을 떠났다가 조선을 배반하고 중국에 가려고 하던 행적이 드러나게 되었다.[72]

이에 세조는 낭발아한 父子의 家眷을 가두고, 근거 없는 소문으로 여진인들을 선동시키고, 또 통사를 활로써 쏘려고 했던 것 등을 국문하게 하였다.[73] 童亡乃·金把兒歹·柳尙冬哈 등의 여진 추장들이 모두 낭발아한이 중국의 높은 관직을 받았으며, 나이도 또한 많이 늙었으니, 가벼이 논죄하기를 청하였으나, 세조는 낭발아한과 그 아들 낭이승거·仇羅·加麟應哈·阿兒哥禿, 손자 毛多可 등 17인을 참수하였다.[74]

낭발아한의 아들 중 阿比車는 끝내 잡지 못하였는데, 이 결과 아비거를 중심으로 한 여진의 보복 침입이 계속되었다. 아비거는 낭발아한의 親黨 및 諸種野人 1천 5백여 인을 모아 회령에 침입하는 등 지속적으로 변경의 우환거리가 되었으며, 鏡城의 吾村口子에서의 別差 前萬戶 宋憲의 피살은 여진 정벌의 계기가 되었다.[75]

---

70) 『세조실록』 권15, 세조 5년 1월 임자 ; 권16, 세조 5년 6월 신유. 이인영은 올량합과 오도리(알타리)는 親密하였으나, 올적합과는 그렇지 못하였다고 하면서, 오도리가 三姓地方에서 南遷한 것도, 童猛哥帖木兒가 被殺된 것도 올적합 때문이며, 올적합과 올량합도 서로 보복을 되풀이하고 있었다고 하였으며, 조선이 이들을 화해시키려고 한 것은 여진인이 하나의 단결된 세력이 되는 것을 우려했기 때문이라고 하였다(이인영, 1954, 『韓國滿洲關係史의 硏究』, 을유문화사, 89~91쪽).

71) 『세조실록』 권16, 세조 5년 6월 신유 ; 권17, 세조 5년 8월 임자.

72) 위와 같음.

73) 『세조실록』 권17, 세조 5년 8월 임자.

74) 『세조실록』 권17, 세조 5년 8월 임신·정축 ; 권19, 세조 6년 2월 계축.

75) 『세조실록』 권18, 세조 5년 11월 갑진 ; 권19, 세조 6년 1월 병오·2월 기유·경술·

중국학자들은 이 낭발아한 사건을 모련위 여진의 발전과 조선 세조의
확장정책이 서로 충돌한 것으로 파악하고, 조선이 낭발아한의 여진 통치
권을 뺏으려 하다가 실패하자 무력적 수단을 가한 것으로 평가하였다.
또 이것이 외교문제화 한 것은 세조와 明朝가 서로 여진의 관할권을 쟁
취하려는 것이었다고 하고 있다.[76]

한편 명에 正朝使로 간 咸禹治가 명 조정에서 禮科給事中 張寧을 正
使로 삼아 칙서를 가지고 낭발아한을 죽인 사유를 물으러 조선으로 떠
났다고 보고하여 왔다.[77] 이에 조선에서는 칙서가 도착하기 전 뒤늦게
나마 낭발아한을 처벌한 이유를 주본에 적어 보냈다.[78] 그러나 이 주본
은 낭발아한의 처벌 이후 반년이 지나서야 올린 것이어서 이후 勅使가
도착했을 때 이 부분에 대한 것도 논쟁이 되었다.

칙서가 도착한 것은 1460년(세조 6) 3월로 그 내용은 '낭발아한을 무
슨 까닭으로 유인하여 16인을 살해했는지, 실정을 숨겨 엄폐하지 말고
시비를 명백하게 보여 여진인들로 하여금 心腹하게 하라'는 내용이었
다.[79] 그러나 欽差正使 張寧과 세조의 대화를 보면 낭발아한의 처벌 문
제로 인해 조·명간의 외교적 논쟁이 발생하였음을 알 수 있다.

장녕 : 낭발아한은 원래 (중국) 조정의 大官을 받았는데, 전하께서 어찌하여
　　　마음대로 죽였습니까? 또 이 사람들은 사람을 시켜 잡아 왔습니까? 유
　　　인하여 불러 왔습니까? 16인을 모두 다 죽였습니까?
세조 : 낭발아한 등은 대대로 우리나라 지방에 살았으니, 곧 우리의 編氓이요,
　　　또 반란한 事迹이 명백한 門庭의 도적이므로, 일이 급하여 奏聞할 겨
　　　를이 없었소. 낭발아한은 이미 우리나라의 백성이 되었으므로 邊將이

신미.
76) 建文, 1995,「論明代對東彊地區的管轄問題」,『北方文物』, 第2其, 참조 ; 王冬
　　芳, 1997,「關于明代中朝邊界形成的硏究」,『中國邊疆史地硏究』, 第3其, 105쪽.
77)『세조실록』권19, 세조 6년 2월 계축.
78)『세조실록』권19, 세조 6년 2월 정사.
79)『세조실록』권19, 세조 6년 3월 기묘.

사람을 시켜 유인하여 부른다면 오지 않을 수가 없소.

장녕 : 낭발아한은 또한 (중국) 조정의 大官이니, 만약 변경을 침범한 확실한
증거가 있었다면 구속하여 가두고 중국에 주문한 뒤에 처치하여도 可
하였을 것입니다. … 이미 구속하여 가두었다가 그를 마음대로 죽였으
니, 어찌 된 것입니까?

세조 : 前日 낭발아한 등을 처치한 뒤에 즉시 사연을 갖추어 주문하였는데,
지금 勅旨를 받고 저 사람들의 반란한 情由를 내가 마땅히 명백하게
주문하겠소.

장녕 : 낭발아한 등을 誅殺한 것은 작년 8월에 있었는데, … 전하께서 주문하
신 일은 곧 금년에 있었으니, 어찌 즉시 주문하지 아니하였습니까?

세조 : 저 사람들이 만약 변경을 시끄럽게 하여 반란을 일으키는 일이 있으
면, 祖宗 이래 수시로 變에 대응한 전례가 명백히 있소. 또 기회를 보
다가 처치하라는 天子의 聖旨도 일찍이 있었소. 이로 인하여 전일에
낭발아한 등이 반란을 일으키려고 꾀하다가 사건이 발각되었으므로,
조사하여 심문하고 律에 의하여 논죄한 뒤에 별도로 정유를 奏達하지
못하였소. 낭발아한의 아들 아비거가 同類를 선동 유인하여 국경상에
와서 도둑질한 다음에야 사람을 差遣하여 주달하였소.

장녕 : (중국) 조정에서 지금 칙서를 내린 것도 사건의 시말을 알아서 저 사람
들을 경계하고 금지하여 와서 亂을 일으키지 못하도록 하고자 함이니,
전하께서는 모름지기 이 뜻을 아시고 명백하게 回奏하여 주소서.[80]

이를 통해 보면 明이 낭발아한의 처벌에 대해 문제를 제기한 것은 낭
발아한이 명의 大官임에도 불구하고 명에 奏聞하지 않고 조선에서 마음
대로 誅殺한 것임을 알 수 있다. 즉 낭발아한은 명의 관직을 받았으므로
명에 주문한 뒤에 처치했어야 마땅함을 문제 삼고 있는 것이다.

명의 칙서에 대해 조선은 세조가 장녕에게 말한 그대로 낭발아한은
본래 회령 지방에 거주하면서 편맹과 다름이 없었으며, 낭발아한 부자가
몰래 반역을 꾀하여 변방의 환을 일으켜 사람을 보내어 잡아서 심문하고
법에 의하여 과죄하게 되었다고 답하였다.[81]

---

80) 『세조실록』 권19, 세조 6년 3월 기묘.
81) 『세조실록』 권19, 세조 6년 3월 정해.

이에 대해 명은 이미 처음에 보낸 칙지와 마찬가지로 다시 또 조선을 힐책하였는데, '낭발아한이 都督僉使가 되었으니, 이것은 중국 조정에서 준 직함이다. 비록 모반하여 변방의 患을 일으켰다고 하나, 또한 그러한 행적이 나타나지도 않았는데 갑자기 그를 죽였으니, 이것은 王이 스스로 흔단을 일으킨 것이다. 지금 그 아들 阿比車가 여러 야인들을 유인하여 그대 나라의 국경을 침범하여 원수를 갚고자 생각하니, 왕은 마땅히 스스로 반성하여 그들과 더불어 講和한다면 거의 변경의 患을 면하게 될 것이다'라고 하였다.[82]

그리고 '王의 法에 의하여 罪를 주는 것은 다만 王國에서만 行할 수 있지, 鄰境에서는 행할 수 없는데 왕국의 법으로 인경의 사람을 죄 준 것과 명 조정에 奏聞하지 않고 죄를 준 점 등은 계책이 잘못된 것이며 야인과 화해하도록' 하였다.[83]

조선은 두 번째 칙서에 대해 '本國 後門의 地境 위의 야인들은 편맹과 다름이 없고, 낭발아한 또한 인경의 사람이라 볼 수 없으나 칙지를 받들어 강화하도록 하겠다'고 함으로써,[84] '조·명 이중수직여진인' 낭발아한의 처벌을 둘러싼 조·명간의 외교적 문제는 형식적으로는 끝을 맺게 되었다.

그러나 조선은 이미 이 勅書와 回奏가 있기 이전에 申叔舟를 함길도 도체찰사로 삼아 阿比車의 침입에 대한 北征을 단행할 것을 결정하고 있었으며, 3개월 후에는 북정을 단행하여 여진인 430여 명을 죽이고, 가옥 9백여 채를 불태우는 등의 전과를 올렸다.[85]

따라서 명의 칙서에 대해서는 여진인들과 강화하겠다고 하여 명의 입장을 존중하였지만, 실제로는 여진인의 침입에 대해 북정을 단행하는 이중적 태도를 보이고 있는 것이다. 따라서 조선은 여진 문제를 둘러싼 명의

---

82) 『세조실록』 권20, 세조 6년 4월 신미·5월 병술.
83) 『세조실록』 권20, 세조 6년 6월 갑인 ; 『明英宗實錄』 권314, 天順 4년 4월 甲戌.
84) 『세조실록』 권20, 세조 6년 6월 갑자.
85) 『세조실록』 권19, 세조 6년 3월 기해 ; 권21, 세조 6년 9월 갑신.

간섭과 견제에 대해 오히려 자주적인 입장을 견지하고 있었다고 생각한다.

이상에서 조·명 이중관직자인 낭발아한의 처벌을 둘러싼 조·명간의 외교문제를 살펴보았다. 세조와 明使 張寧과의 대화, 조선과 명의 주본과 칙서 등의 내용을 보면 낭발아한의 처벌을 둘러싼 조·명간의 상반된 인식을 볼 수 있다.

우선 명에서 문제를 제기한 점은 낭발아한이 명의 관직을 받은 자라는 것이다. 조선에서 명의 관직자를 처벌할 때는 먼저 명에 보고한 후 처치를 했어야 하지만 그렇지 않고 마음대로 처벌한 점을 문제 삼고 있다. 조선에서 이에 대해 낭발아한이 대대로 조선 지방에 살아서 '편맹'이 되었으므로 반역을 꾀하여 변방의 우환이 되면 심문하고 법에 의해 죄를 물을 수 있다는 입장이었다.

명은 낭발아한이 조선의 '편맹'이라는 점을 인정하지 않고 조선과 인접한 '인경'의 사람을 조선의 법으로 죄를 준 것은 잘못된 것이라고 하고 있으나, 조선은 이에 굴하지 않고 조선 後門의 지경 위의 여진인들은 편맹이며, 낭발아한 또한 인경의 사람이라 볼 수 없다고 하여, 오히려 이 문제를 제기한 명이 불필요한 간섭을 하고 있다는 인상을 준다.

그리고 낭발아한이 조·명의 관직을 이중으로 받은 사실에 대한 언급들은 없지만 조선의 대응이 앞서 본 건주삼위 여진인에 대한 조선의 수직문제와는 상당한 차이가 있음을 알 수 있다. 조선은 두만강 유역의 여진에 대해서는 조선 초기부터 번리이며, 조선에 복속되어 있다는 인식을 가지고 있었고, 이것은 조선 초기의 북진정책·영토문제와도 관련되어 있었다. 따라서 명 成祖가 두만강 유역의 10處 女眞人民의 歸屬을 주장할 때에도 적극 대처하여 이 지역의 영유권을 인정받았으며, 1410년(태종 10)에는 조선의 제1차 여진정벌을 단행하기도 하였다. 이 정벌은 여진이 명의 초무에 응해 조선을 배반한 것에 대한 보복적 성격도 가지고 있었다. 특히 4군 6진의 설치 이후에는 방어상의 중요성 때문에 두만강

밖에 거주하는 여진인들에게도 적극적으로 수직하여 회유·복속시키고 있었던 것이다.

1410년(태종 10)에 있었던 조선의 정벌에서 毛憐衛 指揮使 阿古車·指揮僉事 劉把兒遜 및 8指揮가 斬殺되었고, 조선은 정벌 이후에야 명에 주본을 보내 정벌의 사실과 유파아손 등의 죽음을 알렸지만,[86] 명은 이들이 명의 위소관직을 받았음에도 이러한 여진인의 피살에 대해 별다른 외교적 문제를 제기하지 않았다. 오히려 몽고 親征 중이던 永樂帝(成祖)는 조선과 명이 협공하여 이 兀良哈들을 다 섬멸하자고 할 정도였다.[87]

명은 성조 시기 적극적인 대외확장정책으로 북방의 몽고에 대한 친정을 감행하고, 여진을 초무하는 등 공세적인 전략으로 주변국과의 대외관계를 주도해갔다. 반면 성조 死後에는 북방의 몽고가 다시 강성해지고 土木의 變(1449년)이 일어나면서 요동 정세가 불안해지자 주변국에 대한 방어위주의 전략을 채택할 수밖에 없게 되었다.

당시 명은 여진을 이용하여 몽골을 방어하고 요동을 안정화시키려는 의도도 가지고 있었기 때문에 조선의 낭발아한 처벌과 이에 대한 여진의 보복 침입으로 인하여 발생될 또 다른 요동정세의 불안을 우려하고 있었다. 또한 두만강 유역 여진인의 조선 귀속 문제, 요동에서의 명의 영향력 상실, 그리고 4군 6진 설치로 인한 조선의 두만강 유역으로의 관할권 확대라는 대외적 상황에서 명은 '明官職者 浪孛兒罕'의 처벌 문제에 적극 개입함으로써 조선 세조의 적극적인 여진 정책을 견제하고 여진의 안정을 도모하고자 한 것이다.

그러나 조선은 이 문제가 형식상 종결되기 전부터 申叔舟를 함길도 도체찰사로 삼아 阿比車의 침입에 대한 北征을 단행할 것을 결정하고 있었으며, 3개월 후에는 북정을 단행하여 두만강 유역이 조선의 영역권

---

86) 『태종실록』 권19, 태종 10년 3월 을해·신묘·5월 을미.
87) 『태종실록』 권20, 태종 10년 9월 정묘.

임을 다시 한번 명에게 각인시켰다고 볼 수 있다.

결론적으로 조선초기 女眞 勢力은 조선과 명으로부터 각각 官職을 받고 조선과 명에 來朝하면서 경제적 이익을 취하였지만, 조선과 명 어느 쪽에도 완전히 服屬되어 있지 않았다. 그런데 최근 중국의 학자들은 明代 女眞衛所를 근거로 여진이 중국의 행정구역에 편입되어 있었다는 주장을 하고 있는데, 이것은 객관적 사실이 아니다. 왜냐하면 여진위소는 중국 史書인『明史』에서 밝히는 바와 같이 명대 일반적인 위소와는 다른 羈縻衛所였기 때문이다.[88] 따라서 명의 官員이 파견된 것이 아니라 여진의 大小酋長을 그대로 衛所官職에 임명하였고, 그 관직은 世襲되었으며, 여진위소 官職者는 來朝와 朝貢이라는 형식을 통해 명과 통교하였을 뿐이며 그 독자성은 그대로 유지되었다.

이렇게 본다면 명의 여진에 대한 위소관직 수여는 조선의 授職政策과 크게 다르지 않다. 일부 중국 학자는 여진의 조·명 양속적 성격은 인정하면서도 여진이 명의 위소관직을 받은 것은 명의 地方行政官員이 된 것이지만, 조선의 관직을 받은 것은 지방행정관원이 된 것은 아니라고 주장하고 있다.

그러나 '조·명 이중수직여진인'의 존재는 14~15세기 여진을 둘러싼 조선과 명의 여진정책이 상호 교차하는 사례 중 한 부분으로 여진의 조·명 양속적 성격과 문제를 발생시키며, 조선에도 여진이 從屬되어 있었다는 주장이 가능하게 된다. 그렇지만 이것은 어디까지나 여진인들이 조선과 명에서 받은 관직만을 두고 살펴볼 경우이며, 영토적인 면을 두고 볼 때는 사실상 조선과 명 어느 한쪽으로의 從屬的 성격을 논할 부분도, 兩屬的 성격을 논할 부분도 아닌 것이다.

---

88)『明史』권90, 兵志, 羈縻衛所條. "洪武永樂間邊外歸附者官其長爲都督·都指揮·指揮·千戶·百戶·鎭撫等官"(河內良弘, 1992,『明代女眞史の硏究』, 同朋舍, 437쪽 재인용).

제5장

世祖代 毛憐衛 征伐과 수직정책의 활용

여진인들은 조선과 명 양쪽에 入朝하여 이중으로 관직을 받고 양쪽에서 경제적 목적을 취하는 이중적이고 양속적인 모습을 보이고 있었다. 그런데 세조는 이로 인해 발생한 '조·명 이중수직여진인'을 둘러싼 명과의 대립과 갈등이라는 외교적 문제 속에서도 모련위 정벌을 단행하였다. 이것은 조선의 자주적 입장과 국위를 과시하려한 측면이 있다.

모련위 정벌에는 많은 여진인 및 수직여진인들이 조선을 도와 從軍하였고, 세조는 정벌 직후 수직여진뿐만 아니라 정벌에 참여한 여진인들에 대한 포상을 실시한 것으로 되어 있다. 기록상 확인되는 여진 종군자 포상 명단은 138명이지만, 실제로 정벌에 참여한 여진인은 이보다 더 많았을 것으로 생각된다. 한편 세조는 모련위 정벌에 있어 '以夷制夷', 즉 '以蠻夷攻蠻夷'의 計策으로서 그동안 적극적으로 회유해 온 여진인들을 대거 從軍시켰음도 주목할 만한 사례이다.

정벌 후에 종군한 여진인들의 功을 3등급으로 나누고 관직을 제수하고 물품을 나누어 주었는데, 이미 관직을 받은 수직여진인들은 관직을 올려 제수하고, 그렇지 않은 자들은 새로 관직을 제수하였다. 조선의 관직을 받는 것은 1년에 한번 내조하여 경제적 목적을 달성하는 중요한 수단이 되었기 때문에 종군한 여진인들 중에는 관직 받기를 소원하기도 하였다.

본 장에서는 모련위 정벌이 일어나게 된 배경으로서 조선·명·여진관계를 살펴보고, 정벌 과정에서 수직여진인 및 여진인이 從軍하면서 어떤 役割을 하였는지, 그리고 정벌 후 조선에서 이들에 대해 어떤 포상을 하였는지 구체적으로 살펴볼 것이다. 이를 통해 조선에서 여진인들을 적절히 활용하면서, 여진정벌에까지 참여시키기도 하고, 그 결과에 따른 포상으로서도 '수직정책'을 적절히 활용하고 있음을 살펴보고자 한다.

제1절 조선·명·여진관계와 모련위 정벌

조선은 여진에 대하여 정벌과 회유를 중심으로 한 强穩兩面의 羈縻政策을 구사하였다고 볼 수 있는데, 조선전기 여진정벌은 太宗代를 시작으로 宣祖代까지 총 15차례나 실행되었다.[1] 그러나 그 중 조선의 15차례에 걸친 여진정벌은 단순히 여진의 침입과 이에 대한 조선의 대응으로만 보기 힘든 부분도 있다.

왜냐하면 조선과 명이 여진을 함께 挾攻하기도 한 적도 있었고, 다른 한편으로는 조선과 명의 對女眞政策이 서로 상반된 결과로 나타난 여진정벌이 있기도 하기 때문이다. 이 때문에 조선전기 조선과 명·여진과의 관계를 파악하기 위해서는 각각의 여진정벌에 대한 이해가 필요한 부분도 있다고 생각된다. 특히 조선 世祖代에 이르면 조선의 적극적인 여진회유로 명과 외교적 마찰이 발생하기도 하였는데, 이는 세조가 毛憐衛를 정벌하는 직·간접적인 원인이 되기도 하였다.

世宗代 여진관계는 두만강·압록강 유역에 있어 각각 서로 다른 양상으로 전개되었다. 4郡 6鎭을 설치한 이후 두만강 유역의 여진인들은 5진 부근에 거주하던 여진인 및 城底野人들을 중심으로 점차 조선의 藩籬로 되어가는 양상을 보여준다. 이것은 조선의 두만강 유역의 여진에 대한 조선의 회유정책이 성공적으로 시행되고 있음을 보여준다.

그러나 압록강 유역은 建州衛 李滿住의 婆猪江 이동으로 조선으로 하

---

1) 강성문, 1989, 「朝鮮시대 女眞征伐에 관한 연구」, 『군사』18, 47쪽.

여금 2차례에 걸쳐 파저강 정벌을 단행하도록 한 측면으로 보아 조선과 건주위 이만주와의 관계는 악화되었음을 보여준다. 또한 두만강 유역에 거주하던 童倉·凡察의 건주위로의 도망은 조선으로 하여금 배신감을 불러 일으키기에 충분하였으며, 이로 인해 이른바 建州三衛와의 관계는 세종 死後에도 관계가 좋은 편은 아니었다.

그러던 중 세조의 즉위는 조선과 여진관계에 있어 변화를 의미하는 것이기도 하였다. 즉 세조는 즉위 초부터 여진의 내조를 대거 받아들이고 있었으며,[2] 이를 통해 북방의 안정을 도모하려고 하였다. 또한 여진의 내조에는 바로 天命이 있음을 강조하고 있었는데,[3] 이것은 자신의 즉위가 천명을 받아 정당하게 이루어졌다는 것과 동일한 것으로, 세조는 對外關係 또한 國內政治와 연결하여 이용하고 있었다고 볼 수 있다.

그리고 이만주의 아들인 李豆里·李阿具 및 도망하였던 建州左衛 동창·建州右衛 童羅郞只(범찰의 嫡孫)의 管下人이 내조하면서 조선과 건주삼위와의 관계가 회복되기 시작하였다.[4] 세조는 이만주의 아들 建州衛都督 李古納哈과 建州左衛都督 동창이 내조하자 이들에게 각각 知中樞院事의 관직을 수여하고 祿까지 주었는데, 이것은 바로 明과의 외교적 문제로 비화되었다.[5]

이로 인해 세조는 건주삼위와의 통교를 일시 중단함으로써 명과의 외

---

2) 『세조실록』 권2, 세조 1년 11월 무인 ; 『세조실록』 권3, 세조 2년 1월 신미 ; 『성종실록』 권50, 성종 5년 12월 乙巳.
3) 『세조실록』 권8, 세조 3년 7월 경인.
4) 한성주, 2007, 「朝鮮初期 朝·明 二重受職女眞人의 兩屬問題」, 『朝鮮時代史學報』 40, 조선시대사학회, 19쪽.
5) 유봉영, 1973, 「王朝實錄에 나타난 李朝前期의 野人」, 『백산학보』 14 ; 조영록, 1977, 「入關前 明·鮮時代의 滿洲女眞史」, 『백산학보』 22 ; 河內良弘, 1992, 「朝鮮世祖の字小主義とその挫折」, 『明代女眞史の研究』, 同朋舍 ; 姜龍範·劉子敏, 1999, 『明代中朝關系史』, 黑龍江朝鮮民族出版社 ; 王臻, 2005, 『朝鮮前期與明建州女眞關係研究』, 中國文史出版社 ; 남의현, 2005, 「明代 兀良哈·女眞의 成長과 遼東都司의 危機」, 『만주연구』 3 ; 한성주, 2007, 앞의 논문 참고.

교 문제는 일단락되는 듯하였다. 그러나 毛憐衛都指揮使 浪孛兒罕(浪卜兒罕)에 대한 조선의 處罰로 조선과 명은 다시 한 번 갈등을 빚게 되었다. 낭발아한은 동량북 일대에 거주하면서 명 관직인 모련위도지휘사 및 조선 관직인 正憲大夫 知中樞院事의 관직을 二重으로 수여받고 있었으며, 조선에서는 그가 請求하는 모든 것을 다 들어줄 정도로 厚待를 받던 인물이었다.[6]

앞 장에서 살펴본 것처럼 낭발아한은 조선과 통교하려고 했을 때 입조자의 수를 제한 받은 것에서부터 조선에 불만을 품기 시작하였다. 마침내 낭발아한은 신숙주가 함길도 도체찰사가 되어 慶源에서 올량합과 올적합을 화해시키고자 여러 추장을 모았을 때도 참석하지 않고, 올적합이 잡아간 人物을 刷還할 때도 조선에 협조하지 않았다.[7] 그리고 侍衛로 있던 그 아들 낭이승가 또한 조선을 배반하고 中國에 가려고 하던 행적이 드러나게 되었다.[8] 이에 세조는 낭발아한과 그 아들 낭이승가·仇難 및 손자 毛多哥 등 17인을 斬首하도록 하였는데, 이로 인해 여진인들의 보복 침입이 계속되었다.[9]

특히 조선에서 잡지 못한 낭발아한의 아들 阿比車는 낭발아한의 親堂 및 諸種野人 1천 5백여 인을 모아 會寧에 침입하는 등 지속적으로 변경의 우환이 되었으며, 鏡城의 吾村口子에서 別差 前萬戶 宋憲의 피살 등은 모련위 정벌의 직접적인 계기가 되었다고 할 수 있다.[10]

한편 명에서는 建州衛都指揮 童火爾赤와 毛憐衛都指揮 柳尙冬哈 등

---

6) 『세조실록』 권80, 세조 20년 1월 신묘 ; 권94, 세조 23년 10월 병인 ; 권103, 세조 26년 1월 임술 ; 『단종실록』 권12, 단종 2년 12월 병신 ; 『明英宗實錄』 권138, 正統 11년 2월 壬寅.
7) 『세조실록』 권15, 세조 5년 1월 임자 ; 권16, 세조 5년 6월 신유.
8) 『세조실록』 권16, 세조 5년 6월 신유 ; 권17, 세조 5년 8월 임자.
9) 『세조실록』 권17, 세조 5년 8월 임신·정축 ; 권19, 세조 6년 2월 계축.
10) 『세조실록』 권18, 세조 5년 11월 갑진 ; 권19, 세조 6년 1월 병오·2월 기유·경술·신미.

이 '조선에서 낭발아한 등 17인을 유인하여 죽였다'고 보고하자 조선에
또다시 칙사를 보내어 낭발아한을 죽인 사유를 물어왔다.[11] '낭발아한을
무슨 까닭으로 유인하여 16인을 살해했는지, 實情을 숨겨 엄폐하지 말고
是非를 명백하게 보여 여진인들로 하여금 心腹하게 하라'[12]는 勅書의
내용도 내용이지만, 세조와 명사 張寧과의 논쟁 또한 후에 세조로 하여
금 '憤하여 밤낮으로 문득 누웠다가 문득 일어났다가 하면서 활을 끌어
잡고 칼을 어루만질'[13] 정도로 명과 여진에 대해 분한 감정을 일으키게
하였던 것 같다.

명사 장녕이 문제 삼은 것은 낭발아한이 明의 大官임에도 불구하고
조선이 명에 奏聞하지 않고 마음대로 誅殺한 것이었는데, 이에 대해 세
조는 낭발아한은 조선의 編氓과 다름없으므로 법에 의하여 科罪하였다
고 대답하고 이러한 내용으로 명에 주문하였다.[14] 그러나 세조는 이때
이미 北征을 단행할 것을 결심하고 있었으며,[15] 신숙주를 함길도 도체
찰사로 삼아 모련위 올량합에 대한 征討를 준비하게끔 하였다.[16]

명에서는 조선의 주문에 대하여 '王의 法에 의하여 罪를 주는 것은
다만 王國에서만 行할 수 있지, 隣境에서는 행할 수 없는데 왕국의 법으
로 鄰境의 사람을 죄 준 것과 명 조정에 주문하지 않고 죄를 준 점은
잘못된 것이며 야인과 和解하도록' 다시 칙서를 보내왔다.[17] 조선은 이
에 대해 '본국 後門의 地境 위의 야인들은 편맹과 다름이 없고, 낭발아
한 또한 인경의 사람이라 볼 수 없으나 勅旨를 받들어 講和하겠다'[18]고

---

11)『세조실록』권19, 세조 6년 3월 기묘.
12)『세조실록』권19, 세조 6년 3월 기묘.
13)『세조실록』권20, 세조 6년 5월 임인.
14)『세조실록』권19, 세조 6년 3월 기묘·정해.
15)『세조실록』권19, 세조 6년 3월 기묘.
16)『세조실록』권19, 세조 6년 3월 기해.
17)『세조실록』권20, 세조 6년 6월 갑인 ;『明英宗實錄』권314, 天順 4년 4월 갑술.
18)『세조실록』권20, 세조 6년 6월 갑자.

하였지만, 3개월 뒤 북정을 단행함으로써 자주적인 입장을 견지하게 되었다.

결국 모련위 정벌의 직접적인 계기는 낭발아한 一族에 대한 조선의 처벌, 그리고 이에 대한 여진의 보복 침입과 조선의 대응이라고 볼 수 있다. 그렇다면 조선이 낭발아한 일족을 처벌한 이유를 다시 한번 정리해 볼 필요가 있다.

기존의 연구는 낭발아한 일족에 대한 조선의 처벌 이유를 낭이승가가 조선을 배반하고 명에 가려고 하였던 점, 낭발아한이 여진을 선동하여 흔단을 일으킨 점으로 파악하면서도 당시 조선 邊民 및 邊將의 여진인에 대한 경멸적 태도와 여진인의 反感을 기초로 이해할 필요가 있다고 하고 있다.[19] 필자도 또한 이러한 해석이 아주 탁월한 견해라고 평가하고 싶다.

왜냐하면 당시 함길도 도절제사 楊汀은 낭발아한이 入朝者의 數를 줄이자 怒하여 돌아가자, 主將을 가벼이 보고 업신여기는 것이므로 비록 높은 벼슬을 받았다 하더라도 즉시 붙잡아 가두고 科罪하도록 청하였는데,[20] 品階上으로만 보면 낭발아한(명의 都指揮使와 조선의 正憲大夫는 모두 正2品)이 양정(都節制使는 從2品)보다 더 높다. 그러나 '조선의 官吏 및 居民들은 여진인에 대하여 품계가 높은 것으로 대접하지 않고 낮추어 보았으며, 여진인들도 邊將에게 감히 벼슬 높은 것으로 맞겨루지 못하고 두려워하여 굴복하는 것이 오랫동안 풍속이 되어 있었다'[21]는 기록으로 보아 여진인들에 대해 조선으로부터 받은 관직의 高下를 불문하고 낮추어보는 태도가 있어왔다고 생각되기 때문이다.

그러나 필자는 낭발아한 일족의 처벌에는 낭이승가가 조선을 배반하

19) 이인영, 1954, 「申叔舟의 北征」, 『韓國滿洲關係史의 研究』, 을유문화사, 88~95쪽.
20) 『세조실록』 권14, 세조 4년 11월 신해.
21) 『세종실록』 권124, 세종 31년 5월 무신.

고 명에 가려던 것이야말로 결정적인 이유가 아닐까 추측해 보고 싶다. 세조는 함길도 도절제사 양정이 낭발아한의 입조자의 수를 줄이자 노하여 돌아간 일에 대해서는 변장에게 無禮하였다고 힐책하였으나, 용서하고 그 접대를 옛날과 같이 하였다.22) 또한 올적합에게 잡혀간 人物을 刷還할 때 조선에 비협조적이었던 것, 通事를 활을 당겨 쏘려고 한 것, 거짓으로 여진을 선동한 것에 대해서도 服罪하였다고 보고 국문하지 않고 오히려 쌀을 賞주되 厚하게 주도록 하고 있었다.23)

더 나아가 시위하고 있던 낭발아한의 아들 낭이승가가 吉州 溫井으로 가게 되자 함길도 관찰사로 하여금 낭이승가에게 紅·靑木綿 각 5필, 燒酒 50병, 소금 15석, 쌀 10석 및 魚物 외에도 기타 요구하는 것이 있으면 적당히 주도록 하였고, 더욱이 父 낭발아한 및 兄弟에게도 賜宴하고 있었다.24)

그러던 것이 낭이승가의 처종형 최적이 '낭이승가는 中國에 가려고 하여 마침내 아비가 있는 곳으로 갔다'고 밀고하자,25) 낭발아한 일족을 가두게 하고, 낭이승가 또한 잡아서 서울로 압송하도록 하였다.26) 이에 敬差官 吳伯昌이 낭이승가를 잡아 오자, 의금부에 가두고는 '낭이승가가 당초에는 길주의 온정에서 목욕하기를 청했는데, 후일에 회령에 가서 아비를 보고는 온정에 들어가지 않고서 바로 회령을 지나갔으며, 또 중국에 가려고 하면서도 먼저 啓達하지 않았으니, 그것을 推鞫하도록'27) 하고는, 마침내 낭발아한 일족 및 낭이승가를 誅殺하였다.

이렇게 보면 조선의 낭발아한의 처벌에는 낭이승가의 明 入朝라는 문

---

22) 『세조실록』 권14, 세조 4년 12월 병인 ; 권15, 세조 5년 1월 경인.
23) 『세조실록』 권17, 세조 5년 7월 병신·기해.
24) 『세조실록』 권17, 세조 5년 7월 병오.
25) 『세조실록』 권17, 세조 5년 8월 임자.
26) 『세조실록』 권17, 세조 5년 8월 임신.
27) 『세조실록』 권17, 세조 5년 8월 을해.

제가 크게 작용한 듯이 보여진다. 세조는 자신이 즉위하고 건주삼위가
내조한 것은 자신의 힘이 아니라 天命이 있음을 강조하였었고, 그러던
상황에서 명이 건주삼위 여진인들에 대한 조선의 授職을 문제 삼아 견
제하고 간섭함으로써 國威가 국내외적으로 손상되었다고 생각했을 가능
성이 있다.

특히 조선 초기부터 여진을 둘러싼 조선과 명의 대립과 갈등은 遼東
정세가 혼란스러울 때마다 지속되어 왔는데, 당시의 요동 정세 또한 오
이라트의 침입으로 심각한 위기에 처하고 있었다. 또한 여진인들은 조선
과 명 양쪽에 입조하여 二重으로 受職을 받고 양쪽에서 경제적 목적을
취하는 二重的이고 兩屬的인 모습을 보이고 있었다. 건주삼위의 내조에
대한 명의 간섭과 견제는 세조로 하여금 낭발아한 일족을 처벌함으로써
'國家의 威嚴을 近境 여진인에게 明示하여서 그들을 조선의 명령에 服
從시키려는 의도'[28]가 있었다고 볼 수 있다.

또한 세조는 이미 낭발아한의 입조를 문제 삼는 명의 칙사가 도착하
기 전 북정을 결심하고 있었고, 명 칙사를 만난 이후 다음과 같은 말로
북정의 意義를 말하고 있다.

> "野人들이 跋扈하여 中國의 (화해의) 命을 따르지 않기 때문에 중국에서
> 이를 무서워한다. 우리나라에서는 每事에 명을 어기지 않기 때문에 중국에서
> 도 가볍게 보고 野人과 비교하여 兩國으로 보니, 이것은 우리나라에서 능히
> 오랑캐를 制御하지 못한 소치이다. 지금까지 야인들이 (우리나라에) 와서 침
> 입할 적마다 중국에서는 (이것을) 問責하지 않았다. 우리나라에서는 매양 명
> 을 따르는데, 야인들이 날마다 이와 같이 驕慢하여진다면, 나라의 위신은 다
> 깎여서 장차 중국의 郡·縣이 되고 말 것이다. … 내가 憤하여 밤낮으로 문득
> 누웠다가 문득 일어났다가 하면서 활을 끌어 잡고 칼을 어루만지지만, 이윽고
> 책을 펴고 거문고를 뜯으면서 얼굴을 억지로 두터이 하여 말하고 웃는다. 이
> 미 일을 꾀할 事勢가 아니니, 經綸할 기회를 바로잡도록 할 뿐이요, 능히 번

---

28) 이인영, 1954, 「申叔舟의 北征」, 『韓國滿洲關係史의 研究』, 을유문화사, 97쪽.

거롭게 말할 것이 없다. … 가을이 깊어지기까지 기다리도록 하라."[29]

세조는 중국이 조선과 화해하라는 명을 잘 따르지 않는 야인을 무서
워하고, 명을 잘 따르는 조선을 가볍게 보고 심지어는 야인과 똑같이 보
고 있다고 말하고 있다. 또 이것은 조선에서 능히 오랑캐를 제어하지 못
했기 때문이며, 야인들이 이와 같이 교만하여진다면 조선의 威信은 다
깎여서 장차 중국의 郡·縣이 될 것이라고 하고 있는 것이다. 세조의 이
러한 말들은 바로 '明과 女眞에 대해 분한 마음을 가지게 하여 밤낮으로
문득 문득 활을 끌어 잡고 칼을 어루만지게 할 정도'였기 때문에 나온
말이었던 것이다. 이를 통해 보면 세조의 모련위 정벌은 '여진에 대하여
서는 물론 명에 대하여서도 조선의 국위를 과시하려는'[30] 목적이 있었
던 것이다.

제2절 여진인의 從軍과 그에 대한 포상

세조는 明이 勅使 張寧을 보내 浪孛兒罕(浪卜兒罕) 一族의 處罰을 문
제 삼고 있을 때 申叔舟를 함길도 도체찰사로 삼아 北征을 준비하도록
하였다.[31] 신숙주는 5개월 후인 1460년(세조 6) 8월 兀良哈에 대한 북정
을 단행하여 賊 430여 級을 죽이고, 9백여 區의 가옥과 재산을 불태웠으
며, 죽이거나 획득한 牛馬가 1천여 마리에 이르는 등 상당한 전과를 올
렸다.[32] 특히 신숙주는 북정을 단행하기 전 會寧에 온 올량합 90여 명을
먼저 斬首하고, 군사를 4路로 나누어 낭발아한을 중심으로 한 毛憐衛 올

---

29) 『세조실록』 권20, 세조 6년 5월 임인.
30) 이인영, 1954, 「申叔舟의 北征」, 『韓國滿洲關係史의 研究』, 을유문화사, 100쪽.
31) 『세조실록』 권19, 세조 6년 3월 기해.
32) 『세조실록』 권21, 세조 6년 9월 정축·갑신.

량합의 근거지인 上·中·下東良 일대에 대한 討伐을 감행하였다.[33]

그런데 정벌의 과정 중 특이하게도 많은 女眞人이 모련위 정벌에 조선을 도와 從軍한 모습을 볼 수 있다. <별표 3>을 통해 당시 모련위 정벌에 종군한 여진인 138명의 명단을 확인할 수 있는데, 이것은『조선왕조실록』에서 확인 가능한 姓名들이며 실제 '女眞 從軍者'는 이보다 더 많았으리라 생각된다. 이에 대해서 이인영과 강성문은 조선이 北征에 있어 '以夷制夷策'을 구사하였다고 하고 있으며, 특이 이인영은 조선이 '以蠻夷攻蠻夷策'에 성공하였다고 평가하면서 북정에 종군한 兀良哈·斡朶里·兀狄哈에 대한 授職 論功한 數가 100여 명을 넘었다고 하고 있다.[34]

조선을 건국한 太祖 李成桂는 東北面을 그 세력 기반으로 하였기 때문에 그가 거느린 私兵 중에는 많은 여진인이 있었던 것은 잘 알려진 사실이다. 조선 개국 후 태조는 자신을 따라 종군한 여진인 大小酋長들에게 萬戶·千戶의 관직을 주었으며, 또한 '開國一等功臣'이 된 李之蘭 및 原從功臣으로 錄勳된 李和尙·李和英·童安老 등도 있었다.[35] 또한 世宗代 두 차례에 걸친 婆猪江 征伐, 즉 1433년(세종 15), 1437년(세종 19)년 建州衛 李滿住에 대한 정벌에 있어서도 조선의 관직을 받았던 馬邊者·金自還·崔毛多好 등이 通事로서 참여하거나, 向化人 童豆里不花가 嚮導를 自願하여 정벌 후 副司正을 제수 받고 理라는 이름을 하사받기도 하였다.[36] 따라서 조선 건국 전후부터 이성계 및 조선의 여진 정벌에 있어 여진인이 종군한 사실들은 몇몇 事例를 중심으로 확인할 수 있다.

그러나 1460년(세조 6) 모련위 정벌과 같이 대규모의 여진 종군자가

---

33) 위와 같음.
34) 이인영, 1954,「申叔舟의 北征」,『韓國滿洲關係史의 硏究』, 을유문화사, 103쪽·124쪽 ; 강성문, 1989,「朝鮮시대 女眞征伐에 관한 연구」,『군사』18, 53쪽.
35) 한성주, 2006,「조선초기 受職女眞人 연구 - 세종대를 중심으로」,『朝鮮時代史學報』36, 71~74쪽.
36) 한성주, 위의 논문, 87쪽.

보여지는 것은 주목할 만한 사실이다. 당시 대규모의 여진 종군자가 발생한 배경에는 고려말·조선 초기부터 지속된 알타리·올량합 對 올적합의 反目과 이를 이용한 세조의 '以蠻夷攻蠻夷' 계책이 성공한 결과였다. '이만이공만이'란 '만이로서 만이를 공격하는 것'을 말하는데, 이것은 漢나라 초 匈奴 대책과 관련된 晁錯의 言兵事疏 중 '以蠻夷攻蠻夷中國之形也', 즉 '蠻夷로서 蠻夷를 攻擊하는 것이 中國의 形勢이다'라는 뜻에서 유래한 말이다.[37] 비슷한 표현인 '以夷制夷', '以夷攻夷' 또한 '이만이공만이'에서 유래한 것으로 보인다.[38]

원래 알타리·올량합은 지금의 松花江과 牧丹江이 합류하는 三姓 부근에 거주하였는데, 올적합과의 부족 투쟁의 결과 점차 遼東·滿洲 및 鴨綠江·豆滿江 일대에 南下하게 되었다.[39] 남하 후에도 서로 원수가 되어 반목하였는데, 알타리의 大酋長 童猛哥帖木兒 또한 올적합의 습격을 받아 멸망하기도 하였다.

한편 조선 북방에 있던 여진 종족간의 투쟁은 조선으로서도 심각한 위협이 될 소지가 있었다. 세조는 '이 무리들이 흩어져 있기 때문에 힘이 약하여 감히 邊方을 침범하지 못한 것인데, 이제 만약 합치게 되면 장차 변방의 憂患이 될 것이므로 그 형세를 살피지 않을 수 없으며, 마땅히 계략을 써서 和解시킬 것'을 계획하고 있었다.[40] 이에 신숙주를 함길도 도체찰사로 삼아 함길도에 보내어 올량합과 올적합의 화해를 도모하였던 것이다.[41]

그러던 것이 낭발아한의 처벌로 인해 그 아들 아비거를 중심으로 한 올량합의 보복 침입이 격하여지자, 세조는 다음과 같이 여진 종족간의

---

37) 『漢書』 권49, 爰盎晁錯傳 제19.
38) 단국대학교 동양학연구소編著, 1999, 『漢韓大辭典(1)』, 단국대학교출판부, 872쪽.
39) 김구진, 1973, 「吾音會 斡朶里 女眞에 對한 硏究」, 『사총』 17·18, 88~93쪽.
40) 『세조실록』 권10, 세조 3년 11월 경오.
41) 『세조실록』 권15, 세조 5년 정월 임자.

반목, 즉 올량합·알타리와 올적합이 원수가 되어 싸우고 있는 것을 이용
하고자 하였음을 볼 수 있다.

> 兀狄哈 등은 兀良哈이 우리나라를 배반한 것을 다행스럽게 여겨 前日의
> 원수를 갚고자 하니, 비록 강제로 和解시키더라도 그 형편이 끝내 그만두게
> 할 수는 없을 것이다. 더구나 올량합 등이 우리의 邊境을 다시 犯한 것이 아
> 직 旬月도 지나지 않았는데, 오히려 '우리나라의 藩籬'라고 이르면서 화해하
> 도록 勸한다면 國威가 損失될 것 같고, 또 올적합의 마음을 막는 것이다. 저
> 들이 만약 원수를 갚고자 한다면 바로 소위 '以蠻夷攻蠻夷'의 形勢가 되니,
> 실로 우리나라의 利益인데, 하필이면 이를 禁止하겠는가?[42]

  세조는 올량합 등이 낭발아한의 복수를 하고자 침입하고 있는 상황에
서 올량합과 올적합의 화해를 도모하는 것은 오히려 조선의 國威를 손
상시키는 것이며, 올량합에 대해 보복하고자 하는 올적합의 마음을 막지
말아야 한다고 하고 있다. 또한 이것은 이른바 '以蠻夷攻蠻夷', 즉 '만이
로서 만이를 공격하는' 형세로 조선의 이익이 되므로 금지할 필요가 없
다고 하고 있다는 것이다. 따라서 올량합의 침입이 계속되는 상황에서
세조의 인식은 북방의 안정을 위한 올량합·올적합의 '화해 정책'에서
'이만이공만이 정책'으로 바뀌고 있음을 볼 수 있다.
  또 이것은 올적합 非舍·八里의 來朝를 계기로 '올량합을 마음대로 치
지 말라고 하였는데, 올량합을 너희 임의대로 치도록' 하였으며, 또 조선
이 北征할 때에는 '사람을 시켜 너희들에게 諭示할 것이니, 너희들도 또
한 마땅히 군사를 징발하여 이를 치도록' 서로 약속하게 되었다.[43] 그리
고 함길도 도절제사 楊汀에게는 이 약속에 대한 구체적인 방법으로 다
음과 같이 유시하였다.

---

42) 『세조실록』 권19, 세조 6년 2월 신미.
43) 『세조실록』 권19, 세조 6년 3월 기묘.

軍士를 發할 때에는 柳尙冬哈·金管婁 등과 火剌溫·兀未車·尼麻車·南訥·骨看등에게 두루 諭示하여 그들로 하여금 攻擊·討伐할 자가 아무개인지를 알도록 하며, 또한 군사를 발하여 와서 묵은 怨讐를 갚을 것을 허락하며, 또 阿比車를 잡는 자에게 특별히 賞을 주겠다고 유시하라.[44]

柳尙冬哈·金管婁 등은 올량합으로 이들이 실제 종군하였는지는 확인되진 않는다. 그러나 유상동합이 거주하던 愁州(鍾城鎭에서 서쪽으로 20리 江外)[45]에 거주하던 올량합들이 종군한 것을 보면 그 지역의 유력한 추장이었던 유상동합의 역할이 일정부분 있지 않았을까 생각된다. 또 火剌溫·兀未車·尼麻車·南訥·骨看은 모두 올적합으로 각각 지역별 또는 부족의 특징으로 구분한 이름들인데, 이들 올적합도 종군하고 있음을 볼 수 있다. 이 외에도 <별표 3>을 보면 모련위 정벌에는 알타리 및 女直이라 불리던 土着女眞 등도 함께 종군한 것으로 되어 있다. 특히 조선에 歸化하였던 向化女眞人 및 조선의 관직을 받았던 受職女眞人 등도 함께 종군하였음을 확인 할 수 있다.

그리고 세종대 6鎭을 개척하면서 두만강 부근에는 5진을 설치하였고, 이외에도 두만강변에는 여러 行城들을 쌓았다. 5진 城底 및 이들 행성 아래에는 여진인들이 거주하였으며, 이들을 '城底野人'이라 부르고 있었다. 조선에서는 이들을 조선의 울타리인 '藩籬'로 여기고 있었는데, 이들 '성저야인' 또한 종군하였음을 알 수 있다.[46]

또한 정벌 전 모련위 올량합에 의해 被擄되었던 中國人 甫郞哈(甫良介) 등 3인이 조선에 도망을 왔는데, 이들도 嚮導로서 종군하였다.[47] 원래 중국인 被擄人이 조선에 도망 오게 되면 조선에서는 모두 중국으로 送還하는 것을 원칙으로 하였지만 세조는 이들을 정벌에 종군하도록 하

---

44) 위와 같음.
45) 『단종실록』 권13, 단종 3년 3월 기사.
46) 『세조실록』 권21, 세조 6년 9월 갑신.
47) 『세조실록』 권22, 세조 6년 12월 신사·갑신.

고 정벌 후에는 司正 등을 제수하기도 하였다.[48]

이들 '종군자'들이 모련위 정벌에 종군하여 어떤 활동들을 하였는지 그 구체적인 모습을 찾기는 어려운 점이 있다. 그러나 세조가 모련위 정벌에 종군하였던 李多弄介 등 27인을 인견하면서 '北征할 때 너희 무리가 혹은 從軍하기도 하고, 혹은 指路하기도 하고, 혹은 護涉하기도 하여 모두 큰 功이 있으니, 내가 매우 아름답게 여긴다'고 한 것을 보면 이들의 역할은 크게 從軍(赴戰·赴征)·指路·護涉 등으로 나눌 수 있다.[49]

구체적으로 종군은 군대를 따라 싸움터로 나가는 것, 지로는 길을 가리켜 引導·嚮導(鄕導)하는 것, 호섭은 護衛하여 江을 건너는 것을 말한다. 이외에도 정벌과 관련하여 報變·助戰·捍後의 功으로 관직을 제수받는 여진인들을 볼 수가 있는데, 보변은 싸움의 變이나 狀況을 보고하는 것, 조전은 싸움을 돕는 것, 한후는 뒤를 막아 호위하는 것을 말한다.[50]

조선은 세종이 4군 6진을 설치한 이후 북방에 거주하는 여진인들의 種族·多少·強弱·居住地·距離의 遠近·地形 및 勢力 動向 등을 파악하고자 노력하였으나, 조선의 군사가 여진의 거주지를 정확히 숙지 또는 탐색하는 것은 어려운 점이 있었다. 따라서 여진인 향도의 역할이 중요시되었으며, 이중 向化人 副司正 所羅는 '先鋒嚮導'로써 활약하여 정벌 이후에는 司正으로 그리고 다시 護軍으로 거듭 陞職하기도 하였다.[51]

모련위 정벌 직후 세조는 종군한 여진인들을 조선에 내조하게 하여 조선의 관직을 대거 授職하였다. 올적합의 也堂只·也郎哈·大時應巨·林多 등이 軍中으로부터 내조하여 土物을 바치자 이들의 軍功을 논하여 후하게 상을 주도록 한 것을 시작으로, 여진인들의 정토에 종군한 공을

---

48) 위와 같음.
49) 『세조실록』 권22, 세조 6년 윤11월 기미.
50) 『세조실록』 권22, 세조 6년 11월 병신·윤11월 을축·12월 무자.
51) 『세조실록』 권22, 세조 6년 12월 계미 ; 권25, 세조 7년 8월 을해.

녹훈하도록 하고 있다.[52]

征討에 從軍한 功을 錄勳하였는데, 1등으로서 尼麻車兀狄哈 上護軍 金亐豆를 中樞院副使에 올려 除授하고, 指揮 甫要麻·천호 也堂只를 상호군에 제수하고 2등으로서 니마거울적합 천호 也郞哈을 상호군에, 南訥兀狄哈 副司正 加乙多可를 護軍에, 니마거울적합 豆伊·沙安多茂·臥羅可·巨之可·其堂可를 司直에 제수하고, 3등으로서 니마거울적합 波多茂·大時應巨·林多·亐證巨와 남눌올적합 부사정 乃伊可를 사직에 제수하였다.[53]

野人 司正 多弄介를 副司直으로, 副司正 雄古·都邑道·所羅·金於虛里·麻尼 등을 사정으로, 司直 巨處를 副萬戶로, 照弄介·巨知貴·也可赤·加應巨里를 부사정으로 삼아 각각 綿布 2필을 주고, 尙家蘆·沙甫郞可·者邑同介·於弄巨 등을 부사정으로 삼아 각각 면포 4필을 주고, 萬戶 金公趺를 上護軍으로, 부만호 金加加阿·李訥叱仇於·朴撤搭哈·朴阿堂吉, 護軍 劉尙尙哈 등을 만호로, 사직 金毛下·指揮 殷鎭夫를 만호로, 사정 李巨時介를 부사직으로, 부사정 劉夫叱·知弄介·奎都·雙波·阿音夫 등을 사정으로, 金者終阿·金尼忠阿·金波叱泰를 부사정으로 삼았으니, 모두 北征할 때에 功이 있기 때문이다.[54]

이를 보면 이들 여진인들이 정토에 종군한 공을 녹훈한 구체적인 방법은 바로 조선의 관직을 제,수하고 물품을 하사하는 것이었음을 알 수 있다. 군공을 3등급으로 나누고, 이미 관직을 받은 受職女眞人들은 관직을 올려 제수하고, 그렇지 않은 자들은 새로이 관직을 제수하였던 것이다. 이후 종군한 여진인들의 내조시에도 이러한 例에 의하여 그 공에 대한 포상을 실시하였다.[55]

그런데 종군한 여진인들 중에는 물품을 하사받는 것 이외에도 관직을 제수 받기를 소원하기도 하였다.[56] 조선에서 관직을 주어 女眞人 從軍

---

52) 『세조실록』 권21, 세조 6년 9월 정유.
53) 『세조실록』 권21, 세조 6년 9월 무술.
54) 『세조실록』 권22, 세조 6년 12월 계미.
55) 『세조실록』 권22, 세조 6년 10월 무신·윤11월 병인.
56) 『세조실록』 권22, 세조 6년 윤11월 병인.

者에게 포상한 것은 조선의 관직을 받아 '受職女眞人'이 되는 것을 의미
한다. '수직여진인'이 되면 여진인에게 있어서는 1년에 한번 조선에 來
朝할 수 있는 권한을 부여받는 것과 같았다. 여진인들은 주로 경제적 목
적으로 조선에 내조하였는데, 有力 酋長 및 그 一族 또는 추장의 印信이
찍인 書契 등을 가진 管下人이 아니면 내조할 수 없었다. 그러나 조선으
로부터 관직을 받아 일종의 辭令狀을 받고, 邊將에게 그것을 제시함으로
써 조선에 내조할 수 있었던 수단이 되었던 것이다.[57] 그렇기 때문에 조
선의 관직을 받는 것을 소원한 사람들도 나타나게 된 것이다.

『조선왕조실록』을 통해서 확인되는 이들 여진 종군자의 명단, 즉 포
상자 명단은 총 138명인데, 이는 모련위 정벌의 공으로 조선의 관직을
수여받은 여진인이며, 기록에 남겨지지 못한 여진인들까지 포함하면 이
보다 훨씬 많았을 것으로 짐작할 수 있다.

그리고 이전까지 조선의 여진 정벌에 있어 여진인이 종군한 것을 보
면 주로 向化人이 通事 또는 嚮導로써 활동을 한 반면, 1460년(세조 6)
모련위 정벌에는 대부분 두만강 유역에 거주하던 올적합·올량합·알타
리·토착여진 등이 종군하였다는 특징이 있다. 앞서 말한 '以蠻夷攻蠻夷'
의 계책이 실현된 것이다. 또한 세조대 모련위 정벌에서 실현된 '이만이
공만이'의 계책은 30여 년 뒤인 1491년(성종 22)에는 반대로 尼麻車兀
狄哈에 대한 정벌에 兀良哈 등을 從軍시키게 되는 배경이 되기도 한 것
으로 생각된다.

조선 초기부터 여진을 둘러싼 조선과 명의 대립과 갈등은 遼東 정세
가 혼란스러울 때마다 지속되어 왔다. 그리고 여진인들은 朝鮮과 明 양
쪽에 入朝하여 이중으로 受職을 받고 양쪽에서 경제적 목적을 취하는
二重的이고 兩屬的인 모습을 보이고 있었다. 세조대 모련위 정벌 또한
이러한 조선과 명·여진관계의 연장선상에서 파악할 필요가 있다. 여진

---

57)『성종실록』권185, 성종 16년, 11월 갑자·을해 ; 권186, 성종 16년 12월 무술.

을 둘러싼 명과의 대립과 갈등이라는 외교적 문제 속에서도 모련위 정벌을 단행하여 조선의 自主的 입장 및 國威를 과시하려던 세조의 결단은 높이 평가되어야 할 것이다.

그리고 정벌의 과정 중 여진인들의 反目을 이용한 세조의 '이만이공만이' 계책 또한 새롭게 조명되어야 할 필요가 있다. 세조의 '이만이공만이' 정책 속에는 조선이 여진인들에게 조선의 관직을 주어 복속시켜왔던 '수직정책'이 그 배경으로써 작용하였음에 틀림없고, 모련위 정벌에 수직여진인들의 참여는 물론이거니와 정벌 후 여진인 종군자에 대한 포상책으로서 '수직정책'이 구사되었다는 점은 큰 의미가 있다. 여진인들의 반목을 이용하면서 여진인을 여진정벌에 참여시킨 것은 여진세력이 통일하는 것을 미연에 방지하고 여진세력을 분열시킨 것으로 볼 수 있다. 그리고 그것에 대한 포상으로서 조선의 관직을 주었다는 것은 조선의 수직정책의 또다른 성격, 즉 여진세력을 분열하는 수단으로서도 작용하였음을 말해주는 것이다. 조선의 수직정책은 북방 변경 지역에 거주하는 여진세력들을 효과적으로 복속시키고 분열시키기 위한 수단으로써 활용되고 있었던 것이다.

제6장

女眞 藩籬·藩胡 형성과 수직정책의 상관관계

藩籬란 일반적으로 '국가의 울타리'인데, 內治的 개념에서 外的으로 확대되어 여진관계에서는 두만강 유역의 여진인들을 번리라 인식한 것으로 보인다. 4郡 6鎭을 설치한 후에는 방어상의 이유 때문에 번리인식을 더욱 확대하고 구체화시켜 나간 측면이 있다. '女眞 藩籬'를 구축하고 공고히 하기 위해서 조선은 몇 가지 정책을 구사하였는데, 明을 통한 외교적 방법을 통해 여진인들의 이동을 억제하기도 하고, 두만강 유역의 여진인들에게 수직정책을 확대 적용시키기도 하는 등 회유책을 구사하기도 하였다. 또한 무력을 동반하여 도망간 여진인들을 잡아오거나 示威하는 强硬策으로 이들의 이탈을 방지하려 하였다. 이렇게 형성된 여진 번리는 深處 여진인들의 공격을 막으면서 새로 설치한 6진을 조선의 영토로 완전하게 편입시키는데 있어 도움을 주었을 것이다.

조선 중기가 되면 여진이 농경사회로 발전하는 것과 궤를 같이 하면서 두만강 유역의 여진 번리가 '藩胡 部落'으로 지칭되기 시작하였다. 번리는 이러한 '번호 부락'으로 구체화되면서 급속한 발전을 이루었는데, 이들 '번호 부락'은 5진을 중심으로 두만강 내외, 즉 남쪽과 북쪽에 두루 분포하면서 두만강을 에워싸는 형태였다.

번호 부락의 발전에 있어서도 조선의 수직정책을 위시한 통교정책이 일정부분 영향을 끼쳤을 것이다. 여진인들은 각종 생필품을 얻기 위해서 5진 주변에 모여들었는데, 경제적 욕구를 충족시키려면 이러한 조선의 통교정책에 순응해야했기 때문이다.

본 장에서는 조선전기 여진에 대한 번리 인식과 5진이 설치되는 배경

을 살펴보고, 5진 설치 후 여진 번리에 대한 정책이 어떻게 전개되었는
지, 그리고 번리와 번호로 지칭되기 시작하면서 어떤 규모로 형성되었는
지 살펴볼 것이다. 그리고 그 과정에서 조선의 수직정책이 어떤 결과로
서 작용하였는지 고찰해 보고자 한다.

제1절 '女眞 藩籬' 인식과 5鎭의 설치

여말선초 동북면 및 두만강 유역의 여진인들은 조선과 밀접한 관련을
맺고 있었고, 조선에서는 건국 후에 이들을 대우하면서 동북면을 조선의
행정구역으로 재편하려 하였다.[1] 따라서 동북면 내륙 깊숙이 거주하던
여진인들은 점차 조선에 동화되어 편호가 되어 갔으며, 두만강 유역에
거주하던 여진인들은 조선에 내조하면서 조선과의 관계를 이어갔다.

그런데 이들 두만강 유역에 거주하던 여진인들에 대해 조선에서는 藩
籬라고 부른 점을 주목할 필요가 있다.[2] 번리란 일반적으로 '국가의 울

---

[1] 고려말 동북면이 여진인과 고려유민이 혼재되어 있던 상황이었던 점, 이성계의
사병이 이들을 기반으로 한 점, 1393년(태조 2)에 이지란을 동북면 도안무사로 삼
아 갑주와 공주에 성을 쌓고, 1397년(태조 6)에는 정도전을 동북면 도선무순안찰
사로, 이지란을 도병마사로 삼아 성보를 수축하여, 단천에서 공주의 경계가 모두
찰리사의 통치 안에 예속되도록 한 점, 1398년(태조 7)에는 주·부·군·현의 명칭
을 나누어 정하고, 안변 이북 청주 이남을 영흥도로, 단천 이북은 공주, 이남은
함길도라 칭하여 동북면 도순문찰리사로 하여금 통치하게 하고, 홍원과 청주, 단
천, 길주, 경성, 경원 등에 속한 각 참의 명칭을 새로이 하였으며, 경원부에 성을
쌓았던 것 등을 들 수 있다.

[2] 조선의 번리 인식에 주목한 것으로는 조선의 對馬島 敬差官 파견과 관련하여 대
마도를 조선이 藩屏으로서 인식하였다는 연구(한문종, 1992, 「朝鮮前期의 對馬
島 敬差官」, 『전북사학』 15), 야인·대마도에 대한 번리·번병인식의 형성과 경차
관 파견의 상관관계를 밝힌 연구(정다함, 2008, 「朝鮮初期 野人과 對馬島에 대한
藩籬·藩屏認識의 형성과 敬差官의 파견」, 『동방학지』 141)가 있다.

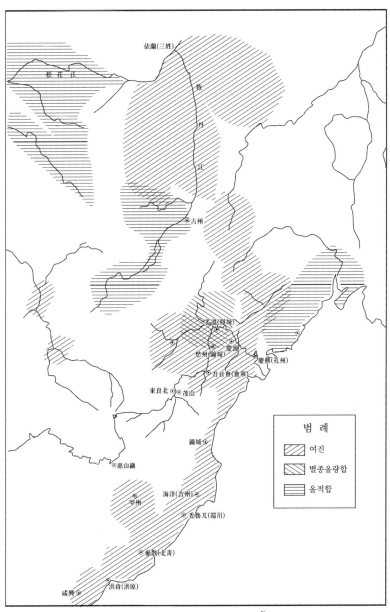

〈지도 6〉 여말선초 여진 분포[5]

타리'로 볼 수 있는데, 藩國, 藩邦, 藩屏, 藩蔽, 藩翰, 藩服, 藩臣, 藩鎭, 外藩 등의 용어로 쓰이면서, 중국에서는 제후국이나 절도사 등 지방군사 조직에 쓰이기도 한 용어이다. 『朝鮮王朝實錄』을 검토해 보면 함경도·평안도·경상도·전라도 등 주로 변경 방어와 관련된 지역 전체 또는 城邑, 鎭·堡 등의 일부를 일컫기도 하고, 군사조직인 船軍을 지칭하기도 한다. 이러한 것이 대외관계에서도 확대되어 일본과의 관계에서는 주로 對馬島, 여진과의 관계에서는 두만강 유역 내외의 여진인들을 번리라 인식하였던 것으로 보인다.[3]

조선의 여진 번리인식이 극명하게 나타나는 시기는 바로 4군 6진을 설치하기 시작한 세종 때이며, 4군 6진의 설치 후에는 방어상의 이유 때문에 여진 번리인식이 더욱 확대되고 구체화되어 갔을 것이다.[4] 즉 6진의 방어를 위해서는 豆滿江 內外에 있는 여진인들을 藩籬化시켜 조선의 울타리가 되게 함으로써 변경의 안정화를 꾀할 필요가 있었다. 그리고

---

3) 중국의 조공책봉체제가 대외적으로 확대되고 그 내적 개념 또한 외적으로 확대되면서 '藩'의 개념도 함께 확대되었다고 생각된다. 예를 들면 唐代 '藩鎭'은 절도사를 일컫는 명칭이었지만, 이러한 '藩'의 개념이 조공책봉을 전제로 한 중화적세계 인식으로 확대되면서 책봉을 받은 국가를 '藩籬', '藩臣', '藩國' 등으로 지칭하기 시작한 것이다. 그러나 한편으로 '藩'이라는 의미는 내적 개념으로도 지속적으로 함께 쓰이고 있기 때문에 내적 개념과 외적 개념을 구별할 필요는 있을 것이다.

4) 두만강 유역의 6진 개척 및 국토 확장 등에 대한 대표적인 연구는 다음과 같다. 송병기, 1973, 「동북, 서북계의 수복」, 『한국사』 9, 국사편찬위원회 ; 방동인, 1994, 「조선초기의 북방 영토개척 – 압록강 방면을 중심으로」, 『관동사학』 5·6 ; 방동인, 1995, 「4군 6진의 개척」, 『한국사』 22, 국사편찬위원회 ; 방동인, 1997, 『韓國의 國境劃定硏究』, 일조각 ; 김구진, 1977, 「尹瓘 9城의 範圍와 朝鮮 6鎭의 開拓 – 女眞 勢力 關係를 中心으로 – 」, 『사총』 21·22 ; 이경식, 1992, 「朝鮮初期의 北方開拓과 農業開發」, 『역사교육』 52 ; 김병록, 1996, 「조선초기 金宗瑞의 六鎭開拓에 關한 考察」, 성균관대학교 석사학위논문 ; 國防軍史硏究所, 1999, 『國土開拓史』, 정문사 ; 강성문, 2001, 「朝鮮初期 六鎭開拓의 國防史的 意義」, 『군사』 42 ; 오종록, 2001, 「세종시대 북방영토개척」, 『세종문화사대계』 3, 세종기념사업회.

조선 중·후기가 되면 여진 번리의 구체화로서 '藩胡 部落'이란 명칭이 나타나기 시작하는데, 이 번호 부락은 두만강 유역에 설치된 5진 城底를 비롯한 두만강 유역 내외에 분포하여 1차적으로 邊境에서의 정보를 조선에 보고하고 다른 여진족의 침입을 직·간접적으로 막아주는 역할을 하였던 것으로 보여진다.

조선이 건국하는데 있어 여진 세력이 이성계의 사병에 종군하여 참여한 것은 사실이지만,[6] 건국 후 여진과의 관계는 복잡다단했던 측면이 있다. 왜냐하면 여진 세력이 통일된 세력을 형성하지 못하고 적게는 수십 명에서 많게는 수백 명까지 종족별·부족별로 수렵 및 농경 생활을 영위하였기 때문이었다.

한편 조선과 같은 신흥국이었던 명에서 보면 몽고 세력을 축출하는 것뿐만 아니라 요동 및 만주 지역의 여진족을 안정화시켜 몽고 세력 및 조선과 연합하는 것을 미연에 방지할 필요가 있었기 때문에 여진 초무를 지속적으로 시행하려 한 점에 있어서도 조선·명·여진관계가 보다 양면적인 관계가 아닌 다면적이고 복합적인 측면을 초래하였다고 할 수 있다.

명은 成祖 때부터 요동에 거주하는 여진을 본격적으로 초무하기 시작하였는데, 명 성조의 여진 초무는 두 가지 방향에서 전개되었다.[7] 하나는 흑룡강 부근의 여진을 초무하여 몽골 세력을 견제하는 것과 다른 하나는 두만강 부근의 여진을 초무하여 조선을 견제하는 것이었다. 두 가

---

5) 김구진, 1973,「麗末鮮初 豆滿江 流域의 女眞 分布」,『백산학보』15의 '麗末元勢下의 諸種女眞分布地域' 지도를 재작성함.

6) 최재진은『태조실록』과『고려사』를 근거로 이성계 일가가 咸州地方의 土着勢力으로 활약하였으며, 女眞과 깊은 관계를 가져왔다고 하고 있다. 또한 5대를 거치면서 밀접한 관계를 맺어온 여진족 중심의 토착 세력이 이성계의 군사력 배경이 되고 있다고 밝히고 있다(최재진, 1993,「高麗末 東北面의 統治와 李成桂 勢力 成長 - 雙城摠管府 收復以後를 中心으로 -」,『사학지』26, 180·193쪽).

7) 박원호, 1991,「永樂年間 明과 朝鮮間의 女眞問題」,『아세아연구』85, 238쪽 ; 1995,「15세기 동아시아 정세」,『한국사』22, 국사편찬위원회, 1995, 262쪽.

지 모두 여진이 거주하는 지역에 위소를 설치하는 것으로 나타났는데, 전자는 흑룡강 하류의 옛 원대 동정원수부 자리에 노아간도사를 설치하여 여진諸部를 통합하도록 함으로써, 후자는 건주위·올자위 등의 여진 위소를 설치함으로써 일단락되었다.

이 과정에서 성조는 조선의 동북면 10처 지면에 거주하는 여진인들을 초무하려 하였고, 조선에서는 치열한 외교전을 펼쳐 이들의 종속을 인정받았다.[8] 그러나 명은 두만강 유역에 거주하는 알타리의 首長 童猛哥帖木兒 및 올량합 등을 초무하려는 의도를 굽히지 않았다. 조선에서는 외교적 노력이 실패하자, 동맹가첩목아를 회유하여 명의 의도를 저지하고자 하였다. 즉 대호군 李愉를 동맹가첩목아에게 보내어 宣諭하게 하고 물품을 하사하였으며,[9] 의정부의 知印 金尙琦를 보내어 동맹가첩목아에게 慶源等處管軍萬戶의 印信을 내려주고, 올량합 만호 甫里·波乙所 및 관하인 100여 명에게 물품을 나누어 주기도 하였다.[10] 그리고 다시 상호군 申商, 대호군 李愉를 연달아 보내어 명의 초무를 막으려 노력하였다.[11]

태종이 동맹가첩목아의 명 입조를 막으려 한 이유는 바로 동맹가첩목아를 동북면의 '藩籬'라고 생각한 것에 있었다. 즉 태종은 동맹가첩목아가 거주하던 "斡木河는 우리나라의 藩籬"[12]라고 하였고, "명 사신이 오는 것은 오로지 동맹가첩목아를 초안하려는 것이고, 이 사람은 조선의 번리이기 때문에 이것을 도모하라"[13]고 하고 있다. 또 "이 사람은 우리 영토 안에 살고 있어 우리의 번리가 되었으니 마땅히 후하게 대우해야

---

8) 박원호, 1991, 「永樂年間 明과 朝鮮間의 女眞問題」, 『아세아연구』 85 참고.
9) 『태종실록』 권9, 태종 5년 1월 갑진.
10) 『태종실록』 권9, 태종 5년 2월 기축.
11) 『태종실록』 권9, 태종 5년 3월 기유 ; 권10, 5년 7월 병진.
12) 『세종실록』 권62, 세종 15년 10월 무인.
13) 『태종실록』 권9, 태종 5년 3월 기유.

한다"[14]고 하는 등 동맹가첩목아에게 조선의 관직과 물품을 지급함으로 써 명의 초무를 막아보려 하였던 것이다. 그러나 태종은 이들 번리에 대 해 "그 무리들은 어루만져 편하게 하지 않을 수 없고, 대비해 방비하지 않을 수 없다"[15]고 말함으로써 경계를 늦추지는 않았던 것 같다.

한편 북방 여진을 변방의 울타리인 번리로 서술한 것은 먼저 『高麗史』 나 『高麗史節要』에서 찾아볼 수 있다. 『고려사』 및 『고려사절요』를 보 면 고려의 북방에 거주하면서 고려에 내조하던 여진인들에 대해 번리라 표현했던 것을 많이 찾을 수 있다. 이들 記事들을 살펴보면 고려 및 조 선 초기의 여진 번리 인식은 변방 부근에 거주하는 여진인들 중에서 고 려나 조선에 내조하여 관직을 받고, 경제적으로 복속하거나 영향을 받으 면서 밀착된 관계를 맺고 있던 대상을 지칭하는 경우가 많다.

따라서 당시 여진 번리는 광의의 의미로서 중국에서 말하여지는 藩 國, 藩邦, 藩屛, 藩蔽, 藩翰, 藩服, 藩臣, 藩鎭, 外藩의 의미가 변경의 이 민족에게까지 확대된 것으로 변경의 안정과 밀접한 관련이 있고, 무마하 고 후대하는 한편 관계가 악화되었을 때는 침입을 방비해야 하는 대상이 라고 할 수 있다.

동맹가첩목아 및 두만강 일대의 여진인들을 번리로 인식하였던 것은 세종대에도 이어져서 올적합의 침입으로 동맹가첩목아가 패망하게 되자 6진을 설치하는 계기가 되었다고 할 수 있다.

> 斡木河는 본래 우리 나라의 영토 안에 있던 땅이다. 혹시 凡察(동맹가첩목 아의 이복동생) 등이 딴 곳으로 옮겨 가고, 또 强敵이 있어서 알목하에 와서 살게 되면, 다만 우리나라의 邊境을 잃어버릴 뿐 아니라, 또 하나의 강적이 생기게 된다. 그러므로, 나는 그곳의 허술한 기회를 타서 寧北鎭을 알목하에 옮기고, 慶源府를 蘇多老에 옮겨서 옛 영토를 회복하여서 祖宗의 뜻을 잇고

---

14) 『세종실록』 권45, 세종 11년 9월 정묘.
15) 『세종실록』 권84, 세종 21년 1월 병오.

자 하는데 어떤가. … 내가 옮겨서 배치하려고 하는 것은 큰 일을 좋아하거나
공을 세우기를 즐겨 하기 때문은 아니다. 만약 조종이 藩籬를 설치하였다면
자손 된 자가 좇아서 이것을 보충하여야 한다는 것 뿐이다.[16]

즉 '동맹가첩목아가 거주하던 알목하는 조종이 번리를 설치한 것이
고, 다른 강적이 알목하에 들어오면 변경을 잃어버리는 것이므로, 조종
의 뜻을 좇아 이것을 보충하고자 한다'고 말하고 있는 것이다. 따라서
세종이 6진을 설치한 것은 '이 지역이 원래 우리나라의 영토인데, 동맹
가첩목아가 와서 살게 되면서 조선의 번리가 된 것이고, 이 번리가 패망
하여 없어졌기 때문에 다른 强敵이 살게 되는 것이 우려되므로 鎭을 설치
한 것'이다.

그리고 6진을 설치하는 논의 과정을 보면 세종의 번리 인식은 보다
더 구체화되는 측면이 있다.[17] 세종은 동맹가첩목아가 회령에 거주한
것에 대해서 "太祖 때에 순종하여 와서 우리나라의 번리가 되기를 청한
것이고, 태조가 사방에 있는 오랑캐를 지키려는 것에서 우선 허락한
것"[18]이라고 하고 있다. 또 "童倉(동맹가첩목아의 아들)의 部落은 대대
로 본국 境內에 살아서 우리의 번리가 되었다"[19]라고 표현하고 있으며,
오도리의 馬佐化·馬仇音波·童也吾他·哥哥時波와 오랑개의 仇赤 등이 내
조하였을 때는 "너희 무리는 여러 代에 걸쳐 北門에 거주하였고, 우리의

---

16) 『세종실록』 권62, 세종 15년 11월 무술.
17) 이와 관련하여 정다함은 조선이 野人 및 對馬島에 敬差官을 지속적으로 파견하
던 연원은 이들에 대한 고려와 조선이 거둔 군사적 승리와 그 주역으로서의 太祖
李成桂라는 물리적이고 구체적인 역사적 경험에 기반하였고, 이러한 역사적 경험
을 조선이 스스로를 중심으로 하는 유교적 명분질서로 분식시킴으로써 야인과 대
마도를 조선의 신하로 설정하여 번리나 번병으로 파악하는 인식을 보편화시킨 것
에서 기원한 것이라고 지적하고 있다(정다함, 2008, 「朝鮮初期 野人과 對馬島에
대한 藩籬·藩屛認識의 형성과 敬差官의 파견」, 『동방학지』 141 참고).
18) 『세종실록』 권62, 세종 15년 11월 경자.
19) 『세종실록』 권84, 세종 21년 1월 병오.

藩屛이 되었다"[20]고 하여 두만강 유역의 여진 번리가 그 연원이 오래되었음을 강조하고 있는 것이다.

그리고 이 지역은 원래 조선의 영역인데, 태조 때부터 여진인들이 청하고 순종하여 거주하게 되었고, 그에 따라 여진인들이 조선의 번리가되었음을 누차 강조하고 있는 것이다. 따라서 조선에서 원래 조종의 땅에 진을 설치하는 것은 여진의 땅을 뺏거나 잘못된 것이 아니라 조종의옛 땅에 설치하는 것이므로 당연한 것임을 천명하고 있는 것이다.

한편 번리는 조선에 귀순하여 순종하여 온 사람들(效順, 歸附) 또는대대로 본국 경내에 살아온 자들로서, '먼 지역 또는 深處에 거주하는올적합의 소식을 전하거나 사변을 탐지하여 연속적으로 보고'[21]하기도하고, '보고 들은 것과 聲息을 달려와서 고하며'[22], '深處의 올적합이 감히 접근하지 못하게 하면서, 賊變이 있으면 같은 마음으로 막아 온'[23]역할을 하였다고 보았다.

이에 세종은 "너희들은 우리 조종이 생긴 이래로 우리와 가까운 지경에 살면서 성심으로 힘을 바쳐 왔고, 우리나라에서도 역시 너희들을 무휼하여 서로가 '입술과 이(脣齒)'처럼 여겨 온지 여러 해"[24]가 되었다고하였다. 그리고 여진인들에 대해서도 "두 가지 의심을 가지지 않고 생업을 즐기며 편히 살아 영원히 번리가 되면 彼我가 어찌 큰 이익이 아니겠는가"[25]라고 하여 여진인들이 조선의 번리가 되는 것은 서로에게 유익한 것이라고 강조하였다.

그러나 한편으로는 의정부 찬성 申槪가 상언한 것처럼 서북면의 建州

---

20) 『세종실록』 권90, 세종 22년 7월 신유.
21) 『세종실록』 권64, 세종 16년 5월 을사 ; 권84, 세종 21년 3월 임술.
22) 『세종실록』 권86, 세종 21년 9월 기유 ; 권95, 세종 24년 1월 무자.
23) 『세종실록』 권74, 세종 18년 9월 임술 ; 권95, 세종 24년 1월 무자.
24) 『세종실록』 권95, 세종 24년 1월 무자.
25) 위와 같음.

衛 李滿住가 귀부하고 忽刺溫 兀狄哈의 聲息과 事變을 보고한다고 해서
번리가 되었다고 하여도 "邊境에 쳐들어와서 함부로 사람을 죽이고 노
략하는 것이 여러 번에 이르러 그치지 않으면 번리라 이를 수 없고"[26]
마침내는 군사력을 동원하여 정벌하는 대상이 되었던 것이다.

제2절 5진 설치 후 '여진 번리'에 대한 정책

동북면에 설치한 6鎭은 1434년(세종 16) 寧北鎭(뒤에 鍾城鎭으로 이동),
會寧을 시작으로 순차적으로 慶源, 慶興, 穩城, 富寧鎭(1449년, 세종 31)
을 설치하면서 완료되었다. 6진 중 두만강 유역에 있는 것이 바로 종성,
회령, 경원, 경흥, 온성이며, 이들 5진에 새로 성을 쌓았는데 이것은 바
로 巨鎭이라 할 수 있다. 5진 사이의 모든 요해처에는 작은 진과 보를
두어 두만강을 둘러쌓고, 이것이 선으로 연결되어 있진 않았지만 이를
두고 長城 또는 行城이라 불렀다.[27]

세종은 영북진과 회령진을 설치하고, 알타리를 중심으로 한 여진인들
을 그 주변에 그대로 머물게 하여 藩籬化시키려 하였다. 그러나 동맹가
첩목아의 遺種인 凡察(동맹가첩목아의 이복 동생)과 童倉(동맹가첩목아
의 아들)은 건주위 이만주가 거주하는 婆猪江 유역으로 이동하려 하였
고, 조선에서는 이들을 그대로 붙잡아 두려한 것을 볼 수 있는데, 조선에
서 이들에 대해서 취한 정책들은 다음과 같다.

첫째, 외교적으로 이들의 이동을 막으려고 明에 奏聞하여 실질적인
성과를 이끌어냈다. 1438년(세종 20)과 1439년(세종 21), 두 차례에 걸쳐

---

26) 『세종실록』 권74, 세종 18년 9월 임술.
27) 송병기, 1964, 「世宗朝 兩界行城 築造에 對하여」, 『사학연구』 18, 189쪽 ; 유재
   춘, 1998, 「朝鮮前期 行城築造에 관하여」, 『강원사학』 13, 153쪽.

"동창과 범찰은 옮길 필요가 없고 그대로 그곳에 거주하라"는 勅諭를 이끌어 내었다.[28] 사실 이와 관련해서는 파저강 유역의 이만주에 대한 조선의 정벌로 인해 명을 중심으로 조선과 여진 사이에 치열한 외교전이 펼쳐졌다고도 할 수 있다.

동창과 범찰은 이만주가 거주하는 파저강 유역으로 이동하길 원하여 명에 이주를 허가해줄 것을 요청하였고, 두 번이나 허락을 받았으나, 조선의 반대로 번번히 좌절되었다. 1438년과 1439년의 칙유는 여진인들의 이주 요청과 명의 승인, 그리고 이에 대한 조선의 반대와 명의 조선 요청 승인이라는 치열한 외교전이 숨어 있었다. 조선에서 이들의 이주를 반대한 이유는 조선의 파저강 정벌로 인해 이만주와의 원한이 풀리지 않은 상황에서 이들이 모여 살게 되면 조선의 변방이 혼란해질 것이고, 동창·범찰이 사는 지역은 太宗皇帝(明 成祖) 때 조선의 소유로 승인한 동북면 10처 지역에 속한다는 것이었다.[29]

童倉과 凡察로서는 동맹가첩목아가 明의 建州左衛를 개설받았으므로, 명의 허락을 받으면 이주가 쉬울 것으로 생각했을 수 있지만 여진을 둘러싼 조선과 명의 관계는 그렇게 간단한 문제만은 아니었다고 보여진다. 왜냐하면 당시 명은 북방 몽고세력의 팽창이라는 현실 때문에 더 이상 遼東 지역, 특히 두만강 유역의 여진에 대한 영향력을 발휘할 수 없는 상황이었다. 黑龍江 유역에 설치된 奴兒干都司가 유명무실해지고, 여진 세력의 명 침입이 대규모로 자주 이루어지고 있음이 이를 잘 대변해주고 있다.[30]

따라서 명으로서는 조선과 여진의 분쟁이 확대되지 않고 안정적으로 유지되어 더 이상 혼란한 상황이 벌어지지 않는 것을 바라고 있었다고

---

28)『세종실록』권81, 세종 20년 5월 병신 ; 권85, 세종 21년 5월 경신.
29)『세종실록』권80, 세종 20년 1월 병오.
30) 남의현, 2007,「明 前期 奴兒干都司의 設置와 衰退」『동북아역사논총』16 참고.

보여지며, 동창과 범찰의 이주를 둘러싼 조선과 여진의 외교전은 이러한 당시 동북아시아 정세가 투영되어 있다고 할 수 있다.

둘째, 이들 여진인에 대한 懷柔策이다. 세종은 "우리나라에서 범찰 등이 청구하는 것이 있으면 모두 들어주었고, 조회하러 오는 자가 있으면 舍館을 제공하고 양식을 주어 우대하였다"고 하고 있으며,31) 또한 "혹 차례를 뛰어넘어 관직을 제수하고 여러 물품을 하사하였으며, 심지어 농사짓는 것, 사냥하는 것, 짐승 기르는 것까지도 그들의 편리한 대로 허가하여 여러 모로 撫恤하였음"32)을 말하고 있다.

따라서 세종은 범찰 등의 물품 청구에 있어 그 경제적 욕구를 들어주고, 來朝를 허가하였으며, 조선의 官職을 제수하는 등의 회유책을 구사하였음을 알 수 있다. 특히 동창에 대한 관직 수여는 조선에서도 많은 논란이 있었는데, 동창이 이미 指揮라는 명의 관직을 가지고 있었기 때문이었다.33) 결국 동창에 대해 관직을 수여함으로써 조선의 수직정책은 보다 적극적으로 전개되어 두만강·압록강 유역 등 먼 지방에 거주하는 여진인 뿐만 아니라 명의 관직을 가진 여진인에게까지 확대되는 계기가 되었으며, 명 관직을 가진 여진인에 대한 조선의 관직 수여는 명과 또 다른 갈등을 초래하기도 하였다.34)

---

31) 『세종실록』 권90, 세종 22년 7월 신유.
32) 위와 같음
33) 한성주, 2007, 「朝鮮初期 朝·明 二重受職女眞人의 兩屬問題」, 『조선시대사학보』 40 참고.
34) 한성주, 2007, 「朝鮮初期 朝·明 二重受職女眞人의 兩屬問題」, 『조선시대사학보』 40 참고(童倉에 대한 授職으로 시작된 明 관직자에 대한 조선의 관직 수여는 世宗代에는 크게 문제가 되진 않았지만, 建州衛로 도망했던 동창 등이 世祖代 來朝하여 다시 조선의 관직을 제수받자 명은 勅使를 조선에 파견하여 이를 詰責함으로써 외교적 갈등이 초래되기도 하였다. 이 역시 동북아시아의 정세, 즉 명의 요동 지역에서의 영향력 상실이라는 측면에서 파악해야 하고, 또 그에 따른 압록강 유역의 여진 세력에 대해 두만강 유역과는 다르게 명이 더 민감하게 반응하고 있었음을 알 수 있다).

셋째, 무력을 동반한 强硬策이다. 조선에서는 회유와 함께 무력을 동원하기도 하였는데, 兵馬를 동원하여 도망간 여진인들을 잡아오기도 하고,[35] 군대의 위엄을 보이고 정벌하려는 듯한 聲息을 냄으로써 이탈하는 것을 방지하려 하였다.[36] 그렇지만 이런 노력에도 범찰과 동창 등이 管下 3백여 호를 거느리고 조선을 배반하고 파저강 유역으로 도망하게 되었다.[37]

그러나 범찰과 동창 등을 따라가지 않고 남아 있는 무리는 약 1백여 호 정도였다.[38] 조선에서는 이들 중 옛 質子의 예로서 우두머리로서 세력이 있는 사람들의 子弟를 서울로 오게 하여 관직을 제수하고 侍衛를 시키면서 아내를 얻게 하여 머물러 두게 하였으며, 이러한 명령에 따르지 않으면 강제로라도 올려 보내도록 하여 이를 관철시키려 하였다.[39] 이에 따라 오도리 유종 중 童於虛里의 아들 所老加茂, 吾沙介의 아들과 加時波의 아들 1인, 亡乃의 아들 伊童時可, 也吾他의 長子 阿何里와 아들 毛多吾赤, 李貴也의 아들 也吾乃, 愁音佛伊의 아들, 高早化의 아들 吾同古, 童於虛取의 아들 松古老風, 崔寶老의 누이동생이 낳은 아들 沙乙下 등을 연속하여 上京하도록 하였다.[40] 결국 조선에서는 김종서가 "저 알타리들을 어떻게 하든지 북문에 그대로 머물러 있게 하여 우리나라의 번리로 삼아야 한다"[41]고 말한 바와 같이 명을 통한 외교적 방법, 여진에 대한 회유책, 그리고 무력을 동반한 강경책 등으로 두만강 유역의 여

---

35) 『세종실록』 권89, 세종 22년 4월 병신·6월 경인.
36) 『세종실록』 권74, 세종 18년 9월 임술 ; 권80, 세종 20년 1월 갑진·3월 기축 ; 권88권, 세종 22년 2월 계미 ; 권90권, 세종 22년 7월 기유 ; 권91, 세종 22년 10월 정축 ; 권99, 세종 25년 1월 병자 ; 권102, 세종 25년 10월 정해.
37) 『세종실록』 권89, 세종 22년 6월 병신.
38) 『세종실록』 권90, 세종 22년 7월 기유.
39) 『세종실록』 권92, 세종 23년 1월 병진 ; 권95, 세종 24년 2월 정사.
40) 『세종실록』 권92, 세종 23년 1월 병진.
41) 『세종실록』 권95, 세종 24년 2월 정사.

진인들을 번리화시키려 했음을 알 수 있다.

한편 회령 부근에 거주하던 범찰과 동창은 조선을 배반하고 파저강으로 이주(1440년, 세종 22)하였지만 두만강 유역 5진 부근에는 많은 여진인들이 남아 있었다. <표 14>는 1455년(단종 3) 5진 부근의 여진인의 종족, 부락수, 가구수, 장정수를 기록한 것인데, 비슷한 시기 5진 부근의 여진세력을 살펴볼 수 있다.

〈표 14〉 5진 부근의 여진 종족·부락·가구 및 장정수[42] (단위 : 개, 명)

5진 구분	회령	종성	온성	경원	경흥	합계
종 족	알타리 올량합	올량합	올량합 여진	올량합 여진	골간올적합 여진	
부 락	21	9	5	10	8	53
가 구	389(10)	95	42	214	60	800(10)
장 정	829	489	78	445	141	1982

* ( )안의 수는 楊里人의 가구수와 장정수 임.

이 표를 보면 회령에는 21부락 389가구, 종성에는 9부락 95가구, 온성에는 5부락 42가구, 경원에는 10부락 214가구, 경흥에는 8부락 60가구가 있었고, 5진 주변에는 총 53부락 800가구가 산재해 있었음을 알수 있다. 이들 부락들은 5진을 중심으로 두만강 내외에 산재한 것으로나타나는데, 역시 알타리(오도리) 동맹가첩목아의 유종들이 남아있던 회령이 가장 중심이었고, 올량합은 회령, 종성, 온성, 경원 등에 고루 분포하고 있음을 알 수 있다. 그리고 골간올적합은 경흥 지역에 주로 살고있었음을 볼 수 있다. 5진 전체로 보면, 통상 1가구당 5명씩의 세대구성원이었다고 가정할 때 총 800가구이므로 4,000명 이상의 여진인이 5진주변에 있었다고 추측할 수 있고, 그 중 壯丁으로 파악된 숫자는 1,982명

---

42) 논지 전개를 위해 본문의 <표 6>에서 '여진 인명 수'를 제외하고 수정하여 다시 개재하였다.

이다.

이들의 거주 지역은 5진 城底 및 두만강 내외로[43] 이들 모두를 조선
의 번리로 볼 수 있을지는 의문이지만 최소한 이들 중 일부 또는 전부를
조선에서는 번리로 인식하였을 것이다. 특히 5진 성저에 거주하던 여진
인들은 점차 5진의 '城底野人'으로 통칭되어 갔고, '성저야인'들의 조선
에 대한 정치·경제적 의존성 내지는 예속성이 더 높아졌을 것이라 추측
해 보면, 이들에 대해 번리라 생각하는 조선의 인식은 고착화되고 보편
화되어 갔을 것이라 생각해 볼 수 있다.

더구나 세종대 이후에 알타리뿐만 아니라 올량합, 올적합 등을 5진을
둘러싼 번리라 인식하고 이들을 안정화시키기 위해 지속적으로 노력한
흔적들을 찾아볼 수 있다. 문종은 "올량합은 그 수가 많아서 東良北에서
夜春에 이르기까지 5진을 둘러싸고 있으면서 오래도록 藩籬가 되어 안
심하고 생활하여 왔는데, 만약 들떠서 움직이고 인심이 조용하지 못하면
往來하는 邊患은 이루 말할 수 없을 것이니, 모름지기 온갖 계책으로써
曉諭하여 동요하지 말도록 하는 것이 上策"[44]이라 하였다. 또 세조는
"野人과 倭人들은 모두 우리의 藩籬이고 모두 우리의 臣民이니, 王된 자
는 똑같이 대우하고 차별을 없이 하여 혹은 武力을 사용하기도 하고, 혹
은 聲息을 사용하기도 하는데, 작은 폐단 때문에 그들의 來附하는 마음
을 거절하여 물리칠 수 없다"[45]고까지 하였다.

한편 당시 5진 지역의 상황을 본 明使 馬鑑은 "야인 가운데 城底에
사는 자들은 곧 貴國의 藩籬이므로 존휼하고 무육해서 도망하여 옮기지
말도록 하는 것이 좋으니, 宣慰使에게 말하여 전하께 계달하라"[46]고 말
하기도 하였다. 그리고 조선에 入朝한 여진인들도 "城底에 살면서 나라

---

43) 이들의 居住 지역에 대해서는 <별표 2> 참고.
44) 『문종실록』 권4, 문종 즉위년 11월 무오.
45) 『세조실록』 권8, 세조 3년 7월 경인.
46) 『세조실록』 권21, 세조 6년 8월 병진.

의 干城이 된 지 오래되었으며 무릇 賊變이 있으면 마음을 다하여 와서 報告하였다"47)고 자칭하게 되었다.48) 이러한 상황과 인식은 조선으로 하여금 "城底野人들은 대대로 우리 땅에 살고 우리의 藩籬가 되었으므 로 국가에서 항상 불러서 무마하고, 굶주리면 먹을 것을 주고 朝廷에 오 면 이들을 입히고 먹였으며, 또 爵秩을 주고 祿俸 또한 넉넉히 주기에 이르렀다"49)는 인식을 형성하는 바탕이 되었다.

또한 조선에서 이들 여진번리를 안정적으로 유지하고 확보하기 위해 번리를 공고히 하려 노력하였음을 볼 수 있다. 구체적인 사례들을 열거 하면, 심처야인의 침입에 대비해서 장성 밖 여진 번리가 사는 곳에 城子 와 木柵을 嚴說해 주기도 하고, 土城을 쌓아주기도 하였다.50) 그리고 深 處의 兀狄哈이 여진 번리들을 침탈하거나 싸울 때 조선에서는 올적합의 원한을 사지 않는 범위 내에서 鎭將은 城위에다 군사를 배치하고 示威 하여 威武를 보임으로써 번리들을 聲援하고 救援하였고,51) 침략당하여 長城(行城)이나 城을 넘어오는 자가 있으면 몰아내지 않고 城內에 전부

---

47) 『성종실록』 권36, 성종 4년 11월 갑진.
48) 위의 두 사례에 대해 정다함은 야인들이 조선측과 접촉하는 과정에서 스스로 조 선의 藩籬 혹은 藩屛으로 자칭하는 양상으로, 마감의 경우는 明도 조선의 城底에 거주하는 야인들에 대해 조선의 번리임을 인정하는 사례로 파악하고 있다. 그리 고 명도 조선이 전통적으로 영향력을 행사해왔던 야인 부족들을 번리·번병으로 거느리는 것을 인정하고 있음을 보여준다고 하면서, 이러한 점에서 15세기 조선 은 제국지향적 움직임을 보여준다고 하고 있다. 또한 이에 대해서 조선을 중심으 로 그 주변부에 야인과 대마도가 위치하는 작은 명분질서의 동심원은, 명이 중심 에 위치하는 보다 큰 동아시아질서의 동심원과도, 또한 일본 막부가 중심이 되는 또 다른 작은 명분질서의 동심원과도 함께 공유하는 중층적 성격의 것이라고 규 정하고 있다(정다함, 2008, 「朝鮮初期 野人과 對馬島에 대한 藩籬·藩屛認識의 형성과 敬差官의 파견」, 『동방학지』 141, 255~256쪽).
49) 『연산군일기』 권46, 연산군 8년 10월 정사.
50) 『성종실록』 권48, 성종 5년 10월 경인·임인 ; 권211, 성종 19년 1월 갑진.
51) 『세조실록』 권15, 세조 5년 1월 갑오 ; 『중종실록』 권34, 중종 13년 7월 기해· 8월 경오 ; 『명종실록』 권9, 명종 4년 10월 계축.

모아 보전·방호하여 주기도 하였다.[52]

그리고 한편으로는 以蠻夷攻蠻夷(以夷制夷)의 방편으로 겉으로는 올량합을 옹호하는 형상을 보이고, 안으로는 올적합이 와서 치는 것을 금하지 말아서 올량합 등이 형세상 반드시 우리에게 단단히 의지하게 하도록 하여 번리를 더욱 공고히 하려 하기도 하였다.[53] 경우에 따라서는 군사를 출동시켜 심처야인을 요격하기도 하여 다방면으로 구원해서 침략을 당하지 않고 편안히 생업에 종사하여 번리를 공고히 하려 하였다.[54]

따라서 번리가 禍를 당하는 것을 모르는 척 보아 넘길 수도 없고 聲援할 형편이 되면 信義를 잃어서는 안 된다고 여겼다.[55] 또 번리를 구원하지 않는 것은 조선의 국위가 손상되는 것으로, 번리들이 조선에 信服하지 않을 것으로, 번리에 대한 도리가 아니라고 인식하였다.[56] 그럼에도 불구하고 약탈당하여 재산을 잃은 자들은 변장이 存撫·賑恤·慰撫를 더하여 굶주리거나 얼어죽지 않도록 魚鹽과 糧布를 헤아려서 주고, 곡진히 구휼하여 생업에 종사하게 함으로써 流移하지 않게 함으로써 번리를 공고히 하려 노력하였다.[57]

또 5진의 성 아래에 사는 야인이 失農하여 흉년을 만나면 編氓처럼 여기고 구제하기도 하였는데,[58] "관청 곡식을 빌어서 생활을 하는 것이 유래가 오래되었고, 납부하기를 독촉하지 않더라도 먼저 갚는 것이 例였다"[59]는 것을 보면 5진의 여진 번리들에게도 일종의 還穀을 시행했던

---

52) 『중종실록』 권34, 중종 13년 7월 기해.
53) 『세조실록』 권19, 세조 6년 2월 신미.
54) 『명종실록』 권16, 명종 9년 1월 기사 ; 『선조실록』 권127, 선조 33년 7월 기사 ; 권169, 선조 36년 12월 계묘.
55) 『세조실록』 권15, 세조 5년 1월 갑오 ; 『중종실록』 권34, 중종 13년 8월 경오 ; 『선조실록』 권127, 선조 33년 7월 기사.
56) 위와 같음.
57) 『성종실록』 권36, 성종 4년 11월 병신 ; 권48, 성종 5년 10월 임인.
58) 『연산군일기』 권46, 연산군 8년 10월 무오 ; 『중종실록』 권91, 중종 34년 7월 을해.
59) 『연산군일기』 권46, 연산군 8년 10월 무오.

것은 아닌가 추측된다. 그 결과 번리인 城底野人들은 오히려 조선이 심
처야인들로부터 보호해준다고 인식하였고, 그 은혜에 감동하여 생업을
즐기며 편안히 살면서 심처야인들과는 원수처럼 지내게 되었다.[60]

그러나 두만강 유역 주변의 여진 번리들은 그들의 경제적 욕구가 충
족되지 않으면 조선을 배반하여 도망하거나 침입하기도 하였다. 이에 조
선에서는 번리라고 해도 조선의 변경을 침입하는 등의 나쁜 짓이 극에
달하면 반드시 죽인다는 뜻을 알게 하고, 반란을 일으킨 자들이나 피납
된 조선인들을 잡아오거나 인도하여 오는 경우는 크게 포상하고 권장하
도록 하였다.[61] 즉, 상으로 주는 관직을 뛰어 제수하고, 이례적으로 서울
에 올라오게 하여 물건을 하사하여 주는 것을 遠近의 여진인들에게 알
리게 해서 그들로 하여금 功을 세우게 한 것이다.[62] 이런 방법으로도 번
리의 침입이 그치지 않으면 대규모의 병력을 동원하여 배반한 번리를 철
저히 응징하고 다른 번리들의 이탈을 방지하였다.

대표적인 사례로는 1459년(세조 5) 올량합 추장 浪孛兒罕을 비롯한
그 일족 17인을 조선에서 참수한 것을 들 수 있는데, 낭발아한 일족을
처벌함으로써 "國家의 威嚴을 近境 여진인들에게 明示하여서 그들을 조
선의 명령에 服從시키려는 의도"가 있었다.[63] 이로 인해 여진의 보복 침
입이 격화되자, 다음해인 1460년(세조 6년) 毛憐衛에 대한 정벌을 단행
하기도 하였다.

조선에서는 이렇게 번리를 공고히 하였고, 마침내 이들 여진 번리에
대해 "입술이 없으면 이가 시린[脣亡齒寒]"[64]관계라 일컫기도 하고,

60) 『명종실록』 권9, 명종 4년 10월 계축.
61) 『연산군일기』 권46, 연산군 8년 10월 정사.
62) 위와 같음.
63) 이인영, 「申叔舟의 北征」, 『韓國滿洲關係史의 硏究』, 을유문화사, 1954, 97쪽.
64) 『성종실록』 권148, 성종 13년 11월 을사 ; 권182, 성종 16년 8월 계사 ; 권211,
    성종 19년 1월 갑진 ; 『연산군일기』 권46, 연산군 8년 10월 무오 ; 『선조실록』
    권127, 선조 33년 7월 기사 ; 권169, 선조 36년 12月 신해.

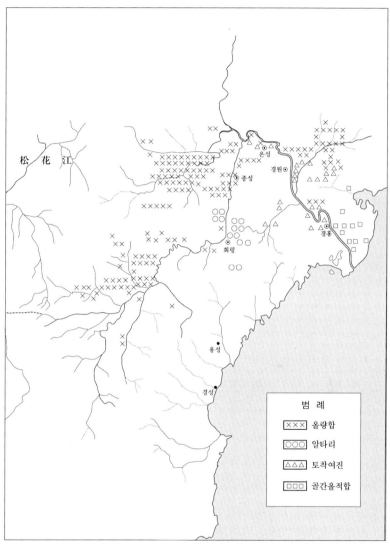

〈지도 7〉 5진 설치 후의 여진 분포[65]

65) 김구진,「麗末鮮初 豆滿江 流域의 女眞 分布」,『백산학보』15, 1973의 <鮮初
安定期의 豆滿江 流域 女眞分布圖> 지도를 재작성함.

"編戶과 다름없다"[66]는 인식까지 생기게 되었다. 게다가 "함경도에는 彼人(야인, 여진인)들이 와서 살아서 번리가 되고 있는데, 만일 四面에 일이 있으면 저들이 護衛하기 때문에 節度使가 쉽게 變에 대응할 수가 있으나, 평안도에는 야인들의 호위하는 번리가 없기 때문에 혹 변이 있게 되면 절도사가 직접 달려가서 방어하는 조처를 취해야 한다"[67]고 하는 평가까지 생기게 되었던 것이다.

조선의 5진 지역의 번리 구축과 공고화 과정은 결국 조선의 대여진정책과 그 궤를 같이한다고 볼 수 있다. 특히 여진에 대한 회유와 강경책은 바로 북방 방어를 위한 것이었으며, 그 방어의 1차 목표는 바로 두만강 유역에 설치된 5진의 울타리, 즉 번리 구축이었던 것이다. 이를 위해 조선에서는 여진과의 통교를 받아들이고 '수직정책'을 적절히 활용하였던 것이다.

제3절 5진에서의 '女眞 藩胡'의 발전과 '中心 部落'의 형성

조선의 두만강 유역 여진 번리화 정책은 여진 사회의 農耕化와 맞아떨어지면서 그나마 기름진 두만강 하구 지역에 "여진인들이 모여들어 번리가 되기를 자처하기도 하였고, 5진에 아주 가까이 살면서 內地에 거주하고자 하는 자가 서로 이어지게"[68]되었다. 한편 조선 초기에 두만강 연안의 여진인들 중에는 이미 初期農耕段階에 들어가 있으면서 半農半

---

66) 『연산군일기』 권46, 연산군 8년 10월 정사·무오 ; 『명종실록』 권9, 명종 4년 10월 계축 ; 권16, 명종 9년 1월 기사.
67) 『중종실록』 권79, 중종 30년 6월 계축.
68) 『성종실록』 권65, 성종 7년 3월 경오.

牧의 생활을 영위하는 자들이 출현했던 것으로 보인다.

여진족들은 명의 遼東 거주민 및 조선의 두만강과 압록강 유역에 거주하던 변방민을 약탈하였는데, 이들 被擄人은 奴隸로서 사역당하면서 농경에 종사한 것으로 보여진다.[69] 노예로서 사역당하던 피로인들은 고역을 견디지 못해 도망쳐 오기도 하였는데, 조선이 여진으로부터 도망온 중국인들을 明에 송환한 숫자가 태조대부터 성종대까지 268회에 걸쳐 37,908인에 이르는 것으로 파악되고 있다.[70] 한편 성종대 이후로는 이들 도망노비가 없어졌는데, 그 이유를 여진사회가 16세기에 들어가면서 여진사회 자체내에서 계급분화가 일어나 여진족 노비가 생성된 점과 여진인들도 농경기술을 터득하여 더 이상 외래 농경노예가 필요 없게 된 것에서 찾기도 한다.[71]

조선 중기가 되면 여진 사회에서도 농경이 발달하면서 定着 마을이 광범위하게 늘어나고, '中心 部落'도 생겨나기 시작했는데, 두만강 북쪽의 평야 지대에 널리 퍼져 살면서 농경생활을 하던 여진족의 부락을 '藩胡'라고 한다.[72] 한편 '번호'는 조선에 복속하여 내지의 사나운 올적합의 침입을 막아주는 울타리 역할을 하던 近境 오랑캐를 뜻하는데,[73] 이것은 藩籬의 뜻과 대체로 같다.

두만강 유역에서 이러한 '중심 부락'을 형성한 것은 역시 5진 부근이었고, 『조선왕조실록』을 검토해 보면, 이 '중심 부락'들은 5진을 중심으로 대·중·소부락들이 두만강 내외, 즉 北岸과 南岸의 평야지대에 널리 퍼져 있던 것으로 나타나고 있다. '藩胡 部落'이 회령진에서 종성진까지

---

69) 김구진, 1995, 「여진과의 관계」, 『한국사』 22, 국사편찬위원회, 366~367쪽.
70) 위와 같음.
71) 위와 같음.
72) 김구진·이현숙, 1999, 「『제승방략(制勝方略)』의 북방(北方) 방어(防禦) 체제」, 『국역 제승방략』, 세종대왕기념사업회, 48쪽.
73) 위와 같음.

의 두만강 중류 일대, 지금의 海蘭河 평야 일대에 집중되어 있었고, 16세기 말기 이 지역 여진의 농경 수준은 '原始 농경' 단계에서 '集約 농경' 단계로 이행하고 있었다고 보기도 한다.[74]

여진의 입장에서 보면 조선의 5진에 의지하여 비옥한 두만강 유역 일대에 거주하면서 농경 생활을 영위하는 것 이외에도 생필품을 무역하거나 공급받는 이점이 있었을 것이다. 농경생활을 영위하면서 정착하게 된 여진인들은 深處 여진인 및 다른 여진인들의 情勢를 보고하면서 조선의 官職을 받고, 이를 통해 농경에서 얻지 못하는 소금이나 면포, 종이 등의 생필품을 받을 수 있다는 이점이 있으므로 조선에 의지하는 것이 보다 안정적이었음에 틀림없다.

그러므로 조선에서는 "저들이 스스로 우리나라를 의지하여 삶을 누린다고 생각하기 때문에 우리나라의 울타리가 되는 것이다"[75]라고 생각하게 되었다. 그리고 여진인들도 한편으로는 심처의 여진인들이 자신들을 침탈하여 올 경우 조선이 구원해주기도 하는 등의 일정부분 조선의 도움을 받을 수 있었을 것이다. 이러한 사회·경제적 요인들로 번리화된 여진 부락은 확대·증가해 나갔을 것으로 보여 진다.

번리들은 점차 부락을 형성하게 되고, 조선 명종대부터는 '藩胡'라는 명칭이 나타나기 시작한다. 이것은 앞에서 말한 여진 번리가 '중심 부락'을 형성하였던 것을 가리키고 있다.[76] 따라서 두만강 유역 5진 주변에 거주하는 번리는 점차 '번호' 또는 '번호 부락'으로 표현되었다. 물론 '번리'라는 명칭도 함께 쓰였다. 『制勝方略』에도 경흥·경원·온성·종성·회령의 5진 및 그에 속한 진·보에 붙어 있는 여진인들을 '번호'라고 표현하고 있고, 이들의 부락을 '번호 부락'이라 하고 있음을 볼 수 있다.[77]

---

74) 위와 같음.
75) 『중종실록』 권81, 중종 31년 4월 임인.
76) 『조선왕조실록』에서 '藩胡'란 명칭이 처음으로 나타나는 기사는 『명종실록』 권25, 명종 14년 9월 갑오이다.

결국 번리라 지칭되던 5진 주변의 여진인들이 '중심 부락'을 형성하게 되고, 이것이 '번호 부락'으로 발전한 것은 조선의 여진 정책과 관련이 있다고 할 수 있다. 조선의 여진 정책이 여진인들로 하여금 두만강 유역에 모여들게 함으로써 여진사회를 보다 발전시킨 것이다. 따라서 이 과정의 연원은 앞서 말한 두만강 유역에 대한 조선의 번리 인식과 6진의 설치, 그리고 6진 방어를 위해 번리를 공고화 하는 과정 속에서 나타난 수직정책의 확대를 위시한 조선의 여진정책에서 찾을 수 있을 것이다.

『제승방략』은 세종이 6진을 개척하고, 金宗瑞에게 6진을 방어할 방략을 세우도록 지시한 것에서 만들어지기 시작하여, 李鎰이 1588년(선조 21)에 증보하고 개수하여 편찬한 것이다. 이일은 임진왜란 때 상주전투의 패배로 더 잘 알려진 인물이지만, 원래는 회령부사였던 1583년(선조 16) 번호 尼湯介의 오도리족이 침략하자 온성부사 申砬과 함께 高嶺鎭에서 이들을 격파하여 藩胡의 반란을 진압하였고, 1587년(선조 20) 골간올적합의 침입이 있자 北兵使로서 時錢部落을 정벌한 당대의 명장이었다.[78]

『제승방략』을 보면 5진을 중심으로 두만강의 북안과 남안에 있는 '번호 부락'은 총 289개이고, 이들은 두만강을 둘러싸고 있었다.[79] <표 15>는 『제승방략』에 나타난 '번호 부락'의 수와 호수를 나타낸 것이다.

이를 보면 경흥진 4개 鎭堡 부근에 20개 부락 238호, 경원진 5개 진보 부근에 50개 부락 1,393호, 온성진 5개 진보 부근에 37개 부락 1,614호, 종성진 4개 진보 부근에 99개 부락 3,342호, 회령진 3개 진보 부근 83부락 1,936호가 있었음을 볼 수 있다.

---

77) 세종대왕기념사업회, 1999, 『국역 제승방략』 참고.
78) 김구진·이현숙, 앞의 책, 1999, 101쪽.
79) 김구진·이현숙은 번호부락의 수를 286개로 파악(김구진·이현숙, 앞의 책, 1999, 44쪽·49쪽)하고 있지만, 원문을 면밀히 대조한 결과 289개이다.

<표 15> 『제승방략』에 나타난 '藩胡 部落' 수와 '호(戶)' 수 (단위 : 개)

5진	진/보	번호부락 수	호(戶) 수	계(부락)
慶興鎭	造山堡	5	27	238 (20)
	慶興鎭	5	58	
	撫夷堡	7	131	
	阿吾地堡	3	22	
慶源鎭	阿山堡	4	50	1393 (50)
	乾元堡	2	19	
	安原堡	3	63	
	慶源鎭	38	1131	
	訓戎鎭	3	130	
穩城鎭	黃柘坡堡	1	11	1614 (37)
	美錢鎭	4	160	
	穩城鎭	19	1150	
	柔遠鎭	9	189	
	永建堡	4	104	
鐘城鎭	潼關鎭	11	359	3342 (99)
	鐘城鎭	77	2893	
	防垣堡	8	90	
	細川堡	3	?	
會寧鎭	高嶺鎭	14	238	1936 (83)
	會寧鎭	43	1086	
	雲頭城	26	612	
계	21	289	8,523	

* 5진의 소속 진보는 총 29개소인데, 이 중 번호부락이 있었던 진보는 21개소임.
** 『국역 제승방략』(세종대왕기념사업회, 1999)의 뒷면에 실린 原文을 대조하여 작성함.

즉, 총 21개 진보 289개 부락에 8,523호의 '번호 부락'이 있었고, 이를 한 호당 5명씩의 가족 구성원이 있었다고 가정하면, 당시 5진을 중심으로 두만강 일대에는 42,000명 이상의 여진인이 거주하고 있었다고 할 수 있다.[80]

---

80) 1599년(선조 32)에 咸鏡監司 尹承勳이 北兵使 吳應台를 대동하고 六鎭에 도착하여 연회를 베풀어 주었는데, 연회에 참석한 藩胡의 수가 무려 7천여 명이나 되

한편 巨鎭인 경흥진보다는 오히려 경흥진에 속한 撫夷堡 부근에 100호 이상이 거주하고 있는 점이 특이한데, 아마도 여진의 時錢部落 발달과 관련이 있는 듯 하며, 경원진에 1,131호, 온성진에 1,150호, 종성진에 2,893호, 회령진에 1,086호가 집중되어 있어 역시 번호부락이 5진을 중심으로 발전하고 있었음을 알 수 있다. 부락별로 보면 50~100호의 비교적 큰 규모의 부락이 57곳, 100여 호가 넘는 대형부락이 5곳이며, 가장 큰 부락은 종성진의 번호 安取羅耳 부락으로 170호, 그 다음이 종성진 尙家麻坡 부락이 157호, 온성진의 舊加訖羅 부락이 150호였다(<별표 4> 참고).

그리고 <별표 4>를 보면 '번호 부락'들은 두만강 안쪽에만 있었던 것은 아니고 두만강에 있는 섬들과 강 밖에도 있었던 것을 알 수 있다. 경원진에 속한 造山堡의 不京島 부락·海中 厚羅島 부락, 安遠堡의 中島 부락, 경원진의 老耳島 부락, 경원진에 속한 訓戎鎭의 麻田島 부락·中島 부락·下島 부락 등이 섬에 있던 부락이고, 경원진 訓春江 此邊 所乙下 상단·중단·하단 부락, 온성진 深處 新 加訖羅 上端·下端 부락, 회령진 소속 高嶺鎭 深處 門巖 北邊 遮可洞 부락 등은 두만강 건너편에 있던 부락들이다. 각 부락마다 거리가 쓰여 있기 때문에 부락의 대략적인 위치를 파악해 보면 이러한 부락들은 더 늘어날 것으로 보인다(<별표 4> 참고).

<그림 16>·<그림 17>은 1455년(단종 3)에 조사된 여진 부락 및 가구수와 『제승방략』에 나타난 번호부락 및 호수를 비교한 것이다.

었다는 기록이 있다(『선조실록』 권114, 선조 32년 6월 병오). 이러한 연회에 참석하는 자들은 여진인들 중 酋長 또는 有力者들이라고 보는 것이 보통이므로, 당시 번호의 규모를 짐작할 수 있다.

〈그림 16〉 여진 부락(1455년)과 번호 부락(1588년) 비교[81]

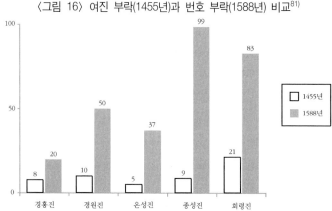

〈그림 17〉 여진 가구수(1455년)와 번호 부락의 호수(1588년) 비교 (단위 : 개)

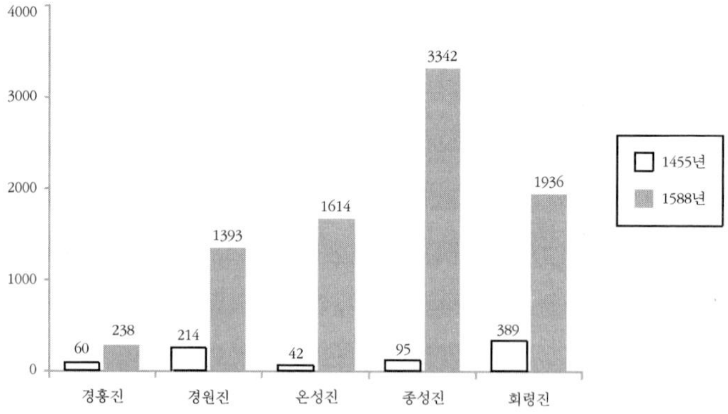

이를 보면 1455년에는 오도리족을 중심으로 한 회령진이 가장 번성하였고, 그 다음이 경원진, 종성진, 경흥진, 온성진이었음 알 수 있다. 그런데 『제승방략』을 보면 종성진, 회령진, 온성진, 경원진, 경흥진 순으로 바뀌었음을 알 수 있다.

---

81) 여기서 인용한 『제승방략』이 증보·개수되어 편찬된 해가 1588년(선조 21)이므로 해당 연도를 표기하였으며, <그림 17>도 이와 같다.

1455년(단종 3)의 조사에서 보면, 종성진 일대의 주된 종족은 올량합이었음을 알 수 있는데, 경흥을 제외한 전 지역에 두루 있었음을 알 수 있다. 올량합은 두만강 유역에서의 여진 최대 종족이었으며, 조선과의 관계도 밀접한 편이었다. 경흥진은 골간올적합이 중심이었는데, <그림 16>·<그림 17>을 보면 다른 진에 비하면 그 성장 속도가 조금 미약한 편임을 알 수 있다. 따라서 두만강 일대에서는 점차 올량합을 중심으로 한 '번호 부락'들이 집중화되고 성장하여 왔음을 알 수 있다.

'번호 부락'들의 집중화와 발전 속도는 놀라울만한데,『제승방략』이 1588년(선조 21)에 증보된 것을 감안하더라도 130여 년 만에 5진 부근의 총 부락 수는 53개에서 289개로 5배 이상 증가하였고, 총 가구수 또는 호수 또한 800개에서 8,523개로 10배 이상의 비약적 발전을 하였다. 특히 종성진과 온성진의 발전은 다른 지역을 압도하는데, 종성진의 경우 부락수는 10배 이상, 가구수(호구수)는 35배 이상 늘어났고, 온성진의 경우 부락수는 7배 이상, 가구수(호구수)는 38배 이상 늘어났다.

그런데 여진 세력은 두만강 일대의 '번호 부락' 만이 집중화되고 발전한 것만은 아니었다. 농경이 보편화되기 시작하면서 요동 일대의 여진 세력들도 역시 발전해 갔다. 이른바 kol(골 ; 골짜기)에서 golo(고로 ; 고을)로, 그리고 gurun(구룬 ; 나라, 國)으로 발전하기 시작하는데, 두만강 일대의 '번호 부락'들도 바로 golo(고로 ; 고을)라 볼 수 있고, gurun(구룬 ; 나라, 國)으로 발전할 수 있었을 만큼 성장하였다고 할 수 있다.[82] 그리고 이 과정에서 선조대가 되면 藩胡들의 반란이 자주 일어나게 되는데, 번호 니탕개의 반란 등이 대표적이라 할 수 있다. 조선은 이들 '번호 부락'의 반란에 대해 이들을 征討하는 것으로 대응하면서 '번호 부락'의 이탈과 성장을 막는데 주력하기 시작하였다.

---

82) 김구진, 1988,『13C~17C 女眞社會의 硏究』, 고려대학교박사학위논문, 229~330쪽 ; 김구진·이현숙, 1999, 앞의 책, 48~49쪽.

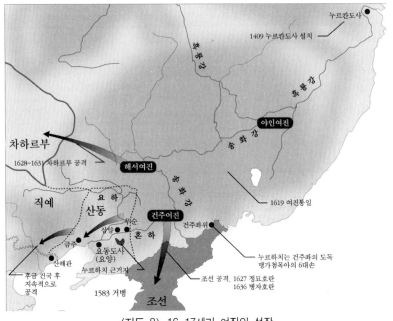

〈지도 8〉 16~17세기 여진의 성장

　　그리고 두만강 유역의 '번호 부락'들을 포함한 여진 세력, 즉 golo(고로 ; 고을)들을 흡수 통일해 나간 것이 바로 건주위의 누르하치[奴兒哈赤]였다. '번호 부락'의 규모로 볼 때 누루하치에게 있어 '번호 부락'의 흡수는 gurun(구룬 ; 나라, 國), 즉 後金을 수립하는데 있어 필수불가결한 요소가 되었을지도 모른다. 따라서 조선으로서는 누르하치의 두만강 유역 번호 침탈이 계속해서 문제가 되었던 것이다.[83]

　　한편 '번호 부락'의 발전에도 불구하고 조선의 변장과 수령들이 번호들을 잘 撫御하지 못하는 상황이 자주 발생하였다. 여진 번호들이 집중되고 발전되는 상황에서 그들을 編氓·編戶와 같이 여기는 것까지는 좋

---

83) 藩胡의 반란과 그에 대한 조선의 征討, 누르하치[奴兒哈赤]의 번호 침탈 등의
　　문제에 대해서는 서병국, 1970, 『宣祖時代 女眞交涉史硏究』, 교문사 참고.

았지만 가혹한 형벌을 준다던지, 번호를 마구 침학·탐학하여 오래전부터 인심을 잃어왔다던지, 심처야인이 침탈할 때 구원하지 않는다던지, 번호에 대한 대우가 전과 달리 나빠졌다는 등의 사례[84]들이 빈번하게 생기면서 급기야 1583년(선조 16) 회령 지방에서 니탕개가 반란을 일으키게 되었던 것이다. 당시 조선에서는 번호의 반란이 일어난 이유를 대부분 위와 같은 사례에서 찾고 있었다.

한편 『선조수정실록』에는 번호와 관련되어 다음과 같이 기록되어 있는데, 번호의 개념과 역할에 대해 말해주고 있어 주목할 만하다.

> 북도의 오랑캐로서 江外 邊堡 가까이 살며 무역을 하고 納貢하는(공물을 바치는) 자들을 '藩胡'라고 하고, 백두산 북쪽에 사는 여러 오랑캐로서 아직 親附하지 않은 자들을 '深處胡'라고 하는데, 그들 또한 때때로 변방에 찾아와 정성을 바치기도 하였다. 그러나 심처호가 변방에 들어오려고 할 때면 번호가 즉시 보고하고 이들을 막거나 구원을 하는 역할을 하였다. 따라서 조종조 때부터 번호를 후하게 대해준 것은 이 때문이었다. 그런데 변방의 방어가 차츰 소홀해져 번호가 차츰 강성해지는데도 이들을 제대로 무마하지 못하게 되자 도리어 반란의 계제가 되었다. 그리하여 이때에 와서 번호가 앞장서서 난을 일으켰는데, 이로부터 혹은 심처호를 이끌고 와서 침범하기도 하며 반복해서 자신들의 이익만을 추구하였으므로 북쪽 변방이 불안해지기 시작하였다.[85]

이것을 보면 '번호'란 邊堡 가까이 살며 무역하고 공물을 바치는 자들이며, '심처호'가 변방에 들어오려고 하면 '번호'가 즉시 보고하고 이들을 막거나 구원하는 역할을 한 것으로 되어 있다. 따라서 '번리'와 같은 개념이라 할 수 있다. 조선에서 말하는 '심처호'란 번호들보다 더 북쪽 내륙, 즉 『조선왕조실록』에서는 '內地' 또는 '深處'에 거주하는 것으로 표현되는 사나운 올적합을 말한다. 사실 조선초기부터 올적합과 오도

---

84) 『선조실록』 권17, 선조 16년 2월 정유 ; 권55, 선조 27년 9월 기축·신묘.
85) 『선조수정실록』 권17권, 선조 16년 2월 갑신.

리·올량합은 서로 반목하여 사이가 좋지 않았고, 서로를 침탈하기도 하였다. 또한 심처호들은 오도리·올량합보다 조선이나 명과의 접촉이 많을 수는 없었기 때문에 농경기술의 발전 속도가 느릴 수밖에는 없었을 것이다.

그리고 조선에서는 이들을 후대하였으나, 점차 '번호'가 강성해지면서 반란을 일으키게 되었던 것이다. 바로 니탕개의 반란은 경원진에 사는 여진인들이 鎭將을 비난하는 소문을 퍼뜨리면서 민심을 선동한 것이었는데 여기에 니탕개가 합세하면서 경원진을 점령하고, 경원부 내의 모든 진보를 점령한 당대의 일대 사건이었다. 니탕개의 반란 이후 종성·회령·온성의 일부 번호까지 도발하기 시작하였고, 1587년(선조 20)에는 녹둔도가 번호의 침략을 받아 큰 피해를 입었다. 이러한 번호들의 반란은 조선의 북쪽 방어를 담당하는 일종의 1차 방어축이 도리어 조선을 위협하는 것과 같았다. 따라서 조선에서는 반란한 여진 '번호 부락'들을 征討하면서 다른 번호의 이탈을 막는데 주력하게 되었던 것이다.

조선에서는 5진 지역의 방어를 위해 여진인들을 안정화시키고 이들을 조선의 울타리인 번리로 고착화시켜 갔고, 여진인들은 농경과 생필품을 얻기 위해 5진 주변에 모여들었다. 번리는 점차 '번호 부락'으로 구체화되면서 급속한 발전을 이루었는데, 이들 '번호 부락'은 5진을 중심으로 두만강 내외, 즉 남쪽과 북쪽에 두루 분포하면서 두만강을 에워싸는 형태였다. 이렇게 보면 조선의 '여진 번리화 정책'은 일정 정도 성공한 셈이다. 그리고 '여진 번리화 정책'의 한 가운데에 바로 조선의 '수직정책'이 큰 역할을 하였다고 생각된다. 왜냐하면 세종대부터 수직정책이 실질적으로 두만강 유역에 거주하는 여진인들에게 확대 적용되었기 때문이다. 조선은 여진 번리를 구축함으로써 심처야인들의 공격을 막으면서 새로 설치한 6진을 조선의 영토로 완전하게 편입시킬 수 있었다.

그러나 임진왜란의 발발은 조선에 있어서는 여진 번호들의 이탈을 가

속화시켰고, 누루하치의 성장은 두만강 유역 번호의 向背에 있어 더욱 중요한 요소로 등장하게 되었다. 누루하치의 성장은 여진의 통일과 편입을 전제로 한 것이기 때문에 번호를 둘러싼 조선과 누루하치 간에 여러 문제를 야기할 수밖에는 없는 것이었다. 즉 당시 두만강 유역에 있던 번호부락의 규모상 조선에서는 번호의 이탈을 방지하는 것이 북방 문제의 현안이었고, 누루하치에게 있어서도 번호를 편입시키는 것이 소위 '國家'로 성장하기 위해서 필수불가결한 사항이 되어 갔던 것이다.

제7장

女眞 僞使의 발생과 수직정책의 한계

4군 6진 설치 후 忽刺溫 兀狄哈의 통교에서 시작된 '女眞 僞使'의 발생은 점차 다른 여진 종족에게도 파급되었다. 조선에서 처음 來朝하는 홀라온을 우대하였기 때문에 이들이 내조가 급증하면서 기존 통교방식을 위반한 자들이 나타났고, 그리고 홀라온을 사칭한 여진인들이 생겨났던 것이 이를 잘 대변해준다.

조선의 여진에 대한 수직은 점차 조선과의 '通交權'을 주는 것과 같게 되었는데, 이들에게 수여한 告身(官敎)이 조선에 내조할 수 있는 일종의 통교권의 역할을 하였다. 조선의 授職政策은 조선의 對女眞政策에 순응하는 여진인들을 발생시켰지만 한편으로는 수직정책을 위시한 통교정책을 교묘히 이용하여 조선과 통교함으로써 경제적 이득을 얻으려는 소위 '통교위반자'를 발생시키고 있었던 것이다.

따라서 소위 '여진 위사'는 조선이 수여해 준 고신을 이용한 통교위반 사례가 주를 이룬다. 특히 문서로 된 고신은 얼마든지 이름을 고쳐 쓰거나, 관직명을 바꾸거나 하는 행위 등이 가능했기 때문에 이러한 사례가 발생할 가능성은 매우 컸다고 할 수 있다. 조선에서 수여해 준 고신이 일종의 '통교허가증'이 된 상황에서 내조하는 여진인들이 지참한 고신을 면밀히 고열한다는 것은 사실상 많은 어려움이 있었을 것이다.

결국 조선의 수직정책은 점차 '통교권'으로 상징화되어갔고, 여진 세력이 성장하면서 마침내 藩胡들 중에는 조선의 職牒 1백 장을 한꺼번에 요구하기도 하고, 번호들이 누루하치에게 조선의 직첩을 바치는가 하는 등 그 한계를 드러낼 수밖에 없었다.

본 장에서는 5진 설치 후 이러한 '여진 위사' 내지는 '통교위반자'가
발생하는 배경과 유형 및 사례를 살펴 볼 것이다. 아울러 조선에서 이들
에 대해 어떻게 대응하고 처리했는지를 살펴봄으로써 조선의 수직정책
이 가지는 한계성을 살펴보고자 한다.

제1절 5진 설치와 '女眞 僞使'의 발생

조선은 女眞 勢力에 대해 懷柔政策을 기본으로 한 强穩兩面의 羈縻政
策을 실시하였는데, 朝貢 형태의 무역을 허락하고, 내조한 여진인들에게
는 조선의 관직을 수여하면서 조선에 복속시켰으며, 이를 통해 변경의
안정을 꾀하였다. 그러나 여진인들의 침입이 있을 경우에는 무력을 동반
한 정벌로써 이를 응징하기도 하였다.

여진 세력이 하나의 통일된 세력을 형성하지 못하고, 많게는 수백에
서 적게는 수십 명 단위의 부족 생활을 영위하고 있었기 때문에 조선에
서는 각 부족과 개별적인 관계를 유지할 수밖에 없었다. 따라서 이를 위
해서는 각 부족에 대한 정보 파악이 필수 조건이었다. 왜냐하면 조선에
오는 여진인에 대한 接待의 차등, 조선의 관직을 수여할 때의 차등 등은
바로 여진인의 세력 强弱에 따라 이루어졌기 때문이다. 여진 세력 또한
조선에서 받은 관직으로써 그 지위를 인정받았고, 이것을 조선과의 通交
에 활용할 수 있었다. 즉 조선 또는 명에서 받은 인신이 찍힌 서계 내지
는 관직을 받았던 '告身(官敎)' 등이 있어야지만 조선과의 통교가 가능해
지는 방향으로 통교체제가 정비되어 갔다.[1]

---

1) 조선과 여진과의 통교문제를 다룬 연구 성과들은 다음과 같다. 이현종, 1960, 「조
   선초기 서울에 온 왜야인에 대하여」, 『향토서울』 10 ; 이현희, 1963, 「선초 향화
   야인 습수-초기 대야인 교린책의 일반-」, 고려대학교 석사학위논문 ; 이현희,

그러나 이러한 통교체제는 유력 여진세력이 다른 세력의 인신 등을
빼앗아 여러 개의 인신을 소유하게 되면 그 만큼 여러 차례의 통교가
가능해짐을 의미하였다. 실제로 建州衛가 건주본위·건주좌위·건주우위
의 소위 '建州三衛'로 분화된 이유 역시 명에서 받은 인신을 둘러싼 '衛
印爭奪'이 원인이었음은 잘 알려진 사실이다.

조선에서는 이러한 통교체제를 정비하기 위해 변경에서 직접 여진인
들의 세력 강약을 조사하기도 하고 내조하는 여진인들에게서 정보를 수
집하기도 하였는데, 이것이 종합적으로 나타나는 것이 『端宗實錄』3년
3월의 己巳條이다.[2] 여기에는 여진인 8백여 명에 대한 名單 및 宗族, 勢
力 等級, 居住地, 管下人數, 官職名 및 親族 關係 등이 상세히 기록되어
있고, 두만강 유역 5진 부근에 거주하는 여진인 부락의 수와 家口數, 壯
丁數까지 나타나고 있다.[3]

1964, 「조선전기 향화야인의 수직성격고」, 『사감』2 ; 이현희, 1964, 「朝鮮前期
來朝野人의 政治的 待遇에 對하여」, 『사학연구』18 ; 이현희, 1964, 「조선전기 유
경시위야인고-대야인기미책 일단-」, 『향토서울』20 ; 이현희, 1966, 「조선전기
야인의 誘京綏懷第巧」, 『일산 김두종박사 회수기념논문집』, 편찬위원회 ; 이현희,
1967, 「조선시대 북방야인의 사회경제사적 교섭고-대야인교섭정책의 배경-」,
『백산학보』3 ; 이현희, 1971, 「조선왕조시대의 북평관 야인-그 수무책 일반-」,
『백산학보』11 ; 이현희, 1977, 「朝鮮王朝의 向化野人 交考-接待問題의 用例
-」, 『연구논문집』10, 성신여자대학교 인문과학연구소 ; 이현희, 1982, 「대여진
무역-대야인 교섭정책의 배경」, 『한국사론』11 ; 유봉영, 1973, 「王朝實錄에 나
타난 李朝前期의 野人」, 『白山學報』14.
2) 『단종실록』권13, 단종 3년 3월 기사.
3) 旗田巍, 1935, 「兀良哈族의 同族部落」, 『歷史學研究』4卷 6號 ; 旗田巍, 1935,
「吾都里族의 部落構成-史料의 紹介를 中心として」, 『歷史學研究』5卷 2號 ; 김구
진, 1973, 「麗末鮮初 豆滿江 流域의 女眞 分布」, 『백산학보』15 ; 김구진, 1976,
「骨看 兀狄哈 女眞 研究」, 『사총』20 ; ケネスR·ロビンソン, 1997, 「一四五五年三
月の人名記録にみる朝鮮王朝の受職野人」, 『年報 朝鮮學』6 ; 남의현, 2005, 「明
代 兀良哈·女眞의 成長과 遼東都司의 危機」, 『만주연구』3 ; 남의현, 2006, 『明
代 遼東都司 支配의 限界에 관한 研究』, 강원대학교 박사학위논문 ; 한성주,
2007, 「두만강지역 여진인 동향 보고서의 분석-『端宗實錄』기사를 중심으로-」,

하지만 이 기록은 본래 먼 거리에 거주하는 火剌溫·愁濱江·具州 등지
의 兀狄哈까지 포함하여 작성하려는 의도를 충족하지 못한 채 5진 부근
에 거주하는 여진인들로 한정하게 되었다. 조선은 두만강 유역에 5진을
설치함으로써 먼 지방에 거주하는 올적합과의 직접 통교가 증가하기 시
작하고, 통교상의 많은 문제점이 발생함으로써 이들의 세력 강약을 파악
하고자 하였지만, 그 조사 의도를 완벽히 충족하지는 못했던 것이다.

세종대 이루어진 4군 6진의 설치는 여진 세력의 동향과 밀접한 관련
이 있다. 즉 세종대 이루어진 두 차례 건주위 李滿住에 대한 婆猪江 정
벌은 4郡 설치의 계기가 되었으며, 會寧 지방에 거주하던 오도리 童猛哥
帖木兒의 패망으로 6鎭을 설치하게 되었다.[4] 세종이 6진을 설치한 이유
는 동맹가첩목아가 거주하던 회령 지방은 본래 조선의 국경 안의 땅으로
祖宗이 대대로 지켜오던 곳인데, 동맹가첩목아가 그곳에 살면서 우리나
라의 번리가 되기를 청하였다가 패망하므로 賊人에게 점거되는 것을 막
기 위한 것이었다.[5]

6진 중 慶源, 慶興, 穩城, 鍾城, 會寧의 5진은 두만강 유역을 둘러싸면
서 설치되었는데, 5진 설치 이후 홀라온 올적합의 직접 통교가 증가하게
되었다. 조선에서는 오도리의 대추장 동맹가첩목아를 內地의 사나운 올
적합의 침입을 막아주는 번리로 인식하였으나[6] 동맹가첩목아는 회령 지
방에 거주하면서 올적합을 비롯한 기타 여진인들에 대한 일종의 중계무

『사학연구』 86.

4) 4郡은 1433년(세종 15) 慈城郡을 시작으로 1443년(세종 25) 虞芮郡을 설치함으
   로써, 6鎭은 1434년(세종 16) 鍾城鎭을 시작으로 1449년(세종 31) 富寧鎭을 설치
   함으로써 완료되었다(방동인, 1997, 『韓國의 國境劃定硏究』, 일조각 ; 김구진,
   1995, 「여진과의 관계」, 『한국사』 22, 국사편찬위원회 참고).

5) 『세종실록』 권62, 세종 15년 11월 무술·경자·12월 임술 ; 권63, 세종 16년 1월
   병오.

6) 『태종실록』 권9, 태종 5년 3월 기유 ; 『세종실록』 권45, 세종 11년 9월 정묘 ;
   권62, 세종 15년 11월 경자.

역을 담당한 듯하다. 따라서 동맹가첩목아가 패망하게 되고 그곳에 조선이 직접 5진을 설치하자 먼 지방에 거주하는 홀라온 올적합의 직접 통교가 가능해지고 증가하였던 것이다.

그런데 문제는 이들이 조선과 직접적인 통교를 하지 않았기 때문에 조선과 통교상 필요한 明이나 조선에서 받은 印信이 찍힌 書契나 明으로부터 官職을 받은 勅書, 조선의 告身(官敎) 등이 없는 경우가 많았다. 물론 조선에서는 다른 여진인들에 대해서도 이러한 서계나 고신 등이 없는 경우 여진 세력의 강약을 파악하여 接待하거나 上京을 허락하기도 했지만, 홀라온 올적합에 대한 정보가 거의 없는 상황에서 내조를 원하는 홀라온 올적합 모두를 상경시키고 접대도 동일시 할 수밖에 없었다.

그럼에도 불구하고 세종은 "예전부터 통하지 않던 오랑캐가 처음으로 와서 誠心으로 服從하였으니, 그 뜻이 가히 취할 만한 기쁜 일이고, 비록 그 속 마음이 귀순한다고 하면서 상대방을 속이는 것인지 알지 못하더라도 큰 나라(조선)가 字小之心으로서 박대할 수 없으며, 뒷날 往來가 분주하는 弊端이 있더라도 훔치고 도둑질하는 것과는 비교가 되지 않으니 接待를 후하게 하도록"[7]함으로써 이들의 내조를 받아들였다. 결국 홀라온 올적합의 내조를 받아들인 이유는 事大字小의 개념인 큰 나라가 작은 나라(세력)를 사랑해주는 字小之心[8]과 변경의 안정이었음을 알 수 있다.

이렇게 홀라온 올적합의 내조를 받아들이고 후대하자 이들의 내조는 급증하기 시작하였는데, 1437년(세종 19) 7건, 1438년(세종 20) 22건, 1439년(세종 21)에는 65회나 되고, 이 기간 동안 총 94회였음을 알 수 있다(<표 16>).[9]

---

7) 『세종실록』 권79, 세종 19년 9월 병신.
8) 여진에 대한 '字小'에 대해서는 한성주, 2009, 「朝鮮前期 '字小'에 대한 고찰 － 對馬島 倭人 및 女眞 勢力을 중심으로 －」, 『한일관계사학회』 33 참고.
9) 河內良弘, 1992, 『明代女眞史의 研究』, 同朋舍, 293~300쪽.

〈표 16〉 1437~1439년 사이 홀라온 올적합의 내조 횟수

서기(왕력)	1437년(세종 19)	1438년(세종 20)	1439년(세종 21)	계
내조 횟수	7	22	65	94

* 河內良弘, 1992, 『明代女眞史の硏究』, 同朋舍, 293~300쪽을 바탕으로 작성.

〈표 17〉 세종대 여진이 조선에 입조한 횟수

종 족	토착여진	올량합	알타리(오도리)	제종올적합	계
내조 횟수	2	117	102	128	349

* 김구진, 1995, 「여진과의 관계」, 『한국사』 22, 국사편찬위원회, 350쪽, <표 3 여진이 조선에 입조한 횟수>에서 『세종실록』 부분만을 발췌함.

<표 17>은 세종대 여진이 조선에 내조한 횟수인데, 토착여진이 2회, 올량합이 117회, 오도리 102회, 제종올적합 128회로 총 349회였음을 알 수 있다. 따라서 세종대 제종올적합이 내조한 128회 중에는 1437~1439년 사이인 3년 동안 홀라온 올적합의 내조 횟수인 94회가 포함된 것(<표 16>)으로 이 기간 동안 홀라온의 내조 횟수가 상당하였음을 입증해 주고 있다. 또 이 기간 동안 이루어진 홀라온의 내조 횟수는 전체 세종대 여진의 내조 횟수에 약 26.93%를 차지할 정도이므로 세종이 홀라온의 내조를 받아들이고 이들을 후대하면서 내조가 급증하고 있었음을 반증하고 있다.

그렇지만 홀라온의 내조 급증은 조선에 두 가지 문제를 야기하고 있었다. 하나는 경제적 부담의 증가였다. 기존 여진인들의 내조 이외에 홀라온 올적합의 내조를 받아들인데다가 이들을 후대하자 홀라온의 내조가 급증하면서 이로 인해 驛路의 폐해를 불러왔다. 더구나 이들에 대한 정보가 거의 없었기 때문에 세력의 강약에 따라 접대의 차등을 두는 기존 방식을 적용할 수가 없어 동일하게 접대할 수밖에 없었기 때문에 조선의 경제적 부담이 증가하였던 것이다.

다른 하나는 바로 '女眞 僞使' 또는 '通交違反者'의 발생이었다.[10] 조
선과 명에서 수여해 준 인신과 관직을 가지지 못한 홀라온 올적합이 조
선과 통교를 위해 취한 방법은 크게 衛名을 거짓으로 만들거나, 사칭하
거나, 인신을 위조하여 서계를 만들거나, 元과 蒙古 인신을 사용한 서계
를 사용하거나, 인신이 없는 서계를 가지고 오는 방법이었다.[11] 특히 조
선에서 이들의 眞僞를 분간하지 않고 접대하자, "소식을 듣고 서로 이끌
어서 거짓 문서를 꾸며 가지고 서로 꼬리를 이어서 올 정도"였다.[12] 게
다가 다른 여진인조차 賞賜를 목적으로 홀라온이라고 거짓으로 이름을
속여 내조하기까지 이르렀다.[13] 그리고 이후에도 조선과 명에서 준 인

---

10) 僞使란 "제3자가 어떤 通交名義를 사칭해서 파견하는 허위의 使節(米谷均, 1997,
　　「16世紀日朝關係における僞使派遣と構造と實態」, 『歷史學硏究』 697, 1쪽)", "제
　　3자가 어떤 사람(실재하지 않아도 좋음)의 명의를 빌려서 사절을 파견하여 무역
　　이윤을 획득하기 위한 거짓의 외교사절(橋本雄, 2004, 「宗貞國의 博多出兵과 僞
　　使問題 - 『朝鮮遺使 봄』論의 再構成을 위하여 -」, 『한일관계사연구』 20, 52쪽)",
　　"조선 왕조가 정식으로 통교를 허가한 자 이외의 제3자가 마치 정규 사절인 것처
　　럼 가장하고 버젓이 통상 무역을 행하는 자(田代和生·六反田豊·吉田光男·伊藤
　　幸司·橋本雄·米谷均, 2005, 「僞使」, 『한일역사공동연구보고서 - 중·근세사 일본
　　편』, 한일역사공동연구위원회, 9쪽)", "名義 사칭, 架空人物, 書啓僞造를 포함해
　　朝鮮의 通航 許可의 형식을 지향하지 않은 使節(신동규, 2005, 「『조선왕조실록』
　　속의 日本國王使와 僞使」, 『왜구·위사 문제와 한일관계』, 경인문화사, 278쪽)"을
　　말한다. 그러나 이에 대해 "거짓의 통교자 또는 통교무역자를 위사라고 부르는 것
　　보다는 그들의 성격 및 도항목적을 그대로 반영하는 의미에서 '통교위반자'로 부
　　르는 것이 타당하다(한문종, 2005, 「조선전기 倭人統制策과 통교 위반자 처리」,
　　『왜구·위사 문제와 한일관계』, 경인문화사, 224~225쪽 및 2005, 「僞使 연구의
　　현황과 과제」, 『한일역사공동연구보고서 - 중·근세사 한국편』, 한일역사공동연구
　　위원회, 15쪽)"는 주장도 있다. 따라서 '위사' 용어와 관련해서는 위사의 성격을
　　외교적 목적을 가지고 있었느냐 또는 경제적 목적을 가지고 있었느냐에 따라 그
　　용어가 다름을 볼 수 있다. '여진 위사'의 경우 후자의 성격이 대부분이라서 '통교
　　위반자'라고 부르는 것이 적당하지만, '위사'에 대한 연구는 한일관계사 분야를
　　중심으로 이루어져 오면서 용어 및 개념에 대한 정의가 명확히 이루어지지 않았
　　기 때문에 본 논문에서는 '위사'와 '통교위반자' 용어를 혼용하여 쓰기로 한다.
11) 『세종실록』 권85, 세종 21년 4월 갑진 ; 권87, 세종 21년 10월 계미.
12) 『세종실록』 권87, 세종 21년 10월 계미.

신 및 고신 등을 위조·매매·대여·획득하거나, 여진의 유력자를 사칭하는 방법으로 조선이 정한 통교방법을 위반한 사례가 종종 발생하기까지 하였다.[14)

조선에서는 이러한 홀라온 올적합에 대해 인신이 있는 서계를 가진 자는 예전대로 올려 보내게 하고, 인신이 없는 서계를 가지고 올 경우에는 함길도 도절제사가 올려 보내지 말고, 현지에서 후하게 대접하고 토산물을 주어 돌려보내도록 하였다.[15) 또 비록 인신이 없을지라도 부득이 접견할 자는 요량하여 적당하게 올려 보내도록 하는 대책을 세우기도 하였다.[16) 그러다가 이보다 더 구체적으로 변방을 지키는 장수가 명백하게 점검하여 인신이 있는 서계를 가진 자는 올려 보내고, 이것을 갖추지 못한 자는 형편에 따라 물건을 주어서 돌려보내도록 하였다.[17) 그리고 酋長이 친히 오더라도 隨從하는 자를 2~3인만, 서계를 가지고 오더라도 1명만을 상경시키고, 그 외에는 절제사가 임시응변으로 타일러서 머물러 두었다가 후대하여 돌려보내도록 하였다.[18)

그러나 인신이 있는 서계를 지닌 것으로 통교를 제한하는 것은 분명한 한계가 있을 수밖에 없었다. 왜냐하면 홀라온 올적합은 이미 인신을 위조한 서계를 사용한 흔적이 있었고, 먼 지방의 홀라온이 이 방법으로

---

13) 『세종실록』 권110, 세종 27년 11월 임신.
14) 소위 '僞使'의 발생배경과 개념에 대한 연구는 사실 종합적으로 이루어지지 않고 있다. 주로 전근대 한일관계사 분야를 중심으로 한국과 일본의 연구자들에 의해서 이루어져 왔으며, 그렇기 때문에 일본측 '위사'에 한정되어 온 것이 사실이다. 특히 일본측 연구자에 의한 위사 연구가 많이 진행되면서, 다분히 일본의 시각에서 위사를 바라보고 있는 점은 위사의 개념 및 실태, 조선의 대응에 관한 균형 잡힌 시각을 저해할 소지가 있다(위사관련 연구성과는 한일역사공동연구위원회, 2005, 『한일역사공동연구보고서 - 중·근세사 한국편, 일본편』 참고).
15) 『세종실록』 권85, 세종 21년 4월 갑진.
16) 위와 같음.
17) 『세종실록』 권87, 세종 21년 10월 계미.
18) 『세종실록』 권87, 세종 21년 10월 기축.

통교를 시도했다면 가까이 거주하면서 조선의 통교제도에 익숙한 다른 여진인들도 이러한 방법을 사용하였을 가능성이 다분하기 때문이다. 결국 문서를 기준으로 삼은 통교정책은 얼마든지 위조가 가능하다는 단점이 있었다.

더구나 조선은 수직제도를 이용하여 조선에서 관직을 받은 여진인들에게 준 임명장인 告身(官敎) 자체로도 통교할 수 있는 권한을 주었기 때문에 다른 사람의 고신을 고치거나 차용 또는 획득하여 그것을 증빙삼아 조선에 내조할 경우 그것을 면밀히 대조하거나 점검하지 못하는 일이 벌어질 수 있었다. 특히 건국 직후부터 시작된 여진에 대한 授職은 세종대에 이르게 되면 두만강·압록강 유역에 거주하는 여진인들에게까지 광범위하게 이루어져 왔다.[19] 『단종실록』 3년 3월 己巳條에 나타난 여진인 800여 명 중 조선 관직을 가지고 있던 사람은 247명, 명 관직을 가지고 있던 사람은 70명으로 두만강 유역 5진 부근에만 총 317명의 여진인들이 조선과 명의 관직을 가지고 있었던 것으로 파악되고 있다.[20] 따라서 조선 건국 후 약 60여 년이 지난 시점에서 조선에 통교할 수 있는 권한을 가진 여진인들이 상당한 수에 이르렀음을 알 수 있다. 역시 문서로 된 고신(관교)을 5진의 변장에게 보여주고 대조·점검받는 형식으로 이루어진 통교책도 한계가 있었고, 홀라온 올적합의 위사발생 이후 이러한 사례가 자주 나타날 수밖에 없었던 것이다.[21]

---

19) 한성주, 2006, 「조선초기 受職女眞人 연구 – 세종대를 중심으로」, 『조선시대사학보』 36 참조.
20) 한성주, 2007, 「두만강지역 여진인 동향 보고서의 분석」, 『사학연구』 86, 참조.
21) 여진에 대한 통교책이 여진인들 각자가 받은 인신과 고신을 5진의 변장에게 보여주는 것으로 대신하게 된 것은 당시 여진이 여러 부족으로 나뉘어 있었기 때문이기도 하지만 일종의 여진 분열책과도 관련이 있다고 생각한다. 이것이 대마도를 중심으로 한 왜인통교책과는 다른 점이며 이에 대해서는 향후 조선의 왜·야인에 대한 통교정책의 공통점과 상이점을 찾을 필요가 있다고 생각된다.

제2절 '여진 위사'의 사례와 유형

홀라온 올적합의 통교에서 시작된 여진 위사의 발생은 점차 다른 여진 종족에게도 파급되었다. 조선에서 처음 내조하는 홀라온을 우대하였기 때문에 이들의 내조가 급증하면서 기존 통교방식을 위반한 자들이 나타났고, 홀라온을 사칭한 여진인들이 생겨났던 것이 이를 잘 대변해준다. 또 다른 여진인들도 조선의 통교제도를 교묘히 이용하여 경제적 이득을 얻으려고 하였는데, 여기서는 이러한 '여진 위사' 또는 '통교위반자'의 사례와 유형에 대해서 살펴보기로 한다.

1. 인신을 빌려 쓴[借著] 경우

홀라온 올적합의 撒力衛 都指揮 沙乙工介, 木忽剌衛 지휘 毛當介의 서계는 克默而河衛의 인신을 빌려 쓴 것으로 되어 있다.[22] 사을공개와 모당개가 언제 조선에 내조한 것인지는 나타나지 않지만 당시 세종이 함길도 도절제사 金宗瑞에게 홀라온 올적합의 내조와 관련된 폐단, 즉 경제적인 문제 및 위사 문제와 관련되어 전지한 내용 중에 이들의 이름이 거론되고 있다.

『大明會典』 및 『明史』를 보면 명은 흑룡강 일대의 여진을 초무하기 위해 奴兒干都司를 설치하고 여진위소 384개를 둔 것으로 되어 있는데, 撒力衛는 1404년(명 永樂 2), 木忽剌河衛·克默河衛는 1408년(명 영락 6)에 각각 설치된 것으로 나온다.[23] 목홀자위와 목홀자하위, 극묵이하위와

---

22) "其後撒力衛都指揮沙乙工介書契及木忽剌衛指揮毛當介書契借著克默而河衛印信"(『세종실록』권87, 세종 21년 10월 계미).
23) 『大明會典』권125, 城隍二 屬夷 東北諸夷 ; 『明史』卷90, 志第66 兵2 衛所 班軍.

극묵하위는 각각 동일한 것으로 보이기 때문에 이들이 말한 위소는 실제로 존재하였던 것으로 보인다.24) 다만 사을공개가 도지휘, 모당개가 지휘라는 명의 관직을 가지고 있었기 때문에 실제로 이러한 관직을 명으로부터 받았다면 당연히 명의 인신과 칙서를 받았을 것이므로 극묵이하위의 인신을 빌려 썼다는 것 자체가 이들의 신분조차도 의심케 한다.

2. 元나라의 蒙古 인신을 사용한 경우

역시 홀라온 올적합의 湖寧衛 지휘 於時應巨·加弄巨·阿吾 등은 元나라의 蒙古 인신을 사용한 서계를 가지고 온 것으로 되어 있다.25) 이들 또한 언제 조선에 내조한 것인지는 명확하지 않다. 원은 이미 명에 의해 쫓거나 초원에서 그 명맥을 유지하고 있었고, 오이라트 등의 세력이 크게 확장되기도 하여 몽고와 지리적으로 가까운 홀라온 올적합이 몽고의 인신을 사용하였다고 해도 문제가 되지 않을 수도 있을 것이다. 그러나 '元朝蒙古印信'이라고 한 것을 보면 명에 의해 위소를 설치 받은 홀라온 올적합이 명의 인신이 아닌 이미 패망한 원나라의 인신을 사용하고 있다는 것은 앞뒤가 맞지 않는다.

그리고 호령위 자체도 이 사례 이외에는 『조선왕조실록』이나 『명사』, 『명실록』, 『대명회전』 등에는 보이지 않고 虎狼衛라는 이름은 찾아진

---

24) 奴兒干都司는 중국에서의 土木의 變 이후 오이라트의 영향력이 建州衛 지역까지 미치게 되면서 폐지되었고(남의현, 2005, 「明代 兀良哈·女眞의 成長과 遼東都司의 危機」, 『만주연구』 3, 146쪽), 명 宣德 이후부터는 노아간도사의 형식적 기능조차 소멸되었다(김한규, 2004, 『요동사』, 문학과지성사, 530~539쪽). 더 구체적으로 명은 1435년(명 선덕 10, 조선 세종 17)부터는 노아간도사를 폐지하고 그 기능을 정지시켰다고 하였다(蔣秀松·王兆蘭, 1990, 「關于奴兒干都司的問題」, 『民族研究』 참조).

25) "湖寧衛指揮於時應巨加弄巨阿吾等著元朝蒙古印信"(『세종실록』 권87, 세종 21년 10월 계미).

다.26) 호령위와 호랑위가 같은 위소를 말하는 것인지는 확인할 수 없고, 衛名을 거짓으로 만들었을 가능성도 있으나 명확하지는 않다.

3. 다른 사람의 이름을 詐稱[冒名]한 경우

1442년(세종 24) 5월에는 홀라온의 지휘 加弄介가 보낸 아들 忘家 등 4인이 와서 토산물을 바쳤는데,27) 이들을 둘러싼 위사 문제가 발생하였다. 4인의 이름은 가롱개가 보낸 親子 망가와 그 伴人 仇赤羅, 毛都好가 보낸 아들 波下多와 그 반인 也時였으며, 이들을 예조에서 饋餉하기도 하였다. 그러나 向化한 이만주의 管下인 護軍 浪得里卜이 '망가는 가롱개의 아들이 아니고 일찍이 본국에 入寇한 홀라온 沙籠介의 둘째 아들 多籠介인데, 지금 이름을 변경하여 내조한 것'이라고 예조에 密告하였다.28)

낭득리복은 건주위 이만주의 관하로 있다가 조선으로 와서 향화하였는데, 이만주의 관하로 있을 당시 다롱개가 아버지 사롱개를 인도하여 이만주가 있는 곳에 와서 화친을 맺는 것과 이만주와 함께 사냥하는 것을 수종하였기 때문에 다롱개가 망가로 이름을 속인 것을 알 수 있었다.29) 그리고 이들을 의금부에 가두고 推問한 결과 같이 왔던 4사람의 供辭가 한결같지 않았고, 그 중 파하다는 망가에 대해 '가롱개의 아들이 아니다', '이 사람은 사롱개의 둘째 아들 無同介인데, 지금 가롱개의 아들 망가라고 이름을 거짓으로 대고[冒名] 온 것'이라는 진술을 함으로써 망가가 다른 사람의 이름을 사칭하여 내조하였음이 분명해졌다.30)

---

26) 『세종실록』 권67, 세종 17년 3월 경자 ; 권77, 세종 19년 6월 기사·무자.
27) 『세종실록』 권96, 세종 24년 5월 경진.
28) "忘家不是加籠介之子乃嘗入寇本國邊境忽剌溫沙籠介第二子多籠介也今變名來朝矣"(『세종실록』 권95, 세종 24년 5월 기축).
29) 『세종실록』 권95, 세종 24년 6월 신묘·기해.
30) 『세종실록』 권95, 세종 24년 6월 갑오·을미·정유·기해. "波下多獨曰此是沙籠介

한편 홀라온 올적합이 아닌 알타리 종족 중에서도 홀라온이라 사칭하고 내조하려 한 경우도 있었다. 같은 해인 1442년(세종 24) 10월에는 庚申年(1440년, 세종 22)에 도망해 간 吾都里 亐乙主의 義子인 也吾乃가 홀라온 帶陽可라고 이름을 거짓으로 속이고 나온 것이다.31) 야오내의 시도는 邊境에서 적발되어 상경하지 못한 채 함길도 도절제사에 의해 구류되었고 추고 당하였다.32)

그리고 1445년(세종 27) 예조에서 여러 여진 종족들의 내조 횟수를 정하도록 아뢰었는데, 그 중 홀라온 올적합의 내조를 1년에 5번으로 제한한 이유는 홀라온의 땅은 동떨어져서 진짜 친히 조회하는 자가 드물고, 여진인이 거짓으로 추장의 아들·사위·형제·조카(子·壻·弟·姪)라 사칭하고 이름을 거짓으로 대어[冒名] 賞賜를 요구하므로, 그 내조하는 바가 성심에서 나온 것이 아니라는 이유에서였다.33)

따라서 조선에서 홀라온의 내조를 후대하자 다른 여진 종족 중에서 경제적인 목적 때문에 홀라온이라 사칭하고 거짓으로 이름을 대기 시작했음을 알 수 있다. 물론 거짓으로 이름을 댄 경우 실제 존재한 사람인지, 또는 가공의 인물을 만들었는지는 확인되지 않고 있다.

1485년(성종 16)에도 삼위의 사송이라 사칭한 李昌阿 무리에 대해서도 '冒名'이라 하고 있어 다른 사람의 이름을 사칭한 것을 알 수 있다.34) 이들은 사송 및 다른 사람을 사칭하고, 고신을 빌리는 등 두 가지 이상의 통교위반 사례가 나타나는 복합적 요소를 가지고 있다. 따라서 별도의 유형(두 가지 이상의 통교위반 사항이 복합적으로 나타난 경우)으로 설정하여 뒤에 후술하기로 한다.

第二子無同介也今以加籠介之子忘家冒名而來"(『세종실록』권95, 세종 24년 6월 기해).

31) "庚申年逃去吾都里亐乙主義子也吾乃冒忽剌溫帶陽可之名出來故拘留推考"(『세종실록』권98, 세종 24년 10월 을사).

32) 『세종실록』권98, 세종 24년 10월 을사.

33) 『세종실록』권110, 세종 27년 11월 임신.

34) 『성종실록』권178, 성종 16년 윤4월 정미 ; 권179, 성종 16년 5월 갑인.

4. 여진 위소의 使送(使人)을 詐稱한 경우

건주위는 이만주의 祖父 於虛出이 명으로부터 建州衛指揮使에 임명되면서 위소가 설치되었고, 이후 동맹가첩목아가 입조하면서 건주좌위를 개설받았다. 조선에서는 동맹가첩목아의 패망 후에 그 아들인 童倉과 이복동생인 凡察을 회령 지방에 머물게 하여 조선의 번리로 삼으려 하였으나 이들은 건주위 이만주에게 도망하였다.[35] 이들 사이에 건주좌위의 爲酋問題를 둘러싼 소위 '衛印爭奪'이 발생하자 명 英宗은 할 수 없이 左衛와 右衛로 分衛하였다.[36] 이로써 이만주의 建州本衛, 동창의 建州左衛, 범찰의 建州右衛가 형성되었고, '建州三衛의 시대'가 열리게 되었다.[37]

세조가 건주삼위를 우대하여 이들의 내조를 위해 이례적으로 평안도의 길을 개방하자, 이만주의 아들인 建州衛都督 李古納哈, 李豆里가 내조하고, 建州左衛都督 童倉과 그 아들 知方哈이 내조하였다.[38] 특히 세조는 건주위도독 이고납합과 건주좌위도독 동창이 내조하자 이들에게 각각 知中樞院事의 관직을 수직하고 祿까지 주게 하였는데, 이것이 바로 明과의 외교적 문제로 비화되기도 하였다.[39]

---

35) 박원호, 1992, 「宣德年間(1425~1435) 明과 朝鮮間의 建州女眞」, 『아세아연구』 88, 25쪽 ; 한성주, 2007, 「朝鮮初期 朝·明 二重受職女眞人의 兩屬問題」, 『조선시대사학보』 40, 12~14쪽.
36) 서병국, 1972, 「凡察의 建州右衛研究」, 『백산학보』 13, 34쪽
37) 김구진, 1995, 「여진과의 관계」, 『한국사』 22, 국사편찬위원회, 348쪽.
38) 『세조실록』 권13, 세조 4년 8월 병진 ; 권14, 세조 4년 9월 신해 ; 권16, 세조 5년 4월 정묘.
39) 『세조실록』 권13, 세조 4년 8월 계해 ; 권14, 세조 4년 10월 신미 ; 권16, 세조 5년 4월 정묘(이와 관련하여 명과의 외교적 마찰에 관해서는 한성주, 2007, 「朝鮮初期 朝·明 二重受職女眞人의 兩屬問題」, 『조선시대사학보』 40, 21~25쪽 참고).

조선과 세조대 다시 재개된 건주삼위와의 교섭은 명의 간섭으로 일시
중단되기도 했지만, 성종대 들어와서도 건주삼위의 使人을 받아들이고
있었다. 특히 건주삼위 추장이 직접 보낸 사인 및 親屬들에 한해서는 上
京을 허락하고 있었는데, 좌위에 속하면서 우위의 사인으로 사칭하거나
건주삼위에 속하지 않으면서도 건주삼위의 使送을 사칭한 사례들이 발
생하였다.

1484년(성종 15)에는 향화한 겸사복 金波乙多尙이 右衛 추장 甫花土
의 사송이라고 칭한 馬阿多右가 左衛 추장 吐老(土老)의 휘하임을 구체
적으로 진술하여 마아다우가 다른 衛의 사송을 사칭하였음이 밝혀지기
도 하였다.[40] 이 후 조선에서는 삼위의 추장 자제는 평안도를 경유하여
올라오는 것을 허락하고, 자제가 아니면 영안도 후문으로 올려 보내도록
하였으나, 삼위의 사람들이 추장의 자제가 아니면서 거짓 자제라고 일컫
고 내조하려는 자가 있을 수 있다는 인식도 하게 되었다.[41]

5. 官敎를 僞造, 借用, 賣買하여 내조하는 경우

1) 官敎를 僞造하는 경우
─관교를 속이고 거짓으로 꾸미는[詐僞] 경우

앞서 언급한 것과 같이 조선의 여진에 대한 수직은 광범위하게 이루
어졌고, 관직을 준 임명장인 告身(官敎)이 조선에 내조할 수 있는 일종의
통교권을 획득하는 것이었기 때문에 이를 통한 위사 내지는 통교위반 사
례가 발생하고 있다. 특히 문서로 된 관교는 얼마든지 이름을 고쳐 쓰거

---

40) "向化兼司僕金波乙多尙來啓曰, 甫花土, 臣之舅也, 臣幼少時, 鞠於其家, 年至二
十餘, 始出來, 右衛之事, 臣悉知之, 今來馬阿多右, 非甫花土使送, 乃左衛麾下
也"(『성종실록』 권168, 성종 15년 7월 무신).

41) 『성종실록』 권171, 성종 15년 10월 신미.

나, 관직명을 바꾸거나 하는 행위 등이 가능했기 때문에 이러한 사례가
발생할 가능성은 매우 컸다고 할 수 있다.

1485년(성종 16)에 내조한 奴木哈이 가지고 온 관교는 成化 19年
(1483, 성종 14)에 만든 것인데, '保功將軍 上護軍'의 직함이 적혀 있었
다.42) 예조에서는 보공장군에 응하였다면 상호군에 제수될 이치가 없으
므로 이것은 반드시 바르고 문질러서[塗擦] 고쳐 쓴 것[改書]이라 판단
하였다.43) 즉 보공장군은 從三品에 해당되는 품계이고, 상호군은 正三品
堂下官에 해당되기 때문에 서로의 품계가 맞지 않는다. 두 개의 품계가
서로 맞으려면 '禦侮將軍 上護軍' 또는 '보공장군 대호군'이 되어야 되
는 것이다. 따라서 노목합이 가지고 온 관교는 대호군을 상호군으로 개
서하였을 가능성이 큰 것이다.

이 때 鄭蘭宗은 '彼人(野人)들이 영안도 5진에 살면서 모두 서울에 와
서 조회하는 것에 급하여 남의 관교와 告身을 매매해서 바르고 문질러
서 고쳐 쓰는 자가 자주 있다'44)고 하여 여진인들이 조선의 관교와 고신
을 매매하고 위조하는 행위가 매우 많았음을 시사하기도 하였다.

1496년(연산군 2)에도 火刺溫 兀狄哈 林大가 내조하여 中樞의 관직을
받았다고 사칭한 것으로 되어 있다.45) 임대가 조선에 내조하면서 어떤
관교나 고신을 제시하였는지는 확인할 수 없지만 그가 상경하여 중추의
관직을 받았다고 사칭한 것으로 볼 때 위조된 관교나 고신을 제시하고
서울까지 상경하였다가 적발된 것으로 보인다.

1530년(중종 25)에 내조한 大刺溫 亐知介46) 斜老 등은 1525년(중종 20)

---

42) 『성종실록』 권185, 성종 16년 11월 임술.
43) "且奴木哈所齎官教則成化十九年所成, 而曰, 保功將軍上護軍, 若應保功, 則無
　　除上護軍之理, 此必塗擦而改書也"(『성종실록』 권185, 성종 16년 11월 임술).
44) 『성종실록』 권185, 성종 16년 11월 을해.
45) "火刺溫兀狄哈林大詐言曾受中樞, 禮曹廉得其狀, 乃授司猛"(『연산군일기』 권13,
　　연산군 2년 3월 신사).
46) 亐知介는 兀狄哈을 말하며, 大刺溫은 忽刺溫을 지칭하는 것 같다. 따라서 大刺

에 내조하였다가 중추의 관교를 빼앗기고 司猛의 관교로 낮추어 받은
적이 있었던 것으로 나타나는데, 그 이유는 바로 관교를 상고해 보니 나
이가 틀리고 간사하게 위조[奸僞]하였기 때문이었다.[47] 그런데 당시 올
라온 야인들의 관교들도 모두 考閱해 보니 착오된 것이 많아서 믿을 만
한 것이 못되었던 것으로 되어 있고, '城底人(城底野人)들 중에는 관교가
잘못되어 조선에 빼앗긴 자들이 많다'라고 하여 관교를 위조하는 행위가
深處의 여진인들 뿐만 아니라 6진 성저에 거주하던 여진인들에게도 상
당히 많았던 것을 알 수 있다.[48]

2) 官敎 또는 告身을 빌리거나 賣買해 가지고 오는 경우

조선에서 여진인들에 수여한 告身(官敎)은 조선과 통교할 목적으로
타인에게 대여, 매매가 되기도 한 것으로 보인다. 1485년(성종 16)에 내
조한 野人 元多沙는 己卯年(1459, 세조 5)에 果毅將軍 上護軍의 관직을
받았는데, 그 때에는 '아비의 이름을 모른다'고 하였다가 癸卯年(1483,
성종 14)에는 折衝將軍 僉知中樞府事에 제수되면서는 '아비가 司正 大
陽介'라 한 적이 있었다.[49] 그리고 1485년(성종 16)에 내조하여서는 기
묘년(1459, 세조 5)의 官敎를 가져와서는 '아비가 上將 愁加應巨'라고
하였기 때문에 禮曹에서는 지금 온 자가 남의 관교를 빌렸거나 훔쳐 온
것이 틀림없다고 판단하였다.[50] 세 번 내조하여 관직을 받는 동안 자신

溫 亐知介는 忽剌溫 兀狄哈을 지칭하는 것으로 보인다.

47) "大剌溫 亐知介斜老等, 乃深處野人, 非城底彼人之類, 去乙酉年上來時, 考其官
敎, 年歲錯誤, 且有奸僞, 奪其中樞官敎, 而降授司猛"(『중종실록』권67, 중종 25년
2월 신미).

48) 『중종실록』권67, 중종 25년 2월 신미.

49) 『성종실록』권185, 성종 16년 11월 임술(元多沙가 상호군을 제수 받은 것은 『세
조실록』권18권, 세조 5년 10월 기사조에서 확인되지만, 첨지중추부사에 제수된
것은 『성종실록』에 보이지 않는다).

50) "今來野人元多沙, 去己卯年來朝, 授果毅將軍上護軍, 其時則曰, 不知父名, 癸卯

의 아버지에 대해 각각 다른 말을 하였고, 내조하면서 높은 관직을 받은 관교를 제시하는 것이 일반적인 것임에도 불구하고 낮은 관직을 받은 관교를 제시한 것을 이상하게 여긴 것이다.

또한 1485년(성종 16) 12월에는 達乙花가 達魯花哈의 관교를 빌린 것을 승복한 것으로 되어 있다.[51] 그는 빌린 관교를 본주인[本主]에게 돌려주지 않으면 본주가 자기를 죽일 것이라고 하면서 돌려주기를 간청하였고, 본주인 달로화합이 이 관교가 없으면 뒷날 내조할 수 없을 것이라 하여 돌려주게 하였다.[52]

1490년(성종 21)에 내조하였던 올량합 奴木哈과 剌力答 등은 同類人의 告身을 賣買해 가지고 왔다가 발각되었다.[53] 이때의 노목합이 전에 관교를 위조했던 사람과 같은 사람인지, 다른 사람인지 확인할 순 없지만, 조선에서 관직을 수여한 告身이 여진인들 사이에서 매매가 되는 대상이 되었던 것을 확인할 수 있다.

이뿐만 아니라 여진인들 사이에서는 조선의 고신을 사고 파는 매매행위가 많았던 것으로 보여지는데, 향화인으로 訓練院 習讀官이 된 童淸禮는 이러한 폐단을 지적하기도 하였다. 그는 '6鎭 城底의 幹朶里 등이 국가의 編氓이 되었으나, 그 사이에는 간사한 무리가 있어서 他人의 고신을 사서 이름을 속이고 職을 받는 사람이 많으므로 國家에서 이런 무리

年又來朝, 授折衝僉知, 則曰, 父司正大陽介 今則又將己卯年所除上護軍官敎而來曰, 父則上將愁加應巨, 此必借竊人官敎而來也"(『성종실록』권185, 성종 16년 11월 임술).

51) 達乙花가 원다사, 노목합과 함께 내조한 것인지, 또 어떻게 관교를 빌린 것을 승복했는지에 대해서도 나타나진 않는다["野人達乙花已服借達魯花哈官敎事 … 此官敎若不還本主, 則本主愼, 必殺我矣, 懇請還給, 且野人官敎, 令邊將無遺考閱後令上送事, 今已立法, 達魯花哈若無此官敎, 則後不得來朝矣, 請還給 從之"(『성종실록』권186, 성종 16년 12월 무술)].

52) 『성종실록』권186, 성종 16년 12월 무술.

53) 兀良哈奴木哈, 剌力答等, 買其同類人告身而來, 事覺, 禮曹收其告身(『성종실록』권237, 성종 21년 2월 무신).

들에게 속아서는 안 되며, 이 무리들을 샅샅이 찾아내고 한 사람을 처벌하여 그 나머지를 징계하면 冒濫하는 폐단이 제거될 것[54]이라 하고 있다. 이후 동청례는 몇 년 후에도 '野人이 타인의 관교를 몰래 사서[潛賣] 祿을 받는 자를 적발하여 엄하게 징계할 것[55]'을 주장하고 있다.

1526년(중종 21)에는 '지난해에 여진인들이 上京하였을 때 명백하지 않은 관교는 회수해서 빼앗은 것이 많았다'고 하고 있는데, 그것이 여진인들의 원망이 일어난 한 요인으로 지적되고 있기도 하였다.[56] 다음해인 1527년(중종 22)에는 보다 더 구체적으로 城底野人들이 가지고 온 관교를 검열하여 8인의 고신을 追奪한 것으로 되어 있다. 이에 대한 자세한 내용은 다음과 같다.

> 前者에 禮曹에서 (城底) 野人들이 가지고 온 官敎를 살폈는데 年歲와 居處가 틀린 사람 8인의 (관교를) 追奪했었습니다. … 穩城府使의 牒呈에 '예조의 移文에 따라 兵房과 일을 잘 아는 通事를 시켜 성저야인들의 관교를 推閱했더니, 70여 명 가운데 3~4인의 관교만이 옳은 것이었고 그 나머지는 모두 부실했습니다.'[57]

상경한 城底野人들이 가지고 온 관교 중 나이와 거처가 틀린 것이 있어서 8인의 관교를 추탈했다는 내용이다. 그리고 예조에서 연산군대에 향화인 동청례가 아뢴 것과 같이, 온성부사로 하여금 온성진 성저야인의 관교를 추열하게 한 것을 알 수 있다. 추열한 온성진의 성저야인 70여 명 중 3~4인의 관교만이 올바른 것이었고, 나머지는 부실한 관교를 가지고 있었던 것으로 되어 있다. 여기서의 부실한 관교란 위조, 차용, 매매하였던 관교를 말하고 있을 가능성이 크다.

---

54) 『연산군일기』 권12, 연산군 2년 2월 임자.
55) 『연산군일기』 권40, 연산군 7년 5월 을묘.
56) 『중종실록』 권57, 중종 21년 11월 임진.
57) 『중종실록』 권58, 중종 22년 1월 기축.

6. 두 가지 이상의 통교위반 사항이
복합적으로 나타난 경우

1485년(성종 16)에 삼위의 사송이라 사칭한 李昌阿는 사송 및 다른 사람을 사칭하고, 官敎를 빌리는 등 2가지 이상의 통교위반 사례가 복합적으로 나타나고 있다.[58] 영안도를 통해 右衛 추장 토로의 휘하라 칭한 이창아 등이 상경 내조하였지만, 이들 역시 향화한 兼司僕 童淸禮가 삼위의 사송이 아니라 조선의 靑巖里에서 도망해 가서 檢天里에 머물러 사는 사람들이라고 밝힘으로써 삼위의 사송을 사칭한 것임이 밝혀졌다.[59] 한편 이창아는 上護軍의 관직을 가진 것으로 내조하였는데, 이창아와 같이 내조한 자들은 7명이었다.[60] 문제는 이들이 前年에 내조한 바 있고, 이름을 속여 가지고 다시 온 자도 있으며, 나이가 젊으면서 老人의 官敎를 빌려가지고 온 자도 있었다는 것이다.[61] 더욱이 이창아가 상호군의 직책을 가진 것에 비해 25~6세로 밖에는 안 보였기 때문에 동청례의 고변뿐만 아니라 의심의 여지가 더욱 컸던 것으로 되어 있다.[62]

---

58) 『성종실록』 권178, 성종 16년 윤4월 정미 ; 권179, 성종 16년 5월 갑인.

59) "今者上來人, 雖稱土老麾下, 其實自靑巖里逃去而檢天里止接者, 其官敎亦皆借於他人者也"(『성종실록』 권178, 성종 16년 윤4월 정미).

60) 『성종실록』 권178, 성종 16년 윤4월 계미.

61) "李昌阿, 非三衛使送, 臣非傳聞, 素所熟知, 右人等有前年來朝而今又冒名復來者, 有年歲幼少而借老人官敎者, 詐稱三衛使送, 而以靑巖逃人刷還之事來說, 倨傲驕矜, 其爲欺罔, 莫甚於此"(『성종실록』 권179, 성종 16년 5월 갑인).

62) 李昌阿는 자신이 庚辰年(1460, 세조 6)에 내조할 당시 18세였고, 지금은 43세라 하면서 山林에서 생장하였기 때문에 늙지 않은 것이라 주장하였다(『성종실록』 권179, 성종 16년 5월 을묘).

제3절 '여진 위사'에 대한 대응과 처리

그렇다면 여진 위사 또는 통교위반자에 대해서 조선은 어떻게 대응하였을까? 첫째, 조선에서는 여진인들에 대한 정보를 파악하기 위해 노력하였다. 여진인들에 대한 정보 파악은 그 세력의 강약을 파악해서 여진이 통교를 요청하여 오면, 세력의 강약에 따라 통교를 허락하거나 관직을 차등하여 수여하거나, 접대의 차등을 두거나 하는 등의 목적이 있었다고 할 수 있다. 그러나 여진인들에 대한 정보 파악 시도가 세종대에 4군 6진을 설치하고, 홀라온 올적합의 내조가 증가하면서 집중되기 시작하는 것을 보면,[63] 앞의 목적 이외에도 홀라온 올적합을 중심으로 한 통교위반자들을 구별하기 위한 목적도 있었을 것이라고 생각한다.

특히 조선에서는 홀라온 올적합이 내조하였을 때 이들이 머물던 館에 監護官이나 通事 등을 보내어 그들의 居住 地域, 地理, 酋長의 姓名과 職質의 高下, 族屬과 部類의 强弱 등에 대한 자세한 정보를 얻기 위해 노력하였다.[64] 그리고 이러한 정보 파악을 북방의 모든 종족의 여진인들에게 확대하려 하였다.[65] 이것은 『단종실록』의 소위 '여진인 인명기록'의 초석이 되었으며, 연산군대 만들어진 『西國諸番記』의 모태가 되었다고 생각된다.[66]

1485년(성종 16)에도 삼위의 사송이라 사칭한 이창아 등의 경우 조선에서 이들에 대해 어떻게 대응하고 처리하였는지는 확인할 수 없지만 이

---

63) 『세종실록』 권78, 세종 19년 9월 갑진 ; 권80, 세종 20년 2월 을묘·경신 ; 권82, 세종 20년 8월 을축 ; 권90, 세종 22년 8월 무자 ; 권111, 세종 28년 1월 무인.
64) 『세종실록』 권78, 세종 19년 9월 갑진 ; 권80, 세종 20년 2월 을묘·경신.
65) 『세종실록』 권78, 세종 19년 9월 갑진 ; 권82, 세종 20년 8월 을축.
66) 『단종실록』의 '여진인 인명기록'에 관해서는 한성주, 2007, 「두만강지역 여진인 동향 보고서의 분석 -『端宗實錄』 기사를 중심으로-」, 『사학연구』 86 참고.

후 조선에서는 내조하는 사람들의 世系와 族波 및 年歲를 자세히 기록하여 뒤에 참고하고 대비하도록 한 것을 보아도 여진의 통교위반자들을 구별하기 위해 여진에 대한 정보 파악 노력을 기울인 것을 알 수 있다.[67]

둘째, 여진인들에 대한 통교를 제한하기 시작하였다. 여진인들의 내조를 제한한 것은 조선 초기부터 있어 왔다. 즉 여진인의 내조와 상경에 따른 조선의 경제적 부담, 역로의 피폐 등을 이유로 여진의 통교를 제한한 시도가 몇 차례 있어 왔다고 할 수 있다.

구체적으로는 1413년(태종 13)에 10여 戶 이상을 거느린 자의 사송인 이외에는 赴京함을 허락하지 말고, 모두 吉州·鏡城 등처에서 우대하여 돌려보내게 하였다.[68] 1427년(세종 9)에는 여러 種族의 野人들 가운데 指揮 이상으로 하고, 나머지는 來朝할 만한 자를 가려서 1년에 1백 사람을 넘지 않도록 하였는데, 이것을 邊將으로 하여금 관례를 삼도록 하기도 하였다.[69] 1434년(세종 16)에도 頭領만 택하여 허락하되 연간 40~50명을 초과하지 못하게 하였으며,[70] 酋長의 親朝할 때도 수종인을 2~3인만을 거느리게 하였고, 기타 書契 등을 가지고 오는 자는 1인으로 정하면서 그 외에는 都節制使가 임시응변으로 타일러서 머물러 두고 후대하여 돌려보내게 하였다.[71]

1457년(세조 3)과 1458년(세조 4)에는 여진의 내조시 추장의 從者를 줄여서 상경케 하기도 하였으며,[72] 1460년(세조 6)에도 우두머리 되는 酋長과 有功者를 골라 상경하게 하였다.[73] 1473년(성종 5)에는 야인 상

---

67) 『성종실록』 권179, 성종 16년 5월 을묘.
68) 『태종실록』 권25, 태종 13년 1월 병신.
69) 『세종실록』 권36, 세종 9년 4월 병자.
70) 『세종실록』 권63, 세종 16년 1월 경인.
71) 『세종실록』 권87, 세종 21년 10월 기축.
72) 『세조실록』 권8, 세조 3년 7월 경인 ; 권13, 세조 4년 8월 병진.
73) 『세조실록』 권20, 세조 6년 6월 신미.

경을 1년에 12運을 넘지 못하게 하고, 1운의 경우에도 6~7명에 지나지 않게 정하기도 하였다.[74] 한편 1554년(명종 9)에 만들어진 『故事撮要』에는 豊年에는 17운과 120인을 넘지 못하게, 凶年에는 12운과 90인을 넘지 못하게 하면서 5진에서 보내는 運을 각각 정한 것으로 되어 있다.[75]

여진 위사, 즉 통교위반자와 관련하여서는 1439년(세종 21)과 1445년(세종 27)의 통교 제한 조치가 주목된다. 1439년에는 홀라온 올적합 중에서 印信이 있는 서계를 지닌 자는 예전대로 상경시키고, 인신이 없는 서계를 가지고 오는 자는 함길도 도절제사가 올려보내지 말고 후하게 대접하고 토산물을 주어 돌려보내게 정하였다.[76] 이것은 앞서 말한 바와 같이 홀라온 올적합이 衛名을 사칭하고 인신이 없는 서계를 가진 자들이 연달아 조선에 내조하였기 때문에 취해진 조치였다. 그러나 비록 인신이 없을지라도 부득이 접견할 자는 요량하여 적당하게 올려 보내게 하고 있는데, 아마도 홀라온 올적합의 유력자나 사변 보고 등의 공로가 있는 경우 조선에서 정한 통교 방법이 아니더라도 이들을 받아들이기 위해서였을 것이다.

1445년(세종 27) 예조에서는 여러 여진 종족들의 내조 횟수를 정하도록 아뢰었는데, 그 중 홀라온 올적합은 1년에 5번만, 변경 가까이 사는 林阿車·亏未車·大小居·節南納·高說·高漆 등의 諸種 올적합은 1년에 2번만 오도록 주청하였다.[77] 홀라온 올적합의 내조를 1년에 5번으로 제한한 이유는 앞서 살펴본 것처럼 홀라온 올적합을 사칭한 여진인 때문이었

---

74) 『성종실록』 권47, 성종 5년 9월 기묘.
75) 『故事撮要』 接待野人事例(풍년에는 회령 4운, 종성 4운, 온성 3운, 경원 3운, 경흥 3운 모두 120인, 흉년에는 회령 3운, 종성 3원, 온성 2운, 경원 2운, 경흥 2운 보두 90인을 올려보내도록 되어 있다).
76) 『세종실록』 권85, 세종 21년 4월 갑진.
77) 『세종실록』 권110, 세종 27년 11월 임신.

다. 그렇기 때문에 마땅히 받아들이지 말아야 하지만, 홀라온 올적합의 내조 역시 갑자기 끊을 수가 없으므로 1년에 5번 내조를 허용하도록 하고 있다.[78] 따라서 조선에서는 여진인들의 위사, 즉 통교위반자들에 대한 대응으로써 이들의 통교를 제한하려 하였음을 알 수 있다.

셋째, '大國이 먼 지방 사람을 포용하는 도량'으로 용서하고 돌려보내는 것이다. 1442년(세종 24) 홀라온 올적합을 사칭하였던 忘家의 경우 그 일행을 분리해서 망가와 야시는 남겨두어 구류하고, 파하다와 구적라는 먼저 돌려보내어 그들의 頭目되는 사람들에게 이 사실을 알리게 하였다.[79] 이 사실을 알게 된 가롱개가 자신의 아들을 돌려보내달라고 청하는 서계를 보내고 나서야 망가(다롱개 또는 무동개)를 돌려보내게 되었다.[80] 가롱개 자신이 친히 와서 청한 것도 아니고, 가롱개의 아들이 아니라고 진술한 파하다도 병을 얻어 중태라는 이유로 오지 않았기 때문에 가롱개의 아들이라는 명백한 증거가 없어 眞僞를 분변하기 어렵지만, 서계에 여러 종족이 돌려보내기를 청하는 내용이 있었기 때문에 돌려보내는 것으로 하고 있다.[81]

이 과정에서 망가를 극형에 처하여 국가의 법을 보여줄 것을 주장하는 사람들도 있었지만, 禮曹와 黃喜의 주장에 따라 '큰 나라가 먼 지방 사람을 통치하고 포용하는 도량'으로서 용서하고 돌려보냈다.[82] 그렇지만 망가에 대한 대우는 추장의 자제가 아닌 다른 홀라온의 예에 의거하여 시행한 것으로 되어 있다.[83]

또 같은 해 역시 홀라온 올적합을 사칭한 알타리 야오내의 경우, 邊境

---

78) 위와 같음.
79) 『세종실록』 권95, 세종 24년 6월 기해.
80) 『세종실록』 권98, 세종 24년 12월 계사.
81) 『세종실록』 권98, 세종 24년 12월 계사.
82) 『세종실록』 권95, 세종 24년 6월 신묘·갑오.
83) 『세종실록』 권98, 세종 24년 12월 계사.

에서 적발되어 상경하지 못한 채 함길도 도절제사에 의해 구류되었고 추고 당하게 되었으나, 세종은 '도망해 간 다른 사람들과 더불어 다시 귀순하여 온다면 반드시 厚待할 것'이라고 되풀이하여 타일러서 스스로 잘못을 뉘우쳐 깨닫게 하여 죄를 주지 말고 돌려보내도록 하였다.84)

1484년(성종 15)에도 建州右衛의 사송을 사칭한 馬阿多右 역시 위사가 분명하였음에도 불구하고, 먼 곳 사람이 온 것을 차마 물리칠 수 없으므로 우선 접대한 것으로 되어 있다.85) 그러나 마아다우를 돌려보내면서는 '건주우위의 추장 보화토가 親族을 보내면 평안도를 거쳐 오는 것도 허가하고 후한 例로 접대할 것'이라 타이른 것으로 되어 있다.

1490년(성종 21)에 내조하였던 올량합 奴木哈과 刺力答 등의 경우도 同類人의 告身을 賣買해 가지고 왔다가 발각되었는데, 조선에서는 노목합에 대해 고신을 속여서 지참하여 朝廷을 기망한 죄로 의금부에 가두어 추국하려 하였으나, 본래 예의를 알지 못하기 때문에 내버려두고 특별히 그 죄를 용서하였다.86) 그렇지만 노목합 등이 다른 사람의 고신을 사가지고 왔기 때문에 다만 司猛의 직을 제수하고 있다.87) 그리고 1496년(연산군 2)의 林大, 1530년(중종 25)의 斜老 역시 中樞의 직을 받았다고 사칭하였다가 사맹의 직으로 낮추어 받고 있다.88)

따라서 조선에서는 위사 또는 통교 방법을 위반한 여진인들에 대해

---

84) 『세종실록』 권98, 세종 24년 10월 을사. 세종은 동맹가첩목아가 패망한 후 그 아들인 童倉과 이복동생 凡察을 후대하면서 그대로 머물게 하여 조선의 藩籬로 삼으려 하였으나, 1440년(세종 22, 庚申年)에 동창과 범찰은 조선을 배반하고 建州衛 李滿住에게로 옮겨 갔고 亐乙主 등도 이때 함께 도망한 것으로 보인다. 也吾乃에게 말하도록 한 내용, 즉 '도망해 간 다른 사람들과 귀순하여 오라'는 것은 이때 도망한 사람들과 함께 귀순하도록 한 말이다.

85) 『성종실록』 권171, 성종 15년 10월 신미.

86) 『성종실록』 권237, 성종 21년 2월 무신.

87) 위와 같음.

88) 『연산군일기』 권13, 연산군 2년 3월 신사 ; 『중종실록』 권67, 중종 25년 2월 신미.

'大國이 먼 지방 사람을 포용하는 도량'으로서 용서하기도 하고, 낮은 관직이지만 오히려 관직을 제수한 경우도 있는 것을 볼 수 있다. 이것은 여진인들로 하여금 스스로 잘못을 깨닫게 하고 장기적으로는 조선의 통교 방식을 지키고 순응하게 하려는 조치였다고 생각한다.

넷째, 변장으로 하여금 여진인들의 고신(관교)을 빠짐없이 考閱한 뒤에 올려 보내게 하였다. 1485년(성종 16)에 내조한 元多沙와 奴木哈이 관교를 僞造한 것으로 판명되자, 성종은 원다사와 노목합이 관교를 속이고 거짓으로 꾸민[詐僞] 이유를 推鞫하게 하였다.[89] 예조에서는 이들에 대해 '너희들의 관교는 모두 속임이 있으니, 이제부터는 관직에 제수될 수 없을 것이다'하고, 회령의 관리와 鄕通事가 당초에 살피지 않고 올려 보낸 것도 아울러 추국할 것을 청하기도 하였다.[90] 그리고 鄭蘭宗 또한 '鎭將이 자세히 살펴서 위조한 흔적이 나타나면 감사와 절도사에게 보고하여 힐문해서 고신을 회수하는 한편 올려 보내기를 허락하지 말고 엄하게 책망하여 물리칠 뿐인데, 지금은 살피지 못하고 올려 보내게 하였으니 진장에게 죄가 있다'[91]고 하고 있다. 따라서 상경하려는 여진인들의 고신을 확인하는 것은 변장의 중요한 임무 중 하나였음을 알 수 있다.

그러던 중 같은 해(1485년) 達乙花의 경우에도 다른 사람에게 관교를 빌려서 내조한 것이 발각되었다.[92] 이렇게 여진인들이 조선의 관교를 위조하거나 빌려서 오는 경우가 발생하자, 조선에서는 邊將으로 하여금 내조하는 여진인들의 관교를 빠짐없이 考閱한 뒤에 올려보내게 하는 일을 立法한 것으로 나타난다.[93]

---

89) 당시 元多沙와 奴木哈에 대한 추국의 과정이나 결과에 대해서는 『성종실록』에 나타나지 않는다(『성종실록』 권185, 성종 16년 11월 갑자·정축).
90) 『성종실록』 권185, 성종 16년 11월 갑자.
91) 『성종실록』 권185, 성종 16년 11월 을해.
92) 『성종실록』 권186, 성종 16년 12월 무술.
93) 위와 같음.

　　그러나『조선왕조실록』을 검토해 보면, 조선으로부터 관직을 받은 受職女眞人이 상당한 수였던 것을 알 수 있고, 이들에게 준 고신의 양은 陞職 등으로 인해 훨씬 더 많았을 것이다. 따라서 조선에서 수여해준 고신이 일종의 '통교허가증'이 된 상황에서 내조하는 여진인들이 지참한 고신을 면밀히 고열한다는 것은 사실상 많은 어려움이 있었을 것이다. 그렇기 때문에 1527년(중종 22)년 성저야인의 관교를 제대로 살피지 못하고 상경시켰을 때와 같이 변경의 吏屬이 형문을 당하고, 首領 또한 추고를 당하기도 하였다.94)

　　다섯째, 官敎를 僞造, 借用, 賣買하여 내조하는 경우, 그 관교를 追奪하는 것이다. 우선 변경에서 鎭將이 여진인들의 관교를 고열할 때 위조한 흔적이 나타나면 감사와 절도사에게 보고하여 회수하는 것이 관례화되어 있었던듯 하고,95) 혹 상경한 이후에 적발되더라도 고신을 추탈당한 사례들이 나온다.

　　실제로 1490년(성종 21) 奴木哈과 剌力答은 예조에서 그 고신을 거둔 것으로 되어 있고,96) 1526년(중종 21)에는 '지난해[往年]에 여진인들이 上京하였을 때 명백하지 않은 관교는 회수해서 빼앗은 것이 많았다'라고 되어 있다.97) 1530년(중종 25)에 斜老 역시 중추의 관교를 빼앗겼는데,98) 城底人(城底野人)들 중에는 관교가 잘못되어 조선에 빼앗긴 자들이 많았던 것을 알 수 있다.99) 또 1527년(중종 22) 상경한 성저야인 중 8인의 고신을 추탈한 것은 앞서 본 바와 같다.

　　그러나 여진인들의 관교를 빼앗는 일은 그리 간단한 문제는 아니었던

---

94) 위와 같음.
95) 『성종실록』권185, 성종 16년 11월 을해.
96) 『성종실록』권237, 성종 21년 2월 무신.
97) 『중종실록』권57, 중종 21년 11월 임진.
98) 『중종실록』권67, 중종 25년 2월 신미.
99) 위와 같음.

것 같다. 이때 온성진 성저야인들의 관교를 추열한 결과, 다음과 같이 성저야인들이 동요하게 되었던 것으로 보인다.

> 대저 성저야인 자신의 (관교만으로) 中樞가 되는 者가 많지 않고, 대개 族親의 관교를 빌어 上京하여 속이고는 俸祿을 받아온 지 이미 오래되었습니다. 그런데 지금은 예전처럼 하지 않으니, 저들이 동요하고 있다는 말이 헛말은 아닌 것 같습니다. … (관교가 부실한) 이러한 야인들을 上送(上京)시키면 邊將과 色吏들이 모두 죄를 입을 것이고, 상송시키지 않으면 변란이 朝夕으로 발생할지도 모릅니다. 어떻게 처리하오리까? … 兵使 柳繼宗은 '祖宗朝 이래 혹 50~60년, 혹 30~40년, 혹 10~20년 동안 이와 같아서 上京해서 祿을 받아온 지 오래되었습니다. 만약 하루아침에 論하여 추탈한다면 온성 뿐만이 아니라 六鎭도 동요될 것입니다. 예전대로 해야 합니다.'라고 했습니다.[100]

이것을 보면 성저야인들은 대개 족친의 관교를 빌려서 상경하여 속이고는 봉록을 받거나 중추가 되는 경우가 많았고, 이러한 행태가 이미 오래되었던 것을 알 수 있다. 따라서 이러한 행태는 舊習 또는 慣例가 되었던 것이다. 그리고 어쩌면 이러한 구습과 관례를 변방의 吏屬들이나 파견된 수령들이 認知하고 있었고, 默認하고 있었을 가능성이 크다고 할 수 있다.

그렇기 때문에 鎭將(발언자는 온성부사)은 '이러한 야인들을 上送(上京)시키면 邊將과 色吏들이 모두 죄를 입을 것이고, 상송시키지 않으면 변란이 朝夕으로 발생할지도 모릅니다. 어떻게 처리하오리까?'하고 난처해 하고 있는 것이다. 또 병사 유계종 또한 이러한 구습과 관례가 60~10년 동안 이어졌기 때문에 하루아침에 관교들을 추탈한다면 온성뿐만 아니라 6진 전체가 동요되어 성저야인들이 배반하는 일이 생길지도 모르기 때문에 예전대로 대우할 것을 주장하였던 것이다.

조선전기 소위 '女眞 僞使'의 발생은 4군 6진의 설치 이후 조선과 홀

---

100) 『중종실록』 권58, 중종 22년 1월 기축.

라온 올적합과의 직접적인 통교가 발생하면서 시작되었고, 이것이 다른 여진인들에게도 확대되었다고 할 수 있다. 지금까지 밝혀진 '여진 위사'의 유형은 다음과 같이 정리될 수 있다. 1) 인신을 빌려 쓴[借著] 경우, 2) 元나라의 蒙古 인신을 사용한 경우, 3) 다른 사람의 이름을 詐稱[冒名]한 경우, 4) 여진 위소의 使送(使人)을 詐稱한 경우, 5) 官敎를 僞造, 借用, 賣買하여 내조하는 경우(① 官敎를 僞造하는 경우 - 관교를 속이고 거짓으로 꾸미는[詐僞] 경우, ② 官敎 또는 告身을 빌리거나 賣買해 가지고 오는 경우), 6) 두 가지 이상의 통교위반 사항이 복합적으로 나타난 경우가 그것이다.

그런데 이 유형들은 인신과 관련된 것, 다른 사람의 이름이나 여진 위소의 사송을 사칭한 것에서 점차 관교를 위조, 차용, 매매하는 경우들이 많이 발생하고 있는 것을 알 수 있었다. 이것은 여진인들에게 관직을 수여하는 행위와 그로 인해 발생된 고신(관교)의 지급이 점차 조선과의 통교권을 주는 것이 되었기 때문인 것으로 생각된다. 즉 수직을 받은 여진인들이 그 증명으로써 조선으로부터 받았던 고신을 변경의 진장이나 수령에게 제시함으로써 조선과 통교할 수 있었는데, 문제는 문서로 된 이러한 고신은 얼마든지 위·변조가 가능한 것이었다는데 있었다.

조선에서는 이들 '여진 위사'를 방지하는 방편으로 여진인들에 대한 정보를 파악하기 위해 노력하였고, 여진인들에 대한 통교를 제한하기 시작하였다. 한편으로는 '大國이 먼 지방 사람을 포용하는 도량'으로 용서하고 돌려보내기도 한 것을 볼 수 있었다. 그러나 우선은 변장으로 하여금 여진인들의 관교를 빠짐없이 考閱한 뒤에 올려 보내게 하였고, 혹 변경에서든, 혹 상경해서든 官敎를 僞造, 借用, 賣買한 경우, 그 관교를 追奪하고 있었다.

그러나 관교를 추탈하는 것은 여진인들, 특히 성저야인들의 동요를 불러일으켰는데, 성저야인들은 관교를 빌려서 상경하여 속이고는 봉록을 받거나 중추가 되는 경우가 많았고, 이러한 행태가 이미 舊習으로 자리 잡게 되었기 때문이었다. 이미 관례가 되어버린, 조선과의 통교 방식이 되어버린 이 행태들을 제한하는 것은 결국 통교를 제한하는 것과 같았다. 따라서 성저야인, 즉 두만강 유역의 중심부락으로 성장한 '藩胡 部落'의 반란을 초래할 여지가 있었던 것이다.

결국 조선이 관직을 주었다는 증빙인 관교, 고신, 직첩 등은 이미 '통교 증명서'가 되어 버렸고, 그것은 문서로 되어 있었기 때문에 얼마든지 위·변조의 문제를 항상 가지고 있었다고 할 수 있다. 그러나 조선에서는 이러한 통교 방식의 문제점을 개선하는데 점차 한계성을 드러낼 수밖에 없었다. 왜냐하면 두만강 유역의 여진의 성장뿐만 아니라 임진왜란을 겪으면서 동력을 잃어버렸기 때문일 것이다. 그렇기 때문에 임진왜란 이후 세력이 강성해진 추장 忽酋는 職帖 1백 장을 한꺼번에 요구하여 조선으로부터 승낙을 받고 있었고,[101] 누루하치가 번호들을 침탈하여 자신의 세력을 확장하는 과정에서는 번호가 조선의 직첩을 바치기도 하였던 것이다.[102]

'여진 위사'의 유형을 통해 보면, 이들은 결국 경제적 목적을 달성하기 위해 자신의 신분이나 이름을 감추고 조선과 통교하려던 사람들이라고 할 수 있겠다. 조선과의 통교를 목적으로 인신과 관교를 속이고, 위조하며, 다른 사람이나 위소의 使送을 사칭하는 등 조선에서 정한 통교방식을 교묘히 이용한 사례들이 많다. 따라서 '위사'는 "거짓의 통교자 또는 통교무역자를 위사라고 부르는 것보다는 그들의 성격 및 도항목적을 그대로 반영하는 의미에서 '통교위반자'로 부르는 것이 타당하다"[103]는

---

101) 『선조실록』권190, 선조 38년 8월 정묘 ; 권192, 선조 38년 10월 정묘.
102) 『선조실록』권134, 선조 34년 2월 기축.
103) 한문종, 2005, 「조선전기 倭人統制策과 통교 위반자 처리」 『왜구·위사 문제와 한일관계』경인문화사, 224~225쪽 ; 2005, 「僞使 연구의 현황과 과제」, 『한일 역사공동연구보고서 - 중·근세사 한국편』, 한일역사공동연구위원회, 15쪽.

해석은 비단 조선과 일본관계에서 발생한 위사뿐만 아니라 소위 '여진 위사'에도 접합하다고 생각된다.

마지막으로 현재 '위사'에 대한 문제는 조선시대 한일관계사 분야에서 한국과 일본 연구자들 간에 최대 쟁점이 되고 있는 사항이다. 특히 '위사'라는 명칭과 개념문제, 그리고 조선에서 '위사'를 어떻게 인식하고, 대처하였는지 등에 많은 관심이 기울여져 왔다고 할 수 있다. 그러나 비단 '위사' 문제는 조선과 일본간에만 발생한 문제가 아니라 조선과 여진과의 통교에서도 발생하고 있었다. 따라서 향후 소위 '위사'에 대한 접근 방식도 수정할 필요가 있고, 조선전기 '위사'의 명칭과 개념, 인식에 대한 문제도 종합적으로 고찰할 필요가 있다고 생각된다.

결 론

조선시대 女眞에 대한 授職은 고려말 李成桂를 따라 종군하였던 여진인 酋長들에 대한 포상에서부터 시작되었다. 그리고 이후 수직은 여진 유력추장의 조선 來朝와 함께 이루어졌고, 주로 조선에 向化한 여진인을 중심으로 시행되었다.

세종대가 되면서 授職政策은 여진과의 관계 및 여진 세력의 변화, 조선의 4郡 6鎭의 설치와 맞물려 보다 능동적으로 전개되었다. 즉 향화여진인을 중심으로 전개되던 수직정책이 두만강·압록강 유역에 거주하는 여진인에게까지 광범위하게 확대되었고, 중국의 衛所를 개설 받아 위소 관직을 이미 받았던 여진인들에게까지 확대되었다. 조선의 수직정책은 바로 세종대에 확립되었다고 할 수 있다. 이렇게 전개·확립된 수직정책으로 많은 受職女眞人이 발생하게 되었는데, 그 숫자는 태조대부터 성종대까지 952명이나 되었다.

한편 세종대 4군 6진의 설치로 간접적인 교섭 상대였던 홀라온 올적합과의 내조가 증가하기 시작하면서 이들에 대한 접대문제가 대두되고, 僞使가 발생하면서 홀라온 올적합뿐만 아니라 여진세력 전체에 대한 정보를 얻기 위해 노력하였다. 이것의 결과물이 『단종실록』에 나타난 소위 '여진인 인명기록'이다. 여기에는 두만강 유역에 설치되었던 5진 부근의 여진인 800여 명에 대한 名單 및 種族, 勢力 等級, 居住地, 管下人 數, 官職名 및 親族 關係 등이 상세히 기록되어 있다.

이들 중 조선의 관직명이 나타나는 자는 247명, 명의 관직명이 나타나는 자는 70명이었다. 그리고 이들에게 수여된 관직 수여 양상을 통해 조선의 수직정책이 어떻게 전개되고 있었는지 파악해볼 수 있었다. 조신에서는 5진 부근의 여진인들에게 中樞院職, 軍官職, 五衛職 등을 수여하였고, 군관직에서는 萬戶職이, 오위직에서는 護軍, 司直, 司正 등의 관직이 많이 나타났다. 조선 관직자 247명 중 오위직은 183명, 군관직은 63명이 나타나 군관직보다 오위직의 여진인이 훨씬 더 많다. 이것은 조선에서 만호 등의 군관직보다는 품종과 품계가 다양한 오위직을 여진인에게 더 많이 수여하였음을 나타낸다.

조선에서는 여진에 대한 관직 수여와 함께 이들에 대한 대우규정을 면밀히 갖추었는데 그 중 하나가 수직여진인에 대한 座次規定이다. 여진인들이 상경하게 되면 각 館舍나 驛站 등에서 그에 상응하는 接待가 이루어졌는데, 그 중 조선인 官吏가 접견할 때의 좌석배치에 관한 몇 가지 사료가 『조선왕조실록』과 『경국대전』에 기록되어 있다. 특히 여기에는 수직여진인의 관직명에 따른 좌차규정이 세분화되어 있어 이들에 대한 대우 및 인식의 일면을 살펴볼 수 있었다.

조선인 관리가 여진인을 만날 때에는 여진인의 品階에 구애받지 않고 조선인 관리가 항상 높은 자리에서 여진인을 접견하였다. 여진인의 품계가 높다 하더라도 조선인 관리는 主로서 동쪽에 앉고, 여진인은 客으로 설정하여 서쪽에 앉음으로써 여진인들을 보다 더 낮은 위치에 앉게 하였다.

조선에서 이렇게 수직여진인에 대한 좌석배치 사항까지 정비하여 『경국대전』에까지 성문화시킨 것은 이들과의 교섭이 많았기 때문만이 아니라 이들에 대한 대우와 접대에 만전의 준비를 하여 여진인들을 지속적으로 복속시키기 위해서였음에 주목할 필요가 있다.

세종대부터 두만강 유역의 여진인들 및 명으로부터 관직을 받은 여진인들에게까지 확대하여 수직정책을 실시함으로써 조·명 양국으로부터 이중으로 관직을 받는 '이중수직여진인'이 발생하기 시작하였다. 명의 관직을 가지고 있는 여진인에 대한 조선의 관직 수여는 동맹가첩목아 死

後 그 아들인 童倉에 대한 문제부터 시작되었는데, 동창에 대한 수직은 명으로부터 관직을 받은 여진인에 대한 조선의 관직 수여의 시발점이 된다는 점에서 큰 의미가 있다.『조선왕조실록』을 중심으로 파악한 '조·명 이중수직여진인'의 수는 세종·단종대에만 48명이 보이고, 세조대에는 90명이나 되었다.

특히 세조대에는 압록강 유역의 建州三衛와 通交하게 되고 建州衛都督 李古納哈·建州左衛都督 童倉에게 각각 知中樞院事의 관직을 제수하였는데, 이것은 바로 명과의 외교적 문제로 비화되기도 하였다. 또한 '조·명 이중수직여진인'인 浪孛兒罕에 대한 처벌도 조선과 명 사이에 외교문제화 되었다. 명에서는 이고납합·동창 등이 명 조정의 職事를 받았음을 강조하면서 조선에서 이들에게 관직을 준 점, 낭발아한을 처벌할 때 명에 보고하지 않은 점 등을 문제 삼고 있었다.

여진 세력은 조선과 명으로부터 각각 官職을 받고 조선과 명에 來朝하면서 경제적 이익을 취하였지만, 조선과 명 어느 쪽에도 완전히 服屬되어 있지 않았다. 당시 명이 설치한 여진위소는 명대의 일반적인 위소와는 다른 羈縻衛所로서, 명의 官員이 파견된 것이 아니라 여진의 大小酋長이 그대로 衛所官職에 임명되었고, 그 관직은 世襲되었으며, 여진위소 官職者는 來朝와 朝貢이라는 형식을 통해 명과 통교하였을 뿐이며 그 독자성은 그대로 유지되었다. 이렇게 본다면 명의 여진에 대한 위소 관직 수여는 조선의 授職政策과 크게 다르지 않다. 따라서 '조·명 이중수직여진인'의 존재는 여진의 조·명 양속적 성격을 발생시켰고, 조·명간의 외교적 문제를 유발하였던 것이다.

여진인들은 조선과 명 양쪽에 入朝하여 이중으로 관직을 받고 양쪽에서 경제적 목적을 취하는 이중적이고 양속적인 모습을 보이고 있었다. 이로 인해 발생한 여진을 둘러싼 명과의 대립과 갈등이라는 외교적 문제 속에서도 세조는 모련위 정벌을 단행하여 조선의 자주적 입장과 국위를 과시하려 하였다.

모련위 정벌에는 많은 여진인 및 수직여진인들이 조선을 도와 從軍하였고, 세조는 정벌 직후 이들에 대한 포상을 실시하였다. 기록상 확인되는 여진 종군자 포상 명단은 135명이지만, 실제로 정벌에 참여한 여진인은 이보다 더 많았을 것으로 생각된다. 정벌 후에는 이들의 功을 3등급으로 나누고 관직을 제수하고 물품을 나누어 주었는데, 이미 관직을 받은 '受職女眞人'들은 관직을 올려 제수하고, 그렇지 않은 자들은 새로이 관직을 제수하였다. 조선의 관직을 받는 것은 1년에 한번 내조하여 경제적 목적을 달성하는 중요한 수단이 되었기 때문에 종군한 여진인들 중에는 관직 받기를 소원하기도 하였다. 따라서 조선에서는 여진인들에 대한 수직정책을 통해 여진인들을 적절히 활용하여, 여진정벌에까지 참여시키기도 하고, 그 결과에 따른 포상으로서도 '授職政策'을 적절히 활용하였다.

한편 조선은 4郡 6鎭을 설치한 후, 방어상의 이유 때문에 藩籬인식을 더욱 확대하고 구체화시켜 나갔다. 그리고 '女眞 藩籬'를 구축하고 공고히 하기 위해서 조선은 몇 가지 정책을 구사하였는데, 明을 통한 외교적 방법을 통해 여진인들의 이동을 억제하기도 하고, 두만강 유역의 여진인들에게 물품과 관직을 수여하는 등의 회유책을 구사하기도 하였다. 또한 무력을 동반하여 도망간 여진인들을 잡아오거나 示威하는 强硬策으로 이들의 이탈을 방지하기도 하였다. 조선은 두만강 유역의 여진인들을 藩籬化시키는데 있어 수직정책을 확대 전개하고 활용함으로써 여진 번리화를 성공적으로 이끌어갔다. 그리고 이렇게 형성된 여진 번리는 深處여진인들의 공격을 막으면서 새로 설치한 6鎭을 조선의 영토로 완전하게 편입시키는데 있어 도움을 주었다.

조선 중기가 되면 여진이 농경사회로 발전하는 것과 궤를 같이 하면서 두만강 유역의 여진 번리가 '藩胡 部落'으로 지칭되기 시작하였다.

이것은 조선에서 5진 지역의 방어를 위해 여진인들을 안정화시키고 이들을 조선의 울타리인 藩籬로 고착화시켜 간 결과이다. 번호 부락의 발전에 있어서도 조선의 수직정책을 위시한 통교정책이 일정부분 영향을 끼쳤다. 여진인들은 각종 생필품을 얻기 위해서 5鎭 주변에 모여들었는데, 그들이 경제적 욕구를 충족시키려면 이러한 조선의 통교정책에 순응해야했다.

그런데 4군 6진 설치 후 홀라온 올적합의 통교에서 시작된 여진 위사의 발생은 점차 다른 여진 종족에게도 파급되었다. 조선에서 처음 내조하는 홀라온을 우대하였기 때문에 이들의 내조가 급증하면서 기존 통교방식을 위반한 자들이 나타났고, 그리고 홀라온을 사칭한 여진인들이 생겨났다. 이들 '여진 위사'의 유형은 다음과 같다. 첫째 다른 사람의 印信을 빌려 쓴 경우, 둘째 몽고(원)의 인신을 쓴 경우, 셋째 여진 위소의 使送(使人)을 詐稱한 경우, 넷째 官敎를 僞造, 借用, 賣買하여 내조하는 경우, 다섯째 위의 경우 중 2가지 이상의 통교위반 사항이 복합적으로 나타나는 경우이다.

여진인들이 조선의 고신을 위조하거나 빌려서 오는 경우가 발생하자, 조선에서는 邊將으로 하여금 내조하는 여진인들의 관교를 빠짐없이 考閱한 뒤에 올려보내게 하는 일을 立法하였다. 그러나 조선에서 수여해준 고신(관교)이 일종의 '통교허가증'이 된 상황에서 내조하는 여진인들이 지참한 고신을 면밀히 고열한다는 것은 사실상 많은 어려움이 있었을 것이다. 마침내 조선의 수직행위는 점차 '通交權'으로 상징화되어갔고, 여진 세력이 성장하면서 藩胡들 중에는 조선의 職牒 1백 장을 한꺼번에 요구하기도 하고, 번호들이 누루하치에게 조선의 직첩을 바치는 등 그 한계를 드러낼 수밖에 없었다.

이상의 내용을 종합해보면 조선전기 여진에 대한 수직정책은 조선의 對女眞羈縻政策의 일환으로써 실시된 것을 알 수 있다. 조선의 건국과

함께 시작되었다고 해도 과언이 아니지만 4군 6진의 설치와 함께 두만
강·압록강 유역에 거주하는 여진인들 및 명의 관직을 받은 여진인들에
게까지 적극적으로 확대되고 변화됨으로써 여진인들을 조선에 복속시키
고, 5진에 여진 번리를 구축하게 함으로써 조선의 변경 지역을 평화적으
로 안정화시키는데 그 역할을 하였다고 할 수 있다.

따라서 조선전기의 수직정책은 첫째, 여진세력을 조선에 복속시킴으
로써 변경의 안정화를 도모하는데 성공적으로 작용하였다. 여진세력은
조선의 정책에 대체로 순응하면서 정치·경제적으로 服屬되어 갔기 때문
에 이러한 측면에서 보면 조선의 수직정책이 변경의 안정화에 효과적인
역할을 하였다고 여겨진다.

둘째, 조선에서 새로 설치한 6진 지역을 조선의 영토로 완전하게 편
입하는데 큰 역할을 했다고 평가할 수 있다. 조선의 수직정책은 여진의
복속과 藩籬化의 방향으로 나아갔는데, 이것은 深處 여진인의 침입을 먼
저 막아주거나 사변을 보고하는 정세 파악의 창구로써의 기능을 한 측면
이 크다. 즉 두만강 유역 내외에 일종의 울타리를 형성하면서 6진 지역
보다 먼저 일종의 일차적인 방어지대를 형성하였다. 따라서 새로 설치한
6진 방어에 도움을 주게 되었던 것은 분명하고, 조선의 영토 확장을 안
정적으로 뒷받침하였던 것이다.

셋째, 조선을 중심으로 한 羈縻交隣 질서를 형성하는데 일조하였다고
생각된다. 조선의 수직정책은 비단 여진인에게만 이루어진 것이 아니라
倭人들에게도 이루어졌다. 특히 여진인들에 대한 조선의 관직 수여 행위
는 明이 여진인들에게 행한 衛所관직 수여와 그 성격이 같다. 명에서 여
진 지역에 설치한 위소 및 관직수여는 그 지역의 여진인 세력을 그대로
인정하고 위소관직을 준 것이지 따로 군사·정치·행정적 위소관청을 설
치한 것이 아니다. 정치적 측면에서 보면 君長, 部族長으로 인정해주는
일종의 册封행위에 지나지 않는 것이었다. 그런데 이것을 조선에서는 女

眞人과 倭人에게 수직정책을 펼침으로써 그 세력을 인정하는 동시에 이들을 조선에 복속시키고 조공 형식의 통교방식을 취하게 함으로써 조선을 중심으로 한 羈縻交隣 질서를 구축해 나가려 했던 것이다.

그 과정에서 발생한 '조·명 이중수직여진인'은 조선과 명의 외교적 갈등을 불러일으키기도 하였다. 또 조선의 수직정책은 여진인들에게 일종의 통교권을 만들어주고, 조선의 통교정책을 교묘히 이용한 여진인들, 즉 소위 '위사' 또는 '통교위반자'의 주 유형을 이루게 된 측면이 있었다. 따라서 점차 수직정책은 통교제도화되어 갔으며, 통교의 권한이 특정 여진세력에게 집중되면서 여진의 성장을 촉진한 측면도 간과할 수 없을 것이다. 특히 수직정책이라는 것이 조선의 입장에서 보면 여진을 조선에 복속시키는 정책 중 하나였지만, 여진의 입장에서 보면 유력 여진세력을 인정하여 주는 정치성을 가지기 때문에 점차 여진 세력의 집중화에 일정부분 도움을 주었다고 생각된다. 이러한 가운데 여진 사회의 농경화 진척은 여진 세력의 집중화와 통일을 유발하였으며, 마침내 누루하치가 여진 諸부족을 통일함으로써 조선의 대여진정책은 한계를 드러내었다.

지금까지 조선의 여진에 대한 수직정책에 관한 여러 문제들을 살펴보았지만, 사실 수직정책만으로 전반적인 조선전기 여진관계를 모두 살펴보았다고는 할 수 없다. 특히 조선과 여진인과의 통교가 감소하는 성종대 이후의 수직여진인 현황은 앞으로의 과제로 남겨두고자 한다. 그리고 조선의 왜인에 대한 수직정책을 함께 비교, 검토하는 것도 조선전기 수직정책의 상관관계를 밝힐 수 있는 계기가 될 것이다. 이를 통해 조선시대 교린의 양축이라 할 수 있는 왜·야인에 대한 기미교린 정책들이 어떻게 이루어졌는지 종합적인 고찰이 이루어질 수 있을 것이다. 본 연구가 앞으로 이와 같은 연구에 작지만 일조할 것을 기대해 본다.

〈별표 1〉 태조~성종대 수직여진인 일람

총번호	왕대별	성 명	부 족	관 직	출 전
1	태조 1	夾溫猛哥帖木兒 童猛哥帖木兒	斡朶里	?	『태종실록』권1, 1년 7월 정미
				上萬戶	『태조실록』권8, 4년 윤9월 기사
				鏡城等處萬戶	『세종실록』권84, 21년 3월 갑인
				上護軍	『태종실록』권7, 4년 3월 갑인
				慶源等處管軍萬戶	『태종실록』권9, 5년 2월 기축
2	2	古論阿哈出 於虛出	兀良哈	?	『태종실록』권1, 1년 7월 정미
3	3	高卜兒閼	女眞	?	〃
4	4	奚灘訶郎哈	〃	?	〃
5	5	古論豆蘭帖木兒 李之蘭	〃	?	〃
				補祚功臣 參贊門下府事 義興親軍衛 節制使 青海君	〃
				開國一等功臣	『태조실록』권4, 2년 7월 을축
				東北面都安撫使	『태조실록』권4, 2년 8월 을해
				東北面 都兵馬使	『태조실록』권12, 6년 12월 경자
				門下侍郎贊成事 判刑曹 義興三軍中軍節制使 青海君	『태조실록』권15, 7년 9월 계유
				定社二等功臣	『태조실록』권15, 7년 10월 계묘
				佐命三等功臣	『태종실록』권1, 1년 1월 을해
				太祖配享功臣	『태종실록』권20, 10년 7월 정축
6	6	甫亦莫兀兒住	〃	?	『태종실록』권1, 1년 7월 정미
7	7	括兒牙火失帖木兒 金火失帖木	〃	?	〃
8	8	奧屯完者	〃	?	〃
9	9	奚灘塔斯	〃	?	〃
10	10	雲剛括	〃	?	〃
11	11	括兒牙兀難 王兀難	〃	?	〃
12	12	朱胡貴洞 童貴洞	〃	?	〃
13	13	夾溫不花	〃	?	〃
14	14	奚灘薛列 劉薛列	〃	?	〃
15	15	夾溫赤兀里	〃	?	〃
16	16	朱胡引答忽 朱引忽	〃	?	〃
17	17	朱胡完者	〃	?	〃
18	18	暖禿古魯	〃	?	〃
19	19	奚灘孛牙	〃	?	〃
20	20	古論孛里	〃	?	〃

총번호	왕대별	성 명	부족	관 직	출 전
21	21	奚灘古玉奴	〃	?	〃
22	22	括兒牙八兒速 劉把兒遜	兀良哈	?	〃
23	23	括兒牙乞木那 金文乃	嫌眞 兀狄哈	?	〃
24	24	答比那	〃	?	〃
25	25	可兒答哥	〃	?	〃
26	26	南突阿剌哈伯顔	南突 兀狄哈	?	〃
27	27	括兒牙禿成改 金豆稱介	骨看 兀狄哈		〃
28	28	李和英	女眞	原從功臣	『태조실록』 권14, 7년 윤5월 갑진
				禮曹典書	『태종실록』 권2, 1년 11월 경자
				左軍同知摠制	『태종실록』 권4, 2년 11월 경인
				右軍都摠制	『태종실록』 권12, 6년 12월 계사
				知議政府事	『태종실록』 권18, 9년 10월 을축
				議政府參贊	『태종실록』 권30, 15년 12월 신묘
				判左軍都摠制府事	『태종실록』 권33, 17년 4월 정축
				判右軍府事	『세종실록』 권26, 6년 10월 무진
29	29	李和尙	〃	原從功臣	『李和尙開國原從功臣錄券』
				工曹典書	『태조실록』 권13, 7년 1월 을묘
30	30	童安老	?	原從功臣	『李和尙開國原從功臣錄券』
31	31	宮富大	兀良哈	同良等處上萬戶	『태조실록』 권3, 2년 5월 신유
32	32	夫彦	多完人	萬戶	『태조실록』 권6, 3년 12월 기묘
33	33	所吾	斡朶里	萬戶	〃
34	34	童多老	〃	宣略將軍 → 上千戶	『태조실록』 권13, 7년 1월 임신
35	태종 1	李和美	女眞	大護軍	〃
				上護軍	『태종실록』 권19, 10년 2월 임술
				僉摠制	『태종실록』 권25, 13년 1월 정유
36	2	朱仁	〃	鷄林記官	『태종실록』 권6, 3년 12월 갑신
				檢校漢城尹	『태종실록』 권18, 9년 10월 신해
				同知摠制	『세종실록』 권54, 13년 11월 을축
37	3	崔也吾乃	斡朶里	大護軍	『태종실록』 권7, 4년 3월 갑인
				檢校漢城尹	『태종실록』 권11, 6년 1월 정유
38	4	馬月者	〃	護軍	『태종실록』 권7, 4년 3월 갑인
39	5	童於何朱	〃	護軍	〃
40	6	童於何可	〃	護軍	〃
41	7	張權子	〃	司直	〃
42	8	多末且	〃	司直	〃
43	9	張于見帖木兒	〃	副司直	〃
44	10	馬自和	〃	司正	〃
45	11	童難	嫌進	萬戶	『태종실록』 권9, 5년 1월 을사

총번호	왕대별	성 명	부족	관 직	출 전
			兀狄哈		
46	12	遼河	女眞	萬戶	『태종실록』 권9, 5년 2월 기축
47	13	童所乙吾	斡朶里	前護軍	『태종실록』 권9, 5년 3월 계해
				副萬戶	『단종실록』 권13, 3년 3월 기사
48	14	崔仇帖木兒	〃	前護軍	『태종실록』 권12, 6년 8월 갑오
49	15	趙定	女眞	大護軍	『태종실록』 권16, 8년 7월 임신
				上護軍	『태종실록』 권35, 18년 2월 신축
				僉摠制	『세종실록』 권6, 1년 11월 계묘
				右軍同知摠制	『세종실록』 권14, 3년 12월 병신
				兵馬節制使	『세종실록』 권25, 6년 9월 기해
				左軍 摠制	『세종실록』 권32, 8년 6월 무인
50	16	阿高者	兀良哈	萬戶	『세종실록』 권89, 22년 6월 을미
51	17	金同介	兀狄哈	行司直	『태종실록』 권19, 10년 5월 정묘
				前護軍	『태종실록』 권21, 11년 5월 병인
52~54	18~20	豆稱介의 子弟3人	〃	侍衛	『태종실록』 권20, 10년 7월 병술
55	21	殷阿里	女眞	司直	『태종실록』 권22, 11년 10월 을사
				行僉知中樞院事	『세종실록』 권57, 14년 7월 무오
				中樞院副使	『세종실록』 권61, 15년 윤8월 무진
56	22	崔普老	〃	護軍	『태종실록』 권23, 12년 3월 병오
				僉摠制	『세종실록』 권29, 7년 9월 을축
				左軍同知摠制	『세종실록』 권40, 10년 4월 병자
				中樞院副使	『세종실록』 권76, 19년 3월 기해
57	23	姜具	〃	檢校漢城尹	『태종실록』 권26, 13년 8월 임자
58	24	金月下	〃	上護軍	『태종실록』 권29, 15년 1월 정묘
				僉摠制	『세종실록』 권6, 1년 11월 계묘
				摠制	『세종실록』 권26, 6년 10월 갑자
59	25	這容介	兀狄哈	侍衛	『태종실록』 권30, 15년 11월 기해
60	26	金高時帖木兒	女眞	摠制	『태종실록』 권33, 17년 6월 무자
61	27	李孝良	〃	司僕直長	『태종실록』 권34, 17년 11월 갑인
				上護軍	『세종실록』 권37, 9년 8월 을해
				僉摠制	『세종실록』 권42, 10년 12월 신사
62	세종 1	張月下	〃	副司直	『세종실록』 권6, 1년 12월 기축 以前
63	2	馬邊者	斡朶里	司直	『세종실록』 권18, 4년 10월 임진 以前
				護軍	『세종실록』 권22, 5년 12월 무진
				僉知中樞院事	『세종실록』 권60, 15년 6월 갑신
				中樞院副使	『세종실록』 권77, 19년 6월 무자
				同知中樞院事	『세종실록』 권105, 26년 윤7월 신묘
				原從功臣一等	『세조실록』 권2, 1년 12월 무진
64	3	童所羅(*)	兀良哈	?	『세종실록』 권19, 5년 1월 신묘
				侍衛	『세종실록』 권19, 5년 1월 기유
65	4	童千古里	斡朶里	?	『세종실록』 권20, 5년 5월 을미 以前

총번호	왕대별	성 명	부 족	관 직	출 전
		童干古		副司直	『세종실록』 권61, 15년 7월 갑자
				司直	『세종실록』 권90, 22년 8월 무인
				大護軍	『세종실록』 권103, 26년 2월 정유
				上護軍	『문종실록』 권4, 卽位년 11월 병인
				上護軍 原從功臣二等	『세조실록』 권2, 1년 12월 무진
66	5	金劉時所應哈	兀狄哈	前副司正	『세종실록』 권22, 5년 11월 정미 以前
67	6	金吾光阿	〃	前副司正	〃
				侍衛	『세종실록』 권22, 5년 12월 기미
				副司直	『세종실록』 권31, 8년 2월 병인
68	7	金西澄阿	〃	前副司正	『세종실록』 권22, 5년 11월 정미 以前
				侍衛	『세종실록』 권22, 5년 12월 기미
69	8	童末所	?	護軍	『세종실록』 권22, 5년 12월 무진 以前
70	9	金所應巨	?	司正	〃
71	10	劉吾通哈	兀狄哈	侍衛	『세종실록』 권23, 6년 1월 임오
72	11	崔於夫哈	斡朶里	侍衛	『세종실록』 권23, 6년 2월 기유
73	12	李甫乙項哈	兀狄哈	侍衛	『세종실록』 권23, 6년 2월 병진
74	13	金古乙道介 金骨乙都介 金古乙道介 古乙道哈	〃	侍衛	『세종실록』 권23, 6년 3월 정축
				司直	『세종실록』 권53, 13년 8월 계사
				護軍	『세종실록』 권84, 21년 1월 계묘
				上護軍	『세종실록』 권99, 25년 1월 계해
				僉知中樞院事	『세종실록』 권113, 28년 8월 경자
75	14	巨之應哈	〃	侍衛	『세종실록』 권23, 6년 3월 정축
76	15	李都乙赤 李乙赤 李乙支	斡朶里	侍衛	『세종실록』 권24, 6년 4월 정사
				護軍	『세종실록』 권101, 25년 9월 을축
				大護軍	『세종실록』 권105, 26년 7월 정축
77	16	金劉時應可	女眞	侍衛	『세종실록』 권25, 6년 8월 신유
78	17	李於乙於取	〃	侍衛	『세종실록』 권25, 6년 9월 정축
79	18	睦加乙獻	〃	侍衛	〃
80	19	崔毛多好	?	?	『세종실록』 권26, 6년 11월 을유
				女眞通事	『세종실록』 권60, 15년 6월 계묘
81	20	豆乙公阿	兀狄哈	侍衛	『세종실록』 권27, 7년 3월 갑오
82	21	金巨伊代	女眞	侍衛	『세종실록』 권29, 7년 8월 정해
83	22	童家吾下(*)	斡朶里	?	『세종실록』 권30, 7년 10월 신사
84	23	金好心波	?	?	『세종실록』 권30, 7년 10월 계미
85	24	金大陽	?	?	〃
86	25	阿允哈	?	侍衛	『세종실록』 권30, 7년 12월 신묘
87	26	仇音甫下	?	侍衛	〃
88	27	末應之哈	兀狄哈	侍衛	〃
89	28	弓眞	斡朶里	侍衛	『세종실록』 권31, 8년 1월 신유
90	29	馬右延主	斡朶里	侍衛	
				副司直	『세종실록』 권31, 8년 2월 병술

총번호	왕대별	성 명	부 족	관 직	출 전
91	30	朱嗔紫	?	行司直	『세종실록』 권37, 9년 8월 을유
				大護軍	『세종실록』 권49, 12년 8월 무인
				護軍 原從功臣三等	『세조실록』 권20, 6년 5월 경자
92	31	也羅吾也	斡朶里	侍衛	『세종실록』 권39, 10년 2월 정묘
93	32	李安貞 李孝貞	?	忠義衛에 所屬됨	『세종실록』 권39, 10년 2월 기사
				中樞院副使	『세종실록』 권112, 28년 5월 갑술
				定社功臣嫡長靑海君 奉朝請	『세조실록』 권11, 4년 2월 신축
94	33	金何山	兀良哈	侍衛	『세종실록』 권43, 11년 1월 정사
95	34	崔老好乙取 崔老好赤	斡朶里	侍衛	『세종실록』 권47, 12년 3월 경신
				?	『세종실록』 권59, 15년 3월 병인
96	35	童者音波 菫者音波 童者音彼	〃	侍衛	『세종실록』 권59, 15년 1월 정축
				副司直	『세종실록』 권63, 16년 3월 기해
				護軍	『세종실록』 권89, 22년 4월 무인
97	36	金自還	?	?	『세종실록』 권60, 15년 6월 을유
				女眞通事	『세종실록』 권60, 15년 6월 계묘
98	37	柳者	兀狄哈	侍衛	『세종실록』 권63, 16년 1월 무술
99	38	童海	兀良哈	侍衛	『세종실록』 권63 16년 3월 계묘
100	39	金山 金山生	〃	侍衛	『세종실록』 권64, 16년 4월 임신
				副司直	『세종실록』 권64, 16년 6월 정미
101	40	童松古老-1 童宋古老	斡朶里	侍衛	『세종실록』 권64, 16년 6월 병오
				護軍	『단종실록』 권13, 3년 3월 기사
102	41	李右	〃	侍衛	『세종실록』 권64, 16년 6월 을해
103	42	馬右其	兀良哈	侍衛	『세종실록』 권67, 17년 3월 병신
				司僕	『세종실록』 권123, 31년 1월 무신
				行司直 原從功臣二等	『세조실록』 권2, 1년 12월 무진
				兼司僕	『세조실록』 권23, 7년 3월 병인
104	43	金思知	〃	侍衛	『세종실록』 권68, 17년 4월 임자
105	44	金巨波	斡朶里	侍衛	『세종실록』 권68, 17년 5월 계미
				副司直	『세종실록』 권97, 24년 7월 기미
106	45	豆稱哈 豆稱哥	〃	侍衛	『세종실록』 권68, 17년 5월 계미
				?	『세종실록』 권94, 23년 12월 기유
107	46	崔甫也	〃	副司正	『세종실록』 권70, 17년 11월 병신
108	47	童理	兀良哈	副司正	『세종실록』 권79, 19년 12월 을축
109	48	童山	?	副司正	〃
110	49	童阿下大 阿哈歹 阿哈答	斡朶里	?	『세종실록』 권80, 20년 1월 갑진 以前
				護軍	『세종실록』 권80, 20년 2월 기미
111	50	童所老加茂 童所老帖木兒	〃	護軍	〃
				宣略將軍 →	『세종실록』 권84, 21년 1월 병오

총번호	왕대별	성 명	부 족	관 직	출 전
		童速魯帖木兒		威勇將軍虎賁侍衛司護軍	
				大護軍	『세종실록』 권92, 23년 4월 계미
				僉知中樞院事	『세종실록』 권92, 23년 5월 정미
				僉知中樞院事兼阿木河 等處都萬戶	『세종실록』 권92, 23년 5월 무신
				嘉善大夫	『세종실록』 권95, 24년 5월 신미
				正憲大夫 中樞院事	『단종실록』 권12, 2년 12월 병신
112	51	王時家老	女眞	副司正	『세종실록』 권80, 2록 권8기미
113	52	王也叱大	〃	副司正	〃
114	53	金生阿	?	副司正	『세종실록』 권81, 20년 5월 임인
				司正	『세종실록』 권81, 20년 5월 정미
115	54	劉九難 浪仇難 仇羅 仇難	兀良哈	義興司中領護軍	『세종실록』 권82, 20년 8월 을축
				大護軍	『세종실록』 권110, 27년 12월 을사
				上護軍	『단종실록』 권13, 3년 3월 기사
				甫乙浦等處都萬戶	『세조실록』 권3, 2년 1월 기해
116	55	金波乙大	〃	龍騎司護軍	『세종실록』 권84, 21년 1월 신사
				上護軍	『세종실록』 권110, 27년 12월 을사
				都萬戶	『단종실록』 권13, 3년 3월 기사
				知中樞院事	『세조실록』 권25, 7년 7월 기유
117	56	童倉(*) 童山 董山	斡朵里	嘉善大夫 上護軍	『세종실록』 권84, 21년 1월 병오
				正憲大夫	『세조실록』 권16, 5년 4월 기미
118	57	童於虛里(*)	〃	前護軍	『세종실록』 권89, 22년 6월 정해 以前
				都萬戶	『세종실록』 권106, 26년 9월 정해
				原從功臣三等	『세조실록』 권2, 1년 12월 무진
119	58	金鎭 金夫介	女眞	司正	『세종실록』 권90, 22년 7월 신축
120	59	童三波(*) 童三波老	斡朵里	司直	『세종실록』 권90, 22년 8월 무인 以前
				副萬戶	『단종실록』 권13, 3년 3월 기사
				上護軍	『세조실록』 권2, 1년 12월 무신
				甫乙下等處都萬戶	『세조실록』 권3, 2년 1월 기해
121	60	童玉	?	司直	『세종실록』 권90, 22년 8월 무인 以前
				大護軍	『단종실록』 권9, 1년 12월 정해
				護軍 原從功臣三等	『세조실록』 권8, 3년 8월 계묘
122	61	馬仇音波 馬仇音婆	斡朵里	護軍	『세종실록』 권90, 22년 8월 신사
				都萬戶	『세종실록』 권99, 25년 2월 기해
				中樞	『단종실록』 권10, 2년 3월 신유
123	62	馬興貴	?	副司直	『세종실록』 권90, 22년 9월 임자 以前
				大護軍	『단종실록』 권9, 1년 12월 정해
				僉知中樞院事	『단종실록』 권14, 3년 4월 갑신

총번호	왕대별	성 명	부족	관 직	출 전
				原從功臣二等	『세조실록』 권2, 1년 12월 무진
				兼司僕	『세조실록』 권20, 6년 4월 무오
124	63	吾乙賓哈 吾乙爛介	女眞	副司直	『세종실록』 권92, 23년 1월 갑인
				司直	『단종실록』 권13, 3년 3월 기사
125	64	童伊時可 伊童時可 童伊時介	斡朶里	副司直	『세종실록』 권92, 23년 1월 병진
				護軍	『단종실록』 권13, 3년 3월 기사
				大護軍 原從功臣三等	『세조실록』 권2, 1년 12월 무진
126	65	吾同古	〃	副司直	『세종실록』 권92, 23년 1월 병진
				司直	『세종실록』 권92, 23년 3월 무술
127	66	權邊	女眞	副司直	『세종실록』 권92, 23년 1월 갑자
128	67	阿同介	兀良哈	副司直	『세종실록』 권92, 23년 2월 계유
129	68	金波老	斡朶里	?	『세종실록』 권92, 23년 3월 계축
				護軍	『세종실록』 권95, 24년 2월 임진
130	69	童松古老-2 童宋古老	〃	副司直	『세종실록』 권92, 23년 4월 병자
				護軍	『세종실록』 권93, 23년 6월 갑술
131	70	金土豆 士豆	兀狄哈	護軍	『세종실록』 권93, 23년 6월 신미
				上護軍	『세종실록』 권100, 25년 5월 임오
132	71	金亏豆	〃	護軍	『세종실록』 권93, 23년 6월 신미
				大護軍	『세조실록』 권16, 5년 4월 갑자
				上護軍	『세조실록』 권21, 6년 9월 정미
				中樞院副使	『세조실록』 권21, 6년 9월 무술
				知中樞院事	『세조실록』 권27, 8년 2월 갑신
133	72	夫里介	斡朶里	護軍	『세종실록』 권93, 23년 6월 갑술
134	73	童羅松介(*)	〃	兼司僕	『세종실록』 권93, 23년 7월 임술
				上護軍	『세종실록』 권100, 25년 5월 임오
				僉知中樞院事	『세종실록』 권112, 28년 6월 계해
				中樞院副使	『문종실록』 권10, 1년 10월 임진
135	74	郎卜兒罕(*) 劉卜兒罕	兀良哈	都萬戶	『세종실록』 권94, 23년 10월 병인
				正憲大夫 知中樞院事	『단종실록』 권12, 2년 12월 병신
136	75	仇赤(*)	〃	萬戶	『세종실록』 권94, 23년 11월 갑인
137	76	曼阿可	〃	司直	『세종실록』 권95, 24년 1월 임신
				中樞	『성종실록』 권284, 24년 11월 병진
138	77	澄羅亏	〃	司直	『세종실록』 권95, 24년 1월 임신
139	78	李甫乙赤 李甫赤	斡朶里	司直	『세종실록』 권95, 24년 1월 경진
				護軍	『세조실록』 권2, 1년 12월 무진
140	79	三波	〃	副司正 → 司正	『세종실록』 권95, 24년 2월 임인
141	80	童吾沙哈 童吾沙介 童吾沙可(*)	〃	都萬戶	『세종실록』 권95, 24년 2월 임진
142	81	波難	兀良哈	司直	『세종실록』 권95, 24년 4월 병진

총번호	왕대별	성 명	부 족	관 직	출 전
				萬戶	『단종실록』권13, 3년 3월 기사
143	82	童之	〃	副司正	『세종실록』권95, 24년 4월 병진
				司正	『단종실록』권13, 3년 3월 기사
144	83	束時	〃	副司正	『세종실록』권95, 24년 4월 병진
145	84	浪得里卜 得利卜	?	護軍	『세종실록』권95, 24년 5월 기축
				護軍 原從功臣 三等	『세조실록』권2, 1년 12월 무진
146	85	童風只, 童風其(*)	斡朶里	都萬戶	『세종실록』권98, 24년 12월 정해
147	86	林加乙軒,(*) 林乙軒 加乙軒	兀良哈	副萬戶	〃
				副萬戶 → 萬戶	『단종실록』권13, 3년 1월 무신
148	87	殷淡波老	女眞	副司直 → 護軍	『세종실록』권99, 25년 1월 정묘
149	88	都乙溫-1 金都乙溫(*)	兀良哈	都萬戶	『세종실록』권99, 25년 1월 임오
				中樞	『세조실록』권3, 2년 1월 병자
150	89	童也吾大	斡朶里	都萬戶	『세종실록』권99, 25년 2월 기해
				?	『세종실록』권111, 28년 1월 을유
151	90	李也叱大	〃	副司正	〃
				司正 原從功臣三等	『세조실록』권2, 1년 12월 무진
152	91	李多老	〃	副司正	『세종실록』권99, 25년 3월 을유
				司正 原從功臣 三等	『세조실록』권2, 1년 1월 무진
153	92	李阿豆	兀良哈	司直 侍衛	『세종실록』권100, 25년 4월 병신
				大護軍	『단종실록』권13, 3년 3월 기사
154	93	楊伊叱哈	〃	副司正	『세종실록』권100, 25년 6월 정미
155	94	裵磨剌可	〃	都萬戶	『세종실록』권102, 25년 10월 병술
156	95	童可加宜	斡朶里	護軍 侍衛	『세종실록』권103, 26년 1월 정사
157	96	浪伊升巨 浪伊升介	兀良哈	護軍	『세종실록』권103, 26년 1월 경오
				大護軍	『단종실록』권9, 1년 11월 신유
				僉知中樞院事	『단종실록』권13, 3년 2월 정축
				原從功臣 二等	『세조실록』권2, 1년 12월 무진
				中樞院副使	『세조실록』권5, 2년 12월 무술
				同知中樞院事	『세조실록』권6, 3년 2월 신축
158	97	童阿陽可	〃	副司正	『세종실록』권103, 26년 1월 경진
159	98	金也堂只	〃	副司正	『세종실록』권103, 26년 1월 경진
160	99	李巨乙加介	斡朶里	司正	『세종실록』권104, 26년 6월 임오
				上護軍	『세조실록』권6, 3년 2월 신축
				僉知中樞院事	『세조실록』권15, 5년 1월 정해
				同知中樞	『세조실록』권22, 6년 12월 병신
161	100	李豆赤	?	司直	『세종실록』권105, 26년 7월 임신

총번호	왕대별	성 명	부족	관 직	출 전
162	101	咸今音同	?	司直	〃
163	102	童毛知里	斡朶里	護軍	『세종실록』 권106, 26년 9월 병술
				宣略將軍 → 萬戶	『단종실록』 권13, 3년 1월 무신
				護軍	『단종실록』 권13, 3년 3월 기사
164	103	童劉豆	斡朶里	護軍	『세종실록』 권106, 26년 9월 병술
165	104	金昌古里	兀良哈	護軍	『세종실록』 권107, 27년 2월 정미
166	105	吾靑相豆	〃	司正	〃
167	106	李沮里	斡朶里	護軍	『세종실록』 권107, 27년 2월 신해
168	107	李昌阿 昌兒	〃	副司直	〃
				東良北等處副萬戶	『세조실록』 권3, 2년 1월 기해
				東良北本處萬戶	『세조실록』 권15, 5년 1월 계축
				上護軍	『성종실록』 권178, 16년 윤4월 계미
169	108	浪加麟可	兀良哈	大護軍	『세종실록』 권110, 27년 12월 을사
170	109	浪於乙巨 於乙巨豆	〃	副司直	〃
				司直	『단종실록』 권13, 3년 3월 기사
				大護軍	『세조실록』 권6, 3년 2월 신축
171	110	童因豆(*)	斡朶里	都萬戶	『세종실록』 권110, 27년 12월 계축
172	111	亏弄哈(*) 亏弄可	兀良哈	萬戶職	『세종실록』 권110, 27년 12월 신유
				蒲州等處副萬戶	『세조실록』 권3, 2년 2월 기사
173	112	童亡乃(*)	斡朶里	都萬戶	『세종실록』 권111, 28년 1월 경오
				中樞	『세조실록』 권9, 3년 10월 계사
174	113	浪樓時哈(*) 婁時介	兀良哈	萬戶	『세종실록』 권111, 28년 1월 경오
				都萬戶	『단종실록』 권13, 3년 3월 기사
				中樞	『세조실록』 권24, 7년 4월 갑술
175	114	李阿時阿(*)	兀狄哈	?	『세종실록』 권111, 28년 1월 경오
				何多山等處萬戶	『세조실록』 권3, 2년 1월 기해
				上護軍	『세조실록』 권35, 11년 1월 갑자
176	115	童哥時波 哥時波(*)	斡朶里	都萬戶	『세종실록』 권111, 28년 1월 갑신
177	116	劉時里主(*)	兀狄哈	萬戶	『세종실록』 권111, 28년 1월 을유
				故都萬戶	『단종실록』 권13, 3년 3월 기사
178	117	李舍土(*)	兀良哈	?	『세종실록』 권111, 28년 1월 을유
				上護軍	『단종실록』 권13, 3년 3월 기사
				訓戎等處都萬戶	『세조실록』 권6, 3년 2월 계해
179	118	童南羅	斡朶里	司直	『세종실록』 권111, 28년 1월 병술 以前
				護軍	『단종실록』 권12, 2년 12월 을미
180	119	金時具 金時仇 金時貴	兀狄哈	萬戶 → 都萬戶	『세종실록』 권114, 28년 12월 신유
				中樞	『세조실록』 권3, 2년 1월 병자
181	120	劉無澄介 劉無澄可 劉無澄哈	〃	副萬戶 → 萬戶	『세종실록』 권115, 29년 1월 갑술
				上護軍	『단종실록』 권13, 3년 3월 기사
				果毅將軍	『세조실록』 권2, 1년 11월 기해

총번호	왕대별	성 명	부족	관 직	출 전
				都萬戶	『세조실록』 권14, 4년 12월 갑자
				中樞	『세조실록』 권15, 5년 1월 기축
				同知事	『세조실록』 권41, 13년 1월 무진
				知中樞府事	『성종실록』 권37, 4년 12월 계유
182	121	童敦道	斡朶里	司直 → 副萬戶	『세종실록』 권115, 29년 1월 갑술
				吾弄草等處萬戶	『세조실록』 권2, 1년 12월 경오
183	122	李汝於 李汝汝於	兀狄哈	司直 → 副萬戶	『세종실록』 권115, 29년 1월 갑술
184	123	李都之麿	〃	司直 → 副萬戶	〃
185	124	伊下所 伊何所	兀良哈	司直 → 副萬戶	〃
				萬戶	『단종실록』 권13, 3년 3월 기사
186	125	金懽老(*)	〃	萬戶 → 都萬戶	『세종실록』 권118, 29년 11월 병진
				中樞	『세조실록』 권15, 5년 1월 무자
				知中樞	『세조실록』 권30, 9년 2월 계유
187	126	伐伊應可	〃	司正	『세종실록』 권118, 29년 11월 병진
188	127	甫要麿(*) 甫要麻	兀狄哈	司正	『세종실록』 권118, 29년 12월 경오
				上護軍	『세조실록』 권21, 6년 9월 무술
189	128	金大豆麿	兀良哈	上護軍 → 都萬戶	『세종실록』 권119, 30년 2월 을유
190	129	每下	〃	副萬戶	〃
				朴可別羅本處副萬戶	『세조실록』 권15, 5년 1월 계축
191	130	林多陽可(*) 林多陽介	〃	副萬戶	『세종실록』 권123, 31년 1월 병술
				副萬戶 → 萬戶	『세조실록』 권20, 6년 4월 임신
192	131	洪沙乙麿	?	下番甲士 → 司直	『세종실록』 권123, 31년 2월 갑인 以前
193	132	金毛多好	女眞	司直	『세종실록』 권124, 31년 6월 병진 以前
194	133	厚時茂	兀良哈	副萬戶	『세종실록』 권127, 32년 1월 계묘
195	134	毛下禮	〃	副萬戶	〃
196	135	巨乙其大	〃	護軍	『세종실록』 권127, 32년 2월 계미 以前
197	문종 1	金右虛乃 右虛乃 金於虛乃 金月虛乃	骨看 兀狄哈	萬戶	『문종실록』 권5, 즉위년 12월 을유
				大護軍	『단종실록』 권5, 1년 3월 계해
				護軍(侍衛)	『단종실록』 권13, 3년 3월 기사
198	2	伊項介 劉伊項介 劉伊項哈	〃	萬戶	『문종실록』 권5, 즉위년 12월 계사
				上護軍	『단종실록』 권13, 3년 3월 기사
				都萬戶	『세조실록』 권3, 2년 1월 기해
199	3	劉妻時哥	兀良哈	都萬戶	『문종실록』 권5, 즉위년 12월 계사
200	4	李貴也	斡朶里	上護軍	『문종실록』 권5, 1년 1월 정미
				都萬戶	『단종실록』 권10, 2년 3월 신유
201	5	李都乙之 李都乙之麻	骨看 兀狄哈	副萬戶	『문종실록』 권5, 1년 1월 신해
				大護軍	『단종실록』 권13, 3년 3월 기사
202	6	李甫赤	兀良哈	大護軍	『문종실록』 권10, 1년 10월 무진
203	단종 1	文帖兒哈	斡朶里	大護軍	『단종실록』 권2, 즉위년 8월 계미

총번호	왕대별	성 명	부 족	관 직	출 전
204	2	浪宋音甫里	〃	護軍	『단종실록』권2, 즉위년 8월 계미
205	3	金刺哈	兀良哈	護軍	『단종실록』권4, 즉위년 11월 경진
206	4	金吾看主(*) 金吾間主	〃	都萬戶	『단종실록』권4, 즉위년 11월 갑신
207	5	宋束兒只	〃	司直	『단종실록』권4, 즉위년 12월 기축
208	6	凡察	〃	萬戶	『단종실록』권5, 1년 1월 정해
209	7	也克(*)	〃	萬戶	〃
				都萬戶	『세조실록』권3, 2년 1월 기해
210	8	崔適	?	甲士	『단종실록』권5, 1년 1월 무인
				兼司僕	『세조실록』권2, 1년 8월 기미
				司直 → 原從功臣一等	『세조실록』권2, 1년 12월 무진
				護軍	『세조실록』권18, 5년 11월 기해
				行上護軍	『세조실록』권40, 12년 12월 정미
				吉州牧使	『세조실록』권42, 13년 5월 신사
				兼五衛將 僉知中樞府事	『예종실록』권3, 1년 1월 무인
				資憲大夫 知中樞府事	『성종실록』권179, 16년 5월 을묘
211	9	崔仁己	斡朶里	前副司正	『단종실록』권7, 1년 7월 신미
212	10	金吹郞哈	?	都萬戶	『단종실록』권8, 1년 10월 경술
213	11	金亐豆乙介 金于乙豆介 金亐乙豆哈	?	行副司正	『단종실록』권8, 1년 10월 경술
214	12	李劉於應巨 李劉於應介 李劉應巨	骨看 兀狄哈	行副司正	〃
				侍衛	『단종실록』권13, 3년 3월 기사
				副司直	『세조실록』권2, 1년 12월 무진
215	13	於里應巨	兀良哈	司直	『단종실록』권9, 1년 11월 신유
216	14	於夫乃	〃	司直	〃
217	15	金管婁	〃	都萬戶	『단종실록』권10, 2년 1월 갑인
218	16	金速時古 金所時古 金所時 金速時	〃	副司正	『단종실록』권10, 2년 1월 병인
				副司正 → 司正	『단종실록』권10, 2년 2월 정해
				攝司直	『세조실록』권18, 5년 10월 계해
				兼司僕	『성종실록』권109, 10년 10월 을미
219	17	童阿下	斡朶里	萬戶	『단종실록』권10, 2년 1월 무진
				萬戶 → 宣略將軍	『단종실록』권10, 2년 2월 정해
220	18	末老 末老時	兀良哈	副萬戶 → 萬戶	〃
221	19	忽失塔(*)	〃	副萬戶	〃
222	20	阿哈 阿下(*)	〃	副萬戶	〃
				萬戶	『단종실록』권13, 3년 3월 기사
				都萬戶	『성종실록』권273, 24년 1월 임진
223	21	李羅吾化	〃	副司正 → 司正	『단종실록』권10, 2년 2월 정해

총번호	왕대별	성 명	부 족	관 직	출 전
224	22	沈松古老	〃	副司正	〃
225	23	劉松土 松土	〃	副司正	
				上護軍	『예종실록』 권8, 1년 11월 을미
226	24	馬巨車	〃	副司正	『단종실록』 권10, 2년 2월 정해
				司正	『세조실록』 권18, 5년 10월 계축
				司正 → 司直	『세조실록』 권18, 5년 10월 기사
				副萬戶	〃
				僉知	『성종실록』 권35, 4년 10월 무진
227	25	多乃 金多乃	〃	副司正	『단종실록』 권10, 2년 2월 정해
				司正 → 司直	『세조실록』 권18, 5년 10월 기사
				上護軍	『세조실록』 권37, 11년 10월 갑신
228	26	都邑道	〃	副司正	『단종실록』 권10, 2년 2월 정해
				副司正 → 司正	『세조실록』 권22, 6년 12월 계미
				僉知	『성종실록』 권13, 2년 11월 무자
229	27	兒赤斜的	〃	副司正	『단종실록』 권10, 2년 2월 정해
230	28	馬遊德 馬游德	斡朶里	大護軍	〃
				上護軍 → 都萬戶	『세조실록』 권22, 6년 12월 신축
				中樞	『성종실록』 권63, 7년 1월 경신
231	29	童肖陽介	〃	副司正 → 司正	『단종실록』 권10, 2년 2월 정해
				副護軍	『성종실록』 권199, 18년 1월 을축
232	30	童莫舍	〃	副司正	『단종실록』 권10, 2년 2월 정해
233	31	馬甫郞介	〃	副司正	〃
234	32	也吾乃(*)	兀良哈	? (五品)	『단종실록』 권11, 2년 6월 계묘
				副萬戶	『세조실록』 권26, 7년 10월 임오
235	33	伊里哥 伊里哈 李伊異可 李伊里哈	〃	萬戶	『단종실록』 권12, 2년 11월 신유
				上護軍	『세조실록』 권20, 6년 4월 신해
				僉知	『성종실록』 권137, 13년 1월 무자
				中樞	『중종실록』 권16, 7년 윤5월 신축
236	34	吾未乃	〃	副司直	『단종실록』 권12, 2년 11월 을해
237	35	馬朱音波	斡朶里	上護軍	『단종실록』 권12, 2년 12월 계묘
				都萬戶	『세조실록』 권6, 3년 1월 갑오
238	36	柳尙同介(*) 柳尙同哈 柳尙冬哈 尙同哈 尙同介 散冬哈	兀良哈	知中樞院事	『단종실록』 권12, 2년 12월 계묘
				都萬戶	『단종실록』 권13, 3년 3월 기사
				中樞	『세조실록』 권2, 1년 12월 무진
				同知中樞院事	『세조실록』 권35, 11년 4월 기해
				中樞府知事	『예종실록』 권3, 1년 1월 임신
239	37	伊時哈	〃	? (除職)	『단종실록』 권12, 2년 12월 계묘
240	38	管禿-1	〃	萬戶	『단종실록』 권13, 3년 1월 무신
				僉知	『성종실록』 권123, 11년 11월 임인
				都萬戶	『성종실록』 권185, 16년 11월 무신
				中樞	『성종실록』 권234, 20년 11월 경오

총번호	왕대별	성 명	부족	관 직	출 전
241	39	金洽答	〃	萬戶	『단종실록』 권13, 3년 1월 무신
242	40	浪因多智 因多只 浪固多只	〃	萬戶	〃
				同知中樞府事	『연산군일기』 권11, 1년 12월 갑술
243	41	莽剌	〃	副萬戶 → 萬戶	『단종실록』 권13, 3년 1월 무신
				上護軍	『세조실록』 권20, 6년 4월 신해
				僉知	『성종실록』 권88, 9년 1월 신미
				中樞	『단종실록』 권199, 18년 1월 신해
244	42	童波好	幹朶里	副萬戶 → 萬戶	『단종실록』 권13, 3년 1월 무신
245	43	納剌禿(*)	兀良哈	副萬戶	〃
246	44	也隆哥(*)	〃	副萬戶	〃
247	45	速古(*)	〃	副萬戶	〃
248	46	大斜-1(*)	幹朶里	副萬戶	〃
249	47	阿伊多可 李阿伊多介	〃	司直	『단종실록』 권13, 3년 3월 기사
		李阿伊多可		副司直	『세조실록』 권6, 3년 2월 신축
		阿伊多介 李阿多可		都萬戶	『성종실록』 권5, 1년 5월 갑진
		李阿伊打哈		中樞(兀良哈)	『성종실록』 권125, 12년 1월 병자
		李阿尹多可 李阿多介		中樞(幹朶里)	『성종실록』 권162, 15년 1월 정유
250	48	阿下里(*)	〃	都萬戶	『단종실록』 권13, 3년 3월 기사
251	49	童毛多赤, 童毛多吾赤	〃	護軍(侍衛)	〃
				司直	『세조실록』 권2, 1년 12월 무진
252	50	浪加加乃	〃	護軍	『단종실록』 권13, 3년 3월 기사
253	51	浪金世 浪金西	〃	司直	〃
				副萬戶	『세조실록』 권3, 2년 1월 기해
				萬戶	『세조실록』 권15, 5년 1월 계축
				僉知中樞院事	『세조실록』 권22, 6년 윤11월 병인
				僉知中樞院事 → 萬戶	『세조실록』 권35, 11년 1월 병진
254	52	朴訥於赤	〃	護軍(侍衛)	『단종실록』 권13, 3년 3월 기사
				大護軍	『세조실록』 권2, 1년 12월 무진
255	53	毛都吾 朴毛都 朴毛都吾	〃	司直	『단종실록』 권13, 3년 3월 기사
				副萬戶	『세조실록』 권6, 3년 1월 갑오
				萬戶	『세조실록』 권33, 10년 4월 정유
				都萬戶	『성종실록』 권124, 11년 12월 무진
256	54	家老 朴家老	〃	司正	『단종실록』 권13, 3년 3월 기사
				中樞	『성종실록』 권152, 14년 3월 신해
257	55	浪愁佛老 浪愁音佛	〃	護軍	『단종실록』 권13, 3년 3월 기사
258	56	李溫赤	〃	司直	〃
259	57	浪下毛羅	〃	司直	〃

총번호	왕대별	성 명	부 족	관 직	출 전
260	58	李都致	〃	司直	〃
261	59	阿弄可	〃	司直	〃
262	60	童束時 童速時-1	〃	司直	〃
				都萬戶	『성종실록』 권62, 6년 11월 병진
				中樞	『성종실록』 권199, 18년 1월 무오
263	61	童也音夫	〃	副司直	『단종실록』 권13, 3년 3월 기사
264	62	李注音比	〃	司直	〃
265	63	文加乙巨	〃	護軍	
				僉知中樞院事 → 都萬戶	『세조실록』 권41, 13년 2월 계축
				中樞(斡朶里)	『성종실록』 권72, 7년 10월 무자
				中樞(兀良哈)	『성종실록』 권153, 14년 4월 정축
266	64	大也乃 也乃(*)	兀良哈	護軍	『단종실록』 권13, 3년 3월 기사
267	65	常道	〃	司正	〃
268	66	伐伊多	斡朶里	護軍	〃
269	67	約沙 童約沙 若沙伊	〃	司直	〃
				副萬戶	『세조실록』 권3, 2년 1월 기해
270	68	馬千里	〃	司直	『단종실록』 권13, 3년 3월 기사
				大護軍	『세조실록』 권37, 11년 12월 신사
				都萬戶	『성종실록』 권37, 4년 12월 임술
				中樞	『성종실록』 권161, 14년 12월 을축
271	69	伊時可-2	〃	護軍	『단종실록』 권13, 3년 3월 기사
272	70	者吐 童者土 童者吐 章者土	〃	司正	〃
				司直 → 副萬戶	『세조실록』 권22, 6년 12월 신축
				副萬戶 → 萬戶	『세조실록』 권35, 11년 2월 정해
				上護軍	『성종실록』 권285, 24년 12월 신사
273	71	馬加弄可 馬加弄哈 馬加弄介	〃	護軍	『단종실록』 권13, 3년 3월 기사
				萬戶	『세조실록』 권34, 10년 8월 정유
274	72	高羅邑多孫	〃	司直	『단종실록』 권13, 3년 3월 기사
				副萬戶	『세조실록』 권15, 5년 1월 계축
275	73	高羅麟可	〃	司直	『단종실록』 권13, 3년 3월 기사
276	74	童伊麟可	〃	護軍	
277	75	童吾乙沙 童吾沙	〃	護軍	〃
278	76	阿下大-1	〃	司直	〃
279	77	童沙下知	〃	司直	〃
280	78	童束時-2	〃	司直	〃
281	79	無伊應可	〃	司直	〃
282	80	愁堂可 愁堂巨	兀良哈	副司正	〃

총번호	왕대별	성 명	부족	관 직	출 전
		愁堂介		司正	『세조실록』 권24, 7년 4월 을유
283	81	愁隱豆-1	〃	副司正	『단종실록』 권13, 3년 3월 기사
284	82	童他守	〃	司直	〃
285	83	於沙巨-1	〃	護軍	〃
286	84	好心波-1	〃	司正	〃
287	85	時加具 浪時加具	〃	萬戶	〃
				都萬戶	『세조실록』 권15, 5년 1월 계축
				中樞	『세조실록』 권38, 12년 4월 병진
288	86	金世	〃	司直	『단종실록』 권13, 3년 3월 기사
289	87	羅下	〃	司直	〃
				副萬戶	『세조실록』 권39, 12년 8월 경술
290	88	處里	〃	司直	『단종실록』 권13, 3년 3월 기사
291	89	羅邑多	〃	司直	〃
292	90	林黃巨	〃	萬戶	〃
293	91	者里介	〃	副萬戶	〃
294	92	甫乙下	〃	司直	〃
295	93	伊時可-3 伊時介	〃	護軍	『단종실록』 권13, 3년 3월 기사
				中樞	『성종실록』 권173, 15년 12월 갑술
296	94	好時乃-1(*)	〃	司直	『단종실록』 권13, 3년 3월 기사
297	95	亏乙主	〃	萬戶	〃
298	96	甫乙可	〃	萬戶	〃
299	97	羅出	〃	萬戶	〃
300	98	羅吾下	〃	萬戶	〃
301	99	充商	〃	大護軍	〃
302	100	毛堂可	〃	萬戶	〃
303	101	所衆可(*)	〃	副萬戶	〃
304	102	毛多可-1	〃	萬戶	〃
305	103	所永可	〃	萬戶	〃
306	104	浪將家 將家奴 浪將家奴 浪將家老 將家老(*)	〃	護軍	〃
				副萬戶	『세조실록』 권20, 6년 4월 임신
				兼司僕(侍衛)	『세조실록』 권20, 6년 5월 정축
				僉知中樞院事	『세조실록』 권21, 6년 9월 정해
				行大護軍	『세조실록』 권28, 8년 7월 기해
307	105	餘弄巨	〃	司直	『단종실록』 권13, 3년 3월 기사
308	106	都老古	〃	護軍	〃
309	107	浪斜隱豆都可	〃	護軍	〃
310	108	仇音夫 浪仇音夫	〃	司直	〃
				萬戶	『세조실록』 권15, 5년 1월 계축
311	109	羅守-1 浪羅守	〃	司直	『단종실록』 권13, 3년 3월 기사
				萬戶	『세조실록』 권15, 5년 1월 계축
				萬戶 → 上護軍	『세조실록』 권20, 6년 4월 임신
312	110	波只	〃	司直	『단종실록』 권13, 3년 3월 기사

총번호	왕대별	성 명	부 족	관 직	출 전
313	111	李阿可	〃	司直	〃
314	112	加可	斡朶里	護軍	〃
315	113	金豆難代 豆難歹 金豆雞代	兀良哈	大護軍	〃
				上護軍	『세조실록』 권20, 6년 4월 신해
316	114	浪波乙生	〃	司直	『단종실록』 권13, 3년 3월 기사
317	115	林高古	〃	萬戶	
				都萬戶	『세조실록』 권20, 6년 4월 신해
318	116	阿具 林阿具	〃	司直	『단종실록』 권13, 3년 3월 기사
				護軍	『세조실록』 권2, 1년 12월 무진
				(侍衛)	『세조실록』 권29, 8년 10월 무자
319	117	仇赤甫下(*)	〃	萬戶	『단종실록』 권13, 3년 3월 기사
320	118	豆邑時	〃	司直	〃
321	119	羅守-2	〃	司正	〃
				護軍 → 大護軍	『세조실록』 권20, 6년 4월 임신
322	120	阿下-3	斡朶里	副萬戶	『단종실록』 권13, 3년 3월 기사
323	121	羅所	兀良哈	副司正	〃
324	122	加老-2	〃	副司正	〃
325	123	宋所乙只	〃	司直	〃
326	124	於虛茂-1	楊里人	司直(楊里人)	〃
				護軍(兀良哈)	『세조실록』 권2, 1년 12월 무신
327	125	班車-1(*)	兀良哈	副萬戶	『단종실록』 권13, 3년 3월 기사
				萬戶	『세조실록』 권26, 7년 11월 정미
328	126	於赤介 於赤乃	〃	副萬戶	『단종실록』 권13, 3년 3월 기사
				萬戶	『세조실록』 권15, 5년 1월 계축
329	127	所古-1	〃	上護軍	『단종실록』 권13, 3년 3월 기사
330	128	柳要時老 要時老 柳要時好	〃	護軍(兀良哈)	〃
				護軍(斡朶里)	『세조실록』 권3, 2년 1월 갑술
				副萬戶	『세조실록』 권3, 2년 1월 기해
				上護軍 → 都萬戶	『세조실록』 권18, 5년 10월 정축
				中樞院使	『세조실록』 권30, 9년 1월 계사
				中樞府知事	『세조실록』 권38, 12년 2월 을해
				知中樞院事	『세조실록』 권41, 13년 2월 갑진
331	129	也尙介-1	楊里人	司直	『단종실록』 권13, 3년 3월 기사
332	130	所尤大 所亐大 素亐大	兀良哈	司直	〃
				萬戶	『세조실록』 권35, 11년 2월 계사
				護軍 → 萬戶	『세조실록』 권38, 12년 2월 무자
				僉知中樞	『성종실록』 권124, 11년 12월 임신
333	131	羅松介-1	〃	司直	『단종실록』 권13, 3년 3월 기사
				護軍	『성종실록』 권175, 16년 2월 정축
				僉知	『성종실록』 권273, 24년 1월 정묘
				中樞	『성종실록』 권273, 24년 1월 병술

총번호	왕대별	성 명	부족	관 직	출 전
334	132	東良介	〃	護軍	『단종실록』 권13, 3년 3월 기사
		同良哈		上護軍	『세조실록』 권26, 7년 12월 정축
		同郞介		大護軍 → 上護軍	『세조실록』 권26, 7년 12월 을유
335	133	所羅-1	〃	司直	『단종실록』 권13, 3년 3월 기사
336	134	阿應山	〃	司直	〃
337	135	金當	〃	護軍	〃
338	136	舍多弄介	〃	司直	〃
339	137	金土時	〃	萬戶	〃
		土時		副萬戶	『세조실록』 권6, 3년 1월 갑술
340	138	江乃	〃	司直	『단종실록』 권13, 3년 3월 기사
341	139	都乙溫-2	女眞	副司正	〃
342	140	都里豆	〃	副司正	〃
343	141	豆伊-1	兀良哈	副司正	〃
344	142	所時右	〃	副司正	〃
		李所時右			
345	143	多弄介-1,	〃	副司正	『단종실록』 권13, 3년 3월 기사
		多弄哈		司正 → 副司直	『세조실록』 권22, 6년 12월 계미
346	144	多乙和	〃	副司正	『단종실록』 권13, 3년 3월 기사
347	145	豆升巨	〃	副司正	〃
		劉豆升巨		副司直	『세조실록』 권18, 5년 10월 계축
		劉豆伊應巨		右副司直	『세조실록』 권18, 5년 10월 계해
				副萬戶 → 護軍	『세조실록』 권18, 5년 10월 기사
				上護軍	『예종실록』 권3, 1년 2월 기축
				中樞	『성종실록』 권25, 3년 12월 계해
				同知中樞	『성종실록』 권148, 13년 11월 무술
348	146	波乙時	〃	副司正	『단종실록』 권13, 3년 3월 기사
		李波乙時		司正	『세조실록』 권6, 3년 1월 기사
				都萬戶	『세조실록』 권15, 5년 1월 계축
				護軍	『세조실록』 권18, 5년 10월 계축
				大護軍 → 都萬戶	『세조실록』 권18, 5년 10월 기사
349	147	巨也老	〃	故護軍	『단종실록』 권13, 3년 3월 기사
350	148	所告-2	〃	副司正	〃
351	149	吾青介	〃	副司正	〃
		吳青介		司直 → 副司直	『세조실록』 권26, 7년 12월 을유
		吳青哈		萬戶	『세조실록』 권35, 11년 1월 신미
352	150	阿羅介	〃	大護軍	『단종실록』 권13, 3년 3월 기사
		金阿羅介			
		金阿羅哈		上護軍 → 都萬戶	『세조실록』 권18, 5년 10월 정축
		阿羅哈			
		金河羅哈		中樞	『성종실록』 권24, 3년 11월 병신
353	151	麻只老	〃	司正	『단종실록』 권13, 3년 3월 기사
354	152	伐麟巨	〃	司正	〃

총번호	왕대별	성 명	부 족	관 직	출 전
355	153	豆彦	〃	司正	〃
356	154	愁羅乃	〃	司正	〃
357	155	訥郞介	女眞	護軍	〃
358	156	毛堂介	〃	司正	〃
				副萬戶	『세조실록』 권14, 4년 10월 갑신
359	157	之下里 金之下里	〃	司正	『단종실록』 권13, 3년 3월 기사
				副萬戶	『세조실록』 권3, 2년 1월 기해
				萬戶	『세조실록』 권15, 5년 1월 계축
				僉知	『성종실록』 권1, 즉위년 12월 병진
				都萬戶	『성종실록』 권35, 4년 10월 무진
				中樞	『성종실록』 권36, 4년 11월 기해
360	158	下乙金	〃	司正	『단종실록』 권13, 3년 3월 기사
361	159	好時乃-2 元好時乃 元時好乃	〃	萬戶	〃
				都萬戶	『세조실록』 권2, 1년 12월 경오
				中樞(兀良哈)	『성종실록』 권60, 6년 10월 계사
362	160	毛多可-2	〃	司正	『단종실록』 권13, 3년 3월 기사
363	161	端抄	〃	司正	〃
364	162	吾豆	〃	司正	〃
365	163	都乙甫下	〃	司正	〃
366	164	仇音所	〃	司正	〃
367	165	回叱介	〃	司正	〃
368	166	伊叱豆麻里	〃	司正	〃
369	167	者羅老	〃	司正	〃
				副萬戶	『세조실록』 권22, 6년 12월 신축
370	168	愁音下	〃	司正	『단종실록』 권13, 3년 3월 기사
371	169	都甫下	〃	司正	〃
372	170	多乙非 李乙非 李多乙非	兀良哈	萬戶	〃
				上護軍	『세조실록』 권45, 14년 1월 신묘
373	171	大舍-2	〃	司正	『단종실록』 권13, 3년 3월 기사
				護軍	『세조실록』 권26, 7년 10월 임오
374	172	都萬介	〃	司正	『단종실록』 권13, 3년 3월 기사
375	173	甫郞介	〃	萬戶	〃
376	174	亏者	〃	司正	〃
377	175	於豆	〃	司正	〃
378	176	沙弄介 沙弄哈	〃	萬戶	〃
				都萬戶	『세조실록』 권26, 7년 11월 병오
379	177	於有巨 於乙遊巨	〃	副司直	『단종실록』 권13, 3년 3월 기사
				司直	『세조실록』 권18, 5년 10월 경신
				護軍 → 大護軍	『세조실록』 권22, 6년 12월 임진
380	178	資和	〃	司正	『단종실록』 권13, 3년 3월 기사
381	179	於雄巨	〃	司正	〃

총번호	왕대별	성 명	부 족	관 직	출 전
382	180	阿乙大	〃	司正	〃
383	181	照乙道	〃	司正	〃
384	182	沙吾里 李沙吾里	〃	司正	〃
385	183	馬波	〃	司正	〃
386	184	羅多介	〃	司正	〃
387	185	都下	〃	司正	〃
388	186	金加乙夫應可	骨看 兀狄哈	司直	〃
389	187	金加尙介 金可尙介 金哥尙介 金哥尙可	〃	副萬戶	〃
				都萬戶	『세조실록』 권3, 2년 1월 기해
390	188	金哥羊哈 金加陽介 金哥羊介	〃	上護軍	『단종실록』 권13, 3년 3월 기사
				果毅將軍	『세조실록』 권2, 1년 11월 기해
				都萬戶	『세조실록』 권2, 1년 12월 경오
391	189	金赤成可 金赤成阿	〃	副司正	『단종실록』 권13, 3년 3월 기사
				副萬戶	『세조실록』 권37, 11년 12월 정유
392	190	劉詰稱可	〃	副萬戶	『단종실록』 권13, 3년 3월 기사
393	191	劉甫乙澄可 劉甫澄哈	〃	副司直	〃
				上護軍	『세조실록』 권41, 13년 1월 기축
				都萬戶	『성종실록』 권35, 4년 10월 경진
				同知中樞	『성종실록』 권124, 11년 12월 갑자
394	192	時方介(*)	〃	故都萬戶	『단종실록』 권13, 3년 3월 기사
395	193	李豆應仇阿	〃	司直	〃
396	194	李毛陽介	〃	司直	『단종실록』 권13, 3년 3월 기사
397	195	李都弄介 李都弄音 李都弄吾 李都籠吾 都弄吾, 李都弄	〃	司正	〃
				司直	『세조실록』 권22, 6년 윤11월 병인
				都萬戶	『세조실록』 권41, 13년 1월 무진
				中樞	『세조실록』 권42, 13년 5월 정묘
				同知中樞	『성종실록』 권149, 13년 12월 을축
398	196	李所澄可	〃	司正	『단종실록』 권13, 3년 3월 기사
399	197	金良所	〃	萬戶	
400	198	金沙從介	〃	司正	
401	199	李阿澄可	〃	司正	
402	200	李好伊應可	〃	副司正	
403	201	金吾乙昌可 吾昌哈 金吾昌哈	〃	護軍	〃
				大護軍	『세조실록』 권18, 5년 10월 을축
404	202	金知靑可 金只稱哥	〃	司正	『단종실록』 권13, 3년 3월 기사
				副萬戶	『세조실록』 권2, 1년 12월 경오
405	203	金毛下舍	〃	司正	『단종실록』 권13, 3년 3월 기사

총번호	왕대별	성 명	부 족	관 직	출 전
406	204	金吾乙古里	〃	司正	〃
407	205	金吾看主-2	〃	副司直(侍衛)	『단종실록』 권13, 3년 3월 기사
				司正	『세조실록』 권2, 1년 12월 무진
408	206	金朱靑介 金主昌介	〃	司正(侍衛)	『단종실록』 권13, 3년 3월 기사
				副司正	『세조실록』 권2, 1년 12월 무진
409	207	金仇火里 金仇火	〃	司正(侍衛)	『단종실록』 권13, 3년 3월 기사
				副司正	『세조실록』 권2, 1년 12월 무진
410	208	金之應豆	〃	司直	『단종실록』 권13, 3년 3월 기사
411	209	阿所乙古	〃	司直	〃
412	210	劉所叱同介	〃	萬戶	〃
413	211	劉所淡乙金	〃	副司正	〃
414	212	劉也吾時應可	〃	司正	〃
415	213	頭郎哈 豆郎哈 豆郎介(*)	〃	故上護軍	〃
416	214	劉好土	〃	萬戶	〃
				副萬戶	『세조실록』 권2, 1년 11월 기해
417	215	劉常常可 劉尙尙哈	〃	司直	『단종실록』 권13, 3년 3월 기사
				護軍 → 萬戶	『세조실록』 권22, 6년 12월 계미
418	216	朱郎介	〃	故萬戶	『단종실록』 권13, 3년 3월 기사
419	217	劉土伊巳可	〃	司正	〃
420	218	照郎介 金照郎可(*)	〃	都萬戶	〃
421	219	先主, 金先主(*)	〃	大護軍	〃
422	220	加隱堂可	〃	副司直	〃
423	221	劉沙乙只大	〃	萬戶	〃
424	222	所乙古大	〃	萬戶	〃
425	223	波伊大 波伊太 朴波伊大(*)	女眞	護軍	〃
426	224	沙迎夫下	〃	司正	〃
427	225	所伊加茂	〃	司正	〃
428	226	朴甫乙古所	〃	護軍	〃
429	227	金朱弄可 金主成哥 金主成可 金朱成介 金主成介 主成价 金朱成哈 金主成哈 住成哈	〃	護軍	〃
				副萬戶 → 大護軍	『세조실록』 권22, 6년 윤11월 을축
				護軍(溫下衛)	『성종실록』 권229, 22년 11월 기해
				副萬戶	『성종실록』 권293, 25년 8월 정축
				? (堂上)	『성종실록』 권294, 25년 9월 무술

총번호	왕대별	성 명	부 족	관 직	출 전
430	228	毛多吾-1 金毛多吾(*)	〃	萬戶	『단종실록』 권13, 3년 3월 기사
				副萬戶	『세조실록』 권2, 1년 12월 임자
				萬戶 → 上護軍	『세조실록』 권22, 6년 윤11월 을축
431	229	金毛下	〃	副司直	『단종실록』 권13, 3년 3월 기사
				司直 → 萬戶	『세조실록』 권22, 6년 12월 계미
				司直 → 副萬戶	『세조실록』 권22, 6년 12월 신축
				副萬戶 → 萬戶	『세조실록』 권35, 11년 1월 병인
432	230	金伊郎可 金伊郎介	〃	司正	『단종실록』 권13, 3년 3월 기사
				副萬戶	『세조실록』 권22, 6년 12월 무자
433	231	家和 金家化 金加化	〃	護軍	『단종실록』 권13, 3년 3월 기사
				宣略將軍	『세조실록』 권2, 1년 12월 무오
				上護軍	『세조실록』 권22, 6년 12월 무자
434	232	朴丹用可 朴丹用阿	〃	司正	『단종실록』 권13, 3년 3월 기사
				副司直 → 副千戶	『세조실록』 권22, 6년 윤11월 을축
				都萬戶	『성종실록』 권161, 14년 12월 을축
				中樞	『성종실록』 권235, 20년 12월 신묘
435	233	金含大	〃	司直	『단종실록』 권13, 3년 3월 기사
436	234	李多陽可 李多陽介 李多陽哈	骨看 兀狄哈	司正	〃
				副司直	『세조실록』 권18, 5년 10월 정묘
				護軍	『세조실록』 권22, 6년 윤11월 임술
				護軍 → 萬戶	『세조실록』 권22, 6년 윤11월 을축
				中樞府僉知(兀良哈)	『세조실록』 권41, 13년 2월 임술
				僉知(骨看 兀狄哈)	『성종실록』 권13, 2년 12월 임진
437	235	李多弄哈(*) 李多弄介 李多弄可	〃	上護軍	『단종실록』 권13, 3년 3월 기사
				僉知	『세조실록』 권3, 2년 1월 병자
				知中樞府事	『세조실록』 권22, 6년 윤11월 갑인
438	236	李時羅未	〃	護軍	『단종실록』 권13, 3년 3월 기사
439	237	李豆里 李豆伊(*)	兀良哈	都萬戶	『단종실록』 권14, 3년 윤6월 임신
				中樞	『세조실록』 권12, 4년 4월 계미
				中樞(侍衛)	『세조실록』 권15, 5년 2월 정묘
440	세조 1	童無乃也	斡朶里	副司正	『세조실록』 권2, 1년 11월 정해
441	2	柳乃也	兀良哈	上護軍	『세조실록』 권2, 1년 11월 임진
				都萬戶	『세조실록』 권2, 1년 12월 경오
442	3	李好心波	斡朶里	司正	『세조실록』 권2, 1년 11월 병신
443	4	金眞哥 金眞哥我 金進巨應阿 金進巨應河	骨看 兀狄哈	副萬戶	『세조실록』 권2, 1년 11월 기해
				萬戶	『세조실록』 권15, 5년 1월 계축
				僉知	『성종실록』 권8, 1년 12월 정사
				中樞	『성종실록』 권13, 2년 12월 신사
444	5	於沙巨-2	兀良哈	司直	『세조실록』 권2, 1년 12월 병오
445	6	金波老-2	〃	副司正	〃
446	7	愁伊應可	〃	副萬戶	〃

총번호	왕대별	성 명	부족	관 직	출 전
		裵愁耳應哥			
447	8	金阿乙沙	〃	副司正	〃
448	9	甫乙介	〃	副司正	〃
				上護軍	『세조실록』권38, 12년 4월 병진
449	10	元都毛下	〃	司直	『세조실록』권2, 1년 12월 무신
450	11	亐老可兒 亐老可 兀婁哈 亐奴哈 亐老哈 浪亐老哈 浪亐老介(*)	〃	護軍	『세조실록』권2, 1년 12월 기유
				上護軍 → 都萬戶	『세조실록』권25, 7년 8월 신사
				資憲大夫	『세조실록』권29, 8년 10월 경오
				知中樞院事	『세조실록』권31, 9년 9월 계유
				中樞府知事	『세조실록』권45, 14년 1월 정축
451	12	時時可 金時時介 時時哈 時時介	〃	副司直	『세조실록』권2, 1년 12월 기유
				護軍	『세조실록』권24, 7년 5월 갑인
				僉知	『성종실록』권8, 1년 12월 갑인
				都萬戶	『성종실록』권60, 6년 10월 기묘
				中樞	『성종실록』권112, 10년 12월 임술
452	13	阿未大	〃	副司正	『세조실록』권2, 1년 12월 기유
453	14	麻可	〃	副司直	『세조실록』권2, 1년 12월 경술
454	15	金沙魯哈 金舍老哈	〃	萬戶	『세조실록』권2, 1년 12월 갑인
				都萬戶	『세조실록』권15, 5년 1월 계축
455	16	好心波-2(*)	〃	萬戶	『세조실록』권2, 1년 12월 기미
				護軍	『세조실록』권18, 5년 12월 임자
				上護軍	『세조실록』권24, 7년 5월 신유
				上護軍 → 都萬戶	『세조실록』권28, 8년 5월 무오
456	17	劉權者	骨看 兀狄哈	萬戶	『세조실록』권2, 1년 12월 계해
457	18	金尙美	?	副司正 → 原從功臣二等	『세조실록』권2, 1년 12월 무진
				嘉善大夫	『세조실록』권41, 13년 2월 계해
				兼司僕	『성종실록』권1, 즉위년 12월 갑술
458	19	童松古老	?	司直 → 原從功臣三等	『세조실록』권2, 1년 12월 무진
459	20	伊叱介 黃伊叱介	女眞	司直 → 原從功臣三等	〃
460	21	馬加乙愁 馬加乙所	?	司直 → 原從功臣三等	〃
461	22	李豆稱介	?	副司直 → 原從功臣三等	〃
462	23	崔回因加茂	?	司直 → 原從功臣三等	〃
463	23	崔回因加茂	?	司直 → 原從功臣三等	〃
464	25	楊好	?	司正 → 原從功臣三等	〃
465	26	楊可	?	司正 → 原從功臣三等	〃
466	27	童其吾車	?	司正 → 原從功臣三等	〃
467	28	李者邑可	?	司正 → 原從功臣三等	〃

총번호	왕대별	성 명	부족	관 직	출 전
468	29	金所乙衆介	?	司正 → 原從功臣三等	〃
469	30	金公疎	骨看	萬戶	『세조실록』권2, 1년 12월 경오
			兀狄哈	萬戶 → 上護軍	『세조실록』권22, 6년 12월 계미
470	31	金無里介	兀良哈	副萬戶	『세조실록』권2, 1년 12월 경오
471	32	箚剌答	〃	副萬戶	〃
472	33	所澄哥	〃	副萬戶	〃
473	34	多哥	〃	副萬戶	〃
474	35	毛多吾-2(*)	〃	副萬戶	〃
475	36	塔塔木	〃	副萬戶	〃
476	37	童常時	幹朶里	副司直	『세조실록』권3, 2년 1월 을해
		童尙時		萬戶	『성종실록』권25, 3년 12월 병술
		童常侍		中樞	『성종실록』권85, 8년 10월 경신
477	38	朴和羅孫	〃	宣略將軍	『세조실록』권3, 2년 1월 병자
				護軍	『세조실록』권3, 2년 2월 임인
478	39	李仇音波	?	司直	『세조실록』권3, 2년 1월 을미
479	40	金斜隱土	兀良哈	都萬戶	『세조실록』권3, 2년 1월 기해
480	41	浪阿哈	〃	副萬戶	〃
481	42	撒魯	〃	副萬戶	〃
		金撒魯哈		副萬戶 → 萬戶	『세조실록』권22, 6년 12월 신축
		金徹魯哈(*)		副萬戶(女眞)	『세조실록』권37, 11년 12월 정축
				副萬戶 → 萬戶(女眞)	『세조실록』권37, 11년 12월 정유
482	43	多陽可	〃	副萬戶	『세조실록』권3, 2년 1월 기해
483	44	毛多吾-3	〃	副萬戶	〃
484	45	時乙豆	〃	副萬戶	〃
		林時乙豆		萬戶	『세조실록』권15, 5년 1월 계축
				上護軍 → 都萬戶	『세조실록』권30, 9년 2월 정해
				同知中樞	『성종실록』권1, 즉위년 12월 무오
485	46	金仇音波	〃	副萬戶	『세조실록』권3, 2년 1월 기해
486	47	監卜	〃	副萬戶	〃
487	48	金者叱同介	〃	副萬戶	〃
		者叱同介			
		者叱同合		大護軍	『세조실록』권23, 7년 3월 계묘
488	49	朶塔	〃	副萬戶	『세조실록』권3, 2년 1월 기해
489	50	朴高里色目不花	女眞	副萬戶	〃
		朴高里		護軍(溫下衛)	『성종실록』권273, 24년 1월 신사
490	51	牙當吉	〃	副萬戶	『세조실록』권3, 2년 1월 기해
		朴阿堂吉(*)		副萬戶 → 萬戶	『세조실록』권22, 6년 12월 계미
491	52	朴撒塔木	〃	副萬戶	『세조실록』권3, 2년 1월 기해
		朴撒搭木		護軍	『세조실록』권22, 6년 윤11월 을축
		散搭木		副萬戶 → 萬戶	『세조실록』권22, 6년 12월 계미
		朴撒搭哈		僉知(兀良哈)	『성종실록』권13, 2년 12월 무자
		撒塔木		上護軍	『성종실록』권297, 25년 12월 갑술

총번호	왕대별	성 명	부족	관 직	출 전
		朴撤塔木			
492	53	金亦留	〃	副萬戶	『세조실록』 권3, 2년 1월 기해
				副萬戶 → 萬戶	『세조실록』 권15, 5년 3월 경술
493	54	金留里加	〃	副萬戶	『세조실록』 권3, 2년 1월 기해
		金劉里介		副護軍 → 萬戶	『세조실록』 권22, 6년 윤11월 을축
		金留有哈		上護軍	『세조실록』 권39, 12년 5월 계유
		金劉里哈		中樞(溫下衛)	『성종실록』 권272, 23년 12월 계축
494	55	朴撒哈塔	〃	副萬戶	『세조실록』 권3, 2년 1월 기해
		朴撒搭哈		副萬戶 → 萬戶	『세조실록』 권22, 6년 12월 신축
495	56	金引乙介	〃	副萬戶	『세조실록』 권3, 2년 1월 기해
				萬戶	『세조실록』 권15, 5년 1월 계축
				萬戶 → 上護軍	『세조실록』 권22, 6년 윤11월 을축
496	57	牙失答	〃	副萬戶	『세조실록』 권3, 2년 1월 기해
		朴牙失塔(*)		護軍	『세조실록』 권3, 2년 2월 임인
497	58	湯宋可	〃	副萬戶	『세조실록』 권3, 2년 1월 기해
498	59	管禿-2	〃	副萬戶	〃
499	60	馬咬塔	〃	副萬戶	〃
500	61	撒羊弗古	斡朶里	副萬戶	〃
501	62	古失塔	〃	副萬戶	〃
502	63	童夫里-2	〃	副萬戶	〃
503	64	童羅麟哥	〃	副萬戶	〃
504	65	李溫土	〃	副萬戶	〃
505	66	也失哈德兀	〃	副萬戶	〃
506	67	李小通哈	骨看 兀狄哈	萬戶	〃
		李小通介		都萬戶	『성종실록』 권24, 3년 11월 신유
		李小通阿		中樞	『성종실록』 권73, 7년 11월 병진
507	68	金馬申哈	〃	副萬戶	『세조실록』 권3, 2년 1월 기해
		馬申哈		萬戶	『세조실록』 권15, 5년 1월 계축
		金馬申介		都萬戶	『세조실록』 권18, 5년 10월 정축
		金麻尙介		中樞院副使	『세조실록』 권18, 5년 11월 기묘
		金麻尙哈		中樞院使 → 資憲大夫	『세조실록』 권32, 10년 1월 임오
		麻尙哈(*)		知中樞院事	『세조실록』 권41, 13년 1월 무진
				中樞府知事	『세조실록』 권45, 14년 1월 기축
508	69	李把速剌	〃	副萬戶	『세조실록』 권3, 2년 1월 기해
		李把剌速		萬戶	『세조실록』 권15, 5년 1월 계축
		李把剌		中樞	『성종실록』 권175, 16년 2월 정사
509	70	李實列密	?	護軍	『세조실록』 권3, 2년 2월 임인
510	71	兀丁奇(*)	女眞	副萬戶	『세조실록』 권3, 2년 2월 기사
511	72	束時-2	〃	副萬戶	〃
512	73	亐弄可	〃	副萬戶	〃
513	74	知伊多	〃	副萬戶	〃
514	75	亦失哈	〃	副萬戶	『세조실록』 권3, 2년 2월 기사

총번호	왕대별	성 명	부 족	관 직	출 전
				僉知(斡朶里)	『성종실록』 권27, 4년 2월 기묘
515	76	阿乙他	〃	副萬戶	『세조실록』 권3, 2년 2월 기사
516	77	李阿具 阿具(*)	兀良哈	副萬戶(女眞)	〃
				都萬戶	『세조실록』 권13, 4년 7월 신해
				同知中樞院事	『세조실록』 권13, 4년 8월 임술
517	78	仇伊老	女眞	副萬戶	『세조실록』 권3, 2년 2월 기사
518	79	苦苦延帖	〃	副萬戶	〃
519	80	呂巨(*)	〃	副萬戶	〃
520	81	金南許	〃	副萬戶	〃
521	82	亦里哈-1	〃	副萬戶	〃
522	83	斜澄巨 蔣舍澄可	〃	副萬戶	〃
				萬戶	『성종실록』 권152, 14년 3월 계축
523	84	要吾可	〃	副萬戶	『세조실록』 권3, 2년 2월 기사
524	85	金阿都乙赤	〃	副萬戶	〃
525	86	秦羊 眞羊 童秦羊	斡朶里	都萬戶	〃
526	87	兀魯哈	〃	副萬戶	〃
527	88	所弄可	〃	副萬戶	〃
528	89	馬麻看	〃	副萬戶	〃
529	90	阿兒哈	〃	副萬戶	〃
530	91	亦里哈-2	〃	副萬戶	〃
531	92	生德	〃	副萬戶	〃
532	93	生剌納	〃	副萬戶	〃
533	94	趙三八	兀良哈	副萬戶	〃
534	95	亦剌哈	〃	副萬戶	〃
535	96	撒朶	〃	副萬戶	〃
536	97	於夫乃-2	〃	副司直	『세조실록』 권6, 3년 1월 정묘
537	98	於夫可 於夫介	〃	副司正	『세조실록』 권6, 3년 1월 정묘
				僉知	『성종실록』 권174, 16년 1월 기축
538	99	浪松古老(*)	〃	副萬戶	『세조실록』 권6, 3년 1월 기사
				萬戶	『세조실록』 권6, 3년 1월 갑오
				萬戶 → 上護軍	『세조실록』 권20, 6년 4월 임신
539	100	滿禿哈	〃	司直	『세조실록』 권6, 3년 1월 기사
				副萬戶	『세조실록』 권6, 3년 2월 계해
				萬戶	『세조실록』 권15, 5년 1월 계축
540	101	金余蘢哥	女眞	護軍	『세조실록』 권6, 3년 1월 신미
				萬戶	『세조실록』 권6, 3년 2월 계해
541	102	金者羅老	〃	副司正	『세조실록』 권6, 3년 1월 계유
542	103	金多弄介 金多弄可 金多弄哈(*)	兀良哈	都萬戶	『세조실록』 권6, 3년 1월 갑술
				中樞	『세조실록』 권25, 7년 8월 갑술
				知事	『예종실록』 권3, 1년 2월 정해

총번호	왕대별	성 명	부 족	관 직	출 전
543	104	劉所其大	骨看 兀狄哈	萬戶	『세조실록』 권6, 3년 1월 무인
544	105	塞列乞(*)	兀良哈	副萬戶	『세조실록』 권6, 3년 1월 갑오
545	106	之弄可(*)	〃	副萬戶	〃
546	107	浪沙吾介 浪沙吾可	斡朶里	司正	『세조실록』 권6, 3년 2월 신축
547	108	愁世	?	副司正	〃
548	109	元多沙(*)	兀良哈	副萬戶	『세조실록』 권6, 3년 2월 계해
				上護軍	『세조실록』 권18, 5년 10월 기사
				果毅將軍 上護軍 折衝將軍 僉知中樞府事	『성종실록』 권185, 16년 11월 임술
549	110	土時阿	〃	萬戶	『세조실록』 권6, 3년 2월 계해
550	111	果羅干	〃	副萬戶	〃
551	112	浪束古	〃	副萬戶	〃
552	113	好乙非	〃	副萬戶	〃
553	114	金箭禿	〃	副萬戶	
				副護軍 → 萬戶	『세조실록』 권22, 6년 윤11월 을축
				護軍	『성종실록』 권13, 2년 12월 기축
554	115	不顏禿(*)	〃	副萬戶	『세조실록』 권6, 3년 2월 계해
555	116	金立成	〃	副萬戶	〃
556	117	金寮哈	〃	副萬戶	〃
557	118	劉列者格	骨看 兀狄哈	副萬戶	〃
558	119	金咬哈(*)	〃	副萬戶	〃
559	120	金阿剌	〃	副萬戶	〃
				上護軍 → 中樞府僉知事	『세조실록』 권38, 12년 3월 병진
				都萬戶	『성종실록』 권48, 5년 10월 임인
560	121	金乞都革	〃	副萬戶	『세조실록』 권6, 3년 2월 계해
				上護軍(嫌眞 兀狄哈)	『성종실록』 권1, 즉위년 12월 기묘
561	122	李訥叱仇於 李訥仇於件 李訥仇於	〃	副萬戶	『세조실록』 권6, 3년 2월 계해
				萬戶	『세조실록』 권15, 5년 1월 계축
				副萬戶 → 萬戶	『세조실록』 권22, 6년 12월 계미
562	123	金阿乙加	〃	副萬戶	『세조실록』 권6, 3년 2월 계해
563	124	權阿龍(*)	女眞	副萬戶	『세조실록』 권6, 3년 2월 계해
564	125	阿兒答(*)	斡朶里	副萬戶	『세조실록』 권11, 4년 2월 무오
565	126	比德(*)	〃	副萬戶	〃
566	127	古魯兀(*)	〃	副萬戶	〃
567	128	羅伊可(*)	〃	副萬戶	〃
568	129	記三奴(*)	〃	副萬戶	〃
569	130	伊里可 童伊里哈(*)	〃	副萬戶	
				護軍	『성종실록』 권272, 23년 12월 계축
570	131	八塔沙(*)	〃	副萬戶	『세조실록』 권11, 4년 2월 무오

총번호	왕대별	성 명	부족	관 직	출 전
571	132	忙兒可(*)	〃	副萬戶	〃
572	133	汝亐多(*)	〃	副萬戶	〃
573	134	鐵頭(*)	〃	副萬戶	〃
574	135	童馬剌古(*)	〃	副萬戶	〃
575	136	亦失馬(*)	女眞	副萬戶	〃
576	137	亦宗可(*)	兀良哈	副萬戶	〃
577	138	阿多哈(*)	〃	副萬戶	〃
578	139	光失(*)	〃	副萬戶	〃
579	140	李古納哈 古納哈(*)	〃	知中樞院事 正憲大夫	『세조실록』 권13, 4년 8월 임술 『세조실록』 권16, 5년 4월 기미
580	141	巨九 巨具 浪巨口 浪巨具	?	副萬戶(毛憐衛)	『세조실록』 권13, 4년 8월 계해
581	142	沈伊里多 沈伊里大(*)	?	副萬戶	『세조실록』 권14, 4년 9월 을유
582	143	沈伊時馬(*)	?	副萬戶	〃
583	144	童於澄臣(*)	?	副萬戶	〃
584	145	高之波(*)	?	副萬戶	『세조실록』 권14, 4년 10월 갑신
585	146	麻伊(*)	?	副萬戶	〃
586	147	阿羅尤(*)	?	副萬戶	〃
587	148	阿乙朱(*)	?	副萬戶	〃
588	149	吾陽可	?	副萬戶	〃
589	150	朱靑巨	?	副萬戶	〃
590	151	亡加投	?	副萬戶	〃
591	152	權赤(*)	?	都萬戶	〃
592	153	金所衆可	?	上護軍 → 都萬戶	〃
593	154	者邑同介-1	兀良哈	萬戶 大護軍	『세조실록』 권14, 4년 11월 신해 『세조실록』 권26, 7년 10월 임오
594	155	童淸周	?	護軍 行 司直 兼司僕 行 副護軍 故 中樞	『세조실록』 권14, 4년 12월 갑자 『세조실록』 권22, 6년 12월 병신 『세조실록』 권32, 10년 1월 계미 『성종실록』 권17, 3년 4월 신사 『성종실록』 권44, 5년 윤6월 임진
595	156	所雄哥	?	? (昔年 受職)	『세조실록』 권16, 5년 4월 갑자
596	157	童奴兒干 童奴兒罕	?	萬戶 護軍 → 萬戶	『세조실록』 권16, 5년 1월 계축 『세조실록』 권37, 11년 12월 신사
597	158	浪時波赤 浪時波兒赤 浪時波	兀良哈	萬戶 大護軍 僉知 中樞	『세조실록』 권15, 5년 1월 계축 『세조실록』 권26, 7년 10월 임오 『성종실록』 권8, 1년 12월 정미 『성종실록』 권101, 10년 2월 신묘
598	159	帖苦	?	副萬戶	『세조실록』 권15, 5년 1월 계축

총번호	왕대별	성 명	부 족	관 직	출 전
599	160	出羊哈	?	副萬戶	〃
600	161	愁隱豆-2(*)	兀良哈	副萬戶	〃
				副萬戶 → 大護軍	『세조실록』 권29, 8년 8월 무진
				上護軍	『성종실록』 권212, 19년 윤1월 무진
601	162	著兒速(*)	〃	副萬戶	『세조실록』 권15, 5년 1월 계축
602	163	里仇	?	副萬戶	〃
603	164	訥失	?	副萬戶	〃
604	165	於夫乃-3(*)	?	副萬戶	〃
605	166	吾看主-3(*)	?	副萬戶	〃
606	167	劉高來失	?	副萬戶	〃
607	168	童稱統	?	副萬戶	〃
608	169	劉阿赤哈	兀良哈	副萬戶	〃
		劉阿赤介		中樞院僉知事	『세조실록』 권45, 14년 1월 기사
		阿赤介		都萬戶	『성종실록』 권1, 즉위년 12월 병진
609	170	撒歹	?	副萬戶	『세조실록』 권15, 5년 1월 계축
610	171	金尙張哈	骨看	副萬戶	『세조실록』 권15, 5년 1월 계축
		金尙長哈	兀狄哈		
611	172	吾臥者吾	兀狄哈	副萬戶	〃
		臥者吾			
612	173	無陽可	?	副萬戶	〃
613	174	沙漢他	?	副萬戶	〃
614	175	李麻具	兀良哈	都萬戶	〃
				僉知	『성종실록』 권198, 17년 12월 계사
615	176	李汝乙於	骨看 兀狄哈	都萬戶	『세조실록』 권15, 5년 1월 계축
616	177	李毛只乃	兀良哈	都萬戶	〃
		毛只乃			
617	178	童阿羅愁	?	副萬戶	『세조실록』 권15, 5년 3월 경술
618	179	沈伊時哈(*)	?	萬戶	〃
619	180	王車多(*)	?	副萬戶	〃
620	181	王昆伊(*)	?	副萬戶	〃
621	182	內也哈	南訥 兀狄哈	副司正	『세조실록』 권16, 5년 4월 계유
		乃也哈			
622	183	柳於鱗哈	兀良哈	護軍	『세조실록』 권17, 5년 9월 정미
		柳於鱗可		上護軍	『세조실록』 권24, 7년 5월 갑인
		柳於鱗介		上護軍 → 都萬戶	『세조실록』 권24, 7년 5월 무오
		於鱗哈		中樞	『세조실록』 권28, 8년 4월 정축
		於鱗可		(中樞)副使	『세조실록』 권41, 13년 1월 무진
		柳於嚴可			
623	184	金舍弄介	〃	護軍	『세조실록』 권18, 5년 10월 계축
		金沙弄哈		護軍 → 副萬戶	『세조실록』 권18, 5년 10월 기사
				都萬戶	『세조실록』 권45, 14년 2월 기미

총번호	왕대별	성 명	부족	관 직	출 전
624	185	劉羅松介 羅松哈	〃	司正	『세조실록』 권18, 5년 10월 계축
				副司直	『세조실록』 권18, 5년 10월 기사
				副司直 → 司直	『세조실록』 권26, 7년 12월 을유
625	186	大伊舍	〃	副萬戶	『세조실록』 권18, 5년 10월 계축
626	187	金大豆 金大豆麻	〃	副司正	〃
				副司正 → 司正	『세조실록』 권18, 5년 10월 기사
				大護軍	『성종실록』 권100, 10년 1월 신사
627	188	殷仇音波	女眞	副司直	『세조실록』 권18, 5년 10월 경신
				護軍 → 大護軍	『세조실록』 권22, 6년 12월 무자
628	189	金班車 班車-2	兀良哈	副司直	『세조실록』 권18, 5년 10월 경신
				大護軍	『세조실록』 권26, 7년 10월 임오
629	190	金木哈尙 金木哈	骨看 兀狄哈	副萬戶	『세조실록』 권18, 5년 10월 을축
				中樞府僉知事	『예종실록』 권1, 5년 11월 정미
				都萬戶	『성종실록』 권47, 5년 9월 임신
630	191	看吾者吾	〃	副萬戶	『세조실록』 권18, 5년 10월 을축
631	192	李也吾時哈	〃	司正	〃
632	193	金照乙同介	〃	副司直	『세조실록』 권18, 5년 10월 정묘
633	194	李羅下	〃	副司直	〃
634	195	他吾阿老	?	司正	『세조실록』 권18, 5년 10월 기사
635	196	亐時應巨 郁時應巨 時應巨	尼麻車 兀狄哈	司正	〃
				司直	『세조실록』 권21, 6년 9월 무술
636	197	蘇羅 所羅-2	?	副司正	『세조실록』 권18, 5년 10월 기사
				副司正 → 司正	『세조실록』 권22, 6년 12월 계미
				司正 → 護軍	『세조실록』 권25, 7년 8월 을해
637	198	加霜哈 加雙可 加雙介 加雙哈	亐未車 兀狄哈	護軍	『세조실록』 권18, 5년 10월 신미
638	199	夫之應可 夫之應介	〃	副司正	〃
639	200	加郞介	〃	副司正	〃
640	201	也多好(*)	尼麻車 兀狄哈	上護軍	『세조실록』 권18, 5년 12월 임자
				上護軍 → 都萬戶	『세조실록』 권27, 8년 1월 갑인
				同知事	『세조실록』 권41, 13년 2월 계묘
				中樞	『성종실록』 권268, 23년 8월 계묘
641	202	好心波-3	兀狄哈	護軍	『세조실록』 권18, 5년 12월 임자
642	203	夫乙好	〃	司直	〃
643	204	項時加	〃	司直	〃
644	205	盧古	〃	司直	〃
645	206	金這比多哈	兀良哈	大護軍	『세조실록』 권19, 6년 1월 병오
646	207	寧舍	〃	副萬戶	『세조실록』 권19, 6년 1월 정미

총번호	왕대별	성 명	부 족	관 직	출 전
		寧捨(*)			
647	208	阿剌哈 阿羅介	南訥 兀狄哈	都萬戶	〃
648	209	巨伊老	兀良哈	司正	『세조실록』 권20, 6년 4월 신해
				司正 → 副司直	『세조실록』 권20, 6년 4월 임신
649	210	塔魯哈(*)	〃	副萬戶	〃
650	211	佐化婁 左花婁 金佐花老(*)	〃	副萬戶	〃
651	212	所衆巨(*)	?	副萬戶	〃
652	213	李仍邑代(*)	?	副萬戶	〃
653	214	林巨處 巨處	?	副司正 → 司正	〃
				司直 → 副萬戶	『세조실록』 권22, 6년 12월 계미
654	215	老要古	兀良哈	副司正	『세조실록』 권20, 6년 4월 임신
655	216	金毛下里	?	副司正	〃
656	217	多老可	?	副司正	〃
657	218	多里可 多里介	兀良哈	護軍	『세조실록』 권20, 6년 5월 갑신
				(侍衛)	『성종실록』 권23, 3년 10월 을해
658	219	阿仁加茂 阿仁帖木兒 阿仁帖木 阿仁帖木加 阿仁加募 阿仁加民(*)	尼麻車 兀狄哈	? (授高職)	『세조실록』 권20, 6년 6월 임술
				中樞	『세조실록』 권37, 11년 10월 갑신
				萬戶	『세조실록』 권40, 12년 11월 계사
				中樞府同知事	『세조실록』 권40, 12년 11월 병신
659	220	澄乃	〃	? (授高職)	『세조실록』 권20, 6년 6월 임술
				上護軍	『세조실록』 권30, 9년 1월 을묘
				上護軍 → 都萬戶	『세조실록』 권30, 9년 2월 경신
660	221	昆伊	〃	護軍	『세조실록』 권21, 6년 7월 무인
				(侍衛)	『세조실록』 권21, 6년 7월 기묘
661	222	亏乙豆	〃	護軍	『세조실록』 권21, 6년 7월 무인
662	223	都乙之	〃	護軍	〃
663	224	失郞哈(*)	火剌溫 兀狄哈	護軍	〃
664	225	毛多吾哈 毛多吾可(*)	〃	護軍	〃
				(侍衛)	『세조실록』 권21, 6년 7월 기묘
665	226	多伊者 多伊舍 洪多伊哈 洪多伊舍	〃	副司正	『세조실록』 권21, 6년 7월 무인
				護軍	『세조실록』 권34, 10년 12월 신축
				萬戶	『성종실록』 권25, 3년 12월 계유
				上護軍	『성종실록』 권213, 19년 2월 정사
666	227	阿乙古	〃	副司正	『세조실록』 권21, 6년 7월 무인
667	228	時隱多	尼麻車 兀狄哈	護軍	『세조실록』 권21, 6년 7월 무자

총번호	왕대별	성 명	부족	관 직	출 전
668	229	大夫下	〃	副司正	〃
669	230	多隱充	〃	副司正	〃
670	231	也堂其 也堂只	〃	上護軍	『세조실록』 권21, 6년 9월 무술
				僉知	『성종실록』 권49, 5년 11월 갑자
				同知中樞	『성종실록』 권149, 13년 12월 무진
671	232	也郎可 也郎哈 也郎介	〃	上護軍	『세조실록』 권21, 6년 9월 무술
				都萬戶	『성종실록』 권187, 17년 1월 병인
				中樞	『성종실록』 권237, 21년 2월 임자
672	233	加乙多可 加乙多介	南訥 兀狄哈	副司正 → 護軍	『세조실록』 권21, 6년 9월 무술
673	234	豆伊-2	尼麻車 兀狄哈	司直	〃
674	235	沙安多茂	〃	司直	〃
675	236	臥羅可	〃	司直	〃
676	237	巨之可 巨之哈	〃	司直	〃
				司直 → 副萬戶	『세조실록』 권30, 9년 2월 갑자
677	238	其堂可	〃	司直	『세조실록』 권21, 6년 9월 무술
				上護軍	『성종실록』 권60, 6년 10월 을유
				中樞	『성종실록』 권174, 16년 1월 병오
678	239	波多茂大	〃	司直	『세조실록』 권21, 6년 9월 무술
679	240	林多	〃	司直	〃
680	241	亐證巨	〃	司直	〃
681	242	乃伊可	南訥 兀狄哈	司直	〃
682	243	所衆介	兀良哈	? (超授官職)	『세조실록』 권22, 6년 10월 신해
				? (自願侍朝)	『성종실록』 권7, 1년 8월 임술
				中樞	『성종실록』 권113, 11년 1월 경자
683	244	間都(*)	火剌溫 兀狄哈	上護軍	『세조실록』 권22, 6년 11월 병신
				護軍	『세조실록』 권22, 6년 11월 정유
684	245	阿充哈 阿充介 阿充可	〃	護軍	『세조실록』 권22, 6년 11월 병신
				上護軍	『세조실록』 권25, 7년 9월 임술
				都萬戶	『세조실록』 권26, 7년 10월 을해
				中樞府同知事	『예종실록』 권8, 1년 11월 을미
685	246	羅稱介	〃	護軍	『세조실록』 권22, 6년 11월 병신
686	247	軍有(*)	〃	護軍	『세조실록』 권22, 6년 11월 병신
				大護軍	『세조실록』 권31, 9년 11월 기사
				上護軍 → 中樞府僉知事	『세조실록』 권38, 12년 1월 을축
687	248	者里(*)	〃	護軍	『세조실록』 권22, 6년 11월 병신
				中樞(尼麻車 兀狄哈)	『예종실록』 권6, 1년 6월 정축
				護軍	『성종실록』 권1, 즉위년 12월 정묘
				中樞	『성종실록』 권25, 3년 12월 기축
688	249	伊時可-4	〃	護軍	『세조실록』 권22, 6년 11월 병신

총번호	왕대별	성 명	부족	관 직	출 전
				上護軍	『성종실록』 권249, 22년 1월 기해
				僉知	『성종실록』 권287, 25년 2월 경오
689	250	李多乃	兀良哈	司直	『세조실록』 권22, 6년 윤11월 무오
690	251	所羅-3	?	司正	『세조실록』 권22, 6년 윤11월 신유
				司正 → 副司直	『세조실록』 권22, 6년 윤11월 을축
691	252	金之下	?	千戶	〃
692	253	銷里必	女眞	上護軍	
				僉知中樞	『성종실록』 권124, 11년 12월 기미
693	254	多陽介	?	副司正 → 護軍	『세조실록』 권22, 6년 윤11월 을축
694	255	金阿羅豆	?	副司正 → 護軍	〃
695	256	李玉山 李山玉	?	司直	〃
696	257	吾波	兀良哈	副司正	〃
697	258	舍老(*)	?	護軍	〃
698	259	阿用介	?	副司正 → 司正	〃
699	260	大豆麻	?	副司正	〃
700	261	豆乙之	?	副司正	〃
701	262	舍弄介-2	兀良哈	副司正	〃
702	263	木當薛列(*)	?	千戶	〃
703	264	童阿乙加茂	?	副司正 → 司正	〃
704	265	金奪哈	?	副護軍 → 萬戶	〃
705	266	金餘文乃	?	副司直 → 副千戶	〃
706	267	童亦里哈	?	司直	〃
707	268	所應介	?	副司正 → 司正	〃
708	269	朴毛下孔	?	副司正 → 司正	〃
709	270	權羅	兀良哈	副司正	〃
				司果	『성종실록』 권112, 10년 12월 무인
710	271	金伊朱	?	副司正	『세조실록』 권22, 6년 윤11월 을축
711	272	李家紅 李家化	斡朶里	僉知中樞院事	『세조실록』 권22, 6년 윤11월 병인
				僉知中樞院事 → 都萬戶	『세조실록』 권35, 11년 1월 신유
712	273	文果乙多 文果乙太 文果乙大 果乙太	〃	司直	『세조실록』 권22, 6년 윤11월 병인
				僉知	『성종실록』 권35, 4년 10월 무진
				都萬戶	『성종실록』 권36, 4년 11월 임진
				中樞	『성종실록』 권212, 19년 윤1월 기사
713	274	童愁郎可	?	司正	『세조실록』 권22, 6년 윤11월 병인
714	275	李玉	骨看 兀狄哈	副司正	
				兼司僕	『성종실록』 권8, 1년 12월 계유
715	276	多將介	?	副司正 → 司正	『세조실록』 권22, 6년 12월 을해
716	277	也尙介-2	女眞	司正 → 副司直	〃
717	278	所弄居	?	副司正	〃
718	279	羅水, 羅守-3	兀良哈	副司正	〃
719	280	南介	〃	副司正 → 司正	〃

총번호	왕대별	성 명	부 족	관 직	출 전
720	281	甫靑介	〃	副司正	〃
721	282	多右雍只	?	副司正	〃
722	283	也叱多 也叱歹-1	兀良哈	副司正	〃
				副司正 → 司正	『세조실록』 권26, 7년 12월 을유
723	284	雄古	?	副司正 → 司正	『세조실록』 권22, 6년 12월 계미
724	285	金於虛里	?	副司正 → 司正	〃
725	286	麻尼	?	副司正 → 司正	〃
726	287	照弄介	?	副司正	〃
727	288	巨知貴	?	副司正	〃
728	289	也可赤	兀良哈	副司正	〃
729	290	加應巨里 加應巨 加應加里	〃	副司正	〃
				副司正 → 司正	『세조실록』 권22, 6년 12월 무자
730	291	尙家蘆	?	副司正	『세조실록』 권22, 6년 12월 계미
731	292	沙甫郎可	兀良哈	副司正	〃
732	293	者邑同介-2	?	副司正	〃
733	294	於弄巨	兀良哈	副司正	〃
734	295	金加加阿	?	副萬戶 → 萬戶	〃
735	296	殷鎖夫 殷鎖失哈(*)	?	萬戶	〃
				副萬戶	『세조실록』 권22, 6년 12월 신축
736	297	李巨時介	?	司正 → 副司直	『세조실록』 권22, 6년 12월 계미
737	298	劉夫叱	?	副司正 → 司正	〃
738	299	知弄介	?	副司正 → 司正	〃
739	300	奎都	?	副司正 → 司正	〃
740	301	雙波	?	副司正 → 司正	〃
741	302	阿音夫	?	副司正 → 司正	〃
742	303	金者終阿	?	副司正	〃
743	304	金尼忘阿	?	副司正	〃
744	305	金波叱泰	女眞	副司正	〃
				司直	『성종실록』 권67, 7년 5월 병진
745	306	豆里應巨	尼麻車 兀狄哈	上護軍	『세조실록』 권22, 6년 12월 무자
746	307	阿乙愁	〃	上護軍	〃
				僉知	『성종실록』 권61, 6년 11월 병인
747	308	多和老	〃	副司正	『세조실록』 권22, 6년 12월 무자
748	309	班車-3	〃	副司正	〃
749	310	於虛茂-2	〃	副司正	〃
750	311	羅吾也	〃	副司正	〃
751	312	非沙右	女眞	副司正	〃
752	313	仇愁	〃	副司正	〃
753	314	阿多, 阿多幹 洪阿多(*)	〃	副萬戶	〃
				副萬戶 → 萬戶	『세조실록』 권37, 11년 12월 신사

총번호	왕대별	성 명	부 족	관 직	출 전
754	315	受能 大受能(*)	〃	副萬戶 → 萬戶	『세조실록』 권22, 6년 12월 무자
755	316	李甫陽介	〃	司正 → 副司直	〃
756	317	童波也介	〃	副司正 → 司正	〃
757	318	童亂道 童難豆(*)	〃	副司正 → 司正	〃
				副萬戶	『세조실록』 권37, 11년 12월 신사
758	319	伊羅介	〃	副司正	『세조실록』 권22, 6년 12월 무자
759	320	下乙伊	〃	副司正	〃
760	321	班車-4	〃	副司正	〃
761	322	金柱丁格	〃	護軍 → 大護軍	〃
762	323	金沙仲哈(*)	〃	司直	〃
				副萬戶	〃
763	324	金探塔哈 金探哈 探塔哈(*)	〃	司直	〃
				副萬戶 → 萬戶	『세조실록』 권22, 6년 12월 신축
764	325	劉諸右	〃	副司正 → 司正	『세조실록』 권22, 6년 12월 무자
765	326	金能仇致	〃	副司正	〃
766	327	李阿乙知時	〃	副司正	〃
767	328	劉安之	〃	副司正	〃
768	329	劉波思羅	〃	副司正	〃
769	330	李終者阿	〃	副司正	〃
770	331	朴也郎哈 阿郎哈 朴也郎介 朴也郎可	〃	大護軍 → 上護軍	『세조실록』 권22, 6년 12월 임진
				都萬戶	『성종실록』 권36, 4년 11월 신묘
				中樞	『성종실록』 권100, 10년 1월 계유
771	332	毛老	兀良哈	司正 → 副司直	『세조실록』 권22, 6년 12월 임진
				副護軍	『성종실록』 권112, 10년 12월 정사
772	333	都介	〃	司正 → 副司直	『세조실록』 권22, 6년 12월 임진
773	334	升尙	女眞	副司正 → 司正	〃
774	335	臥伊郎	?	副司正 → 司正	〃
775	336	李加乙愁	?	副司正 → 司正	〃
776	337	老羅(*)	?	副萬戶	〃
777	338	老萬皮 萬皮(*)	?	副萬戶	〃
				司直 → 副萬戶	『세조실록』 권22, 6년 12월 신축
778	339	哈兒速(*)	?	副萬戶	『세조실록』 권22, 6년 12월 임진
779	340	甫乙道	兀良哈	副司正	〃
780	341	抄陽可	?	副司正	〃
781	342	甫多只	?	副司正	〃
782	343	於虛朱	兀良哈	副司正	〃
783	344	阿陽介	〃	副司正	〃
784	345	下乙所伊	?	副司正	〃
785	346	倒羊(*)	?	副萬戶	〃

총번호	왕대별	성 명	부족	관 직	출 전
				司直 → 副萬戶	『세조실록』 권22, 6년 12월 신축
786	347	殷好叱家	兀良哈	司直 → 副萬戶	〃
				副萬戶 → 萬戶	『세조실록』 권30, 9년 1월 정사
787	348	禿里兀	?	司直 → 副萬戶	『세조실록』 권22, 6년 12월 신축
788	349	非舍 非沙	尼麻車 兀狄哈	上護軍 → 都萬戶	〃
789	350	多弄可 馬多弄可 馬多弄介 馬多弄哈 多弄介-2 馬多弄巨(*)	斡朶里	司直 → 副萬戶	〃
				同知事	『세조실록』 권41, 13년 2월 계묘
				中樞	『성종실록』 권36, 4년 11월 계묘
				知中樞府事	『성종실록』 권37, 4년 12월 계유
790	351	照麟可 照隣可(*)	火剌溫 兀狄哈	上護軍	『세조실록』 권23, 7년 2월 정축
				上護軍 → 都萬戶	『세조실록』 권23, 7년 2월 기묘
				中樞	『성종실록』 권37, 4년 12월 을해
791	352	屢沙哈	女眞	萬戶	『세조실록』 권23, 7년 2월 신축
792	353	權豆	兀良哈	上護軍	『세조실록』 권23, 7년 3월 기유
				上護軍 → 都萬戶	『세조실록』 권28, 8년 3월 을묘
				中樞府同知事	『예종실록』 권3, 1년 1월 병자
793	354	南羅	兀良哈	副司正	『세조실록』 권23, 7년 3월 갑자
				副司直 → 副萬戶	『세조실록』 권26, 7년 12월 을유
				都萬戶	『성종실록』 권148, 13년 11월 을묘
				中樞	『성종실록』 권185, 16년 11월 을묘
794	355	者羅大 者羅歹	〃	副萬戶	『세조실록』 권24, 7년 4월 을유
				萬戶	『세조실록』 권28, 8년 4월 경진
				副萬戶 → 萬戶	『세조실록』 권28, 8년 4월 계미
795	356	李光應時大	斡朶里	萬戶	『세조실록』 권24, 7년 4월 을유
				護軍	『성종실록』 권212, 19년 윤1월 임오
796	357	金思忠	?	權管	『세조실록』 권24, 7년 4월 계사
				萬戶	『세조실록』 권24, 7년 5월 정미
797	358	沙安	兀良哈	副司正	『세조실록』 권24, 7년 5월 갑인
798	359	住阿那	?	都萬戶	『세조실록』 권25, 7년 7월 계축
799	360	阿兒沙	?	都萬戶	『세조실록』 권25, 7년 7월 을축
800	361	汝羅豆 金汝羅豆(*)	兀良哈	上護軍	『세조실록』 권25, 7년 8월 경오
				上護軍 → 都萬戶	『세조실록』 권29, 8년 8월 무진
801	362	八里	尼麻車 兀狄哈	上護軍	『세조실록』 권25, 7년 8월 기묘
				上護軍 → 都萬戶	『세조실록』 권25, 7년 8월 갑신
				萬戶	『세조실록』 권35, 11년 4월 을미
802	363	歹松哈	〃	護軍	『세조실록』 권25, 7년 8월 기축
803	364	多伊乃(*)	兀良哈	大護軍	『세조실록』 권25, 7년 10월 임오
804	365	高古	?	司直	〃
805	366	豆常可	兀良哈	副萬戶	〃

총번호	왕대별	성 명	부족	관 직	출 전
		豆尙可(*)			
806	367	愁加應哥, 愁加應巨	?	司直	〃
807	368	斜奴	?	副萬戶	〃
808	369	汝應哥	?	上護軍	〃
809	370	也叱歹-2	兀良哈	司正	〃
				司直	『세조실록』 권44, 13년 12월 임인
810	371	加雄巨(*)	兀狄哈	副萬戶	『세조실록』 권26, 7년 11월 갑자
811	372	海桑哈	〃	副萬戶	『세조실록』 권26, 7년 11월 병인
812	373	土麟哈	尼麻車 兀狄哈	副萬戶	『세조실록』 권26, 7년 12월 정축
813	374	甫當可 李甫堂可(*)	兀良哈	副萬戶	『세조실록』 권26, 7년 12월 신사
814	375	其山老, 其山	〃	都萬戶	『세조실록』 권26, 7년 12월 임오
815	376	者邑波	?	萬戶	〃
816	377	都道	?	司直	〃
817	378	多吾	兀良哈	副司正	『세조실록』 권26, 7년 12월 을유
818	379	他沙哈	〃	副司正	〃
819	380	他守	〃	副司正	〃
820	381	吾同古-2	〃	司直	『세조실록』 권27, 8년 2월 무인
821	382	亏豆茂(*)	〃	副萬戶	『세조실록』 권28, 8년 3월 을묘
822	383	也叱大-3(*)	〃	副萬戶	〃
823	384	時郞哥	〃	護軍	『세조실록』 권28, 8년 3월 경신
		時郞哈		僉知	『성종실록』 권224, 20년 1월 기사
		時郞介		中樞	『성종실록』 권271, 23년 11월 계유
824	385	秋陽介	〃	萬戶	『세조실록』 권28, 8년 4월 계미
825	386	余弄哥	〃	副萬戶 → 萬戶	『세조실록』 권28, 8년 5월 무오
		余弄哈(*)		中樞	『성종실록』 권262, 23년 2월 병인
826	387	浦兒哈	〃	司正 → 副司直	『세조실록』 권28, 8년 5월 무오
827	388	多邑仇	〃	副司正 → 司正	『세조실록』 권29, 8년 8월 무진
828	389	阿下大-2	〃	副司正	〃
829	390	可湯只	〃	副司正	『세조실록』 권29, 8년 10월 경오
830	391	許應家愁	尼麻車 兀狄哈	司正	『세조실록』 권30, 9년 1월 임인
831	392	箭里	〃	上護軍 → 都萬戶	『세조실록』 권30, 9년 2월 갑자
				同知中樞院事	『세조실록』 권36, 11년 6월 무인
				中樞院副使	『세조실록』 권45, 14년 1월 신미
832	393	李多好兒多(*)	兀良哈	副萬戶	『세조실록』 권30, 9년 2월 을해
833	394	李多吾也(*)	〃	副萬戶	〃
834	395	稱豆	〃	上護軍	『세조실록』 권30, 9년 2월 경진
				都萬戶	『세조실록』 권38, 12년 4월 병진
835	396	林多乃(*)	〃	副萬戶	『세조실록』 권30, 9년 2월 정해

총번호	왕대별	성 명	부족	관 직	출 전
836	397	將其大 將只大	火刺溫 兀狄哈	? (除職)	『세조실록』 권31, 9년 12월 을미
837	398	玉時	?	? (除職)	〃
838	399	李處虛乃 處虛乃	斡朵里	副司正	『세조실록』 권31, 9년 12월 신축
				都萬戶	『연산군일기』 권12, 2년 1월 정유
839	400	於稱巨	〃	萬戶	『세조실록』 권33, 10년 4월 병신
840	401	童背陽	〃	都萬戶	『세조실록』 권33, 10년 7월 기묘
841	402	沙迎帖木兒	尼麻車 兀狄哈	都萬戶	『세조실록』 권34, 10년 12월 병신
842	403	金納奴 金納魯 金納老 金納許(*)	?	副萬戶	『세조실록』 권34, 10년 12월 임인
843	404	童候候	斡朵里	萬戶	『세조실록』 권35, 11년 1월 신유
844	405	巨波守	兀良哈	司直	『세조실록』 권35, 11년 1월 을축
845	406	金土里	?	副萬戶	『세조실록』 권35, 11년 1월 병인
846	407	金下乙里 金下乙伊	兀良哈	副萬戶	〃
847	408	朴速古赤	?	副萬戶	〃
848	409	毛伊乃(*)	兀良哈	上護軍	『세조실록』 권35, 11년 1월 경오
				副萬戶	『세조실록』 권38, 12년 1월 기사
				僉知	『성종실록』 권63, 7년 1월 경신
849	410	弗老忽	〃	萬戶	『세조실록』 권35, 11년 1월 갑술
850	411	金伯勤(*)	?	副萬戶	『세조실록』 권35, 11년 2월 계사
				萬戶	『세조실록』 권38, 12년 2월 무자
851	412	麻里	尼麻車 兀狄哈	護軍 → 萬戶	『세조실록』 권35, 11년 4월 갑진
				僉知	『성종실록』 권112, 10년 12월 무인
852	413	下大	〃	中樞	『세조실록』 권37, 11년 10월 갑신
853	414	豆應巨	兀良哈	副司正	『세조실록』 권37, 11년 11월 계유
854	415	金塞古特 金賽古持	〃	護軍 → 副萬戶	『세조실록』 권37, 11년 12월 신사
				萬戶	『예종실록』 권3, 1년 2월 신묘
				僉知	『성종실록』 권135, 12년 11월 병자
855	416	阿速 阿速跪(*)	〃	副萬戶	『세조실록』 권37, 11년 12월 신사
				護軍	『성종실록』 권73, 7년 11월 을사
				上護軍	『성종실록』 권123, 11년 11월 계미
				中樞	『성종실록』 권235, 20년 12월 갑진
856	417	吾乙都古	尼麻車 兀狄哈	司直 → 副萬戶	『세조실록』 권37, 11년 12월 경자
857	418	太好時乃 大好時乃	?	兼司僕	『세조실록』 권38, 12년 1월 신미
858	419	童存中	?	副司果 兼司僕, 侍衛	『세조실록』 권38, 12년 윤3월 정해

총번호	왕대별	성 명	부 족	관 직	출 전
859	420	斜弄可 沙弄巨	兀良哈	大護軍	『세조실록』 권38, 12년 4월 병진
860	421	金沙乙	?	中樞	〃
861	422	多弄介	?	上護軍	〃
862	423	阿充可 阿充介	兀良哈	都萬戶	『세조실록』 권40, 12년 12월 임인
863	424	麻乙其乃	?	副萬戶	『세조실록』 권40, 12년 12월 을사
864	425	馬賢孫	?	高山驛吏	『세조실록』 권42, 13년 6월 갑오
				行中樞府僉知事	『세조실록』 권43, 13년 8월 경신
				上護軍	『세조실록』 권46, 14년 5월 갑자
				行司勇	『성종실록』 권137, 13년 1월 무자
				副司勇	『성종실록』 권165, 15년 4월 을유
				行司直	『성종실록』 권192, 17년 6월 갑오
865	426	也邑時(*)	兀良哈	大護軍	『세조실록』 권47, 14년 8월 을묘
866	예종 1	多尙介	〃	大護軍	『예종실록』 권1, 즉위년 9월 병술
867	2	金大伊乃	〃	副司正	『예종실록』 권3, 1년 1월 신미
868	3	仇伊赤(*)	〃	萬戶	『예종실록』 권5, 1년 5월 갑진
869	성종 1	回伊波-1	南訥 兀狄哈	司直	『성종실록』 권1, 즉위년 12월 을축
				副萬戶	『성종실록』 권62, 6년 12월 병신
				護軍(兀良哈)	『성종실록』 권174, 16년 1월 을유
				大護軍	『성종실록』 권225, 20년 2월 기유
870	2	朱章哈	兀良哈	中樞	『성종실록』 권4, 1년 3월 정미
871	3	阿乙豆	〃	中樞府僉知事	『성종실록』 권8, 1년 12월 갑인
872	4	阿乙吐下	兀狄哈	司猛	『성종실록』 권8, 1년 12월 신유
873	5	浪都郎哈 浪都郎可 浪都浪介	斡朶里	都萬戶	『성종실록』 권9, 2년 1월 정해
				中樞(兀良哈)	『성종실록』 권174, 16년 1월 신축
				中樞(斡朶里)	『성종실록』 권271, 23년 12월 신유
874	6	卜哈禿	〃	中樞	『성종실록』 권17, 3년 4월 을유
875	7	童阿亡哈	〃	僉知	『성종실록』 권23, 3년 10월 을해
876	8	金昌巨	〃	護軍	『성종실록』 권24, 3년 11월 신해
877	9	金羅果	兀良哈	護軍	『성종실록』 권25, 3년 12월 경오
878	10	舍吾大	〃	上護軍	『성종실록』 권25, 3년 12월 병자
				都萬戶	『성종실록』 권87, 3년 12월 계묘
				中樞(斡朶里)	『성종실록』 권123, 11년 11월 정축
				中樞(兀良哈)	『성종실록』 권235, 20년 12월 기해
				中樞(兀狄哈)	『성종실록』 권247, 21년 11월 경인
879	11	軍伊	〃	司猛	『성종실록』 권36, 4년 11월 경자
880	12	執介	〃	? (授四品職)	『성종실록』 권36, 4년 11월 갑진
881	13	金何時介	〃	護軍	『성종실록』 권36, 4년 11월 을사
882	14	李打兒非	〃	都萬戶	『성종실록』 권36, 4년 11월 기유
				中樞	『성종실록』 권174, 16년 1월 갑오

총번호	왕대별	성 명	부 족	관 직	출 전
883	15	卓時	〃	大護軍	『성종실록』 권36, 4년 11월 신해
				中樞	『성종실록』 권284, 24년 11월 임인
884	16	尼應加大	〃	護軍	『성종실록』 권36, 4년 11월 신해
885	17	者乙道	〃	司正	『성종실록』 권36, 4년 11월 계축
886	18	伊澄介	兀狄哈	護軍	『성종실록』 권37, 4년 12월 계미
887	19	加應只乃	〃	司猛	『성종실록』 권38, 5년 1월 기해
888	20	都塔哈	兀良哈	大護軍	『성종실록』 권47, 5년 9월 정묘
889	21	松古老	〃	司正	『성종실록』 권48, 5년 10월 병술
890	22	等哈	〃	大護軍	『성종실록』 권48, 5년 10월 병신
891	23	散哈	〃	大護軍	〃
892	24	沙乙古多 沙乙古大	火剌溫 兀狄哈	僉知	『성종실록』 권50, 5년 12월 임인
				都萬戶	『성종실록』 권125, 12년 1월 갑신
				中樞	『성종실록』 권235, 20년 12월 신해
893	25	金波乙多尙 金波多尙	兀良哈	都萬戶	『성종실록』 권51, 6년 1월 을축
				僉知	『성종실록』 권53, 6년 3월 신미
				僉知 → 嘉善大夫 都萬戶	『성종실록』 권58, 6년 8월 병신
				中樞	『성종실록』 권75, 8년 1월 경자
				兼司僕	『성종실록』 권168, 15년 7월 무신
894	26	所古-3	〃	司猛	『성종실록』 권60, 6년 10월 을유
895	27	劉老要古	女眞	司猛	『성종실록』 권67, 7년 5월 병진
896	28	老童 童老 童老同(*)	兀良哈	僉知中樞府事	『성종실록』 권73, 7년 11월 무신
897	29	阿羅	〃	司果	『성종실록』 권73, 7년 11월 갑인
898	30	童淸禮	斡朶里	? (還給職牒)	『성종실록』 권73, 7년 11월 기사
				兼司僕	『성종실록』 권85, 8년 10월 계묘
				訓練院習讀官	『성종실록』 권273, 24년 1월 갑술
				三衛敬差官	『연산군일기』 권18, 2년 10월 정유
				? (堂上資級)	『연산군일기』 권19, 2년 11월 경술
				通政大夫	『연산군일기』 권21, 3년 1월 병오
				三衛宣諭官	『연산군일기』 권28, 3년 10월 을해
				僉知	『중종실록』 권7, 3년 11월 임술
899	31	愁里無應阿	骨看 兀狄哈	司直	『성종실록』 권81, 8년 6월 갑진
900	32	高好乙好	斡朶里	司直	『성종실록』 권81, 8년 6월 정미
901	33	高崇禮	〃	效力副尉司勇(侍衛)	『성종실록』 권86, 8년 11월 경인
				兼司僕	『성종실록』 권179, 16년 5월 갑술
				中樞府堂上	『중종실록』 권15, 7년 4월 정해
902	34	永守	兀良哈	上護軍	『성종실록』 권87, 8년 12월 임자
				僉知	『성종실록』 권112, 10년 12월 갑술
				中樞	『성종실록』 권184, 16년 10월 신축
903	35	伊時乃	〃	中樞	『성종실록』 권88, 9년 1월 기묘

총번호	왕대별	성 명	부 족	관 직	출 전
904	36	金雙古大	〃	司果	『성종실록』 권99, 9년 12월 계묘
905	37	巨應仇乃	〃	都萬戶	『성종실록』 권100, 10년 1월 임술
		金巨應九乃		中樞	『성종실록』 권160, 14년 1월 경자
906	38	達魯花哈	〃	大護軍	『성종실록』 권100, 10년 1월 정묘
907	39	金沙下禮	〃	護軍	『성종실록』 권112, 10년 12월 임술
				上護軍	『성종실록』 권236, 21년 1월 신유
908	40	金麻只乃	女眞	僉知	『성종실록』 권112, 10년 12월 경진
909	41	李肯陽介	斡朶里	中樞	『성종실록』 권113, 11년 1월 갑진
		李肯陽哈			
910	42	餘毛	兀良哈	司果	『성종실록』 권124, 11년 12월 정미
911	43	羅陽羅	〃	司果	『성종실록』 권135, 12년 11월 신미
912	44	馬毛多赤	斡朶里	同知中樞	〃
913	45	阿兒彈	兀良哈	僉知	『성종실록』 권137, 13년 1월 무자
914	46	尼可大	〃	? (降職)	『성종실록』 권148, 13년 11월 갑자
		浪尼加大		司直	『성종실록』 권198, 17년 12월 무자
				護軍	『성종실록』 권248, 21년 12월 경술
915	47	李阿乙多茂	?	? (屬正兵)	『성종실록』 권149, 13년 12월 을해
		阿乙加茂			
		李阿乙加茂			
		李孟孫		中樞	『중종실록』 권57, 21년 11월 정미
		阿多茂			
916	48	句赤格	兀良哈	僉知	『성종실록』 권163, 15년 2월 병인
				都萬戶	『성종실록』 권223, 19년 12월 신해
917	49	奴木哈-1	?	? (官敎, 成宗 14年)	『성종실록』 권185, 16년 11월 임술
918	50	之阿大右	斡朶里	護軍	『성종실록』 권167, 15년 6월 갑신
919	51	李多之哈	兀良哈	? (受職)	『성종실록』 권173, 15년 12월 을축
		多之哈(*)			
920	52	李吾道	斡朶里	副司果	『성종실록』 권176, 16년 3월 무자
921	53	大陽介	?	司正	『성종실록』 권185, 16년 11월 임술
922	54	金丹多茂家	斡朶里	中樞	『성종실록』 권190, 17년 4월 병술
		金丹多茂			
923	55	巨夫介	兀良哈	中樞	『성종실록』 권199, 18년 1월 무신
		李巨夫介		僉知	『성종실록』 권296, 25년 11월 정유
924	56	沙代應巨	〃	司猛	『성종실록』 권212, 19년 윤1월 갑술
925	57	引速哈	〃	上護軍	『성종실록』 권213, 19년 2월 무오
				僉知(斡朶里)	『성종실록』 권271, 23년 11월 계유
926	58	克的	斡朶里	都萬戶	『성종실록』 권222, 19년 11월 을유
				上護軍	『성종실록』 권286, 25년 1월 신해
927	59	童都答哈	兀良哈	大護軍	『성종실록』 권223, 19년 12월 을미
928	60	阿令介	〃	副護軍	『성종실록』 권223, 19년 12월 정사
		阿令哈		大護軍	『성종실록』 권262, 23년 2월 병진
				中樞	『성종실록』 권296, 25년 11월 을묘

총번호	왕대별	성 명	부 족	관 직	출 전
929	61	木當可	女眞	僉知	『성종실록』권224, 20년 1월 을축
930	62	木哈	兀良哈	僉知	『성종실록』권224, 20년 1월 정축
931	63	亦塔忽	〃	中樞	『성종실록』권224, 20년 11월 갑술
932	64	良哈	〃	中樞	『성종실록』권225, 20년 12월 신해
933	65	吉堂可	火剌溫 兀狄哈	護軍	『성종실록』권237, 21년 2월 신묘
934	66	奴木哈-2	兀良哈	司猛	『성종실록』권237, 21년 2월 무신
935	67	哈撒哈	〃	都萬戶	『성종실록』권247, 21년 11월 신축
936	68	麻哈	〃	副護軍	『성종실록』권247, 21년 11월 갑진
937	69	阿良介, 阿良哈 阿郎介, 阿郎哈	〃	護軍	『성종실록』권252, 22년 4월 임신
938	70	李孿玉	?	? (侍衛)	『성종실록』권254, 22년 6월 임자
939	71	奇大	兀良哈	中樞	『성종실록』권262, 23년 2월 임자
940	72	羅陽介	〃	副護軍	『성종실록』권263, 23년 3월 을해
941	73	徹連	〃	上護軍	『성종실록』권271, 23년 11월 무자
942	74	沙主	兀良哈	僉知	『성종실록』권272, 23년 12월 정유
943	75	童巨右同 童巨亐同	斡朵里	中樞	『성종실록』권272, 23년 12월 계축
944	76	加麻耳	兀良哈	副司正	『성종실록』권272, 23년 12월 경신
945	77	伊充應巨	〃	上護軍	『성종실록』권273, 24년 1월 정축
946	78	有川	火剌溫 兀狄哈	司猛	『성종실록』권274, 24년 2월 병진
947	79	汚澄介	兀狄哈	僉知	『성종실록』권280, 24년 7월 기미
948	80	李巨右	兀良哈	護軍	『성종실록』권281, 24년 8월 을해
949	81	奴木哈-3 馬奴木哈	斡朵里	中樞	『성종실록』권284, 24년 11월 을미
950	82	土伊土 土伊吐	兀良哈	司猛	『성종실록』권285, 24년 12월 신미
951	83	剌古	〃	上護軍	『성종실록』권286, 25년 1월 신축
952	84	浪甫良介	斡朵里	上護軍	『성종실록』권297, 25년 12월 임술

* 이 표는 『조선왕조실록』을 참고로 만들었음.
** 표의 내용 중 (*)표시는 中國의 官職인 都指揮, 指揮, 都督, 都司 등을 가진 者를 나타냄.

〈별표 2〉『단종실록』3년 3월 기사조에 나타난 '女眞人名'

위 치	호 수	종 족	지 위	성 명	등 급	비 고
會寧鎭 북쪽 20里 江內 吾弄草	40여 家 壯丁 80여 명 李貴也 管下	斡朶里	萬戶	李貴也	一等	
		〃	護軍(侍衛)	李巨乙加介	四等	李貴也의 子
		〃	司直	阿伊多可	〃	李貴也의 次子
		〃		處巨乃	〃	〃
		〃	護軍	童南羅	一等	故 都萬戶 阿下里의 子 子息 迷弱
		〃	護軍(侍衛)	童毛多赤	二等	阿下里의 弟
		〃		也車石	四等	童毛多赤의 子 次子名不知
		〃	護軍	浪加加乃	二等	
		〃	護軍(侍衛)	浪三波	四等	浪加加乃의 子
		〃	司直	浪金世	〃	浪加加乃의 次子
		〃		狼沙吾介	〃	〃
		〃		沙乙之	〃	〃
		〃		浪三下	〃	〃
		〃		毛可	〃	〃
		〃	護軍(侍衛)	朴訥於赤	二等	
		〃	司直	毛都吾	四等	朴訥於赤의 子
		〃	司正	家老	〃	朴訥於赤의 次子 次子二名不知
		〃	護軍	浪愁佛老	二等	
		〃		浪加乙愁	四等	浪愁佛老의 子次 子三名不知
		〃	副萬戶	童敦道	二等	子三名不知
		〃	司直	李溫赤	三等	
		〃		都老古	四等	李溫赤의 子 次子一名不知
		〃	司直	浪下毛羅	三等	
		〃		阿下	四等	浪下毛羅의 子
		〃	司直	李都致	二等	李貴也의 弟
		〃		這巨乃	四等	李都致의 子 次子三名不知
		〃	司直	阿弄可	三等	
		〃		阿古赤	四等	阿弄可의 子 次子三名不知
		〃	司直	童束時	三等	子四名不知
		〃	副司直	童也音夫	四等	
		〃		兒家	〃	童也音夫의 子 次子一名不知
		〃	司直	李注音比	三等	李貴也의 姪 子二名不知

위 치	호 수	종 족	지 위	성 명	등 급	비 고
		〃	副萬戶	童所乙吾	〃	子三名不知
		〃	護軍	文加乙巨	二等	
		〃		公時大	四等	文加乙巨의 子 次子三名不知
會寧鎭 북쪽 10里 江外 沙吾耳	7家 壯丁 10여 명	兀良哈	護軍	也乃	三等	深處往來 報告事變
		〃		照赤	四等	也乃의 子
		〃		照家	〃	也乃의 次子
		〃		亏郎巨	〃	也乃의 弟
		〃		大伊愁	〃	亏郎巨의 子
		〃		大下	〃	亏郎巨의 次子 次子二名不知
		〃	司正	常道	〃	無子息
會寧鎭 4里 江內 吾音會	9家 壯丁 20여 명	斡朶里	都萬戶	馬仇音波	一等	馬邊者의 姪 童所老加茂의 妹夫
		〃	護軍	伐伊多	三等	馬仇音波의 子
		〃		毛多赤	四等	馬仇音波의 次子
		〃		阿唐可	〃	
		〃	都萬戶	童亡乃	一等	
		〃	護軍	伊時可	三等	童亡乃의 子
		〃	司直	約沙	四等	童亡乃의 次子
		〃		麻舍	〃	〃
		〃		甫郎可	〃	〃
		〃	上護軍	馬朱音波	二等	馬仇音波의 弟
		〃		甫郎可	三等	馬朱音波의 子
		〃		甫多赤	四等	馬朱音波의 次子
		〃	上護軍	馬金波老	二等	馬仇音波의 弟
		〃	司直	馬千里	三等	馬金波老의 子
		〃		多弄可	四等	馬金波老의 次子
		〃		阿乙多	〃	〃 次子一名不知
		〃	副萬戶	童三波老	二等	都萬戶 吾沙介의 子
		〃	護軍	伊時可	三等	童三波老의 子
		〃	司正	者吐	四等	童三波老의 次子
		〃		者邑可	〃	
		〃	護軍	馬加弄可	二等	馬仇音波의 弟 子三名不知
會寧鎭 서쪽 13里 江內	15家 (楊里人 10戶) 壯丁 30여 명 吾音會人 童所老加茂·	斡朶里	中樞	童所老加茂	一等	
		〃		青周	二等	童所老加茂의 子 次子三名不知 皆迷弱
		〃	司直	高羅邑多孫	四等	無子

위 치	호 수	종 족	지 위	성 명	등 급	비 고
	馬仇音派 등의 管下	〃	〃	高羅麟可	〃	〃
		〃	護軍	童伊麟可	〃	〃
		楊里人		童候候里	〃	
		〃		三下	〃	童候候里의 子
		〃		三波	〃	童候候里의 次子
		〃		李多非	〃	
		〃		佐吾下	〃	李多非의 子
		〃		佐化老	〃	李多非의 次子
會寧鎭 서쪽 20里 江內 下甫乙下	7家 壯丁 15여 명 童吾沙可의 管下	斡朶里	都萬戶	童吾沙可	一等	
		〃	護軍	童宋古老	四等	童吾沙可의 子
		〃	護軍	童吾乙沙	二等	故都萬戶 因豆의 子 無子
		〃	司直	阿下大	四等	
		〃		訥許	〃	阿下大의 子
		〃	司直	童沙下知	〃	無子
		〃	護軍	童夫里可	二等	故都萬戶 也吾太의 子 童亡乃의 姪 子二名不知
		〃	指揮	多可	三等	童吾沙可의 女壻
		〃	家老		四等	多可의 子
		〃	司直	童束時	三等	童吾沙可의 女壻 無子
會寧鎭 境外 서쪽 35里 江外 下多家舍	2家 壯丁 9명	斡朶里	司直	無伊應可	〃	
		〃		伐伊堂可	四等	無伊應可의 子
		〃		三下	〃	無伊應可의 次子
		〃		多非可	〃	〃
		〃		阿乙多	〃	〃 次子一名不知
		〃		毛多吾	二等	童末應巨·童加勿의 弟 故都萬戶 加時波의 子 無子
會寧鎭 서쪽 55里 上甫乙下	7家 壯丁 15여 명	兀良哈	上護軍	浪仇難	二等	都萬戶 浪卜兒罕의 子 子三名不知
		〃	副司正	愁堂可	四等	子二名不知
		〃	〃	愁隱豆	〃	子三名不知
		斡朶里	司直	童他守	〃	
		〃		加無老	〃	童他守의 子
		兀良哈	護軍	浪加麟可	三等	浪卜兒罕의 子 子四名不知
會寧鎭 서쪽 90里 斜地	15여 家 壯丁 30여 명	兀良哈	指揮	阿弄可	〃	子一名不知
		〃	萬戶	加乙軒	二等	子六名不知
		〃	指揮	仇伊孫	?	族類强弱不知

위 치	호 수	종 족	지 위	성 명	등 급	비 고
		〃		斜老	三等	
		〃	指揮	乃伊多	?	族類强弱不知
		〃	護軍	於沙巨	三等	
		〃	司正	好心波	四等	
		〃		甫乙看	三等	
		〃		多時	〃	
		〃		老好赤	〃	
		〃		愁陽可	〃	
會寧鎭 서쪽 1백 35里 無乙界	20여 家 壯丁 40여 명 屢時巨의 管下	兀良哈	都萬戶	屢時巨	一等	子三名不知
		〃	萬戶	時加具	二等	
		〃	司直	金世	四等	時加具의 子 次子三名不知
		〃	指揮	余弄可	?	族類强弱不知
		〃		麻伊豆	?	余弄可의 子 次子三名不知, 族類强弱不知
		〃	指揮	巨羅茂	?	族類强弱不知
		〃	〃	好心波	?	〃
		〃	〃	照陽可	?	〃
		〃	〃	胡抄	〃?	〃
		〃	〃	巨乙加介	三等	
		〃	司直	羅下	〃	
		〃	〃	處里	〃	
		〃	〃	羅邑多	〃	
		〃	指揮	仇守	〃	
會寧鎭 서쪽 1백 80里 仍邑包家舍	20여 家 壯丁 40여 명	兀良哈	萬戶	林黃巨	二等	
		〃	都司	於巨	〃	
		〃	指揮	阿具	?	族類强弱不知
		〃	〃	於具	?	〃
		〃	〃	也吾乃	?	〃
		〃	〃	豆常可	三等	
		〃		車弄可	〃	
		〃		毛羅	〃	
		〃		多愁	〃	
會寧鎭 서쪽 1백 80里 和尙家舍	9家 壯丁 20여 명	兀良哈	指揮	斜弄可	?	族類强弱不知
		〃	副萬戶	者里介	?	〃
會寧鎭 서쪽 1백 80里 甫伊下	20여 家 壯丁 30여 명 金仇赤의 管下	兀良哈	都萬戶	金仇赤	一等	故指揮 阿高車의 子
		〃	指揮	加多	?	族類强弱不知
		〃	〃	伊弄可	?	〃
		〃	〃	好時乃	?	〃
		〃	司直	甫乙下	?	〃

위치	호수	종족	지위	성명	등급	비고
		〃		伊時可	三等	
		〃		于丹	〃	
		〃		甘里	〃	
		〃		時申可	〃	
		〃	護軍	伊時可	〃	
		〃		可乙主	〃	
		〃		者從可	〃	
		〃		班車	〃	
會寧鎭 서쪽 2백 10里 阿赤郞貴	50여 家 壯丁 1백 10여 명 都萬戶 金都乙溫의 管下	兀良哈	指揮	亏老可	?	族類强弱不知
		〃		伊時可	?	〃
		〃	指揮·司直	好時乃	?	〃
		〃	指揮	亏乙之	?	〃
		〃	〃	大甫下	?	〃
		〃	〃	也下赤	?	〃
		〃	萬戶	末老	二等	金都乙溫의 一族
		〃	指揮	者衆可	三等	
		〃		多乙赤	〃	
		〃		斜老	〃	
		〃		吾同介	〃	
		〃		干應羅	〃	
會寧鎭 서쪽 2백 10里 常家下	14家 壯丁 20여 명	兀良哈		阿下	?	族類强弱不知
		〃	萬戶	亏乙主	?	〃
		〃	〃	甫乙可	?	〃
		〃	〃	羅出	?	〃
		〃	〃	羅吾下	?	〃
會寧鎭 서쪽 2백 7里 伐引	45家 壯丁 1백여 명	兀良哈	都司	哈兒禿	一等	
		〃	大護軍	充商	二等	
		〃	萬戶	毛堂可	?	族類强弱不知
		〃	指揮	亏老阿	?	〃
		〃	〃	都乙赤	?	〃
		〃	〃	阿陽可	?	〃
		〃	〃	伊郞可	?	〃
		〃	〃	多乙非	?	〃
		〃	〃	亏弄可	?	〃
		〃	〃	者乙多	?	〃
		〃	〃	毛下呂	?	〃
		〃	〃	所乙吾	?	〃
		〃	〃	麻古里	?	〃
		〃	〃	伊弄可	?	〃
		〃	〃	夫里巨	?	〃
		〃	〃	加多	?	〃
		〃	〃	也弄可	?	〃

위 치	호 수	종족	지위	성 명	등급	비 고
		〃	〃	多只	?	〃
		〃	都萬戶	裵麻羅可	一等	誠心歸順
		〃		吾未乃	四等	裵麻羅可의 壻
		楊里人		劉弄可	〃	裵麻羅可의 次壻
		兀良哈	大護軍(侍衛)	李阿豆	二等	
		〃	副萬戶	所衆可	〃	
		〃	指揮	羅邑多	三等	
		〃		阿乙多	四等	羅邑多의 子 次子五名不知
		〃	指揮	汝羅豆	二等	
		〃	〃	所衆可	?	族類强弱不知
		〃	〃	伊乙多	?	〃
		〃	〃	照陽可	?	〃
		〃	〃	愁隱豆	?	〃
		〃	司直	澄羅亐	?	
		〃	指揮	羅下赤	三等	
		〃	〃	林多未	〃	
		〃	〃	乙彦稱號	〃	
會寧鎭 서쪽 2백 70里 毛里安	30여 家 壯丁 60여 명 哈兒禿·麻羅介 등의 管下	〃	司直	萬豆可	〃	
		〃		多乙非舍	〃	
		〃		於沙可	〃	
		〃		甫郞可	〃	
		〃		其羅吾	〃	
		〃	指揮	也吾多茂	〃	
		〃		巨永巨	〃	
		〃	萬戶	毛多可	〃	
		〃		於虛大	〃	
		〃		無里介	〃	
		〃		仇吾大	〃	
		〃		都介	〃	
		〃		巨弄巨	〃	
		〃	指揮	老也	〃	
		〃		伊時乃	〃	
		〃	萬戶	所永可	〃	
		〃		阿叱散	〃	
會寧鎭 서쪽 1백 20里 下東良	20여 家 壯丁 70여 명	兀良哈	都萬戶	浪卜兒罕	一等	
		〃	護軍	加麟可	三等	浪卜兒罕의 子
		〃	大護軍 (侍衛)	伊升巨	〃	浪卜兒罕의 次子
		〃	司直	於乙巨豆	〃	〃
		〃		於羅豆	四等	〃 次子三名不知
		〃	護軍	浪將家	二等	浪卜兒罕의 從弟

위 치	호 수	종 족	지 위	성 명	등 급	비 고
		〃	司直	餘弄巨	三等	
		〃	護軍	都老古	〃	子三名不知
		〃	〃	浪斜隱豆都可	二等	浪卜兒罕의 弟
		〃		予月郎巨	四等	
		〃	副萬戶	因多只	三等	子三名不知
		〃	指揮	好心波	〃	
		〃	司直	仇音夫	四等	
		〃	〃	羅守	〃	
		〃	指揮	加伊	〃	
		〃	都萬戶	金波乙大	一等	子三名不知
		〃	司直	波只	?	族類强弱不知
		〃	〃	李阿可	三等	
會寧鎭 서쪽 2백 80里 中東良	40여 家 壯丁 80여 名 浪卜兒罕·金波 乙大 등의 管下	斡朶里	萬戶	阿下	二等	
		〃	護軍	加可	四等	子息不知
		兀良哈	大護軍	金豆難代	二等	故萬戶 吾看主의 子
		〃	指揮	者里加	?	族類强弱不知
		〃	〃	羅吾乃	?	〃
		〃	司直	浪波乙生	?	〃
		〃	指揮	甫也	?	〃
		〃	萬戶	林高古	二等	浪伊升巨의 妻父
		〃	司直	阿具	三等	林高古의 子 次子五名不知
		〃	指揮	愁仇	〃	
		〃	萬戶	仇赤甫下	四等	
		〃		權豆	〃	
		〃		仍邑大	〃	
會寧鎭 서남쪽 2백 10里 虛水羅	壯丁 10여 명	兀良哈	副萬戶	童波好	二等	子三名不知
		〃	司直	豆邑時	三等	
		〃		月虛乃	〃	
		〃	司正	羅守	四等	
會寧鎭 서남쪽 2백 10里 上東良	10여 家 壯丁 20여 명	斡朶里	護軍	童毛知里	二等	童干古의 從弟
		〃	〃	童宋古老	三等	〃
		〃	〃	童劉豆	〃	〃
		兀良哈	萬戶	李沮里	二等	李甫兒赤의 弟
		〃	指揮	宮時大	四等	李沮里의 子
		〃	副萬戶	阿下	三等	
會寧鎭 서남쪽 2백 40里 朴加別羅	8~9家 人丁 20여 명	兀良哈		豆時	三等	
		〃		伊里夫	〃	
		〃		屯豆	〃	
鐘城鎭 江內 行城底	5家 壯丁 9명	兀良哈	萬戶	毛下呂	三等	
		〃		所應巨	四等	毛下呂의 子

위 치	호 수	종족	지 위	성 명	등급	비 고
		〃		松古老	〃	〃 子二名不知
		〃	副司正	羅所	〃	毛下呂의 女壻
		楊里人		所衆介	〃	〃
		兀良哈		者邑同介	〃	毛下呂의 從弟
		〃		汝虛乃	〃	毛下呂의 弟
鐘城鎭 20里 江內 愁州	15家(양리인 포함) 壯丁 26명	兀良哈		好時古	四等	子三名不知
		〃	副司正	加老	〃	子二迷弱
		〃	司直	宋所乙只	三等	
		〃		波音甫	四等	子一名不知
		〃		伐也	〃	〃
		〃		多雄巨	〃	
		〃		於乙愁	〃	
		〃		頭伊	〃	子名不知
		〃		也時	〃	
		〃		夫乙愁	〃	子四一迷弱
				也吾乃	〃	
		楊里人	司直	於虛茂	〃	子二名不知
		〃		於虛里	〃	於虛茂의 弟 子二名不知迷弱
鐘城鎭 서쪽 20里 江外 愁州	24家 壯丁 53명	兀良哈	都萬戶	柳尙同介	一等	子一迷弱
		〃	副萬戶	班車	二等	柳尙同介의 兄
		〃	〃	於赤介	〃	子一名不知
		〃		毛伊乃	三等	於赤介의 弟
		〃	上護軍	所古	〃	於赤介의 從兄
		〃	護軍	柳要時老	〃	於赤介의 姪
		〃		於里應巨	〃	於赤介의 弟 子二名不知
		〃		佐和奇大	〃	於赤介의 弟
		〃		沙安	四等	於赤介의 姪 子二名不知
		〃		時時可	〃	子二名不知
		〃		老老好	〃	子三名不知
		〃		阿乙巨	〃	子三名不知
		〃		末乙老	〃	子二名不知
		〃		所古老	〃	子一名不知
		〃		彼應者	〃	子三迷弱
		〃		多陽可	〃	
		〃		羅音多	〃	子一名
		楊里人	司直	也尙介	〃	
		〃		所衆可	〃	也尙介의 子 次子二名不知

위 치	호 수	종 족	지 위	성 명	등 급	비 고
		兀良哈		所時乃	三等	
		〃	司直	所尤大	四等	所時乃의 子 次子二迷弱
		〃		於夫介	三等	
		〃	司直	羅松介	四等	於夫介의 子
		〃		所吾介	〃	於夫介의 次子
		〃		者邑介	〃	〃 次子三名不知
		〃		南介	〃	
		〃		多將介	〃	子三迷弱
		〃		老沙	〃	子二迷弱
		〃		也車	〃	子一名不知
		〃		者弄介	〃	子一迷弱
		〃		沙主	〃	子二迷弱
		〃		舍土	〃	子一名不知 次子二迷弱
		〃	司直	於夫乃	三等	
		〃		豆伊應巨	四等	於夫乃의 女壻 子二迷弱
		〃		麻下	〃	子二迷弱
		〃		巨車	〃	弟二名不知
		〃		伐伊應巨	〃	子一名不知 次子二迷弱
		〃		太守	〃	子三迷弱
		〃		可下	〃	子一名不知
	23家 壯丁 40명 柳尙同介의 管下	〃		吾老都	〃	子二迷弱
		〃		都乙之	〃	
		〃		尙家	〃	
		〃		也時	〃	
		〃		汝稱巨	〃	子名不知 次子三迷弱
		〃		非郎介	〃	子二迷弱
		〃		伊時介	〃	子二名不知 次子二迷弱
		〃		多音波老	〃	
		〃		巨夫	〃	
		〃		伊稱介	〃	
		〃		毛乙吾	三等	
		〃		甫青介	四等	毛乙吾의 子 次子一名不知
		〃		沙乙只大	〃	
		〃		甫郎介	〃	沙乙只大의 子

위 치	호 수	종족	지 위	성 명	등급	비 고
						次子一名不知
鐘城鎭 북쪽 15里 江內 童巾	10家 壯丁 20명	兀良哈	護軍	東良介	三等	子二名不知
		〃		好郎哈	四等	子一名不知 次子三迷弱
		〃		厚子	〃	子二名不知
		〃	司直	所羅	〃	子二迷弱
		〃		吾所	〃	
		〃		阿用介	〃	子一名不知
		〃		加乙所	〃	子二迷弱
		〃		吾老耳	〃	子一名不知 次子三迷弱
		〃		尙往	〃	子二名不知 次子二迷弱
		〃		多只	〃	子四名不知
鐘城鎭 32里 江內	12家 壯丁 41명	兀良哈		也音夫	三等	子五名不知
		〃		吾堂可	四等	
		〃		厚郎介	〃	子一名不知 次子二迷弱
		〃		麻里	〃	
		〃		大應巨	〃	子一名不知 次子迷弱
		〃		尙界	〃	子一名不知 次子三迷弱
		〃		金老	〃	子二名不知 次子一迷弱
		〃		吾靑介	〃	子四名不知
		〃		也乃	〃	子五名不知 弟四名不知
		〃		也可赤	〃	子一名不知
鐘城鎭 서쪽 195里 阿赤郎貴	6家 3백여 명 (上阿赤郎貴・下 阿赤郎貴 거주) 金都乙溫의 管下	兀良哈	都萬戶	金都乙溫	一等	無子
		〃	都指揮僉使	金多弄可	〃	金都乙溫의 收養姪
		〃	司直	阿應山	四等	金多弄可의 子
		〃	護軍(侍衛)	金當	二等	阿應山의 姪 都萬戶 金大豆麻의 子
		〃		多具	二等	金當의 弟
		〃	司直	舍多	〃	弄介의 弟
		〃		臥郎介	四等	舍多의 子
		〃		吾里介	〃	舍多의 次子
		〃	萬戶	金土時	二等	舍多의 姪
		〃		羅弄介	四等	金土時의 子
		〃		南郎介	〃	金土時의 次子
		〃		伊乙大	〃	〃

위 치	호 수	종 족	지 위	성 명	등 급	비 고
			司直	江乃	三等	金土時의 姪 子三名不知
		?	都指揮	多伊乃	〃	
		〃		藪大	四等	多伊乃의 子 次子二名不知
		〃	指揮	臥許乃	三等	多伊乃의 同生弟 子六名不知
	金都乙溫의 管下	〃	萬戶	阿下	?	族類强盛
		〃	指揮	刺答子	三等	弟五名不知 叔二名不知
		〃		住將介	〃	
		〃		所弄巨	〃	
		〃		也尙巨	〃	
		〃	指揮	凶仇大	〃	子三名不知
鐘城鎭 270里 伊應巨	族類 30여 명	兀良哈		伊時乃	二等	族類强盛 能射强弓
		〃		也音夫	三等	伊時乃의 父
		〃		朱將介	二等	伊時乃의 兄
		〃		也堂只	三等	伊時乃의 次兄
		〃		都隱道	〃	〃
		〃		所應巨	〃	〃
穩城鎭 동쪽 30里 江內 未餞		女眞		於許里	四等	
		〃		巨具知	〃	
		〃		都道	〃	巨具知의 弟
		〃		所羅	〃	
穩城鎭 서쪽 10里 江外 多穩	7家 壯丁 13명	兀良哈	副司正	多乃	三等	
		〃		永時	四等	多乃의 子
		〃		永和	〃	多乃의 次子
		〃		里茂	〃	〃
		女眞	副司正	都乙溫	四等	
		〃	〃	都里豆	〃	都乙溫의 第
		〃		愁乙頭	〃	
		兀良哈		老要古	〃	
		〃		甫里	〃	老要古의 弟
		〃		豆伊應巨	〃	
		〃		都下	〃	豆伊應巨의 弟
		〃		大伊乃	〃	豆伊應巨의 次弟
		〃		舍知介	〃	
穩城鎭 서쪽 15里 江內 尼麻退	6家 壯丁 13명	兀良哈	副司正	豆伊	三等	
		〃		豆所	四等	豆伊의 弟
		女眞		於巨豆	〃	
		〃		厚時巨	〃	於巨豆의 弟

위 치	호 수	종 족	지 위	성 명	등 급	비 고
		〃		好時老	〃	於巨豆의 子
		〃		卓多	〃	
		兀良哈		甫陽介	〃	
		〃		末應加巨	〃	甫陽介의 子
		〃		老靑介	〃	甫陽介의 次子
		〃		羅下住	〃	〃
		〃		可下者	〃	〃
		〃		知所巨	〃	〃
		〃		巨乙加	〃	〃
穩城鎭 서쪽 25里 江外 時建	10家 壯丁 22명	兀良哈	副司正	所時右	三等	
		〃		波乙道	四等	所時右의 子
		〃		波乙大	〃	所時右의 次子
		〃		下稱介	〃	所時右의 弟
		〃	副司正	多弄介	〃	所時右의 次弟
		〃	〃	多乙和	〃	〃
		〃		阿乙都介	〃	〃
		〃	副司正	豆升巨	〃	
		〃		亏乙金	〃	豆升巨의 子
		〃		貴伊波	〃	
		〃		阿乙波	〃	貴伊波의 弟
		〃		加愁巨	〃	貴伊波의 差除
		〃		加所	〃	
		〃		大豆	〃	
		〃		伊時	〃	大豆의 弟
		〃		加乙愁	〃	大豆의 子
		〃		加茂	〃	大豆의 次子
		〃		多下乃	〃	
		〃		何乙主介	〃	多下乃의 子
		〃		豆乙應末巨	〃	
		〃		含大	〃	豆乙應末巨의 弟
		〃		非介	〃	豆乙應末巨의 子
穩城鎭 서쪽 35里 江外 甫靑浦	19家 壯丁 30명	兀良哈	指揮	所澄介	三等	
		〃		三音土	〃	所澄介의 子
		〃		訥伊大	〃	所澄介의 弟
		〃		巨豆	〃	所澄介의 次弟
		〃	副司正	波乙時	〃	故護軍 巨也老의 子
		〃		介伊乃	四等	波乙時의 子
		〃		訥於赤	〃	波乙時의 兄
		〃		下大	〃	波乙時의 弟
		〃		沈波老	〃	波乙時의 次弟
		〃		所其老	〃	〃
		〃		也叱大	〃	〃

위 치	호 수	종족	지위	성 명	등급	비 고
		〃		愁郞介	〃	
		〃		多乙和	〃	愁郞介의 子
		〃	副司正	所告	〃	
		〃		麻伊介	〃	所告의 子
		〃		麻伊老	〃	所告의 次子
		〃		劉己	〃	〃
		〃		麻伊波	〃	所告의 弟
		〃		仇伊	〃	
		〃		吾乙未	〃	
		〃		靑邑舍	〃	
		〃		羅赤介	〃	靑邑舍의 子
		〃		舍老	〃	靑邑舍의 弟
		〃		公古	〃	
		〃		尙同介	〃	公古의 子
		〃		也下	〃	公古의 次子
		〃		加應巨里	〃	〃
		〃	副司正	吾靑介	〃	
		〃		大豆麻	〃	吾靑介의 子
		〃		後郞介	〃	吾靑介의 弟
慶源鎭 동쪽 39里 東臨江外	9家 壯丁 30여 명 金權老의 管下	兀良哈	都萬戶	金權老	一等	
		〃	大護軍	阿羅介	三等	金權老의 子
		〃	司正	麻只老	四等	金權老의 次子
		〃	〃	伐麟巨	〃	〃
		〃	〃	豆彦	〃	〃
		〃		阿夫	〃	〃
		〃	千戶	軍有	三等	金權老의 女壻
		〃	司正	愁羅乃	四等	子二名不知
		〃		難道	〃	
慶源鎭 남쪽 90里 江內 伯顔家舍	6家 壯丁 20여 명	女眞	護軍	訥郞介	三等	
		〃	指揮	沙下知	四等	
		〃	司正	毛堂介	〃	
		〃		阿多毛	〃	
		〃		伊應介	〃	
		〃		阿朝應介	〃	
慶源鎭 79里 江內 件加退	3家 壯丁 10여 명	女眞	司正	之下里	三等	
		〃		阿老豆	四等	
		〃		惠乙介	〃	阿老豆의 弟
		〃		所乙非		
慶源鎭 50里 江內 吾弄草	6家 壯丁 20여 명	女眞	司正	下乙金	四等	子一名不知
		〃		也郞介	〃	
		〃		於乙非下	〃	
		〃		多弄介	〃	

위 치	호 수	종족	지위	성 명	등급	비 고
		〃		也昌介	〃	
		〃		也時右	〃	
		〃		訥於赤	〃	
		〃		阿羅所	〃	
慶源鎭 동쪽 28里 江外 汝甫島	25家 壯丁 40여 명	女眞	萬戶	好時乃	三等	
		〃	千戶	都可	〃	
		〃		仇郞只	四等	
		〃		伊叱介	〃	
		〃		夫家老	〃	
		〃		波也老	〃	
		〃		遠伊	〃	
		〃	司正	毛多可	〃	
		〃		照之應介	〃	
		〃		阿伊多	〃	
		〃		伐之羅	〃	
		〃		多朱	〃	
		〃		於乙非下	〃	
		〃		多羅	〃	
		〃		伊多	〃	
		〃		也吾多	〃	
		〃		也尙介	〃	
		〃		也多下	〃	
		〃		時豆介	〃	
		〃		吾豆	〃	
		〃		也漢	〃	
		〃		都乞好	〃	
		〃	司正	端抄	〃	
		〃	司正	吾豆	〃	
		〃		大愁	〃	
慶源鎭 40里 江外 下訓春	10家 壯丁 15명	女眞	司正	都乙甫下	四等	
		〃		者吾豆	〃	
		〃		阿老	〃	
		〃		毛多吾多	〃	
		〃		也時右	〃	
		〃	千戶	所古之	〃	
		〃		吾龍古	〃	
		〃		阿尙介	〃	
		〃		時右羅	〃	
		〃		都乙好	〃	
	27家 壯丁 60여 명	女眞	司正	仇音所	四等	
		〃		吾老	〃	仇音所의 子
		〃		吾時	〃	

위 치	호 수	종 족	지 위	성 명	등 급	비 고
		〃		所伊應介	〃	
		〃	司正	回叱介	〃	
		〃		多非	〃	回叱介의 子
		〃		升尙	〃	回叱介의 弟
		〃		所羅	〃	
		〃		也可之	〃	
		〃		愁之應巨	〃	
		〃		大多也可	〃	
		〃		也郞可	〃	
		〃		也多可	〃	
		〃		愁許	〃	
		〃		伊從介	〃	
		〃		劉者	〃	
		〃		臥郞伊	〃	
		〃		加龍介	〃	臥郞伊의 子
		〃	司正	伊叱豆麻里	〃	
		〃	〃	者羅老	〃	
		〃		伐也	〃	者羅老의 子
		〃	司正	愁音下	〃	
		〃	〃	都甫下	〃	
		〃		所古	〃	
		〃		照乙道	〃	
		〃		者乙道	〃	
		〃		阿羅	〃	
		兀良哈	萬戶	多乙非	三等	
		〃		吾乙道無	〃	多乙非의 子
		〃	萬戶	伊何所	〃	多乙非의 一族 子二名不知
		〃		班車	四等	
		〃	千戶	於許里	〃	子一名不知
		〃	司正	大舍	〃	子一名不知
		〃		多吾也	〃	
	43家 壯丁 80여 명	〃		家和	〃	
		〃		所愁介	〃	
		〃		亐知應介	〃	子一名不知
		〃		沙終介	〃	子二名不知
		〃	司正	都萬介	〃	弟一名不知
		〃		多尙介	〃	
		〃		者多	〃	
		〃	萬戶	甫郞介	〃	
		〃		豆末應巨	〃	甫郞介의 子
		〃	司正	亐者	〃	

위 치	호 수	종 족	지 위	성 명	등 급	비 고
		〃		土伊應巨	〃	亐者의 子
		〃		毛多亐	〃	
		〃		亐應介	〃	
		〃		多吾應巨	〃	
		〃		知家	〃	
		〃	司正	於豆	〃	
		〃		羅所	〃	
		〃		伐之羅	〃	
		〃		班車	〃	
		〃		未許	〃	
		〃		阿堂介	〃	
		〃		所郞介	〃	
		〃		仁多	〃	
		〃		亐伊應巨	〃	
		〃		加乙所	〃	
		〃	萬戶	沙弄介	三等	
		〃		毛都	〃	沙弄介의 子
		〃		汝愁應介	四等	
慶源鎭 17里 訓戎江外	24家 壯丁 50여 명	兀良哈	上護軍	李舍土	二等	
			副司直	於有巨	四等	李舍土의 子
			司正	資和	〃	李舍土의 次子
			〃	於雄巨	〃	〃
				餘巨	〃	〃
				加雙介	〃	〃
			指揮	多舍	〃	李舍土의 女壻
			司正	阿乙大	〃	
			〃	照乙道	〃	
				甫古金	〃	
				多弄介	〃	
				伐伊大	〃	
				每伊下	〃	
				因大	〃	
				老古	〃	
				班車	〃	
			千戶	齊伊介	〃	
				尙加土	〃	齊伊介의 子
				亐里	〃	齊伊介의 姪
				多舍	〃	
				加伊介	〃	
				伊郞介	〃	
				阿陽介	〃	
				毛多好	〃	

위 치	호 수	종 족	지 위	성 명	등 급	비 고
		兀良哈	萬戶	波難	四等	
		〃		多小	〃	波難의 子
		〃		羅多介	〃	波難의 次子
		〃		多雙介	〃	波難의 孫子
		〃	司直	沙吾里	〃	
		〃		甫乃	〃	沙吾里의 子
		〃		可波	〃	沙吾里의 女壻
		〃		阿伊大	〃	沙吾里의 弟
		〃		毛老	〃	
		〃		毛堂可	〃	
		〃		所大	〃	毛堂可의 子
		〃		阿羅	〃	毛堂可의 次子
		〃	千戶	伊叱介	〃	
		〃		時加右	〃	
		〃		加吾沙	〃	時加右의 女壻
		〃		甫羅外	〃	
		〃		每陽可	〃	甫羅外의 姪
		〃		加乙漢	〃	
		〃		汝同介	〃	
		〃		所甫	〃	
慶源鎭 60여 里 上訓春	61家 壯丁 120여 명	〃	司正	童之	〃	
		〃		阿叱大	〃	
		〃	司正	馬波	〃	
		〃		於赤乃	〃	
		〃		阿多介	〃	
		〃		時乙豆	〃	
		〃		朱將介	〃	
		〃		甫乙道	〃	
		〃		江里	〃	
		〃		時乙非乃	〃	
		〃		加乙多茂	〃	
		〃		者吾乃	〃	
		〃		麻里	〃	
		〃		時里右	〃	
		〃	司正	羅多介	〃	
		〃		甫乙道	〃	
		〃		所衆巨	〃	
		〃		齊乃	〃	
		〃		於盧主	〃	
		〃		時里甫下	〃	
		〃		羅吾羅	〃	*원전중복
		〃		伊叱介	〃	

위 치	호 수	종족	지 위	성 명	등급	비 고
		〃		羅守	〃	
		〃		阿郎介	〃	
		〃		佐和	〃	
		〃		甫堂介	〃	
		〃		奴巨	〃	
		〃		朱將介	〃	
		〃	司正	都下	〃	
		〃		羅下	〃	
		〃		照同介	〃	
		〃		夫如乃	〃	
		〃		阿羅介	〃	
		〃		朴可	〃	
		〃		照赤	〃	朴可의 子
		〃		時巨	〃	朴可의 次子
		〃		夫貴	〃	〃
		〃		阿乙伊	〃	〃
		〃		伐伊大	〃	〃
		〃		阿巨	〃	〃
慶興鎭 동쪽 30里 江外 何多山	17家 壯丁 36명	骨看	都萬戶	金時仇	一等	
		〃	司直	金加乙夫應可	三等	金時仇의 子
		〃		朱澄可	四等	金時仇의 次子
		〃	副萬戶	金加尙介	二等	金時仇의 弟
		〃	上護軍	金加陽介	〃	金時仇의 次弟
		〃	副司正	金赤成可	三等	金加陽介의 子 次子二名不知
		〃	上護軍	劉伊項介	二等	
		〃		河知羅	四等	劉伊項介의 子
		〃	副萬戶	劉詰稱可	三等	
		〃		羅時	四等	劉詰稱可의 子
		〃		何何羅	〃	劉詰稱可의 次子
		〃	副司直	劉甫乙澄可	三等	劉詰稱可의 姪
		〃	上護軍	劉無澄可	二等	
		〃		亏乙羅	四等	劉無澄可의 子
		〃		由處	〃	劉無澄可의 次子
		〃		劉波沙羅	二等	劉無澄可의 姪, 故都萬戶 時方介의 子
		〃		劉要時古	三等	故都萬戶 時里主의 子
		〃		劉老音好	四等	劉要時古의 弟
		〃		劉加乙賓介	三等	
		〃		羅麟可	四等	劉加乙賓介의 弟
		〃	大護軍	李都乙之麻	三等	
		〃		李其音金	〃	李都乙之麻의 子

위 치	호 수	종족	지 위	성 명	등 급	비 고
		〃	司直	李豆應仇阿	〃	李都乙之麻의 姪
		〃	〃	李毛陽介	二等	
		〃	司正	李都弄介	三等	李毛陽介의 子
		〃		李其斜羅	〃	李毛陽介의 次子
		〃	司正	李所澄可	〃	李毛陽介의 弟
		〃		其乙可時	四等	李所澄可의 子
		〃		好乙好	〃	李所澄可의 次子
		〃		可毛介	〃	〃
		〃	萬戶	金良所	三等	
		〃		金波乙多	〃	金良所의 子
		〃		帖里時	〃	金良所의 次子
		〃	司正	金沙從介	〃	金良所의 姪
慶興鎭 동쪽 一日程 江外 草串	20家 壯丁 42명	骨看	副萬戶	李阿時應可	二等	
		〃		舍音者	三等	李阿時應可의 子
		〃		朱古	〃	李阿時應可의 次子
		〃	司正	李阿澄可	〃	李阿時應可의 弟 子四名不知
		〃	副司正	李好伊應可	〃	
		〃		云用可	四等	李好伊應可의 子
		〃		愁老毛	〃	李好伊應可의 次子
		〃		毛多時	〃	〃
		〃	護軍	金吾乙昌可	一等	故萬戶 豆稱介의 子
		〃	〃(侍衛)	金於虛乃	二等	金吾乙昌可의 姪
		〃		羅吾乃	四等	金於虛乃의 子
		〃	司正	金知靑可	三等	金於虛乃의 弟
		〃	〃	金毛下舍	〃	金於虛乃의 從兄 千戶 金古乙其乃의 子
		〃		毛下體	四等	金毛下舍의 子
		〃		麻波	〃	金毛下舍의 次子
		〃	指揮	金吾音所吾	三等	金毛下舍의 從弟
		〃		里可老	四等	金吾音所吾의 子
		〃	司正	金吾乙古里	三等	金吾音所吾의 從弟
		〃	副司直(侍衛)	金吾看主	三等	〃
		〃	司正(侍衛)	金朱靑介	二等	金吾音所吾의 次弟
		〃	〃	金仇火里	三等	〃
		〃	司直	金之應豆 阿所乙古	〃	
		〃	萬戶	劉所叱同介	〃	千戶 昌同介의 子
		〃		阿古者	四等	劉所叱同介의 子
		〃	副司正	劉所淡乙金	三等	劉所叱同介의 弟
		〃	司正	劉也吾時應可	〃	劉所叱同介의 妹夫
		〃		也吾澄可	四等	劉也吾時應可의 子

위 치	호 수	종 족	지 위	성 명	등 급	비 고
		〃		劉非之里	三等	劉也吾時應可의 從弟 故上護軍 豆郞介의 子
		〃		無郞可	〃	劉也吾時應可의 從弟
		〃	萬戶	劉好土	〃	
		〃		所乙時	四等	劉好土의 子
		〃		羅老	〃	劉好土의 次子 次子一名不知
		〃	司直	劉常常可	三等	故萬戶 朱郞介의 子
		〃		汝吾正可	四等	劉常常可의 子
		〃	司正	劉土伊巳可	三等	
		〃		夫應羅時	四等	劉土伊巳可의 子
		〃		夫知老	〃	劉土伊巳可의 次子
慶興鎭 동쪽 二日程 江外 餘山	3家 壯丁 8명	骨看	都萬戶	金照郞可	一等	
		〃		無巨應可	二等	金照郞可의 子
		〃		阿伊千可	三等	金照郞可의 姪
		〃		阿之可	〃	〃
		〃	大護軍	金先主	〃	
		〃	副司直	加隱堂可	〃	金先主의 子
		〃		伐加應可	四等	金先主의 次子
		〃		毛只	〃	〃
慶興鎭 동쪽 四日程 江外 於知未	2家 壯丁 6명	骨看	萬戶	劉沙乙只大	二等	
		〃		厚弄吾	三等	劉沙乙只大의 子 次子二名不知
		〃	萬戶	所乙古大	〃	
		〃		上者	四等	所乙古大의 子
慶興鎭 북쪽 30里 江外 會伊春	6家 壯丁 21명	女眞	護軍	朴波伊大	三等	故指揮 末阿土의 子
		〃	司直(侍衛)	吾乙賓介	四等	朴波伊大의 子
		〃	司正	沙迎夫下	〃	朴波伊大의 次子
		〃		沙伊隱加茂	〃	〃
		〃	司正	所伊加茂	〃	〃
		〃	護軍	朴甫乙古所	三等	朴波伊大의 弟
		〃		也堂只	四等	朴甫乙古所의 子
		〃		也多茂	〃	朴甫乙古所의 次子
		〃		也郞可	〃	〃
		〃		也羅可	〃	〃
		〃		了古	〃	〃
		〃		朴夫	〃	朴甫乙古所의 弟
		〃		加吾里	〃	朴夫의 子
		〃		殷束時應可	〃	
		〃		於乙所	〃	隱束時應可의 子
		〃		所弄可	〃	隱束時應可의 次子
		〃	護軍	金朱弄可	三等	

위 치	호 수	종족	지 위	성 명	등급	비 고
		〃	指揮	非尙可	〃	金朱弄可의 子
		〃		者里可	四等	金朱弄可의 次子
		〃		所老可	〃	〃 次子一名不知
		〃		金小末應可	〃	金朱弄可의 姪 故 所澄可의 子 弟一名不知
慶興鎭 북쪽 30里 江內 汝吾里	8家 壯丁 18명	女眞	萬戶	金毛多吾	三等	
		〃		都雙可	四等	金毛多吾의 子
		〃		伊麻豆	〃	金毛多吾의 次子
		〃	副司直	金毛下	〃	金毛多吾의 弟
		〃		津紅吾	〃	金毛下의 子
		〃		延多	〃	金毛下의 次子
		〃		干阿之	〃	〃 次子一名不知
		〃	司正	金伊郞可	〃	
		〃	護軍	家和	〃	金伊郞可의 子
		〃		金也下	〃	金伊郞可의 弟 次弟一名不知
		〃	司正	朴丹用可	〃	
		〃		毛下禮	〃	朴丹用可의 兄
		〃		豆弄可	〃	朴丹用可의 弟
		〃		阿陽可	〃	朴丹用可의 次弟
		〃		金毛郞可	〃	
		〃		沙從可	〃	金毛郞可의 子
慶興鎭 40里 江內 阿乙阿毛丹		女眞	司直	金含大	四等	子一名不知
		〃		伊里右	〃	金含大의 弟 子一名不知
慶興鎭 북쪽 20里 江內 江陽	4家 壯丁 10명	骨看	上護軍	李多弄可	二等	千戶 者邑同介의 子
		〃		豆應夫里	四等	李多弄可의 子
		〃	(侍衛)	李留應巨	二等	李多弄可의 弟
		〃	司正	李多陽可	三等	〃
		〃		山玉	四等	李多陽可의 子
		〃		獨松	〃	李多陽可의 次子
		〃	護軍	李時羅未	三等	李多陽可의 姪
		〃		豆所應可	四等	李時羅未의 子
		〃		都郞可	〃	李時羅未의 次子
		〃		時將可	三等	李時羅未의 弟

* 이 표는 『단종실록』 권13, 단종 3년 3월 기사조을 참고로 만들었음.

〈별표 3〉 세조대 毛憐衛 征伐과 관련된 '女眞 從軍者' 명단

번호	종족	성명	역할	상직	출전	비고
1	尼麻車 兀狄哈	非舍	?	(都萬戶)	『세조실록』 권19, 6년 2월 임신	
2	〃	金亏豆 亏豆	從軍	上護軍 → 中樞院副使	『세조실록』 권21, 6년 9월 갑신 『세조실록』 권21, 6년 9월 병신 『세조실록』 권21, 6년 9월 정유	軍功 1等
3	南訥 兀狄哈	加兒打哈 加乙多介 加乙多可	〃	副司正 → 護軍	『세조실록』 권21, 6년 9월 갑신 『세조실록』 권21, 6년 9월 정유 『세조실록』 권21, 6년 9월 무술	軍功 2等
4	尼麻車 兀狄哈	也堂只	〃	千戶 → 上護軍	『세조실록』 권21, 6년 9월 정유 『세조실록』 권21, 6년 9월 무술	軍功 1等
5	〃	也郎可 也郎哈	〃	〃	〃	軍功 2等
6	〃	右時應巨 大時應巨	〃	司直	〃	軍功 3等
7	〃	林多	〃	〃	〃	〃
8	〃	亏謄巨	〃	〃	〃	〃
9	南訥 兀狄哈	乃伊可	〃	副司正 → 司直	〃	〃
10	尼麻車 兀狄哈	甫要麻	〃	指揮 → 上護軍	〃	軍功 1等
11	〃	豆伊	〃	司直	『세조실록』 권21, 6년 9월 무술	軍功 2等
12	〃	沙安多茂	〃	〃	〃	〃
13	〃	臥羅可	〃	〃	〃	〃
14	〃	巨之可	〃	〃	〃	〃
15	〃	其堂可	〃	〃	〃	〃
16	〃	波多茂	〃	〃	〃	軍功 3等
17	兀良哈	所衆介	指路	大護軍	『세조실록』 권22, 6년 10월 무신	鍾城諸野人 金亏豆의 例 (軍功 1等)
18	火剌溫 兀狄哈	間都	報變	指揮 → 上護軍	『세조실록』 권22, 6년 11월 병신 『세조실록』 권22, 6년 11월 정유	
19	〃	阿充介	〃	護軍	〃	
20	〃	羅稱介	〃	〃	〃	
21	〃	軍有	〃	〃	『세조실록』 권22, 6년 11월 병신	
22	〃	者伊里	〃	〃	〃	
23	〃	時可	〃	〃	〃	
24	骨看 兀狄哈	李多弄介 李多弄哈	赴戰	(知中樞院事)	『세조실록』 권22, 6년 윤11월 기미 『세조실록』 권22, 6년 윤11월 병인	
25	〃	李多陽介	〃	護軍 → 萬戶	『세조실록』 권22, 6년 윤11월 을축	
26	?	金之下	〃	千戶	〃	
27	女眞	銷里必	〃	上護軍	〃	

번호	종족	성 명	역할	상 직	출 전	비 고
28	?	多陽介	〃	副司正 → 護軍	〃	
29	?	金阿羅豆	〃	〃	〃	件加退 城底野人
30	?	李玉山	〃	司直	〃	向化人
31	兀良哈	吾波	捍後	副司正	〃	
32	?	金主成哥	赴征	副萬戶 → 大護軍	〃	
33	兀良哈	舍老	〃	指揮 → 護軍	〃	
34	〃	所羅-1	〃	司正 → 副司直	〃	
35	〃	阿用介	〃	副司正 → 司正	〃	
36	〃	大豆麻	〃	副司正	〃	
37	?	豆乙之	〃	〃	〃	
38	兀良哈	舍弄介	〃	〃	〃	
39	女眞	金引乙介	報變	萬戶 → 上護軍	〃	
40	?	木當薛列	〃	指揮 → 千戶	〃	
41	?	散搭木	〃	護軍	〃	
42	?	童阿乙加茂	〃	副司正 → 司正	〃	
43	女眞	金毛多吾	?	萬戶 → 上護軍	〃	
44	〃	金箚禿	?	副護軍 → 萬戶	〃	
45	?	金劉里介	?	〃	〃	慶興 城底野人
46	?	金奪哈	?	〃	〃	
47	?	金餘文乃	?	副司直 → 副千戶	〃	
48	女眞	朴丹用阿	?	〃	〃	
49	?	童亦里哈	?	司直	〃	
50	?	所應介	?	副司正 → 司正	〃	
51	?	朴毛下孔	?	〃	〃	
52	?	權羅	?	副司正	〃	
53	?	金伊朱	?	〃	〃	
54	斡朶里	李家紅	赴戰	(僉知中樞院事)	『세조실록』권22, 6년 윤11월 병인	
55	〃	浪金世	〃	(〃)	〃	
56	?	李都弄音	〃	(司直)	〃	
57	斡朶里	文果乙多	報變	(〃)	〃	3等의 例
58	骨看 兀狄哈	李玉	護涉	(副司正)	〃	〃
59	兀良哈	梁阿同介	?	護軍 → 大護軍	『세조실록』권22, 6년 12월 을해	北征時有功者
60	〃	多將介	?	副司正 → 司正	〃	〃
61	?	所弄居	?	副司正	〃	
62	?	羅水	?	〃	〃	
63	兀良哈	南介	?	副司正 → 司正	〃	
64	〃	甫靑介	?	副司正	〃	〃
65	?	多右雍只	?	〃	〃	〃
66	?	也叱多	?	〃	〃	〃

번호	종족	성 명	역 할	상 직	출 전	비 고
67	斡朶里	馬仇音波	?	(中樞)	『세조실록』권22, 6년 12월 경진	北征時 功績尤著
68	兀良哈	金權老	?	(〃)	〃	
69	〃	金波老	?	?	〃	北征時 功績尤著, 金權老의 子
70	骨看 兀狄哈	劉權者	?	(萬戶)	〃	北征時 功績尤著
71	唐人 (中國人)	甫郞哈, 甫良介	助戰	司正	『세조실록』권22, 6년 12월 신사 『세조실록』권22, 6년 12월 갑신	北征時 有助戰功
72	?	多弄介	?	司正 → 副司直	『세조실록』권22, 6년 12월 계미	北征時有功
73	?	雄古	?	副司正 → 司正	〃	〃
74	兀良哈	都邑道	?	〃	〃	穩城底野人
75	?	所羅-2	鄕導	副司正 → 司正	『세조실록』권22, 6년 12월 계미	北征時有功 先鋒 鄕導 向化人
				司正 → 護軍	『세조실록』권25, 7년 8월 을해	
76	?	金於虛里	?	副司正 → 司正	『세조실록』권22, 6년 12월 계미	北征時有功
77	?	麻尼	?	〃	〃	〃
78	兀良哈	林巨處, 巨處	?	司直 → 副萬戶	〃	北征時有功 愁州 居住
79	?	照弄介	?	副司正	〃	北征時有功
80	?	巨知貴	?	〃	〃	〃
81	斡朶里	童也可赤 也可赤	?	〃	〃	〃
82	兀良哈	加應巨里	?	〃	〃	北征時有功 甫靑浦 居住
83	?	尙家蘆	?	〃	〃	北征時有功
84	?	沙甫郞可	?	〃	〃	〃
85	兀良哈	者邑同介	?	〃	〃	〃
86	〃	於弄巨	?	〃	〃	〃
87	骨看 兀狄哈	金公竦	?	萬戶 → 上護軍	〃	北征時有功 何多山等處 居住
88	?	金加加阿	?	副萬戶 → 萬戶	〃	北征時有功 於知未 居住
89	骨看 兀狄哈	李訥叱仇於	?	〃	〃	北征時有功
90	?	朴撒搭哈	?	〃	〃	〃
91	女眞	朴阿堂吉	?	〃	〃	〃
92	?	劉尙尙哈	?	護軍 → 萬戶	〃	〃
93	女眞	金毛下	?	司直 → 萬戶	〃	〃

번호	종족	성 명	역 할	상 직	출 전	비 고
94	?	殷鎭夫	?	指揮 → 萬戶	〃	〃
95	?	李巨時介	?	司正 → 副司直	〃	〃
96	?	劉夫叱	?	副司正 → 司正	〃	〃
97	?	知弄介	?	〃	〃	〃
98	?	奎都	?	〃	〃	〃
99	?	雙波	?	〃	〃	〃
100	?	阿音夫	?	〃	〃	〃
101	?	金者終阿	?	副司正	〃	〃
102	?	金尼忘阿	?	〃	〃	〃
103	女眞	金波叱泰	?	〃	〃	〃
104	尼麻車 兀狄哈	豆里應巨	報變	上護軍	『세조실록』 권22, 6년 12월 무자	
105	〃	阿乙愁	〃	〃	〃	
106	〃	多和老	〃	副司正	〃	
107	〃	班車-1	〃	〃	〃	
108	〃	於盧茂	〃	〃	〃	
109	〃	羅吾也	〃	〃	〃	
110	女眞	非沙右	〃	〃	〃	
111	〃	仇愁	〃	〃	〃	
112	〃	殷仇音波	〃	護軍 → 大護軍	〃	
113	?	阿多受能	〃	指揮 → 副萬戶	〃	
114	?	李甫陽介	〃	司正 → 副司直	〃	
115	?	童波也介	〃	副司正 → 司正	〃	
116	?	童亂道	〃	〃	〃	
117	?	伊羅介	〃	副司正	〃	
118	兀良哈	下乙伊	〃	〃	〃	
119	?	班車-2	〃	〃	〃	
120	?	金加化	助戰	(上護軍)	〃	
121	?	金柱丁格	?	護軍 → 大護軍	〃	
122	?	金沙仲哈	?	指揮 → 司直	〃	
123	?	金探哈	?	〃	〃	
124	?	金敬魯哈	?	〃	〃	
125	?	金伊郞介	?	副萬戶	〃	
126	?	劉諸右	?	副司正 → 司正	〃	
127	兀良哈	加應巨	?	〃	〃	
128	?	金能仇致	?	副司正	〃	
129	?	李阿乙知時	?	〃	〃	
130	?	劉安之	?	〃	〃	
131	?	劉皮思羅	?	〃	〃	
132	?	李終者阿	?	〃	〃	
133	兀良哈	於麟哈	捍後 護涉	(上護軍)	『세조실록』 권24, 7년 5월 갑인 『세조실록』 권24, 7년 5월 병진	愁州 居住

번호	종족	성명	역할	상직	출전	비고
134	〃	時時哈	〃	(護軍)	〃	〃
135	〃	沙安	〃	(副司正)	〃	〃
136	〃	毛伊乃	?	(指揮)	『세조실록』 권24, 7년 5월 병진	北征時 頗有功績 鍾城城底野人
137	?	馬加乙所	鄉道	?	『세조실록』 권32, 10년 1월 병자	北征時鄉道
138	兀良哈	柳乃也	從軍	(都萬戶)	『성종실록』 권157, 14년 8월 신유	庚辰年北征時 從軍有功

* 이 표는 『조선왕조실록』을 참고로 만들었음.
** 표의 내용 중 ( ) 표시는 毛憐衛 征伐과 관련된 賞職이 아닌 이미 수여받거나 이후에 나타난 官職名임.

<별표 4> 『제승방략』에 나타난 '藩胡 部落' 일람표

5 진	진 / 보 (부락/호수)	부 락 명	거 리 / 위 치	추 장	호 수
慶興鎭	造山堡 (5부락/27호)	豆里山	동쪽 15리	劉京	5호
		不京島	〃	豆亇右	5호
		草串	동쪽 2식	豊陽阿	6호
		海中 厚羅島	동쪽 육로 2식 수로 1식	於明阿	7호
		者古羅	동쪽 3식	亐乙只乃	4호
	慶興鎭 (5부락/58호)	城底 上端	북쪽 5리	厚通阿	14호
		〃 中端	〃	鋤應去之	13호
		〃 下端	〃	鋤亐叱巨	3호
		仇信浦	동쪽 15리	豆汝大	3호
		烏呼巖	동쪽 1식 20리	沙乙只	25호
	撫夷堡 (7부락/131호)	回春溫	동쪽 5리	阿末舍	3호
		沙五里 上端	서쪽 10리	阿里大	12호
		〃 下端	〃	伐伊汝應於	16호
		童遷	북쪽 15리	榀堂阿	2호
		時錢 上端	〃	阿氷阿	28호
		〃 中端	〃	混道	48호
		〃 下端	〃	厚通阿	22호
	阿吾地堡 (3부락/22호)	白顔 上端	북쪽 15리	汝處	8호
		〃 中端	〃	鋤吾郞介	10호
		〃 下端	〃	阿叱只舍	4호
慶源鎭	阿山堡 (4부락/50호)	大下田洞	북쪽 5리	正鋤	7호
		小下田洞	북쪽 8리	伐郞阿	21호
		雪駕山	동쪽 14리	方未阿	14호
		蘆田洞	동쪽 80리	羅松羅	8호
	乾元堡 (2부락/19호)	卓豆	동쪽 5리	未雙阿	15호
		偁家巖	동쪽 4리	朴己	4호
	安原堡 (3부락/63호)	厚春江	동쪽 15리	億仇乃	38호
		中島	동쪽 17리	於里世	14호
		訓戎 下端	〃	尼亇退	11호
	慶源鎭 (38부락/1,131호)	老耳島 上端	동쪽 15리	雄古里	7호
		〃 中端	동쪽 14리	鋤應主	20호
		〃 下端	동쪽 13리	阿乙多介	7호
		〃 次下端	동쪽 15리	尼亇車 多好里	25호
		金得灘 上端	〃	吾羅赤	23호
		〃 下端	동쪽 17리	劉厚	7호
		汝邑包	동쪽 19리	仇令阿	20여 호
		所乙下 上端	동쪽 1식 5리	無虛禮	23호
		〃 下端	동쪽 1식 11리	小阿明阿	30호
		訓春江 此邊	동쪽 29리	赤古羅	20여 호

5 진	진 / 보 (부락/호수)	부 락 명	거 리 / 위 치	추 장	호 수
		所乙下 上端			
		訓春江 此邊 所乙下 中端	〃	者老	19호
		訓春江 此邊 所乙下 下端	〃	所豆	30호
		伊下所	동쪽 1식 14리	億耳	70여 호
		汝太 上端	동쪽 1식 9리	項金	60여 호
		〃 中端	동쪽 1식 29리	仰只舍	40여 호
		〃 下端	동쪽 1식 20리	也乙十介	60여 호
		新設 雪里	동쪽 2식 19리	(無)	20호
		坡也(易水)	동쪽 2식 24리	將之羅耳	100여 호
		南羅耳	동쪽 1식 14리	眞巨右	100여 호
		也只 上端	동쪽 1식 19리	汝京阿	20여 호
		〃 中端	동쪽 1식 2리	古屯好	20여 호
		〃 次中端	동쪽 1식 4리	三下乃	15호
		〃 下端	동쪽 1식	阿逆大·阿明阿· 鋤應主	70여 호
		鋤應仇乃	동쪽 2식 4리	豊孫	40여 호
		夫羅其 上端	동쪽 35리	豆土	30여 호
		〃 次上端	동쪽 2식 6리	沙麻大	10여 호
		〃 次上端	동쪽 3식 8리	陽雙阿	30여 호
		〃 次上端	동쪽 2식 10리	如處	70여 호
		〃 中端	동쪽 3식 4리	伊靑阿	30여 호
		〃 下端	동쪽 2식 24리	(無)	15호
		毛老里	동쪽 3식 25리	夫靑阿·大秋	40여 호
		黃古羅耳	동쪽 4식 15리	常陽介	30여 호
		厚乙溫	동쪽 5식 5리	加最大	30여 호
		於鋤隱	?	?	?
		所老耳吾堡	?	?	?
		所乙毛介	?	?	?
		汝包	?	?	?
		尼舍	동쪽 1일	?	?
	訓戎鎭 (3부락/130호)	麻田島	북쪽 4리	陽郞介·阿羅	14호
		中島	동쪽 7리	安豆里·麻沙介	66호
		下島	동쪽 9리	於土	50호
穩城鎭	黃柏坡堡 (1부락/11호)	立巖	동쪽 3리	亏虛乃	11호
	美錢鎭 (4부락/160호)	城底	서쪽 6리	南弄古	30호
		〃 中里	북쪽 4리	禾下乃·好將介	81호
		同里愁下	동쪽 6리	赤亡介	17호
		三安	북쪽 1식	麻將介·古乙非	32호

5 진	진 / 보 (부락/호수)	부 락 명	거 리 / 위 치	추 장	호 수
		浦項	동쪽 9리	南處介	130호
		射場	서쪽 7리	良只車·也弄介	134호
		舊 加訖羅	서쪽 1식	古尙阿	150호
		新 加訖羅	서쪽 1식 5리	尼古太	32호
		家洪	서쪽 1식 15리	麻皮	83호
		雲川	서쪽 1식 25리	萬之介	62호
		鋤鐘介	서쪽 1식	(無)	9호
		沙獨介	서쪽 1식 7리	(無)	29호
		完義	서쪽 2식 5리	汝赤	22호
	穩城鎭	河錢	서쪽 4식	它比介乃	73호
	(19부락/1,150호)	仇里	서쪽 2식 15리	尼應仇太	35호
		加隱里	〃	將軍 尼于獨介	18호
		伐水	〃	它郎介	33호
		河沙 上端	서쪽 3식 15리	羌九里	50호
		〃 下端	서쪽 3식	阿乙送阿	35호
		三水	서쪽 4식 10리	虛金	54호
		下田洞	북쪽 1식	舍會	35호
		深處 新 加訖羅 上端	서쪽 5식 20리	其速介·陽只車	86호
		深處 新 加訖羅 下端	〃	伐郎介·其所乃	80호
		龜巖峯 上端	동북쪽 3리	九大	23호
		〃 中端	〃	厚土乃	28호
		新設 龜巖峯 下端	동북쪽 4리	諸夢介	4호
	柔遠鎭	國祀堂	동북쪽 25리	夫鋤退	35호
	(9부락/189호 이상)	尼亇退	남쪽 10리	於老	28명 (此邊 14호)
		他乙之	서쪽 20리	都乙只舍	15호
		包大 上端	서북쪽 2식	尼加里	30호
		〃 下端	〃	吹汝乃	25호
		古乙方古介	서쪽 4리	者乙豆	15호
		甫靑浦 上端	서쪽 16리	下方介	30호
	永建堡	〃 中端	서쪽 20리	伐永介	32호
	(4부락/104호)	〃 下端	서쪽 25리	沙非土	7호
		鴉巖洞	서쪽 1식 10리	好非介	35호
鐘城鎭	潼關鎭	他乃灘	남쪽 9리	尼亇退	8호
	(11부락/359호)	東良浦灘	서쪽 6리	他尼哈	13호
		望德灘	서쪽 5라	將羅兀	7호
		望胡亭	북쪽 7리	若多好	27호
		者屎洞口	서쪽 35리	卓時	71호

5 진	진 / 보 (부락/호수)	부락명	거리 / 위치	추장	호수
		亐加伊洞口	북쪽 25리	家古車	7호
		和連	북쪽 40리	士幅	37호
		新設 也時山	서쪽 1식 2리	尼介	30호
		巖所 非乃洞口	북쪽 45리	甫羅	62호
		新崎	서쪽 29리	太奉介	41호
		欲同耳洞口	서쪽 30리	所大	56호
		嘯巖	동쪽 10리	加音巨	16호
		吾弄耳	서쪽 25리	於赤乃	19명
		伊郎介灘	서쪽 10리	麻金	8호
		毛乙洞	서쪽 5리	下良介	51호
		夢巳洞	서쪽 10리	伐耳處	30호
		竹基洞口	서쪽 5리	加雙介	15호
		尼加大灘	서쪽 21리	小都尼哈	7호
		尼加大灘 時伐	〃	項金	20호
		三峯	남쪽 19리	大陽介	33호
		阿只洞	서쪽 20리	(無)	石洞 등 12호
		甫都古	서쪽 40리	(無)	時送介 등 15호
		阿都古里	서쪽 23리	鋤應主	10호
		者叱邊	남쪽 25리	加羅	17호
	鐘城鎭 (77부락 / 2,893호 이상)	好昌介 下洞	서쪽 23리	時非乃	5호
		〃 上洞	서쪽 27리	伊非乃	19호
		門巖	서쪽 30리	古萬進	9호
		伐叱順 上	남쪽 1식 10리	阿速其	30호
		〃 下端	서쪽 37리	古亡介	47호
		〃 西羅只	서쪽 45리	童金	40호
		亐伊耳	서쪽 4식	鋤應鋤耳	30호
		阿个只遷 上端	서쪽 3식	加吾	50호
		〃 下端	〃	五非	65호
		他加主洞	서쪽 50리	故 於之乃	30호
		留厚里洞	서쪽 3식 15리	羅之哈	50호
		何亂 上端	서쪽 4식	萬石	45호
		〃 下端	서쪽 3식	尼只舍	30호
		遮日水洞	서쪽 1식 10리	阿葵	50호
		遮日水洞 夢古金 上端	서쪽 1식 20리	(無)	多弄介 등 20호
		遮日水洞 夢古金 下端	서쪽 1식 15리	加大	70호
		虐沙耳	서쪽 23리	(無)	孝同 등

5 진	진 / 보 (부락/호수)	부 락 명	거 리 / 위 치	추 장	호 수
					12호
		尙家廂坡	서쪽 2식 10리	分加里	157호
		豊家 上端	서쪽 2식 20리	玉孫	30호
		〃 次上端	서쪽 2식 15리	都之里	50호
		〃 中端	서쪽 2식 5리	厚叱北	30호
		〃 次中端	〃	西皮	20호
		新設 豊家 下端	서쪽 2식	亐主巖所	90호
		豊家洞口	서쪽 1식 25리	鋤應鋤耳	40호
		豊家表洞	서쪽 2식 10리	者夢介	25호
		〃 洪叱耳	〃	於右乙乃	30호
		豊家 上洞	서쪽 2식 20리	(無)	阿羅里 등 50호
		〃 下洞	서쪽 2식	(無)	禾鋤 등 20호
		豊家洞 多伊	서쪽 2식 25리	無萬	15호
		豊家水洞	서쪽 2식 15리	(無)	安老 등 10호
		豊家吳加善	〃	(無)	强加尙 등 30호
		昏之遷	서쪽 3식	(無)	知曾哈 등 55호
		東良介	서쪽 3식 25리	伊羅大	100호
		連己洞	서쪽 2식 25리	所乙只	35호
		三通山	서쪽 5식	多羅哈	50호
		赤加	서쪽 2식 20리	小者	30호
		安取羅耳	서쪽 5식	能仇舍	170호
		亡家毛老	서쪽 2식 20리	伐加世	25호
		甫好老	서쪽 3식 20리	末應仇乃	30호
		阿堂只	서쪽 2식	(無)	包多時 등 30호
		伊郎介灘 上端	서쪽 3식	(無)	吾尼應介 등 25호
		〃 下端	서쪽 2식 10리	車乙只車	20호
		也隱者	서쪽 3식	(無)	介叱同 등 20호
		詰巾	서쪽 3식 20리	(無)	沙取 등 50호
		雪里 此邊	서쪽 2식 10리	(無)	羅古大 등 90호
		吳郎加善	서쪽 1식 10리	(無)	沙亇 등 10호

5 진	진 / 보 (부락/호수)	부락 명	거 리 / 위 치	추 장	호 수
		多界夢古金	서쪽 2식 10리	明武	20호
		虐山三岐伊	서쪽 20리	陽金	15호
		竹連洞 下 新設	서쪽 2식 20리	項金	15호
		仇之洞 家界	서쪽 1식 5리	舍叱可乃	20호
		江見洞	서쪽 2식	漢必	21호
		林所好老	서쪽 3식	述同介	22호
		新加界	〃	虛伐伊	32호
		者羅里	서쪽 5식	(無)	所夫舍 등 60호
		阿多下	서쪽 2식 10리	稱只舍	90호
		甫加退	서쪽 5식	阿好尙	90여 호
		鋤錢 上端	서쪽 40리	所甫哈	20호
		〃 中端	서쪽 50리	沙下乃	90호
		小甫加退	서쪽 3식 15리	鋤應鋤耳	40호
		〃 下端	서쪽 55리	(無)	都從介 등 10호
		甫加退 西好老	서쪽 3식 15리	鋤應鋤耳	40호
		割取遷	서쪽 3식	沙耳	25호
		南京土城	서쪽 3식	故 沙耳	60여 호
		虛處武	서쪽 3식 10리	加甫羅	50호
	防垣堡 (8부락/90호)	蛤灘 上端	남쪽 23리	照古尼	12호
		〃 下端	남쪽 1식 3리	好乙非哈	8호
		瑟串灘	서쪽 23리	伐叱只乃	4호
		蒜山灘	서쪽 26리	多弄介	16호
		於弄介灘	서쪽 13리	於虛尼	11호
		多將介灘	서쪽 9리	沙都哈	19호
		遮日上端	서쪽 50리	項金	20호
		賊路 遮日水洞	서쪽 50리	?	?
	細川堡 (3부락)	浦項洞口	서쪽 27리	?	?
		也堂只灘	서쪽 34리	?	?
		蛤灘	서쪽 33리	?	?
會寧鎭	高嶺鎭 (14부락/238호)	伐叱崇	북쪽 2식여 리	雙古里	63호
		古羅耳洞口	서쪽 7리	甫乃	35호
		古羅耳洞口 由入 防墻	북쪽 25리	堂水	9호
		加乙子洞	북쪽 8리	他下乃	25호
		毛都會灘	북쪽 7리	陽只車	8호
		咸毛乃洞	북쪽 16리	阿弄介	7호
		城底 上端	서남쪽 2리	時玻	6호
		〃 中端	〃	同屎乃	8호
		〃 下端	〃	石同	5호

5 진	진 / 보 (부락/호수)	부락 명	거 리 / 위 치	추 장	호 수
		南暑洞	남쪽 7리	所都舍	35호
		鴬所	〃	甫乙加乃	17호
		浦巷洞口	북북 7리	阿夫里	7호
		新設 朱近地巨之	서쪽 6리	土未應介	8호
		深處 門巖 北邊 遮可洞	북쪽 2식어 리	弘多尙	5호
		上門	서쪽 10리	所大	15호
		塔洞洞口	서쪽 14리	汝處	5호
		同里	〃	項金	17호
		亏知灘	〃	阿多會	4호
		古煙臺	서쪽 20리	沙郎介	11호
		烏地巖	서쪽 14리	阿弄介	4호
		也地灘	서쪽 5리	他下	13호
		者羅灘	서쪽 7리	五未	5호
		榛田仇未	〃	小郎介	4호
		吾弄草烟臺	서쪽 10리	孫右時	3호
		沙吾耳 上端	〃	阿子車	6호
		〃 下端	서쪽 20리	稱冬里	?
		甑山 牛賊洞	서쪽 15리	故 要郎介	15호
		麻田仇未	〃	栗甫里	3호
		大 檜叱介	서쪽 25리	古里尙	4호
	會寧鎭 (43부락/1,086호)	小 〃	서쪽 20리	鋤里	20여 호
		沙吾耳 上里	〃	沙下里	4호
		益加	서쪽 20여 리	加伊千	10여 호
		厚亂	서쪽 2식 20리	加伊何	60여 호
		甫如老	서쪽 3식	伐伊大	80호
		門巖	서쪽 3식 7리	阿里尙	80여 호
		奎子破	서쪽 1일 반	將夢介	40여 호
		豊家	서쪽 2일	針鋤應巨	20여 호
		也子家	서북쪽 3일	豆乙浩	15호
		杜門遷	서쪽 2일 반	阿乙大	18호
		水連 伊判非羅	서쪽 2일	他可乃	20여 호
		多乙軒	서북쪽 3일	孝阿	100여 호
		何伊通	서쪽 3일 반	都尼應介	40여 호
		尙家下	서쪽 3일	者邑沙來	30여 호
		阿赤郎耳	〃	將沙	100여 호
		伊應巨 亏知介	서쪽 4일	伐巨金	60여 호
		伐引山底	서쪽 3일 반	多耳(반역)	40여 호
		甫伊下	서쪽 2일 반	右延無故	20여 호
		伊亂 上端	서쪽 2일	羅將介(반역)	40여 호
		〃 下端	〃	毛屎乃	20여 호

5진	진 / 보 (부락/호수)	부락명	거리 / 위치	추장	호수
		者叱大	서쪽 3일	每沙來	40여 호
		伊羅遷	서쪽 1일 반	阿乙所·舍故	17호
		厚時里洞	서쪽 1식	未落之	13호
		舍地 上端	서쪽 3식 20리	臥郞介	20여 호
		〃 中端	서쪽 3식	將沙	20여 호
		〃 次中端	서쪽 3식 10리	鋤應鋤耳	10여 호
		〃 下端	서쪽 3식	禾未乃	20여 호
		舍地 中下多	〃	阿羅只	20여 호
		城底 浦項	북쪽 7리	都之里	20호
		馬羅洞口	서쪽 13리	亏羅時	20호
		金夫洞	북쪽 20리	多羅只	11호
		琵琶串	서쪽 17리	沙乙豆	10호
		沙灘	서북쪽 16리	別山	15호
		中下多	서쪽 15리	愁同介	15호
		亏乙北	북쪽 10리	禾所	8호
		韓未城洞	북쪽 11리	所大	16호
		所乙只大灘	〃	夫良介	14호
		三岐伊洞	북쪽 27리	夫叔耳	11호
		明看灘	서쪽 16리	水者	7호
	雲頭城 (26부락/612호)	雲頭城	서쪽 15리	陽古乃	21호
		南羅亂下洞	서쪽 16리	者邑沙	13호
		南羅亂下洞 洞口	〃	加會憂	9호
		脫奉介灘	〃	阿乙沙	11호
		學沙	〃	阿乙子里	18호
		達下洞	서쪽 20리	豆稜介	60호
		亏破	서쪽 25리	豆汝應巨	60호
		上甫乙下	서쪽 30리	阿甫里	8호
		會地洞口	서쪽 35리	多速介	45호
		東良洞	서남쪽 45리	無虛	56호
		吾乙昏	서남쪽 5리	小乙加乃	37호
		車古介底	서쪽 80리	如處	37호
		未落大洞	서쪽 90리	大也	40호
		甫伊下洞	서쪽 95리	永壽	45호
		厚時里洞	서쪽 30리	臥主	5호

일람표와 관련해서는 서병국, 1970, 『宣祖時代 女直交涉史硏究』, 교문사,
~316쪽에 게재되어 소개되었지만, 필자 역시 『제승방략』의 원문을 대조
하여 새롭게 재작성한 것임을 밝혀둔다.

〈별표 5〉 집필 원고 대조표

장	목 차	원 논문 제목	게재지·발표년도
제1장	授職政策의 전개와 확립	「조선초기 수직여진인 연구 - 世宗代를 중심으로」	강원대학교 석사학위논문, 2004
		「조선초기 수직여진인 연구 - 世宗代를 중심으로」	『조선시대사학보』 36, 조선시대사학회, 2006
		「조선시대 수직정책의 淵源과 變化 - 受職女眞人의 현황 분석을 중심으로 -」	『강원사학』24·25, 강원사학회, 2011
제2장	『단종실록』의 受職女眞人 분석	「두만강지역 여진인 동향 보고서의 분석 -『端宗實錄』 기사를 중심으로」	『사학연구』 86, 한국사학회, 2007
제3장	受職女眞人에 대한 座次規正	「조선시대 受職女眞人에 대한 座次規正 -『世宗·成宗實錄』을 중심으로 -」	『만주연구』 4, 만주학회, 2006
제4장	朝·明 二重受職女眞人의 兩屬性	「조선초기 朝·明二重受職女眞人의 兩屬問題」	『조선시대사학보』, 조선시대사학회, 2007
		「조선초기 朝·明二重受職女眞人의 兩屬問題」	『동아시아 영토와 민족문제』, 경인문화사, 2008
제5장	世祖代 毛憐衛 征伐과 수직정책의 활용	「조선 세조대 毛憐衛 征伐과 여진인의 從軍에 대하여」	『강원사학』 22·23, 강원사학회, 2008
제6장	女眞 藩籬·藩胡 형성과 수직정책의 상관관계	「조선전기 두만강유역 '女眞 藩籬·藩胡'의 형성과 성격」	『한국사학보』 41, 고려사학회, 2010
제7장	女眞 僞使의 발생과 수직정책의 한계	「조선전기 女眞僞使의 발생과 처리 문제에 대한 고찰」	『사학연구』 100, 한국사학회, 2010

* 본서에 수록된 논문들은 필자가 기 발표된 논문들을 박사학위논문의 체제에 맞추어 장별로 다시 구성한 후 수정하였음을 밝혀둔다.

참고문헌

1. 史料

『太祖實錄』,『太宗實錄』,『世宗實錄』,『文宗實錄』,『端宗實錄』,『世祖實錄』,
『睿宗實錄』,『成宗實錄』,『燕山君日記』,『中宗實錄』,『明宗實錄』,『宣祖實錄』,
『宣祖修正實錄』,『龍飛御天歌』,『經國大典』,『北征錄』,『西征錄』,『制勝方略』,
『國朝征討錄』,『續武定寶鑑』,『故事撮要』,『李和尙開國原從功臣錄券』,『漢書』,
『明太宗實錄』,『明英宗實錄』『明史』,『大明會典』,『全邊略記』

2. 單行本

1) 國文

강성문, 2000,『韓民族의 軍事的 傳統』, 봉명.

계승범, 2009,「조선시대 해외파병과 한중관계』, 푸른역사.

고구려연구재단 편, 2004,『중국의 東北邊疆 연구』(동향분석).

국방군사연구소, 1999,『國土開拓史』, 정문사.

_____, 1999,『韓國軍事史論文選集』(朝鮮前期篇).

_____, 1996,『韓民族戰爭通史Ⅲ－朝鮮時代 前篇－』.

국방부 군사편찬연구소, 2002,『한민족 역대 파병사』.

_____, 2009,『國朝征討錄』.

권선홍, 2004,『전통시대 동아시아 국제관계』, 부산외국어대학교 출판부.

국방부 군사편찬연구소, 2007,『한중군사관계사－고조선～조선』.

국방부전사편찬위원회, 1986,『朝鮮時代軍事關係法』(經國大典·大明律).

_____, 1987,『海東名將傳』.

_____, 1988,『東國戰亂史』(外亂篇).

_____, 1989,『西征錄』.

국사편찬위원회, 1995,『한국사』15.

_____, 1995,『한국사』22.

김구진, 1995, 『女眞族의 社會構造』, 신서원.

김위현, 2002, 『韓中關係論著目錄』(1990~1999), 예문춘추관.

김종원, 1999, 『근세 동아시아관계사 연구 - 朝淸交涉과 東亞三國交易을 중심으로-』, 혜안.

김주원, 2008, 『조선왕조실록의 여진족 족명과 인명』, 서울대학교출판부.

김한규, 1999, 『한중관계사』Ⅰ・Ⅱ, 아르케.

_____, 2004, 『요동사』, 문학과지성사.

_____, 2005, 『天下國家 - 전통 시대 동아시아 세계 질서』, 소나무.

남의현, 2008, 『明代遼東支配政策研究』, 강원대학교출판부.

단국대학교 동양학연구소 編著, 1999, 『漢韓大辭典(1)』, 단국대학교출판부.

동북아역사재단 편, 2009, 『한중일 학계의 한중관계사 연구와 쟁점』.

박옥걸, 1996, 『高麗時代의 歸化人硏究』, 국학자료원.

박원호, 2002, 『明初朝鮮關係史硏究』, 일조각.

방동인, 1997, 『韓國의 國境劃定研究』, 일조각.

백산학회, 1996, 『韓民族의 大陸關係史』.

_____, 2000, 『大陸 關係史 論攷』.

서강대학교 동양사학연구실 편, 2008, 『한중관계 2000년 - 동행과 공유의 역사』, 소나무.

서길수, 2009, 『백두산 국경 연구』, 여유당.

서병국, 1970, 『宣祖時代 女直交涉史硏究』, 교문사.

세종대왕기념사업회, 1999, 『국역 제승방략』.

_____, 2001, 『한국고전용어사전』.

손승철, 1994, 『朝鮮時代 韓日關係史硏究』, 지성의 샘.

_____, 2006, 『조선시대 한일관계사연구 - 교린관계의 허와 실』, 경인문화사.

손진기, 1992, 『東北民族原流』, 동문선.

역사학회 편, 2006, 『전쟁과 동북아의 국제질서』, 일조각.

이상협, 2001, 『朝鮮前期 北方徙民研究』, 경인문화사.

이인영, 1954, 『韓國滿洲關係史의 研究』, 을유문화사.

이재철, 1995, 『세종시대의 국토방위』, 세종대왕기념사업회.

이춘식, 1997, 『事大主義』, 고려대학교 출판부.

_____, 2002, 『中華思想의 理解』, 신서원.

이화자, 2008, 『朝淸國境問題硏究』, 집문당.

이희진, 2007, 『중화사상과 동아시아 - 자기 최면의 역사 - 』, 책세상.

정두희·이경순 엮음, 2007, 『임진왜란 동아시아 삼국전쟁』, 휴머니스트.

토마스 바필드(Thomas J. Barfield)/윤영인 역, 2009, 『위태로운 변경 - 기원전
        221년에서 기원후 1757년까지의 유목제국과 중원』, 동북아역사재단.

한명기, 2009, 『정묘·병자호란과 동아시아』, 푸른역사.

한문종, 2001, 『朝鮮前期 向化·受職倭人 硏究』, 국학자료원.

한일관계사연구논집 편찬위원회 편, 2005, 『왜구·위사 문제와 한일관계』 경인
        문화사.

한일관계사학회, 2008, 『동아시아 영토와 민족문제』, 경인문화사.

_____, 『韓日關係史硏究의 回顧와 展望』, 국학자료원, 1987.

한일역사공동연구위원회, 2005, 『한일역사공동연구보고서 - 중·근세사 한국
        편, 일본편』.

2) 日文

江嶋壽雄, 1999, 『明代淸初の女直史硏究』, 中國書店.

稻葉博士還曆紀念會, 1938, 『稻葉博士還曆記念滿鮮史論叢』.

稻葉岩吉, 1926, 「滿鮮關係史」, 『朝鮮史講座分類史』, 朝鮮史學會.

_____, 1933, 『光海君時代の滿鮮關係』, 大阪屋號書店.

東京帝國大學文學部, 1915~1941, 『滿鮮地理歷史硏究報告 1~16』.

明代史硏究會, 2003, 『明代史硏究會創立三十五年記念論集』, 汲古書院.

中村榮孝, 1965, 「室町時代の日鮮關係」, 『日鮮關係史の硏究』上, 吉川弘文館.

池內宏, 1972, 『滿鮮史硏究』(近世篇), 中央公論美術出版.

_____, 1979, 『滿鮮史硏究』(上世 第1~2冊, 中世 第1~3冊), 吉川弘文館.

津田左右吉, 1913, 『朝鮮歷史地理』, 南滿洲鐵道株式會社.

河內良弘, 1992, 『明代女眞史の硏究』同朋社.

3) 中文

姜守鵬·劉奉文, 1996, 『愛新覺羅家族全書·世系原流2』, 吉林人民出版社.

姜龍範·劉子敏, 1999, 『明代中朝關系史』, 黑龍江朝鮮民族出版社.

王冬芳·李明明, 2008, 『女眞 - 滿族建國硏究』, 學苑出版社.

王臻, 2005, 『朝鮮前期與明建州女眞關係研究』, 中國文史出版社.

袁閭琨·蔣秀松 外, 2004, 『淸代前史』(上·下), 沈陽出版社.

李花子, 2006, 『淸朝與朝鮮關係史研究』(以越境交涉爲中心), 延邊大學出版社.

長士尊, 2002, 『明代遼東邊疆研究』, 吉林人民出版社.

刁書仁·衣興國 編, 1996, 『中朝關係史研究論文集』, 吉林文史出版社.

中朝關係通史編寫組, 1996, 『中朝關係通史』, 吉林人民出版社.

劉菁華·許淸玉·胡顯慧, 2005, 『明實錄朝鮮資料輯錄』, 邑蜀書社.

佟錚·王玉 外, 1990, 『明實錄東北史資料輯』(第1~5册), 遼沈書社.

韓世明, 2005, 『明代女眞家庭形態研究』, 中國社會科學出版社.

3. 論文

1) 國文

강성문, 1986, 「世宗朝 婆猪野人의 征伐研究」, 『陸士論文集』 30.

_____, 1989, 「朝鮮時代 女眞征伐에 관한 연구」, 『軍史』 18.

_____, 2001, 「朝鮮初期 六鎭開拓의 國防史的 意義」, 『軍史』 42.

김구진, 1972, 「오음회건주좌위여진 연구」, 고려대학교 대학원 석사학위논문.

_____, 1973, 「麗末鮮初 豆滿江 流域의 女眞 分布」 『백산학보』 15.

_____, 1973, 「吾音會의 斡朶里 女眞에 對한 研究」, 『사총』 17·18.

_____, 1974, 「초기 모린 올량합 연구」, 『백산학보』 17.

_____, 1976, 「骨看 兀狄哈 女眞 研究」 『사총』 20.

_____, 1977, 「尹瓘 9城의 範圍와 朝鮮 6鎭의 開拓 - 女眞 勢力 關係를 中心
　　　　으로 - 」, 『사총』 21·22.

_____, 1982, 「명대여진사회의 경제생활양식과 그 변화」, 『동양사학연구』 17.

_____, 1983, 「明代 女眞 社會와 姓氏의 變化」, 金俊燁敎授華甲記念 『中國學
　　　　論叢』.

_____, 1984, 「朝鮮前期 對女眞關係와 女眞社會의 實態」, 『동양학』 14.

_____, 1988, 『13C~17C 女眞社會의 研究 - 金 滅亡 以前 淸 建國 以前까지
　　　　女眞社會의 組織을 中心으로』, 고려대학교박사학위논문.

_____, 1993, 「명대 여진사회의 조공과 서계」, 『송갑호교수 퇴임기념논문집』,
　　　　고려대학사학회.

_____, 1994, 「명대 여진의 중국에 대한 공무역과 사무역」, 『동양사학연구』 48.

_____, 1994, 「대외관계편 – 11차 인민문제와 동북면 영유권 – 」, 『한국학기초자료선집』, 한국정신문화연구원.

_____, 1995, 「여진과의 관계」, 『한국사』 22, 국사편찬위원회, 1995.

_____, 2001, 「조선 초기에 한민족으로 동화된 토착 여진」, 『백산학보』 58.

_____, 2004, 「조선전기 여진족의 2대종족 – 오랑캐와 우디캐」, 『백산학보』 68.

김구진·이현숙, 1999, 「『제승방략(制勝方略)』의 북방(北方) 방어(防禦) 체제」, 『국역 제승방략』, 세종대왕기념사업회.

김동소, 1977, 「용비어천가의 여진어휘 연구」, 『국어교육연구』 9.

김병록, 1996, 「조선초기 金宗瑞의 六鎭開拓에 關한 考察」, 성균관대학교 석사학위논문.

김봉두, 1990, 「高麗前期 對女眞政策의 性格」, 「전통문화연구」 1.

김상기, 1956, 「여진관계의 시말과 윤관(尹瓘)의 북정」, 『국사상의 제문제』 4, 국사편찬위원회.

김선호, 1996, 「14세기말 몽·려관계와 동북아 정세변화」, 『강원사학』 12.

김순남, 2008, 「조선초기 경차관의 대외교린 활동」, 『군사』 66.

_____, 2008, 「조선초기의 비변대책의 수립과 시행 – 재상급 국방전문가의 활약을 중심으로」, 『조선시대사학보』 45.

_____, 2009, 「조선 성종대 올적합에 대하여」, 『조선시대사학보』 49.

_____, 2009, 「조선 성종대의 건주삼위」, 『대동문화연구』 68.

_____, 2009, 「조선 燕山君代 여진의 동향과 대책」, 『한국사연구』 144, 한국사연구회.

_____, 2010, 「조선 中宗代 북방 野人 驅逐」, 『조선시대사학보』 54.

_____, 2010, 「조선전기의 만포진과 만포첨사」, 『사학연구』 97.

김순자, 1987, 「고려말 동북면의 지방세력연구」, 연세대 석사학위논문.

김위현, 1982, 「高麗對宋遼金人投歸的收容策」, 『사학지』 16.

김주원, 1990, 「만주어 모음체계의 변천에 대하여」, 『알타이학보』 2.

_____, 2003, 「조선왕조실록에 나타난 여진어 만주퉁그스어」, 『알타이학보』 14.

_____, 2006, 「조선왕조실록의 번역에 나타난 오류 – 야인(여진족)에 관한 기록을 중심으로」, 『알타이학보』 16.

남의현, 1999, 「중국과 일본의 동북(만주)사 연구 – 만족사 연구를 중심으로 – 」,

『박물관지』 6, 강원대학교 중앙박물관.

_____, 2004, 「明 前期 遼東都司와 遼東八站占據」, 『명청사연구』 21.

_____, 2005, 「明代 兀良哈·女眞의 成長과 遼東都事의 危機」 『만주연구』 3.

_____, 2006, 「15세기 明의 女眞地域 進出試圖와 女眞의 成長 - 奴兒干都司와 建州女眞을 중심으로 - 」, 『강원사학』 21.

_____, 2006, 「明代 遼東都司 支配의 限界에 관한 硏究」 강원대학교 박사학위논문.

_____, 2006, 「明代 遼東邊牆의 形成과 性格」, 『중국학보』 54.

_____, 2006, 『明代 前期 遼東과 몽골·女眞의 動向」, 『명청사연구』 25.

_____, 2007, 「明 前期 奴兒干都司의 設置와 衰退」, 『동북아역사논총』 16.

_____, 2007, 「명과 여진의 관계」, 『고구려연구』 29.

_____, 2007, 「明代 遼東防禦戰略의 變化와 防禦力의 衰退」, 『군사』 62.

_____, 2007, 「遼東都司 對外膨脹의 限界에 대한 考察 - 山東에 대한 依存性과 對外進出의 限界性을 중심으로 - 」, 『명청사연구』 27.

_____, 2008, 「명대 요동정책의 성격」, 『동아시아 영토와 민족문제』, 경인문화사.

_____, 2009, 「중국의 명대 동북강역 연구성과와 문제점 분석」, 『인문과학연구』 22, 강원대학교 인문과학연구소.

_____, 2010, 「明末 遼東政局과 朝鮮 - 명 후기 변경의 위기와 질서변화를 중심으로 - 」, 『인문과학연구』 26, 강원대학교 인문과학연구소.

노기식, 2001, 「만주의 흥기와 동아시아 질서의 변동」, 『중국사연구』 16.

_____, 2003, 「元明 교체기의 遼東과 女眞」, 『아시아문화』 19.

노영구, 2008, 「세종의 전쟁수행과 리더십」, 『오늘의 동양사상』, 예문동양사상연구원.

_____, 2007, 「『國朝征討錄』 편찬의 특징과 자료적 가치」, 『장서각』 18.

민덕기, 2009, 「임진왜란기 조선의 북방 여진족에 대한 위기의식과 대응책 - '南倭北虜'란 측면에서」, 『한일관계사연구』 34.

박상태, 1989, 「朝鮮初期의 北方徙民政策硏究 - 世宗朝의 北方徙民政策을 中心으로」, 동국대학교 석사학위논문.

박성규, 2001, 「고려말 한·중간의 유민」, 『경주사학』 20.

박원호, 1975, 「明初 朝鮮의 遼東攻伐計劃과 朝鮮表箋問題」, 『백산학보』 19.

_____, 1991,「永樂年間 明과 朝鮮間의 女眞問題」,『亞細亞硏究』85.

_____, 1992,「宣德年間(1425∼1435) 明과 朝鮮間의 建州女眞」,『아세아연구』88.

_____, 1995,「15세기 동아시아 정세」,『한국사』22, 국사편찬위원회.

_____, 2007,「근대 이전 한중관계사에 대한 시각과 논쟁 - 동아시아 국제질서의 이론을 덧붙여 - 」,『한국사시민강좌』40.

박정민, 2007,「朝鮮 太宗代의 東北面 女眞政策」, 전북대학교 석사학위논문.

_____, 2008,「태종대 제1차 여진정벌과 동북면 여진관계」,『백산학보』80.

_____, 2010,「조선초기의 여진 관계와 여진인식의 고착화 - 태조∼세종대를 중심으로 - 」,『한일관계사연구』35.

박현모, 2007,「세종의 변경관과 북방영토경영 연구」,『정치사상연구』13, 한국정치사상학회.

_____, 2009,「세종정부의 의사결정 구조와 과정에 대한 연구 : 제1·2차 여진족 토벌 사례를 중심으로」,『동양정치사상사』8-1, 한국동양정치사상사학회.

박현서, 1974,「北方民族과의 抗爭 - 女眞族과의 關係」,『한국사』4, 국사편찬위원회.

방동인, 1994,「조선초기의 북방 영토개척 - 압록강 방면을 중심으로」,『관동사학』5·6.

_____, 1995,「4군 6진의 개척」,『한국사』22, 국사편찬위원회.

서병국, 1970,「선조 이십오년경의 건주여진」,『백산학보』9.

_____, 1971,「동맹가첩목아의 건주좌위연구」,『백산학보』11.

_____, 1971,「李之蘭 硏究」,『白山學報』10.

_____, 1972,「凡察의 建州右衛硏究」『백산학보』13.

_____, 1972,「여진풍속고」,『논문집』2, 광운대학교.

_____, 1990,「朝鮮前期 對女眞關係史」,『국사관논총』14.

서정흠, 1993,「명말청초 건주여진사회의 노예경제」,『안동대학교 논문집』15.

송기중, 1963,「세종조의 평안도 이민에 대하여」,『사총』8.

_____, 1987,「『經國大典』에 보이는 譯學書 書名에 대하여(二)」,『국어학』16.

_____, 1988,「太祖實錄에 등장하는 蒙古語名과 女眞語名(Ⅰ)」,『진단학보』66.

_____, 1989,「『龍飛御天歌』에 登場하는 北方民族語名」,『진단학보』67.

_____, 1990, 「『龍飛御天歌』에 登場하는 北方民族語名」, 『진단학보』 69.

_____, 1992, 「太祖實錄에 등장하는 蒙古語名과 女眞語名(Ⅱ)」, 『진단학보』 73.

_____, 1994, 「朝鮮朝 建國을 後援한 勢力의 地域的 基盤」, 『진단학보』, 78.

송병기, 1964, 「세종조의 양계행성 축조에 대하여」, 『사학연구』 18.

_____, 1973, 「동북, 서북계의 수복」, 『한국사』 9, 국사편찬위원회.

신동규, 2005, 「『조선왕조실록』속의 日本國王使와 僞使」, 『왜구·위사 문제와 한일관계』, 경인문화사.

신정훈, 2003, 「麗末鮮初 대여진정책과 동북면의 영역확대」, 연세대학교 석사학위논문.

심재석, 1992, 「용비어천가에 보이는 고려말 이성계가」, 『외대사학』 4-1.

오종록, 2001, 「세종시대 북방영토개척」, 『세종문화사대계』 3, 세종기념사업회.

왕영일, 2003, 『李之蘭에 대한 연구 - 조선건국과 여진세력 - 』, 고려대학교 박사학위논문.

유봉영, 1973, 「王朝實錄에 나타난 李朝前期의 野人」, 『白山學報』 14.

유재춘, 1998, 「朝鮮前期 行城築造에 관하여」, 『강원사학』 13·14.

_____, 2001, 「15世紀 明의 東八站 지역 占據와 朝鮮의 對應」, 『조선시대사학보』 18.

_____, 2006, 「15세기 전후 조선의 북변 양강지대 인식과 영토문제」, 『조선시대사학보』 39.

유창규, 1984, 「李成桂의 軍事的 基盤 - 北面을 중심으로 - 」, 『진단학보』 58.

이강원, 2007, 「조선 초 기록 중 '豆滿' 및 '土門'의 개념과 국경인식」, 『문화역사지리』, 19-2.

이경식, 1992, 「朝鮮初期의 北方開拓과 農業開發」, 『역사교육』 52.

이규철, 2007, 「조선 초기 대외정보 수집활동과 보고경로」, 『군사』 65.

이수건, 1970, 「조선 성종조의 북방 이민정책(上)」, 『아세아학보』 7.

_____, 1970, 「조선 성종조의 북방 이민정책(下)」, 『아세아학보』 8.

이익주, 2006, 「14세기 후반 원·명 교체와 한반도」, 『전쟁과 동북아의 국제질서』, 역사학회, 일조각.

이인영, 1937, 「선초여진무역고」, 『진단학보』 8.

_____, 1939, 「申忠一의 建州紀程圖記에 對하야」, 『진단학보』 10.

_____, 1940, 『建州紀程圖記解說』, 朝鮮印刷株式會社.

_____, 1941, 「廢四郡問題管見」, 『진단학보』 13.

_____, 1954, 「申叔舟의 北征」, 『韓國滿洲關係史의 研究』, 을유문화사.

이장희, 1972, 「임난전의 서북변계 정책」, 『백산학보』 12.

이지경, 1996, 「세종의 공세적 국방안보: 대마도 정벌과 파저강 토벌을 중심으로」, 『세종의 국가 경영』, 지식산업사.

이현종, 1960, 「조선초기 서울에 온 왜야인에 대하여」, 『향토서울』 10.

_____, 1973, 「여진관계」, 『한국사』 9, 국사편찬위원회.

_____, 1981, 「조선초기의 대외관계」, 『한국사』 9, 국사편찬위원회.

이현희, 1963, 「鮮初 向化野人 拾穗 - 初期 對野人 交隣策의 一斑 -」, 고려대학교 석사학위논문.

_____, 1964, 「朝鮮前期 來朝野人의 政治的 待遇에 對하여」, 『사학연구』 18.

_____, 1964, 「朝鮮前期 留京侍衛野人攷 - 對野人 羈縻策 一端 -」, 『향토서울』 20.

_____, 1964, 「조선전기 향화야인의 수직성격고」, 『사감』 2.

_____, 1966, 「조선전기 야인의 誘京綏懷第巧」, 『일산 김두종박사 희수기념논문집』, 편찬위원회.

_____, 1967, 「조선시대 북방야인의 사회경제사적 교섭고 - 대야인교섭정책의 배경 -」, 『백산학보』 3.

_____, 1971, 「조선왕조시대의 북평관 야인 - 그 수무책 일반 -」, 『백산학보』 11.

_____, 1977, 「朝鮮王朝의 向化野人 交考 - 接待問題의 用例 -」, 『연구논문집』 10, 성신여자대학교 인문과학연구소.

_____, 1982, 「대여진무역 - 대야인 교섭정책의 배경」, 『한국사론』 11, 국사편찬위원회.

이홍두, 2000, 「조선초기 야인정벌 기마전」, 『軍史』 41.

임경희, 2003, 「高麗前期 女眞人에 대한 '將軍'과 鄕職 授與」, 고려대학교 석사학위논문.

임홍빈, 1990, 「『서정록』의 편저자에 관하여」, 『군사』 21.

장창하, 2006, 『世宗代의 女眞征伐에 관한 研究』, 한국한중앙연구원 박사학위논문.

전해종, 1976, 「대명, 대청, 대여진관계」, 『한국사론』 4, 국사편찬위원회.

정다함, 2008,「朝鮮初期 野人과 對馬島에 대한 藩籬·藩屏認識의 형성과 敬差
    官의 파견」,『동방학지』141.
정하명, 1987,「조선초기의 체탐」,『육사논문집』32.
조영록, 1977,「入關前 明·鮮時代의 滿洲女眞史」,『白山學報』22.
차용걸, 1981,「朝鮮前期 關防施設 整備過程」,『한국사론』7, 국사편찬위원회.
_____, 1995,「함길·평안도에의 사민입거」,『한국사』22, 국사편찬위원회.
최규성, 1995,「북방민족과의 관계」,『한국사』15, 국사편찬위원회.
최재진, 1993,「高麗末 東北面의 統治와 李成桂 勢力 成長－雙城摠管府 收復
    以後를 中心으로－」,『사학지』26.
최호균, 1993,「선조 28년 건주여진의 조선피로인 쇄환고」,『오송 이공범교수
    정년기념 동양사논총』.
_____, 1997,「16세기말 採蔘事件과 對女眞政策」,『대동문화연구』32.
하부영, 1998,「이조초기 여진에 대한 정책」,『中韓人文科學硏究』3-1.
한명기, 2006,「정묘·병자호란과 동아시아 질서」,『전쟁과 동북아의 국제질서』,
    역사학회, 일조각.
한문종, 1992,「朝鮮前期의 對馬島 敬差官」,『전북사학』15.
_____, 1996,『朝鮮前期 對日 外交政策 硏究－對馬島와의 關係를 중심으로－』,
    전북대학교 박사학위논문.
_____, 2005,「僞使 연구의 현황과 과제」,『한일역사공동연구보고서－중·근
    세사 한국편』, 한일역사공동연구위원회.
_____, 2005,「조선전기 倭人統制策과 통교 위반자 처리」『왜구·위사 문제와
    한일관계』경인문화사, 2005.
한성주, 2004,「조선초기 수직여진인 연구－世宗代를 중심으로－」, 강원대학
    교 석사학위논문.
_____, 2006,「朝鮮時代 受職女眞人에 대한 座次規定－『世宗·成宗實錄』을
    중심으로－」『만주연구』4.
_____, 2006,「조선초기 수직여진인 연구－世宗代를 중심으로」,『조선시대사
    학보』36.
_____, 2007,「두만강지역 여진인 동향 보고서의 분석－『端宗實錄』기사를
    중심으로－」,『사학연구』86.
_____, 2007,「朝鮮初期 朝·明 二重受職女眞人의 兩屬問題」,『조선시대사학

보』 40.

_____, 2008, 「조선 세조대 毛憐衛 征伐과 여진인의 從軍에 대하여」,『강원사학』 22·23.

_____, 2009, 「조선전기 ‘字小’에 대한 고찰 – 대마도 왜인 및 여진 세력을 중심으로 – 」,『한일관계사연구』 33.

_____, 2010, 「조선전기 두만강유역 ‘女眞 藩籬·藩胡’의 형성과 성격」,『한국사학보』 41.

_____, 2010, 「조선전기 女眞僞使의 발생과 處理 問題에 대한 고찰」,『사학연구』 100.

허흥식, 1985, 「고려말 이성계의 세력기반」,『역사와 인간의 대응, 고병익 회갑기념 사학논집』.

橋本雄, 2004, 「宗貞國의 博多出兵과 僞使問題 –『朝鮮遣使 붐』論의 再構成을 위하여 – 」,『한일관계사연구』 20.

田代和生·六反田豊·吉田光男·伊藤幸司·橋本雄·米谷均, 2005, 「僞使」,『한일역사공동연구보고서 – 중·근세사 일본편』, 한일역사공동연구위원회.

2) 日文

ケネスR·ロビンソン, 1997, 「一四五五年三月の人名記錄にみる朝鮮王朝の受職野人」,『年報 朝鮮學』 6.

ケネス·R·ロビンソン, 1999, 「朝鮮王朝 – 受職女眞人の關係と‘朝鮮’」,『歷史評論』 592.

旗田魏, 1935, 「吾都里族の部落構成 – 史料の紹介を中心として」『歷史學研究』 5-2.

_____, 1935, 「兀良哈族の同族部落」,『歷史學研究』 4卷 6號.

木村拓, 2008, 「15世紀前半朝鮮の女眞人への授職と羈縻 – 明の品階を超えて – 」,『朝鮮史研究會論文集』 46.

米谷均, 1997, 「16世紀日朝關係における僞使派遣に構造と實態」,『歷史學研究』 697.

深谷敏鐵, 1959, 「朝鮮世宗朝における東北邊境への第二次の徙民入居について」,『朝鮮學報』 14.

_____, 1961, 「朝鮮世宗朝における東北邊境への第三次の徙民入居につい

て」,『朝鮮學報』19.

_____, 1965, 「朝鮮世宗朝における東北邊境への第四次の徙民入居につ
いて」,『朝鮮學報』21・22.

荷見守義, 2003, 「世祖靖難と女眞調査－一四五五年四月の人名記錄に見る中
朝關係－」,『明代史研究會創立三十五年記念論集』, 汲古書院.

河內良弘, 1959, 「李朝初期の女眞人侍衛」,『朝鮮學報』14.

_____, 1971, 「忽剌溫兀狄哈の朝鮮貿易(上)」,『朝鮮學報』59.

_____, 1971, 「忽剌溫兀狄哈の朝鮮貿易(下)」,『朝鮮學報』59.

_____, 1972, 「童猛哥帖木兒と建州左衛」,『朝鮮學報』65.

_____, 1973, 「朝鮮の建州左衛再征と也先の亂」,『朝鮮學報』67.

_____, 1974, 「申叔舟の女眞出兵」,『朝鮮學報』71.

_____, 1976, 「燕山君時代の朝鮮と女眞」,『朝鮮學報』81.

_____, 1977, 「中宗・明宗時代の朝鮮と女眞」,『朝鮮學報』82.

_____, 1989, 「李朝成宗時代の女眞と朝鮮」,『朝鮮學報』133.

韓文鍾, 1995, 「朝鮮前期の受職倭人」,『年報朝鮮學』5.

3) 中文

建文, 1995, 「論明代對東疆地區的管轄問題」,『北方文物』, 第2期.

董萬侖, 1996, 「明代三萬衛初設地研究」,『中朝關係史研究論文集』, 吉林文史
出版社.

王冬芳, 1997, 「關于明代中朝邊界形成的研究」,『中國邊疆史地研究』, 第3期.

王玉傑, 2007, 「清入關前與朝鮮關係研究－兼論山東半島在明, 清, 朝鮮關係中
的地位」, 山東師範大學 碩士學位論文.

王兆蘭, 1996, 「15世紀三十年代朝鮮兩次入侵建州」,『中朝關係史研究論文集』,
吉林文史出版社.

蔣秀松・王兆蘭, 1990, 「關于奴兒干都司的問題」,『民族研究』.

刁書仁・卜照晶, 2001, 「論元末明初中國與高麗朝鮮的邊界之爭」,『北華大學學
報』, 社會科學版.

叢佩遠, 1991, 「試論明代東北地區管轄體制的幾個特質」,『北方文物』, 第4期.

ABSTRACT

A Study on the Conferment Public Post to the Jurchen in Early Joseon

Seong - Ju, Han

The conferment public post to the Jurchen began to award to tribal heads who worked for a Yi Seong Gye in late Goryeo. During the reign of King Sejong, the conferment policy became more actively spread out due to the change of power relation against the Jurchen, and the installation of 4 forces and 6 camps. The policy expanded from naturalized Jurchen to people who lived in the Tumen and the Amnok(Yalu) rivers and those who were conferred posts by Ming dynasty. The conferment policy of Joseon was settled in the Sejong period. The numbers reached up to 952 people between the Taejo to Seongjong periods.

As the relation with Oljeokhap who was once indirect counterpart became developed by the installation of 4 forces and 6 camps in Sejong, how to receive them became an important matter and Joseon endeavored to get information on whole Jurchen. The results of this endeavors are 'the Jurchen personnel's record' in "Danjong Silnok (Annals of the Danjong)." It minutely recorded 800 Jurchen's names, tribes, grades, residents, subjugate people, titles of posts and familial relations. Among them, 247 people appeared in Joseon's post of title, and only 70 people appeared in Ming's public post title. Joseon conferred the Jurchen near the 5th camp Administrative, military and other posts. In Military posts, Manho and Hogun, Sajik and Sajeong etc were shown in other posts.

Together with conferment, Joseon equipped the regulation of the treatment, one of which is Jwacha regulation. When the Jurchen came to the capital, they were received by official residents or others. There are some records about the seat plan in "Joseon Wangjo Sillok" (Annals of the Joseon Dynasty) and "Gyeongguk Daejeon". In particular, these records specified the seating regulation according to their title of posts which tell about the treatments and awareness on them.

Meanwhile, double posts conferred Jurchan appeared as the con-ferment policy expanded to the Jurchan in Duman river and those who already got Ming's public office. During the Sejo period, expecially, Joseon communicated with Geonju Samwi(建州三衛) near the Amnok river, and conferred Jijungchuwonsa(知中樞院事) to Geonjuwidodok Yigonaphap(李古納哈) and Geonjujwawidodok(建州左衛都督) Dongchang (童倉), which became diplomatic conflict with Ming. And punishment to Nangpaeahan(浪孛兒罕) who got double posts became a problem between Joseon and Ming dynasty.

In a diplomatic conflict caused by this, King Sejo began to conquest of Moryeonwi to demonstrate Joseon's independency and national pride. In the conquest of Moryeonwi, many Jurchens, and Jurchens who got posts attended to help Joseon and they got reward after the conquest by Sejo. Their contribution were divided into three and got posts and materials. If they already got a post, they were promoted and otherwise, they got awarded an initial public post. Many Jurchen who participated in the war wished to got posts for its economical benefit. Accordingly, Joseon utilized the Jurchan with conferment policy even to conquest the Jurchun.

After the installation of 4 forces and 6 camps, Joseon expanded and embodied suzerainty(藩籬) awareness for defensive measure. It means, they utilized the conferment policy to dominate the Jurchen near Duman river and it was successful. This suzerainty was of help to 6 camps to incorporate into Joseon's territory defending from other Jurchen's attack.

In line with the agricultural society about mid Joseon, the Jurchn suzerainty of the Tumen river area became called to be Beonho(藩胡) village. Suzerainty came to embody as Benho village to rapid development which was partly influenced by Joseon's foreign diplomatic policy including the conferment policy. The Jurchen gathered together near to 5 forces to get life goods. They had to obey the Joseon's communicating policy in order to fulfill their economic needs.

The occurrence of the Jurchen forge initiated with the communication of Uljeokhab since the installation of 4 forces and 6 camps had been spread out other Jurchen tribes. When Joseon gave preference Hollaon, there appeared people whom breached the existing way of communication and there appeared the Jurchen who pretended ammuf they were Hollaon. The conferment on the Jurchen by Joseon was equivalent to give the Jurchan the righetendcommunication. The certificate Gosin(告身)mu.e. Gwangyo(官敎) played a role in a kunitendcommunication.

Thus, the cases endbreaches the rules or the cases endforged use happened. In particular, as it was possible to rename or to change the title of the post in documents, such cases tended to be highly plausable.

The conferment policy in early Joseon played an important role in settling the border area as it was successful to incorporate the Jurchen. And it also helped to set an order of Gimi Gyorin(羈縻交隣) with Joseon in its center. Joseon tried to set an order of Gimi Gyorin by manipulating a policy to recognize the acknowledge of tribes and to get them to pay tribute while executing conferment policy on the Jurchen and Japan.

찾아보기

ㄱ

ㅁ

경인한국학연구총서

*대한민국학술원 우수학술 도서   **문화체육관광부 우수학술 도서